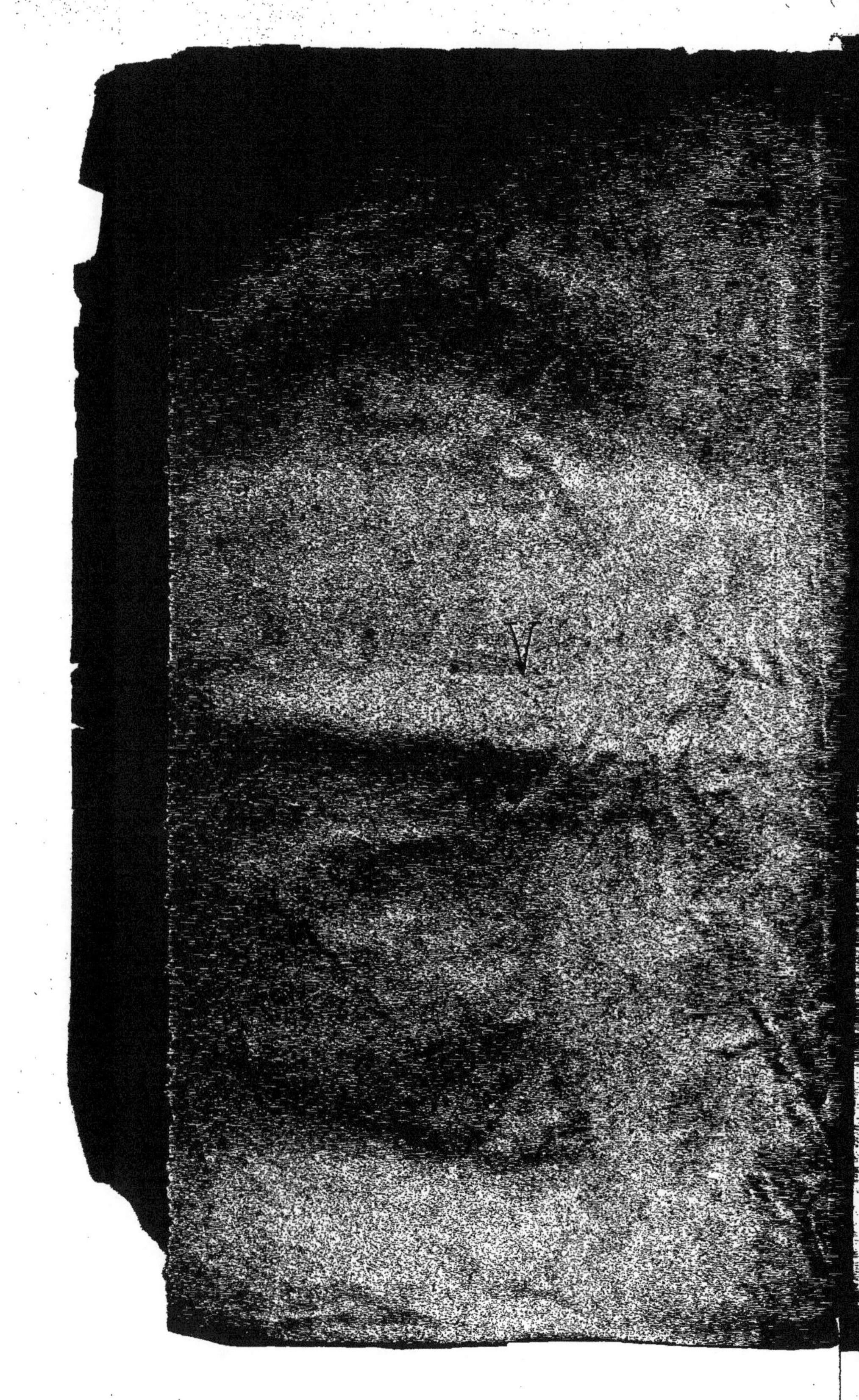

DE LA

MACHINE A VAPEUR

MARINE.

BREST. — IMPRIMERIE D'ÉDOUARD ANNER.

DE LA

MACHINE A VAPEUR

MARINE,

LEÇONS DE MÉCANIQUE PRATIQUE,

A L'USAGE DES MÉCANICIENS,

PAR L. CONORE,

CONTRE-MAITRE MÉCANICIEN AU PORT DE BREST.

A BREST.

CHEZ ÉDOUARD ANNER, IMPRIMEUR-LIBRAIRE,

RUE SAINT-YVES, 32.

1851.

DE LA

MACHINE A VAPEUR,

MARINE.

1re LEÇON.

DE LA CHALEUR.

On appelle chaleur ou calorique la cause encore inconnue des sensations que nous éprouvons, soit à distance, soit au contact immédiat, dans maintes circonstances; par exemple, quand nous approchons la main d'une bougie allumée et d'un foyer ardent, ou quand nous la plongeons dans un mélange de sel et de glace pilée, ou simplement dans la glace fondante. On donne encore ce nom à la force secrète qui, constamment en lutte avec l'attraction moléculaire dans les corps pondérables, y détermine les divers états d'agrégation qu'ils affectent à nos yeux, ou bien de simples changemens de volume.

Température, Thermomètre.

La chaleur intervient à deux titres dans les corps ; tantôt opposée à l'attraction réciproque des molécules, elle concourt simplement à y déterminer l'état d'agrégation, sans donner au-dehors le moindre signe de sa présence ; elle prend le nom de chaleur latente ou constitutive, et figure à ce titre dans le passage du solide au liquide, du liquide au gazeux, ainsi que dans le passage inverse. Tantôt elle circule librement dans les corps, y augmente, y diminue d'intensité sans y apporter d'autre changement qu'un changement de volume ; elle prend alors le nom de chaleur libre ou sensible.

On appelle température d'un corps ou d'un espace, le degré d'énergie de la chaleur libre dans ce corps ou dans cet espace à un moment donné. L'instrument qui sert à l'estimer porte le nom de thermomètre. Deux mots en feront connaître le principe. L'expérience apprend, en fait général, que tous les corps se dilatent par l'accroissement de la chaleur et se contractent par le froid, en d'autres termes, que toutes les fois que la chaleur augmente d'énergie dans un corps, ce corps augmente de volume ou se dilate ; que toutes les fois que l'intensité de la chaleur y diminue, il diminue de volume ou se contracte. Si bien que mesurer les dilatations ou les contractions d'un corps, c'est mesurer les degrés d'énergie de sa chaleur libre ; c'est y mesurer la température. Le thermomètre est donc un instrument qui suit et estime la marche d'une cause invisible, inconnue en sa nature, par la mesure de ses effets? Oui, mais à une condition, c'est que l'effet et la cause aient une marche identique. Or, est-il des corps dans la nature où la chaleur libre soit ainsi liée à ses effets ? Tous les gaz permanens et les vapeurs non à saturation présentent cet avantage ; ils se dilatent et se contractent tous uniformément, c'est-à-dire d'une même quantité pour une augmentation ou une diminution pareille de chaleur libre. Parmi les liquides, le mercure partage à-peu-près cette propriété, aussi sert-il à faire les thermomètres les plus parfaits après les gaz.

Thermomètre à Mercure.

Le thermomètre à mercure, attribué à Drebbel, de Nord-Holland, date du XVIe siècle, il a subi plusieurs modifications ; mais voici sa construction actuelle :

On choisit un tube dont le diamètre intérieur soit partout le même, afin que des longueurs égales correspondent à des volumes égaux. On s'assure que cette condition est remplie en faisant courir dans le tube une même petite masse de mercure qui doit partout y occuper une même longueur. Cela fait, on souffle à l'une des extrémités du tube une boule A (Fig. 1.) ; on introduit ensuite le liquide. On chauffe d'abord le réservoir pour en dilater l'air ; puis on plonge rapidement l'extrémité ouverte du tube dans un bain de mercure. L'élasticité de l'air intérieur se trouve diminuée par le refroidissement, et permet de s'introduire et de monter de plus en plus dans le tube au liquide poussé par la pression atmosphérique. Lorsqu'il est entré quelques gouttes dans le réservoir, on retourne l'appareil et on le chauffe de nouveau jusqu'à l'ébullition du liquide ; les vapeurs du mercure en remplissent bientôt toute la capacité, l'air est complètement chassé, et cette fois, en plongeant l'extrémité ouverte dans le bain, on est presque assuré qu'il se remplira complètement. Avant de fermer l'instrument on en règle la course, c'est-à-dire, que l'on ne conserve dans l'appareil qu'une colonne de mercure propre à atteindre la hauteur de la moyenne des températures que doit mesurer l'instrument. On chauffe ensuite la boule jusqu'à ce qu'il sorte une petite goutte de mercure et l'on ferme à ce moment le tube au moyen de la lampe d'émailleur ; il n'y a plus maintenant qu'à graduer l'instrument. Nous avons besoin pour cela de deux températures fixes, qui nous servent de point de repère dans la graduation. Or, l'expérience nous apprend :

1° Qu'un même corps commence à fondre toujours à une même température, température qui persiste tant que la fusion n'est pas accomplie, quelque chaleur qui arrive ;

2° Qu'un même liquide bout à une température constante, à l'air libre sous la même pression.

Nos deux points fixes sont donnés par la température de la glace fondante et de l'eau bouillante ; on plonge donc la boule du thermomètre dans un vase rempli de glace fondante, et quand, au bout de quelques instans, le mercure est stationnaire, ce qui indique qu'il a pris la température du bain de glace, on marque d'un trait sur le tube le point précis d'affleurement ; c'est le zéro de l'échelle. Pour avoir le second point, on porte l'instrument dans un bain de vapeur, provenant de l'ébullition d'eau distillée, et possédant la même température que la couche supérieure du liquide restant ; on marque d'un trait le point d'arrêt stable de la colonne, et l'on a le point d'ébullition.

Maintenant, si l'on divise l'intervalle en 100 parties égales, en 80, en 180, on aura le thermomètre centigrade, selon RÉAUMUR et selon FARENHEIT. Il est bien entendu que les divisions se prolongent en dessus et en dessous. Pour passer d'une échelle à l'autre, il suffit de savoir que : 1° centigrade vaut les $\frac{4}{5}$ d'un degré RÉAUMUR, les $\frac{9}{5}$ d'un degré FARENHEIT ; que 1° RÉAUMUR vaut les $\frac{5}{4}$ d'un degré centigrade, et les $\frac{9}{4}$ d'un degré FARENHEIT ; que 1° FARENHEIT vaut les $\frac{5}{9}$ d'un degré centigrade, et les $\frac{4}{9}$ d'un degré RÉAUMUR.

Construit avec soin, le thermomètre à mercure peut donner la température avec une exactitude suffisante pour la pratique de —35° à +340° centigrades.

Usage pour mesurer la température d'un liquide, d'un gaz ou d'une vapeur. — On y tient l'instrument plongé jusqu'à ce que la colonne mercurielle soit devenue stationnaire ; on lit alors sur la division correspondante la température du liquide ou du gaz, c'est-à-dire le degré d'énergie de sa chaleur sensible.

Dilatation des gaz. — Loi de GAY-LUSSAC. — GAY-LUSSAC a trouvé que tous les gaz se dilatent d'une manière uniforme de 0° à 100°, qu'ils se dilatent tous d'une même fraction de leur volume à 0 pour chaque accroissement d'un degré de température, fraction marquée par 0,00375 pour l'unité de volume à 0°. Cette fraction est le coefficient de dilatation du gaz. Ainsi 1 litre à 0°, en passant à 1°, à 2°, à 3°, augmente de une, deux, trois fois la fraction 0,00375, et 10 litres à 0° augmenteront dans les mêmes circonstances de une, deux, trois fois le nombre 0,00375×10^{l}=0^{l}00375.

Dulong et Petit ont prouvé depuis, par des expériences multipliées, que cette loi se maintenait dans toute l'étendue observée de l'échelle thermométrique.

Plus tard, M. Régnault a trouvé que le coefficient donné par Gay-Lussac était trop fort, qu'il n'était pas le même pour tous les gaz. Il est aujourd'hui fixé à 0,00366, chiffre moyen que nous adopterons.

Cette loi nous permettra de résoudre plusieurs questions importantes : Etant donné un volume d'un gaz ou d'une vapeur séparée de son liquide à la température 0°, quel sera ce volume à une température quelconque et réciproquement.

Exemple : *On a 35 litres 55 centilitres d'air à 0°, quel sera le volume à la température de 45° ?*

Puisque pour 1° d'accroissement de température l'unit- de volume augmente de 0,00366, pour un accroisseé ment de 45° il augmentera de 45°×0,00366 ; dans le- mêmes circonstances le volume proposé augmentera ds 45×0,00366×35^{l},55=5^{l},855 conséquemment il deviene dra 35^{l},55+5^{l},855=41^{l},405.

En général, appelons V_o le volume à 0°, V_t le volume à $t°$ température quelconque, K = 0,00366, on aura la relation

$$V_t = V\,(1 + Kt°)$$

1° Cette formule permet de trouver le volume correspondant à une température quelconque, dès qu'on le connaît à 0° ; c'est le cas de l'exemple précédent. En effet, appliquons-y la formule, il vient alors

$$V = 35^{l},55(1 + 0,00366) = 41^{l},405$$

2° Elle sert à trouver le volume à 0° quand on le connaît à une température quelconque ; il vient alors

$$V_o = \frac{V_t}{1 + Kt}$$

3° Elle permet de trouver le volume à une température, t° quand on le connaît à une température t'° autre que 0°, il vient alors

$$V_t = V_{t'} \frac{1+Kt}{1+Kt'}$$

4° Etant donné le volume V_0 à 0°, elle permet de trouver à quelle température ce volume V_0 deviendra V_t ; elle donne alors

$$t^\circ = \frac{V_t - V_0}{KV_0}$$

La dilatation des liquides est loin de présenter la même simplicité que celle des gaz et des vapeurs séparés de leurs liquides, c'est-à-dire non saturés. Chaque liquide a un coefficient différent, et ce coefficient n'est pas le même dans toute l'échelle thermométrique. Le mercure seul offre un coefficient constant de 0° à 100° centigrades : c'est le chiffre $\frac{1}{5550}$. L'eau présente dans sa dilatation une singularité remarquable de 0° à 100°. L'eau douce présente une dilatation totale de $\frac{1}{22}$; et l'eau saturée de sel marin une dilatation de $\frac{1}{20}$.

Ainsi l'eau des chaudières, une fois le plein fait, augmente de $\frac{1}{22}$ de son volume à-peu-près quand elle arrive à 100°.

Unité de Chaleur. — Afin de pouvoir comparer les capacités diverses des différens corps pour la chaleur, on a pris pour terme de comparaison celle de l'eau, qui est uniforme de 0° à 100° et l'on est convenu d'adopter pour unité, la quantité de chaleur nécessaire pour élever un kilogramme d'eau de 1° du thermomètre centésimal : cette unité a le nom de *calorie*. Ainsi, pour élever 10 kilogrammes d'eau à 1°, il faudrait 10 calories ; pour élever 10 kilogrammes à 10°, il faudrait 10×10 ou 100 calories.

Un vase contient 12000 litres d'eau à 12°, quel est le nombre de calories nécessaires pour élever la température à 45° ?

Il faudra évidemment 12000(45—12)=396000 calories.

Chaleur nécessaire pour la formation de la vapeur. — Nous avons dit précédemment que lorsqu'un corps absorbe une certaine quantité de chaleur, les molécules qui le composent éprouvent une répulsion suffisante pour les maintenir à un état d'écartement considérable; cela a surtout lieu lorsque l'eau passe de l'état liquide à celui de gaz ou de vapeur; il en est de même lorsque l'eau passe de l'état solide à l'état liquide. Ces changemens d'état nécessitent l'absorption de quantités de chaleur très grandes qu'il est facile de déterminer.

Prenons, par exemple, un kilogramme de glace à 0° et faisons-le dissoudre dans un vase contenant un kilogramme d'eau à 75°; lorsque la glace sera fondue, le mélange pesant deux kilogrammes sera à 0°; la glace, pour se dissoudre, a donc absorbé les 75 unités de chaleur contenues dans le kilogramme d'eau et cependant la température du liquide est la même que celle de la glace.

Chaleur latente. — Le nombre d'unités de chaleur nécessaire pour faire passer l'eau de l'état solide à l'état liquide, et qui ne se manifeste pas au thermomètre, est ce qu'on appelle chaleur latente ou cachée, et il suit de l'expérience qui vient d'être indiquée, que la chaleur latente ou constitutive de l'eau est 75 unités ou calories par kilogramme, c'est-à-dire, qu'un kilogramme d'eau à 0° contient 75 unités de chaleur.

Ainsi, la quantité de chaleur contenue dans un kilogramme d'eau à une température quelconque, représentée par T, sera égale à 75+T calories.

De même, lorsque l'eau passe de l'état liquide à l'état de gaz, il se produit un phénomène analogue. Pour s'en rendre compte, voici comment a opéré M. Clément :

Dans un vase contenant $5^k,50^g$ d'eau à 0°, il a fait condenser un kilogramme de vapeur à 100°; la condensation effectuée, le vase contenait $6^k,50^g$ d'eau, qui se trouvèrent être à 100°. Il suit de là, que le kilogramme de vapeur contenait en plus de sa température, qui était de 100°, les 550 unités de chaleur communiquées aux $5^k,50^g$ d'eau, à 0°. Ces 550 unités de chaleur que contenait la vapeur sans être indiquées par le thermomètre forment aussi ce que l'on appelle la chaleur latente de la vapeur.

Des expériences faites par plusieurs physiciens, entre autres par Southern, on conclut : que *la quantité de chaleur nécessaire pour amener l'eau à l'état de vapeur est constante, et que la quantité de chaleur contenue dans la vapeur égale 550 calories, plus la température indiquée par le thermomètre.* Ce chiffre 550, adopté jusqu'à présent, est trop élevé. M. Régnault, d'après ses dernières expériences, le fixe à 536,67, soit 537. Ainsi, un kilogramme de vapeur à 100° contient 537 unités de chaleur latente, plus 100 unités indiquées par le thermomètre.

De même, un kilogramme de vapeur à 120° contiendrait (537+120) unités de chaleur.

En un mot, quelle que soit la température de la vapeur, chaque kilogramme contiendra toujours (537+T) en désignant par T la température.

Quantité de Chaleur nécessaire pour vaporiser un poids d'eau.

Exemple : *On a transformé 12 mètres cubes d'eau en vapeur à 135°, quelle est la quantité de chaleur employée?*

Puisqu'un kilogramme de vapeur à 135° de température contient (537+135), les 12000 kilogrammes contiendront (537+135)12000= 8064000 unités de chaleur.

En général, appelons Q le poids d'eau à vaporiser et T la température de la vapeur, le nombre de calories nécessaire pour transformer cette eau en vapeur sera égal, d'après Régnault, à Q(537+T) calories.

2e LEÇON.

DE LA VAPEUR.

Vapeur formée à l'air libre. — Lorsqu'on soumet l'eau d'un vase à une forte chaleur, cette eau s'échauffe d'abord sans mouvement apparent ; la chaleur devenant plus grande, l'eau se tourmente, de nombreuses bulles s'élèvent du fond du vase et viennent crever à la surface, en apportant chacune un peu de vapeur qui s'élève en nuage.

Ce changement de l'eau est dû, ainsi qu'il a été dit précédemment, à une dilatation considérable, et nous avons vu que lorsqu'un liquide est en ébullition, quelque chaleur qu'on lui communique, on ne change pas sa température, seulement la vaporisation devient plus active.

Cette chaleur, qu'on communique à l'eau déjà en ébullition et qui ne se manifeste pas au thermomètre, c'est la chaleur latente dont il a été précédemment parlé et qui est nécessaire pour constituer la vapeur.

Force élastique de la vapeur d'eau. — La vapeur tend à occuper un espace considérable. M. Gay-Lussac a trouvé que la vapeur à 100° occupait un espace 1700 fois plus grand que celui de l'eau qui a servi à la former. Quoi qu'il en soit, cette vapeur doit presser les parois des vases qui la renferment, et c'est cette pression qu'on a utilisée dans les machines et qu'on appelle *force élastique de la vapeur.*

Pour évaluer l'effet mécanique de la vapeur, il a fallu comparer sa force élastique à une mesure fixe. Cette mesure est la pression plus ou moins grande qu'exerce la vapeur sur chaque centimètre carré de la surface du vase qui la renferme, et en comparant cette pression à celle de l'air atmosphérique dans ses conditions ordinaires, on trouve de même que l'air fait équilibre à une colonne de mercure de 76 centimètres, ou à une colonne d'eau de 10 mètres, de même la vapeur à 100° a une force élastique égale à celle de l'air atmosphorique, et presse chaque centimètre carré de la surface du vase qui la renferme d'un poids égal à celui d'une colonne de mercure de 76 centimètres de hauteur et de 1 centimètre carré de surface de base, c'est-à-dire de 1^{k},033

Lorsque la vapeur est en communication avec la source d'où elle émane, c'est-à-dire avec l'eau qui l'a produite, sa pression croît avec la température suivant une loi qui n'est pas encore parfaitement connue. Quand, au contraire, elle est isolée, elle se comporte comme un gaz et suit la loi de MARIOTTE.

Loi de Mariotte. — MARIOTTE vivait au commencement du XVIIIe siècle. Ce physicien découvrit une loi fort importante, c'est celle qui lie le volume occupé par un gaz à la pression qu'il éprouve ou à la tension qu'il développe.

La loi est celle-ci : *Les pressions sont en raison inverse des volumes.*

Cette loi de MARIOTTE a été vérifiée jusqu'à 27 atmosphères, par MM. DULONG et ARAGO et reconnue vraie.

Ainsi, prenons, par exemple, un litre d'air à la pression ordinaire, c'est-à-dire à la pression de 1^{k},33^{g} par centimètre carré de surface. Si on comprime ce litre d'air de manière à ne lui faire occuper que la moitié de son volume primitif, la pression sera devenue double, c'est-à-dire qu'il pressera chaque centimètre carré du vase de deux fois 1^{k},033.

De même, si on a un mètre cube de vapeur à la pression de 1 kilogramme sur chaque centimètre carré et qu'on fasse occuper à cette vapeur un volume de deux mètres cubes, la pression devra être moitié moindre et ne sera plus que de 500 grammes par centimètre carré. Si, au contraire, on avait amené ce mètre cube de vapeur à n'occuper qu'un demi-mètre cube, la pression serait devenue double et chaque centimètre carré eût été pressé de 2 kilogrammes, pourvu, toutefois, qu'on lui ait donné une température correspondante à cette pression.

Car lorsque la vapeur est séparée de l'eau, bien qu'elle se comporte comme un gaz, elle n'en conserve pas moins ses qualités de vapeur qui la font constamment dépendre de la pression et de la température, et par suite des relations qui relient ces deux élémens. Ainsi, dans l'exemple précédent, lorsque la pression serait descendue de 1 kilogramme par centimètre carré, à $0^k,500$, la température, qui était d'abord de 100°, serait aussi tombée à 82°, qui est celle correspondante à la pression de $0^k,500$.

Il aurait également fallu augmenter la température de la vapeur lorsqu'on l'aurait comprimée ; dans le cas contraire, si on comprime de la vapeur sans lui donner une température correspondante à la pression qu'elle doit produire ou que l'on veut lui faire produire, elle conserve sa pression primitive, c'est-à-dire celle qui correspond à sa température, et le surplus de vapeur nécessaire pour saturer l'espace se condense.

Nous avons dit précédemment que lorsque la vapeur était en communication avec l'eau, sa pression croissait avec la température, nous avons voulu dire par là qu'en augmentant la température de la vapeur on augmentait aussi la pression, mais non pas dans le même rapport, car la pression augmente beaucoup plus rapidement que la température. Il a fallu, pour déterminer ce rapport, des expériences faites avec un grand soin, d'abord par M. Gay-Lussac, pour les vapeurs au-dessous de 100°, et par MM. Dulong et Arago, pour celles de 1 à 24 atmosphères ; en dernier lieu, ces expériences, ont été répétées avec un grand soin par M. Régnault. Il n'entre pas dans notre cadre de décrire ces expériences que l'on peut voir dans le traité de physique de M. Pouillet, nous nous contenterons de donner les résultats obtenus par ces savants physiciens.

Le premier tableau donne les forces élastiques de la vapeur d'eau, depuis la température—20° jusqu'à 100°, par M. Gay-Lussac.

Le second, dû à MM. Dulong et Arago, donne les forces élastiques de la vapeur au-delà de 100°, depuis 1 jusqu'à 50 atmosphères.

Enfin le troisième, de M. Régnault, donne les mêmes relations depuis 1 jusqu'à 4 atmosphères, ce qui est suffisant pour la pratique.

TABLE *des forces élastiques de la vapeur d'eau pour les températures au-delà de 100°.*

Température en degrés centigrades.	Forces Elastiques		Pression en kilog. sur un centimètre carré.	Température en degrés centigrades.	Forces Elastiques		Pression en kilog. sur un centimètre carré.
	En mètres de mercure.	En atmosphère.			En mètres de mercure.	En atmosphère.	
100°	0m7600	1	1k033	197,7	9m88	13	13k429
112,2	1,1400	1 ½	1,549	197,19	10,64	14	14,462
121,4	1,5200	2	2,066	200,48	11,40	15	15,495
128,8	1,9000	2 ½	2,582	203,60	12,16	16	16,528
135,1	2,2800	3	3,099	206,57	12,92	17	17,561
140,6	2,66	3 ½	3,615	209,4	13,68	18	18,594
145,4	3,04	4	4,132	212,1	14,44	19	19,627
149,06	3,42	4 ½	4,648	214,7	15,20	20	20,660
153,08	3,80	5	5,165	217,2	15,96	21	21,693
153,8	4,18	5 ½	5,681	219,6	16,72	22	22,726
160,2	4,56	6	6,198	221,9	17,48	23	23,759
163,48	4,94	6 ½	6,714	224,2	18,24	24	24,792
166,5	5,32	7	7,231	226,3	19,00	25	25,825
169,37	5,70	7 ½	7,747	236,2	22,80	30	30,990
172,1	6,08	8	8,264	244,85	26,60	35	36,155
177,1	6,84	9	9,297	252,55	30,40	40	41,320
181,6	7,60	10	10,33	259,52	34,20	45	46,485
186,03	8,36	11	11,363	265,89	38,00	50	51,650
190,0	9,12	12	12,396				

TABLE *des forces élastiques de la vapeur d'eau pour les températures au-delà de* **100°**, *depuis* **1** *jusqu'à* **4,4** *atmosphères.*

Températures en degrés centigrades		FORCES ÉLASTIQUES		PRESSIONS en kilogrammes sur un centimètre carré.
dans le liquide.	dans la vapeur.	en mètres de mercure.	en atmosphères	
99°83	99°82	0m75161	1°	1k0119
100,00	101,00	0,76000	1,00	1,0325
100,71	100,71	0,77603	1,02	1,0532
105,10	105,06	0,90460	1,19	1,2287
111,78	111,70	1,13147	1,49	1,5385
116,04	116,04	1,40237	1,71	1,7656
121,16	121,13	1,53027	2,01	2,0753
122,70	122,53	1,60125	2,11	2,1786
123,94	123,91	1,67041	2,20	2,2715
128,40	128,47	1,91512	2,52	2,6019
128,54	128,47	1,92520	2,53	2,6122
128,66	128,57	1,93114	2,54	2,6226
130,12	130,18	2,01251	2,65	2,7361
131,38	131,30	2,09469	2,75	2,8497
131,51	131,63	2,09828	2,76	2,8497
133,20	133,28	2,20908	2,91	3,0046
135,70	135,65	2,37308	3,04	3,1388
135,83	136,00	2,38681	3,14	3,2421
137,75	137,52	2,51479	3,31	3,4176
138,36	138,24	2,56173	3,37	3,4795
140,90	141,01	2,75617	3,63	3,7480
141,57	141,54	2,79968	3,68	3,7896
143,85	143,83	2,99279	3,94	4,0581
144,12	144,17	3,01008	3,96	4,0887
145,70	145,64	3,14941	4,14	4,2746
147,50	147,50	4,30695	4,35	4,4914
148,20	148,30	3,36136	4,42	4,5637

Relation entre la température et la force élastique des vapeurs saturées. — Il doit exister une relation absolue entre la force élastique de la vapeur d'eau et la température de cette vapeur ; mais les physiciens ne l'ayant pas encore déterminée, nous sommes obligés de nous servir d'une des formules empiriques ou d'interpolation qu'ils ont données ; ces formules servent à reproduire, à peu de chose près, les résultats des expériences consignées dans les Tables.

Celle de TREDGOLD, modifiée par M. MELLET, est convenable pour les pressions de 1 à 4 atmosphères, et suffit généralement dans la pratique.

Elle est de la forme $p=\left(\frac{75+t}{85}\right)^6$ (1)

ou $t=85\sqrt[6]{p}-75$ (2)

Dans cette formule, p représente la pression de la vapeur sur chaque centimètre carré de surface, pression exprimée en centimètres de hauteur de mercure.

t représente la température de la vapeur exprimée en dégrés centigrades à partir de 0.

Application de la formule. — Veut-on, par exemple, déterminer la pression de la vapeur à 140°,6 de température?

Appliquons les logarithmes à la formule (1), elle devient

$$\log. p=6\times\log.(75+140°,6)-6\times\log. 85$$

or $6\times\log.(75+140°,6)=14,00190$

$6\times\log. 85 \ldots\ldots\ldots = 11,57652$

Différence. . . = 2,42538

Cherchant le nombre correspondant à ce logarithme, on trouve 266,3, c'est-à-dire que p est égal à 266,3 centimètres de mercure, ou en divisant 266,3 par 76, on trouve que p est égal à 3 atmosphères 5 dixièmes, nombres que l'on peut vérifier dans les Tables qui précèdent.

Si, au contraire, on donnait la pression de la vapeur égale à 366,3 centimètres de mercure, et qu'on se proposât de déterminer la température, on prendrait la formule (2).

Et en appliquant les logarithmes, il viendrait

$$\frac{\log. p}{6}+\log. 85=\log.(75+t)$$

ou en remplaçant p par sa valeur 266,3,

on aurait $\frac{\log. 266,3}{6} + \log. 85 = \log. (75+t)$

Or $\frac{\log. 266,3}{6} = 0,40423$

$\log. 85.... = 1,92942$

Somme... $= 2,33365$

Cherchant le nombre correspondant à ce logarithme, on trouve, pour la valeur de $75+t$, le nombre 215,6, duquel retranchant 75, il vient 140°,6, qui est la température cherchée.

Ces deux types de calcul, avec lesquels il importe de se familiariser, permettent de déterminer la pression ou la température de la vapeur lorsque l'une des deux quantités est connue.

Ces formules ne conviennent qu'aux vapeurs saturées ou en contact avec les liquides qui les ont formées, mais, ainsi qu'il a été dit plus haut, il n'en est pas de même lorsque la vapeur est isolée ; dans ce cas, la loi de Mariotte et celle de Gay-Lussac lui deviennent applicables, séparément prises ou combinées.

Problème : Etant donné un volume V' de vapeur isolée à la pression P', on demande quel sera le volume V du même poids de vapeur sous la pression P, la température étant constante ?

La loi de Mariotte donne immédiatement $V' = V\frac{P}{P'}$

Problème : Etant donné un volume $V_{t'}$ de vapeur non saturée à la température t', on demande quel en sera le volume V_t à la température t, la pression étant constante ?

La loi de Gay-Lussac nous a déjà donné, à propos de la dilatation des gaz, et nous donnera la formule voulue :

$$(a) \qquad V_t = V_{t'}\left(\frac{1+Kt}{1+Kt'}\right)$$

Mais comme dans les machines tous les élémens qui

concernent les vapeurs peuvent varier à la fois, il importe de les relier tous ensemble par les combinaisons des lois de GAY-LUSSAC et de MARIOTTE.

Soit V_0, D_0, P_0 ⎫ le volume, la densité ou le ⎧ $0°$
V_t, D_t, P_t ⎬ poids de l'unité de volume ⎨ t
$V_{t'}$, $D_{t'}$, $P_{t'}$ ⎭ et la pression d'une vapeur non saturée aux températs ⎩ t'
et $K = 0{,}00366$

Veut-on savoir quel sera le volume à t^o d'une vapeur, dont le volume est V_0 à $0°$. La pression demeurant la même, P_0 par exemple, il sera $V_0(1+Kt)$ d'après GAY-LUSSAC.

Veut-on savoir ce que deviendra ce dernier volume, toujours à la température $t°$, mais à la pression P_t?

Il faudra recourir à la loi de MARIOTTE :

$$V_t : V_0(1+Kt) :: P_0 : P_t$$

d'où (1) $V_t = V_0(1+Kt)\dfrac{P_0}{P_t}$

Si l'on voulait connaître la densité D_t à $t°$ à la pression P_t, étant donnée, la densité D_0 à $0°$ sous la pression P_0 d'une même vapeur, on aurait, d'après la loi de MARIOTTE,

$$(2) \quad \frac{D_t}{D_0} = \frac{V_0}{V_t} = \frac{P_t}{P_0} \cdot \frac{1}{1+Kt}$$

De même, si l'on voulait comparer les volumes et les densités d'un même poids de vapeur aux températures $0°$ et $t'°$, aux pressions P_0 et $P_{t'}$, il viendrait

$$(3) \quad V_{t'} = V_0(1+Kt')\frac{P_0}{P_{t'}}; \qquad (4) \quad \frac{D_t}{D_{t'}} = \frac{P_t}{P_{t'}}\left(\frac{1+Kt'}{1+Kt}\right)$$

Enfin, si l'on voulait comparer les volumes et les densités aux températures $t°$ et $t'°$ aux pressions P_t et $P_{t'}$, il y aurait à diviser, membre à membre, les formules (1) et (3), puis les formules (2) et (4), ce qui donnerait

$$(5) \quad \frac{V_t}{V_{t'}} = \frac{1+Kt}{1+Kt'}\,\frac{P_{t'}}{P_t} \quad \text{et} \quad (6) \quad \frac{D_t}{D_{t'}} = \frac{P_t}{P_{t'}}\left(\frac{1+Kt'}{1+Kt}\right)$$

Pour terme de comparaison, on choisit ordinairement la vapeur à 100° à la pression de l'atmosphère, ce qui donne $t'=100^o$, $P_{t'}=1^k,033$ par centimètre carré, $D_{t'}=0^k,5913$ d'après GAY-LUSSAC.

Appliquons à des nombres les deux formules (*a*) et (5); si nous y faisons $V_{t'}=6^{m.c}$, $t'=100$ et $t=121$, $P_t=1^k,033$,

$$(a) \text{ donne } V_t = 6\times\frac{1+0,00366\times121}{1+0,00366\times100}=6\times\frac{1,44286}{1,336}=6^{m.c}3372$$

$$(5) \text{ donne } V_t = 6^{m.c}3372\times\frac{1,033}{P_t}$$

D'autre part, GAY-LUSSAC a trouvé que l'eau, en passant à l'état de vapeur à 100° et sous la pression $0^m,76$, acquiert un volume 1700 fois plus grand que son volume primitif; il s'ensuit que si V_t provient de la vaporisation de l'unité du volume d'eau à 100° et sous la pression normale $0^m,76$ ou $1^k,033$ par centimètre carré, les deux dernières formules deviendront

$$(a) \quad V_t=1700\,\frac{1+0,00366\,t}{1,366}=1246\,(1+0,00366\,t)$$

$$(5) \quad V_t=1700\,\frac{1+0,00366\,t}{1+0,00366\times100^o}\times\frac{1,033}{P_t}=1287\,\frac{1+0,0366\,t}{P_t}$$

Enfin, ces formules serviront à déterminer le poids d'une vapeur dont on connaît le volume et la densité à une température et une pression quelconques, au moyen de la relation connue $Q=V_tD_t$.

Q poids cherché, V_t et D_t déterminés par les formules (5) et (6);

on tirerait de là $V_t=\frac{Q}{D_t}$, ou bien $D_t=\frac{Q}{V_t}$.

Toutes ces formules ne conviennent qu'aux vapeurs isolées, c'est-à-dire non saturées, il importe donc d'avoir une formule qui lie ensemble le volume, la température et la pression pour les vapeurs saturées ou non saturées, c'est-à-dire en contact ou non avec le liquide générateur. M. DE PAMBOUR en a donné deux, tirées d'une formule empirique de NAVIER, l'une pour les machines sans condensation, et qui est

$$V=\frac{10000}{1,421+0,000471.P}$$

et l'autre pour les machines à condensation, que voici :

$$V = \frac{10000}{0{,}4227 + 0{,}000529\,P}$$

Nous pourrons nous borner à cette dernière, qui a le mérite de convenir assez bien à tous les cas qui se présentent dans la pratique.

P est la pression de la vapeur en kilogramme par mètre carré.

Ainsi, au moyen de cette formule, on pourra calculer le volume de la vapeur saturée, en substituant à la place de P sa valeur donnée.

Exemple : *Déterminer le volume relatif de la vapeur à* **100°** *pour une pression de* **1** *atmosphère.*

On a $V = \frac{10000}{0{,}4227 + 0{,}00529 \times 1{,}03 \times 10000} = 1700$ à-peu-près

C'est-à-dire qu'à 100° et à la pression d'une atmosphère, le volume de la vapeur est, relativement au volume de l'eau qui a servi à la former, comme 1700 est à 1, ou 1700 fois plus grand.

D'après cela, si on voulait savoir quel est le volume de vapeur à 100° qu'il serait possible de former avec 150 kilog. d'eau par exemple ; il suffira de multiplier 150 par 1700.

Ce seul exemple suffira pour rendre facile tous les calculs de ce genre.

Densité de la vapeur. — Connaissant le volume relatif de la vapeur, il sera toujours facile de trouver son poids comparé, soit à celui de l'eau, soit à celui de l'air. Ainsi, un mètre cube d'eau pèse 1000 kilog., un mètre cube d'eau développe 1700 mètres cubes de vapeur, donc un mètre cube de vapeur doit peser 1700 fois moins qu'un mètre cube d'eau. Ainsi, si nous appelons d la densité de la vapeur à 100° et à la pression $1^k{,}033$ par centimètre carré, nous aurons

$$d = \frac{1000^k}{1700} = 0^k{,}558^g$$

Ainsi à 100°, la densité de la vapeur prise par mètre cube est $0^k{,}558$.

Ayant établi toutes les formules qui lient les volumes, les densités des vapeurs avec les températures et leurs tensions ou pressions, nous croyons devoir donner la Table suivante, qui pourra, dans la pratique, dispenser d'avoir recours à ces formules.

TABLE *des volumes en litres de 1 kilog. d'eau transformée en vapeur, et des densités de la vapeur pour diverses températures.*

Températures en degrés centigrades.	DENSITÉS au poids du mètre cube.	VOLUMES de 1 kilog. de vapeur en litres.	Températures en degrés centigrades.	DENSITÉS au poids du mètre cube.	VOLUMES de 1 kilog. de vapeur en litres.
0°	0k0054	185185lit	156°80	2k8196	355lit
5	0,0072	138889	160,20	3,0520	328
10	0,0097	103093	163,48	3,2810	305
15	0,0126	79365	166,50	3,5106	285
20	0,0171	58480	169,37	3,7353	268
25	0,0225	44445	172,10	3,9784	251
30	0,0295	33898	177,10	4,4057	227
35	0,0381	26247	181,60	4,8477	206
40	0,0491	20367	186,03	5,2807	189
45	0,0627	15949	190,00	5,7100	175
50	0,0797	12547	193,70	6,1367	163
55	0,1005	9951	197,19	6,5594	153
60	0,1260	7937	200,48	6,9790	143
65	0,1568	6378	203,60	7,3957	135
70	0,1932	5176	206,57	7,8087	128
75	0,2433	4110	209,40	8,2196	122
80	0,2892	3458	212,10	8,6284	116
85	0,3497	2860	214,70	9,0336	111
90	0,4196	2383	217,20	9,4372	106
95	0,4998	2001	219,60	9,8382	102
100	0,1913	1692	221,90	10,2370	98
112,2	0,8583	1165	224,20	10,6320	94
121,4	1,1177	895	226,30	11,0290	91
128,8	1,3711	729	236,30	12,9770	77
135,1	1,6200	617	244,85	14,8870	67
140,6	1,8647	536	252,55	16,7620	60
145,4	2,1072	475	259,52	18,6110	54
149,06	2,3495	426	265,89	20,4330	49
153,08	2,5860	387			

3e LEÇON.

DES COMBUSTIBLES.

De la Combustion. — De toutes les sources de chaleur que l'homme sache créer pour ses besoins, la plus féconde comme la plus ancienne, c'est sans contredit la combustion, véritable action chimique, dont le résultat palpable est la production de nouveaux corps, soit solides, soit liquides, soit gazeux ; la combustion est en effet presque toujours accompagnée de chaleur, et souvent de chaleur et de lumière. Le feu de nos foyers et de nos fourneaux, n'a pas d'autre origine ; la fermentation par laquelle le jus du raisin se vinifie, le jus des pommes et des poires s'alcoolise ; la respiration des animaux par laquelle le sang se régénère dans les poumons en maintenant la température normale de la vie, ne sont que des combustions à divers degrés d'énergie. Or, cette action chimique n'est autre chose que la combinaison du gaz oxygène avec un corps *combustible* quelconque, tel que le carbone, l'hydrogène, le soufre, le fer, le zinc, etc. Si maintenant j'ajoute que l'air atmosphérique est un mélange dans lequel entre le gaz azote pour $\frac{4}{5}$ et l'oxygène pour $\frac{1}{5}$, on comprendra que si l'oxygène est l'aliment indispensable à la combustion, l'air atmosphérique au milieu duquel nous vivons en soit l'agent ordinaire; il intervient alors uniquement par son oxygène, car son azote ne joue qu'un rôle de présence et sans aucune efficacité.

La combustion offre des avantages divers et diversement utilisés; indépendamment de la chaleur qu'elle développe, elle donne naissance à des produits dont la nature est à examiner; d'autant qu'ils distinguent sur le champ les divers combustibles et nous indiquent, sans hésitation, ceux qui doivent être préférés. Quand le produit de la combustion d'un corps est solide, il se dépose à la surface de la portion non encore brûlée comme un écran qui lui interdit le contact de l'air, indispensable aliment de la combustion. Aussi est-ce vainement qu'on voudrait entretenir l'ardeur d'un foyer en y projetant, pour tout combustible, des morceaux de fer rouge; l'oxyde formé se déposerait à la surface comme une rouille, et le foyer ne tarderait pas à s'éteindre. Mais quand un corps en brûlant donne naissance à des produits gazeux, se dissipant à mesure qu'ils se forment, les choses se passent autrement. Les parties non brûlées sont toutes mises en contact avec l'air, les unes après les autres, la combustion les gagne et l'ardeur du foyer se maintient jusqu'à épuisement de combustible. C'est ce qui arrive d'une manière parfaite à l'hydrogène, au carbone, au soufre, et d'une manière moins parfaite à nos combustibles ordinaires, bois, tourbe, charbon de terre.

Quant au soufre, qui pourtant brûle complètement à l'air, il n'y a point à songer à son emploi comme combustible; sans parler de l'élévation de son prix et de sa rareté relative, on trouve un obstacle invincible à son usage dans le produit de sa combustion; c'est un gaz d'une odeur suffocante et tout-à-fait insupportable. Restent donc le carbone, corps solide dont le diamant est une variété d'une pureté parfaite, et l'hydrogène, gaz dix-sept fois plus léger que l'air et formant l'un des élémens de l'eau.

Réunis ou séparés, ces deux corps sont en effet la base essentielle de tous nos combustibles. Disons un mot de leur combustion. Le carbone commence à brûler vers 400° à 500°; en brûlant imparfaitement, c'est-à-dire au premier degré, il produit un gaz très dangereux à respirer, qui lui-même est un nouveau combustible, c'est l'oxyde de carbone. Cet oxyde de carbone brûle à son tour et complète la combustion du carbone en se convertissant en acide carbonique, gaz plus pesant que l'air et non dangereux à respirer que nous avalons avec plaisir dans la mousse de l'eau de Seltz et du vin de Champagne.

Disons encore que, pour brûler au premier degré, le carbone exige $1^k,35$ d'oxygène par kilogramme, et produit alors une certaine quantité de chaleur qu'on sait évaluer. En brûlant au second degré, il lui faut absorber une nouvelle quantité d'oxygène égale à la première, ce qui fait en tout $2 \times 1^k,35 = 2^k,70$ d'oxygène contre 1^k de carbone; dans le deuxième degré de combustion, la chaleur dégagée, qu'on sait mesurer aussi et que nous donnerons en tableau, est plus grande que dans la formation de l'oxyde de carbone. Mais ce qu'il faut noter, c'est que dans la combustion complète du carbone, c'est-à-dire, lorsqu'il passe à l'état d'acide carbonique, le volume de ce dernier gaz remplace identiquement le volume d'oxygène absorbé.

L'hydrogène se combine avec l'oxygène, deux volumes pour un volume, ce qui fait en poids 8 kilog. contre 1 kilog. d'oxygène. Il brûle à une température élevée, en donnant naissance à de la vapeur d'eau avec une flamme pâle et terne, mais en développant une température très élevée, plus élevée que celle produite par tout autre combustible à poids égal. C'est qu'il ne faut point juger de la température d'une flamme à son éclat. La flamme, en effet, qui n'est autre chose qu'un gaz échauffé au point d'être lumineux, doit sa splendeur aux particules solides qui flottent au milieu d'elle. Ce qui le prouve c'est l'éclat éblouissant qu'acquiert la pâle flamme de l'hydrogène brûlé dès qu'on y plonge un corps solide, un morceau de chaux, une feuille de platine. Elle jouit alors d'un pouvoir lumineux si puissant qu'on pourrait l'utiliser pour l'éclairage, si les corps immergés n'y souffraient un dommage trop considérable et trop prompt.

Si l'utilité du gaz hydrogène pour l'éclairage est contestable, ses avantages comme combustible sont hors de doute; tandis que la houille ne donne que 7500 calories par kilogramme, que le carbone pur n'en donne que 7200 par kilogramme dans sa combustion complète, l'hydrogène en donne 35000. Si donc on avait un moyen prompt et économique de décomposer l'eau, l'hydrogène serait peut-être employé à l'exclusion de tous les autres combustibles, et s'ils viennent à manquer un jour, c'est lui qui les remplacera.

Des Combustibles. — Dans l'acception ordinaire, le mot *combustible* sert à désigner des corps susceptibles de développer par leur contact avec l'air atmosphérique, une source de chaleur plus ou moins puissante. Parmi les combustibles employés à chauffer les chaudières des machines à vapeur, le bois, la tourbe, la houille, nous considérerons ici ce dernier d'une manière spéciale, comme étant le plus économique et le plus en usage.

De la Houille. — La houille, vulgairement appelée charbon de terre, est une substance formée de carbone, d'hydrogène, de bitume et d'une certaine quantité de substances étrangères qui varie suivant sa qualité; elle renferme quelquefois du soufre et d'autres substances terreuses. Elle brûle avec une flamme d'un blanc jaunâtre et répand une odeur de bitume.

La combustion de la houille s'opère par la combinaison des parties constituantes du combustible avec l'oxygène de l'atmosphère. Cette combinaison ne peut avoir lieu qu'à une haute température; ainsi, pour brûler la houille il faut auparavant élever la température de l'air contenu dans le foyer à 400 ou 500°.

La combinaison du carbone de la houille avec l'oxygène forme deux produits gazeux, oxide de carbone et acide carbonique quand la combustion est incomplète, et seulement un produit gazeux, l'acide carbonique, quand la combustion est complète. La combinaison de l'hydrogène avec l'oxigène donne pour produit de la vapeur d'eau, c'est la combinaison de ces deux principes qui constitue toute la puissance calorifique de la houille.

Classification des houilles. — On distingue principalement les *houilles grasses* et les *houilles maigres*; entre ces deux espèces il s'en trouve un grand nombre d'autres qui diffèrent plus ou moins par leurs qualités.

Comment on les reconnaît. — Les *houilles grasses* sont d'un noir grisâtre, lustrées comme la résine et présentent un aspect gras; elles se brisent en fragmens trapézoïdes, gonflent en brûlant et deviennent pâteuses par la fusion. Elles sont peu propres au service des machines, à cause de cette fusion pâteuse qui intercepte l'air et brûle les barreaux des grilles; mais elles sont très bonnes pour les travaux de forge, pour lesquels elles sont du reste généralement employées. La densité de ces espèces de houille est de 1,23 à 1,28, en prenant pour unité la densité de l'eau.

Les *houilles maigres* ont une couleur moins noire que les précédentes, contiennent moins de bitume; elles sont plus pesantes et s'enflamment plus difficilement, elles s'échauffent sans se gonfler ni fondre, et produisent une flamme bleuâtre : elles brûlent sans odeur et donnent une cendre blanche en quantité plus grande que les houilles grasses; elles sont cependant préférables à celles-ci et généralement employées pour la navigation.

Chaleur développée par la houille. — Des expériences faites avec le calorimètre de Lavoisier ont permis de déterminer la chaleur développée par un kilogramme de diverses espèces de houilles, mais en général on est convenu d'adopter le nombre 7500 calories par kilogramme de houille moyenne brûlée.

Voici, du reste, un tableau contenant le résumé des données d'expériences relatives à divers combustibles.

Quantités de Chaleur développées par un kilogramme des divers combustibles :

NATURE DES COMBUSTIBLES.	COMPOSTION de la PARTIE COMBUSTIBLE.	QUANTITÉ de chaleur développée en calories.	OBSERVATIONS.	
Houille collante de Newcastle......	Hydrogène... 0.0416. Carbone..... 0.7516.	5123	WATT.	
Houille dite *Cherry*, de Glascow...	Hydrogène... 0.100. Carbone..... 0.686.	6776	TREDGOLD.	
Houille à feuillets, de Glascow.....	Hydrogène... 0.044. Carbone..... 0.588.	4630	TREDGOLD.	
Houille à longue flamme, de Coventry.	Hydrogène... 0.200. Carbone..... 0.626.	9501	TREDGOLD.	
Caunel coal de Woodhal, près Glascow	Hydrogène... 0.039. Carbone..... 0.722.	5424	TREDGOLD.	
Charbon de bois sec........		7050		
Charbon de bois ordinaire........		6000	Contenant 0.20 d'eau.	
Coke pur........		7050		
Houille de 1re qualité........		7050	Contenant 0.02 de cendre.	M. MORIN, aide mémoire de mécanique.
Houille de 2e qualité........		5345	Contenant 0.10 de cendre.	M. MORIN, aide mémoire de mécanique.
Houille de 3e qualité........		5932	Contenant 0.20 de cendre.	M. MORIN, aide mémoire de mécanique.
Bois séché au feu........		3666	Contenant 0.52 de charbon.	M. MORIN, aide mémoire de mécanique.
Bois séché à l'air........		2945	Contenant 0.20 d'eau.....	M. MORIN, aide mémoire de mécanique.
Tourbe ordinaire........		1500		
Tourbe de 1re qualité........		3000		

Il ne faut pas croire que les quantités de chaleur données par ce tableau soient utilisées dans les foyers ; on n'utilise guères que les $\frac{6}{10}$, même dans les meilleurs, attendu qu'une partie de cette chaleur est employée à produire le tirage et à échauffer les parois des chaudières. On peut, au reste, calculer approximativement la quantité de chaleur perdue par chaque kilogramme de houille brûlée.

Perte de chaleur par le tirage et par l'enveloppe. — On sait que l'air appelé pour la combustion de 1 kilog. de houille est de 20 mètres cubes au moins, ce qui fait en poids 26 kilog. De ces 26 kilog. d'air, 13 sont utilement employés et sont remplacés par un poids au moins équivalent d'un mélange gazeux, formé de vapeur d'eau, d'oxyde de carbone et d'acide carbonique. Quant aux 13 autres, ils sortent non brûlés à la température de 400°, qui est celle d'un bon tirage ; cela fait donc toujours 26 kilog. d'air à peu de choses près, s'échappant à 400°. Or, comme il faut 0,267 de calories pour élever de 1° la température de 1 kilog. d'air, cela donne un nombre de calories perdues marqué par $26 \times 0,267 \times 400 = 2776,8$; d'autre part, on a le nombre de calories 800,0 pour exprimer la perte de chaleur, par l'enveloppe, cela donne une perte totale de 3576,8 calories, ce qui réduit les 7500 calories développées par 1 kilog. de houille au chiffre de 3923,2 de calories utilisées pour former de la vapeur ; cela enseigne que dans les chaudières à vapeur, la moitié de la chaleur est perdue, ou si l'on veut la moitié du combustible employé ne produit pas un atome de vapeur.

Poids de vapeur formé par 1 kilogramme de houille brûlée. — Nous avons vu précédemment que pour transformer un poids d'eau représenté par Q en vapeur à une température représentée par T, il fallait un nombre de calories égal à

$$Q(537+T) \text{ en supposant l'une à } 0°.$$

Mais ordinairement on emploie de l'eau à une température moyenne de 12 à 15°. Convenons de représenter par

T' la température qu'a déjà l'eau qui doit être transformée en vapeur, alors la formule devient

$$Q(537+T-T')\text{ calorie.}$$

Or, puisqu'un kilogramme de houille moyenne développe en brûlant 7500 calories, la quantité de charbon nécessaire pour vaporiser le poids Q d'eau sera égale à

$$\frac{Q(537+T-T')}{7500}$$

Appliquons cette formule à un des exemples précédens :

On a transformé 12 mètres cubes d'eau à 12° en vapeur. A 135°, quelle est la quantité de chaleur employée et par suite quelle est la quantité de charbon dépensée?

Remplaçant Q par 12 mètres cubes, T et T' par 135° et 12°, on a immédiatement

$$\frac{12000^k(537+135-12)}{7500}=1056^k.$$

En divisant 12000 kilog. par 1056, on trouverait que 1 kilog. de charbon aurait vaporisé 12 kilog. d'eau environ, mais l'expérience a prouvé et prouve tous les jours qu'un kilog. de charbon vaporise rarement plus de 6 à 7 kilog. d'eau, dans les meilleurs appareils des machines marines.

A l'inverse de la question précédente, on pourrait avoir à déterminer quelle quantité d'eau on pourrait transformer en vapeur, avec un poids donné de combustible.

Quel poids d'eau, par exemple, pourrait-on transformer en vapeur à 135° avec 1056 kilog. de charbon, sachant que l'eau est à 12°?

Puisqu'un kilogramme de charbon fournit 7500 calories, les 1056 kilog. donneront $7500\times1056=7920000$ calories.

D'autre part, pour transformer 1 kilog. d'eau à 12° en vapeur à 135° il faut (537+135—12) calories, donc autant de fois 7920000 contiendra (537+135—12) autant de kilogrammes d'eau on pourra vaporiser, l'expression deviendra

$$\frac{7920000}{(537+135-12)}=12000^k$$

Condensation de la vapeur par l'eau froide. — L'eau qu'il faut injecter dans les condenseurs pour liquéfier la vapeur est puisée ordinairement par des pompes, et porte par conséquent la température moyenne de nos climats, c'est-à-dire 12° à 15°.

La question qu'il s'agit de résoudre est celle-ci : Étant donné un poids Q de vapeur à $t°$, quelle quantité Q' d'eau froide à $t'°$ faut-il y jeter pour la ramener à l'état liquide, de façon que la température du mélange soit $t''°$.

Or, la quantité Q de vapeur en se condensant d'abord, puis en s'abaissant de $t-t''$, met en liberté une quantité de chaleur qui s'évalue par $537 \times Q + (t-t'')\,Q = (537+t-t'')Q$.

Cette chaleur est prise en partie par l'air environnant où elle se perd, en partie par l'eau injectée, qui, pour s'élever de $t''-t°$, en absorbe la quantité $Q'(t''-t')$

Comme la quantité perdue dans l'air est très-faible, nous pouvons la négliger, alors nous aurons la relation

$$Q'(t''-t') = Q(537+t-t'')$$

d'où

$$Q' = \frac{Q(537+t-t'')}{t''-t'}$$

APPLICATION :

Soit $Q = 1^k$ $t = 100°$, $t' = 12°$, $t'' = 35°$

On trouvera $Q' = \frac{602^k}{23} = 23^k217$

AUTRE APPLICATION :

Si une machine à basse pression, de la force de 50 chevaux, a un cylindre de 0^m712 de diamètre, et une course de piston de 1^m80, le volume de vapeur engendré par chaque coup de piston est de

$$\frac{1^m80(0,712)^2}{1,273} = 0^{mc}716$$

Or, comme un mètre cube de vapeur à 100° pèse $0^k,5913$, le poids de vapeur à condenser dans cette circonstance sera $0^k5913 \times 0,716 = 0^k4234$; en outre, si l'eau d'injection est à la température $t'=12^{\circ}$, et celle de l'eau totale, après condensation $t''=35^{\circ}$ nous aurons

$$\frac{Q'0^{k}4234(537+65)}{23}=11^{k}32$$

Densité des corps. — On appelle densité, le rapport du poids au volume; on appelle densité d'un corps par rapport à un autre, le rapport du poids du premier au poids du second, sous le même volume. Ainsi la densité relative du mercure par rapport à l'eau distillée, est de 13.

Pour déterminer la densité des corps, on compare le poids d'un volume égal de chacun d'eux, d'un décimètre cube, par exemple, au poids d'un même volume d'eau distillée et ramenée à son maximum de densité ou à 4° de température. Comme la chaleur est une cause de dilatation, et que la dilatation augmente le volume, il faut que tous les corps à comparer soient à la même température. Cette densité s'appelle encore *Pesanteur spécifique*.

La Table suivante donne les densités des corps les plus usités dans les arts.

Tableau de la densité des corps solides ou liquides.

Platine laminé. . . .	22,069	Etain fondu	7,291
Or forgé.	19,361	Fer fondu.	7,207
Mercure à 0°.	13,598	Zinc fondu.	6,861
Plomb fondu.	11,352	Marbre.	2,837
Argent monnayé. . .	10,400	Verre.	2,488
Bismuth fondu. . . .	9,822	Soufre natif.	2,033
Cuivre rouge filé ou forgé.	8,878	Ivoire.	1,917
		Sable fin humide. . .	1,900
Cuivre rouge fondu.	8,788	Albâtre.	1,874
Cuivre jaune filé. . .	8,540	Acide sulfurique. . . .	1,840
Cuivre jaune non forgé	8,390	Anthracite.	1,800
Acier non trempé. . .	7,840	Alun.	1,720
Acier non écroui. . .	7,816	Argile et glaise. . . .	1,656
Fer en barres.	7,788	Acide nitreux.	1,550

Sable fin sec.	1,410	Graisse.	0,930
Gravier.	1,371	Glace fondante.	0,930
Gaïac.	1,330	Huile d'olive.	0,915
Houille compacte.	1,329	Huile essentielle de térébenthine.	0,870
Acide nitrique.	1,217	Frêne et Hêtre.	0,840
Chêne.	1,170	Alcool.	0,830
Résine.	1,070	Ether sulfurique.	0,715
Lait.	1,050	Orme et noyer.	0,670
Eau de mer.	1,026	Saule.	0,580
Eau distillée et de pluie.	1,000	Sapin mâle.	0,550
Briques.	1,000	Peuplier blanc.	0,520
Vin de Bordeaux.	0,999	Sapin femelle.	0,490
Vin de Bourgogne.	0,991	Peuplier.	0,380
Cire.	0,960	Liége.	0,240
Suif.	0,940		
Huile de lin.	0,940		

Au moyen de ce tableau, il est facile de déterminer le poids d'un corps; il suffit pour cela de multiplier le nombre de décimètres cubes qu'il contient par le nombre correspondant dans la Table, nombre qui n'est plus regardé comme un nombre abstrait mais comme exprimant des grammes.

Si l'on voulait, connaissant le poids, trouver le volume, il faudrait diviser ce poids par la densité, ce qui revient à cette formule de mécanique,

$$P=VD, \qquad V=\frac{P}{D}$$

Dans laquelle P représente le poids, V le volume et D la densité évalué en grammes.

Un exemple suffira pour faire comprendre ce qui précède.

On doit placer sur une soupape de sûreté une masse en plomb fondu, cubant 6 décimètres cubes; combien pèse-t-elle?

Un décimètre cube de plomb pèse, d'après la Table,

11^{k},352; les 6 décimètres cubes devront peser 6 fois plus, ou 11^{k},352$\times$6=68^{k},112.

A l'inverse, on doit placer sur une soupape un poids de 68^{k},112 K, quel sera son volume?

Puisque le décimètre cube de plomb pèse 11^{k},352 fois plus qu'un décimètre cube d'eau, en divisant le poids 68^{k},112 par 11,352, on aura le volume.

Ce problème fournit le moyen de déterminer les dimensions à donner au modèle, pour faire fondre le poids précité par l'application d'un simple problème de géométrie.

4e LEÇON.

DES CHAUDIÈRES.

On forme la vapeur dans des vases en tôle ou en cuivre appelés chaudières. Cette partie des machines à vapeur est sans contredit la plus importante.

Pour arriver à des résultats satisfaisans, les chaudières doivent remplir plusieurs conditions :

1° Leur capacité doit être suffisante pour contenir, d'une part, la vapeur nécessaire aux besoins de la machine et, d'autre part, une masse d'eau propre à la fournir, dont le niveau soit maintenu dans des limites convenables ;

2° La pression de la vapeur produisant la force, il faut que la chaudière puisse résister à cette force qui s'exerce sur ses parois, lesquelles lui servent de point d'appui pour aller produire son effet sur la surface de piston ;

Enfin, elles devront être construites de manière à utiliser le plus possible la chaleur produite par le combustible.

Il existe un grand nombre de chaudières qui diffèrent entr'elles par leur forme et leur disposition : nous ne nous occuperons ici que des *chaudières* dites *à tombeau* et des *chaudières tubulaires*. Les premières sont à basse pression et les secondes à moyenne pression.

Principales parties des Chaudières. — Les chaudières à basse pression, telles qu'elles sont employées aujourd'hui pour la navigation, ont la forme d'un parallélipipède rectangle, aux arêtes latérales arrondies (fig. 2). Le *coffre à vapeur* C est placé ordinairement sur l'avant de la chaudière, et la *cheminée* H à l'arrière. Elles sont formées de deux corps, qui communiquent par le débouchement des *carreaux* D dans la cheminée, par la *boîte des soupapes de sûreté* et la *caisse des soupapes d'arrêt.*

Les chaudières sont placées à l'avant de la machine dans les navires à hélice, et à l'arrière dans les navires à roues.

Dans les navires de plus de 200 chevaux, il y a des foyers sur la face de l'avant des chaudières et sur la face de l'arrière; dans ce cas, les chaudières sont composées de quatre corps réunis par la cheminée. Chaque corps possède une *soupape d'arrêt*, une *soupape de sûreté*, un *manomètre*, des *robinets-jauges*, un *tube de niveau d'eau* et des *soupapes atmosphériques.*

Les deux corps de l'avant ont une caisse à soupape d'arrêt commune, ainsi qu'une caisse à soupape de sûreté.

Les chaudières sont construites avec des feuilles de tôle laminée, posées l'une sur l'autre et se recouvrant de 4 centimètres environ pour faciliter la rivure. Les tôles sont réunies dans les arêtes par des fers à cornières. Des *tirans* soutiennent les surfaces trop étendues pour résister à la pression.

L'épaisseur des tôles ne doit pas être la même dans toutes les parties de la chaudière; celles qui sont exposées à l'action directe des feux, ainsi que les fonds qui sont toujours humides, doivent avoir des dimensions plus fortes. On donne ordinairement 7 à 8 millimètres d'épaisseur aux tôles formant le coffre à vapeur, ainsi que les hauts, tandis qu'elle est de 10 millimètres dans les autres parties.

Les *fourneaux* F sont placés les uns à côtés des autres, séparés par les *lames d'eau* L; ils communiquent tous au conduit transversal, qui lui-même est en communication avec la chaudière du fond. La flamme, avant de gagner la cheminée, a donc à parcourir cette série de conduits, tous entourés d'eau, dont les lames, à leur tour, communiquent entr'elles, ainsi qu'avec la couche du fond et celle de dessus.

Les fourneaux se composent des *grilles*, des *cendriers* et de l'*autel*; ils sont munis de portes ainsi que les cendriers.

Dimensions des Chaudières. — Les principales parties des chaudières sont celles qui sont occupées par l'eau, celles qui sont occupées par la vapeur, les fourneaux, les cendriers et les grilles. Chacune de ces parties doit avoir des proportions qui la rende apte à produire le meilleur effet possible.

Jusqu'à présent on n'a pas de règle positive pour déterminer les relations entre les diverses parties des chaudières à vapeur; cependant il doit exister des dimensions propres à réaliser le double avantage de produire le plus possible de vapeur avec la plus grande économie possible de combustible. Dans ce cas, comme dans beaucoup d'autres, on est réduit à prendre pour guide les expériences qui ont été faites avec les appareils construits jusqu'à ce jour.

Volume des Chaudières. — Voici les dimensions que la pratique a fixées :

La partie occupée par l'eau doit être de 8 à 10 fois le volume d'eau à vaporiser.

Le volume d'eau à vaporiser par heure et par force de cheval est égal à 33 litres.

L'espace occupé par la vapeur doit aussi être à-peu-près 10 fois le volume d'eau à vaporiser; de cette manière, le volume total de la chaudière sera égal à 18 ou 20 fois le volume d'eau à vaporiser par heure et par force de cheval.

Ainsi, pour une chaudière de 220 chevaux, par exemple, l'espace occupé par l'eau sera de $0^{m.c},210$ par force de cheval, ce qui donne $220 \times 0,210 = 46^{m.c},200$.

L'espace occupé par la vapeur sera de $0^{m.c},138$ par force de cheval, ce qui donne $0,138 \times 220 = 30^{m.c},360$.

$46,200 + 30,360 = 76^{m.c},560$ pour le volume occupé par l'eau et par la vapeur.

Surface de chauffe. — D'après les résultats de l'expérience, plus la force nominale de la chaudière est grande, plus la surface de chauffe diminue; mais, en général, en donnant $1^{m.c},20$ de surface de chauffe par cheval pour les machines de 100 chevaux et au-dessous, $1^{m.c},000$ pour celles de 200 chevaux et au-dessous, $0^{m.c},900$ pour celles de 200 à 300 chevaux et $0^{m.c}800$ pour celles de 400 chevaux et au-dessus, on arrivera à de bonnes proportions.

En moyenne, on pourra adopter 1 mètre carré de surface de chauffe par force de cheval. La partie de cette surface exposée à l'action directe du feu devra être $\frac{1}{5}$ ou $\frac{1}{6}$ de la surface de chauffe totale.

Grilles. — La surface de la grille doit être de 5 décimètres carrés environ par force de cheval.

La surface vide entre les barreaux des grilles dépend, ainsi qu'il a été dit précédemment, de la qualité des houilles que l'on brûle; cependant on pourra, en moyenne, lui donner $\frac{1}{7}$ de la surface totale de la grille.

Cheminée. — La section de la cheminée devra être égale à $\frac{1}{5}$ ou $\frac{1}{6}$ de la surface de la grille; sa hauteur de 10 à 12 mètres.

Des Pièces servant à la sûreté des Chaudières à basse pression.

Toute l'attention, tous les soins des mécaniciens doivent être concentrés sur l'appareil évaporatoire; le mécanisme qui fait mouvoir le propulseur ne doit être, pour eux, comparativement aux chaudières, que d'un intérêt secondaire. Avec une attention soutenue et des connaissances suffisantes, les accidens seraient excessivement rares et presque toujours de peu de gravité.

Pour guider les mécaniciens dans cette attention soutenue qu'ils doivent apporter aux chaudières, on a adapté à celles-ci des instrumens, au moyen desquels ils peuvent, à chaque instant, vérifier le travail qui se produit à l'intérieur, et par ce moyen le régulariser convenablement.

Manomètre. — Au nombre de ces instrumens, celui qui, sans contredit, doit occuper la première place, c'est le manomètre.

Construction des Manomètres. — Le manomètre se compose d'un tube en fer creux recourbé (fig. 3.) communiquant avec la chaudière par l'un de ses bouts, et avec l'air libre par l'autre extrémité. Le diamètre de ce tube est indifférent ; cependant, pour ne pas employer une trop grande quantité de mercure, on lui donne ordinairement 12 à 15 millimètres. Un robinet R intercepte ou établit à volonté la communication avec la chaudière.

Comment on les règle. — On verse dans ce tube une colonne de mercure suffisante au moins pour faire équilibre à la plus haute pression à laquelle doit marcher la chaudière.

Un exemple fera comprendre ce qui précède.

On veut déterminer la quantité de mercure que doit contenir le manomètre d'une chaudière à basse pression qui doit marcher au plus haut à 0,25 centimètres, sachant que le tube a 0,012 millimètres de diamètre intérieur.

La pression atmosphérique qui agit sur tous les corps, presse chaque centimètre carré de leur surface, d'un poids égal à $1^k,033$; or, c'est le poids d'une colonne de mercure de 1 centimètre de base et de 76 centimètres de hauteur. Ainsi, quand on dit que la pression de la vapeur contenue dans une chaudière est de $0^m,76$, cela veut dire qu'elle presse chaque centimètre carré de surface de $1^k,033$. De même, si elle fait équilibre à une colonne de mercure de $0^m,25$, cela veut dire que chaque centimètre carré est pressé à raison des $\frac{25}{76}$ de $1^k,033=0^k,339$

En général, quelle que soit la colonne de mercure que l'on considère, on trouvera la pression correspondante par la proportion

76 : $1^k,033$ comme la colonne donnée est à la pression correspondante.

Ainsi, pour trouver la pression correspondante à $0^m,25$ on établira la proportion

$$76 : 1,033 :: 25 : x$$

d'où $$x=\frac{1,033\times 25}{76}=N=0^k,339$$

Telle est donc la pression qui s'exercerait sur chaque

centimètre carré de la chaudière et, par conséquent, sur chaque centimètre carré de la surface du tube qui est en communication avec elle.

Ce poids $0^k,339$ représenterait aussi le poids de mercure à verser dans le manomètre, si la surface du tube était un centimètre carré ; mais, dans notre cas, elle est égale à

$$3,14 \times 0,006 \times 0,006 = 0,000036 \times 3,14 = 0,000113^{\,m\,m\,c.}$$

Puisque pour 1 centimètre carré le poids du mercure est N, pour $1^{m.c},13$, il sera $0,339 \times 1,13 = 0^k,383^g$.

Dans tous les cas, il n'y a pas d'inconvénient à ce que la colonne soit plus grande ; mais si elle était trop faible, le mercure serait lancé au dehors.

Ayant déterminé le poids du mercure à placer dans le tube, on versera cette quantité, et on déterminera la longueur de la baguette qui sert d'indicateur B ; il suffira pour cela de la couper de telle sorte que, lorsqu'il n'y a pas de pression ou lorsque le mercure est en équilibre dans les deux branches, son extrémité vienne coïncider avec le zéro de l'échelle E.

Cette échelle, placée au haut du tube, est divisée en demi-centimètres, et chaque division indique une pression de 1 centimètre de colonne de mercure, attendu qu'un déplacement de un demi-centimètre dans une branche, donne aussi dans l'autre, en sens contraire, un déplacement d'un demi-centimètre ; c'est donc une différence de niveau d'un centimètre et, par suite, une pression correspondante à cette colonne de mercure.

Soupapes de sûreté. — Les soupapes de sûreté des chaudières à vapeur marine (fig. 4), se composent d'une *plaque* de bronze S, légèrement bombée, dont les bords en cone s'appliquent sur ceux d'un *siége* K de même métal ; ces deux surfaces, en contact, doivent être bien rodées. Les bords appuyés l'un sur l'autre, appelés *zone de contact,* ne doivent pas excéder $\frac{1}{30}$ du diamètre. Cette soupape porte, à sa partie inférieure, une *tige* T maintenue par une douille attenante au siége et assujétie elle-même par deux ou trois *traverses*. A l'extrémité de cette tige est articulée une *tige à fourche*, en fer, qui traverse le *contre-poids* P, ordinairement en fonte. Ce poids est mu par le moyen d'une *pédale* I, située dans l'intérieur du coffre à vapeur. Cette pédale est fixée sur un arbre transversal *m*, appuyé des deux côtés de la chaudière. Cet axe porte un *levier* horizontal L, auquel s'articule une tige verticale V.

Le diamètre des soupapes de sûreté doit être de $0^{m}22$ par force de cheval, et, lorsqu'il n'y en a qu'une, on peut augmenter cette proportion.

Calcul du poids. — Le poids à placer sur la soupape doit être calculé de manière à ne la laisser ouvrir que lorsque la pression intérieure devient plus grande que celle à laquelle on doit marcher : c'est une question d'équilibre.

EXEMPLE :

Quel est le poids à placer directement sur une soupape de sûreté dont le diamètre est de $0^{m},18$ pour une chaudière devant marcher à 0,30 au plus ; la soupape pesant 7^{k}?

SOLUTION.

Chaque centimètre carré de la surface de la soupape est pressé à raison de $0^{m},30$ de colonne de mercure ou de $0^{k},407$; donc la pression de la vapeur sur la soupape sera égale au produit du nombre de centimètres carrés qu'elle contient, multiplié par $0^{k},407$.

La surface de la soupape $=0^{m},09^{2}\times 3,14=0^{m\cdot c},025434$

La pression sur chaque centimètre carré $=0^{k},407$.

La pression sur la surface de la soupape $=254^{c\cdot c},34 \times 0,407=103^{k},516$.

Retranchant de cette quantité les 7 kilog. que pèse la soupape, on aura le poids réel qui devra être placé, $103,516-7=96^{k},516$.

Les soupapes de sûreté doivent être manœuvrées avec précaution ; il ne faut jamais les ouvrir subitement, mais avec lenteur et ménagement, surtout dans les momens où le niveau est bas ; aussi, celles qui sont mues par une vis sont préférables à celles terminées par une tige à poignée qu'on tire ou qu'on pousse suivant qu'on veut ouvrir ou fermer la soupape ; car, avec ce dernier mode, il faut un effort assez grand, et que l'on ne peut pas toujours calculer et surtout ménager d'une manière convenable.

La vapeur sortant par les soupapes de sûreté, passe dans une *caisse* qui communique avec un tuyau placé le long de la cheminée. Ce tuyau est appelé *tuyau de décharge*.

Soupapes atmosphériques. — La soupape atmosphérique sert à rétablir l'équilibre entre la pression de la chaudière et la pression atmosphérique, lorsque, par une cause quelconque, la vapeur se trouve avoir une pression inférieure à celle de l'atmosphère.

Cette soupape se compose d'un *tronc de cone* A posant sur un *siége* B, l'un et l'autre bien rodés. Elle s'ouvre de l'extérieur à l'intérieur ; un petit *contre-poids* C sert à la tenir fermée, lorsque la pression intérieure de la chaudière est égale à celle de l'atmosphère.

Cette soupape est indispensable aux appareils à basse pression, avec lesquels on marche presque toujours à une pression peu différente de celle de l'atmosphère et qui lui devient souvent inférieure lorsque l'on fait de grandes extractions.

Tubes de niveau d'eau. — Les tubes indicateurs (fig. 6.) sont placés verticalement sur la face d'avant de la chaudière ; ils sont en cristal, ont 50 à 60 centimètres de longueur et de 12 à 15 millimètres de diamètre intérieur. Ces tubes sont noyés dans deux godets G ou boîtes en cuivre, munies chacune d'un robinet R qui intercepte ou établit à volonté la communication de la vapeur avec le haut du tube et de l'eau avec le bas.

On les place de telle sorte que le milieu M se trouve à la hauteur du niveau normal. A l'extrémité inférieure est un autre robinet R', qui permet la communication avec l'air libre.

L'eau dans la chaudière est pressée par la vapeur ; il faut que l'eau du tube le soit aussi, pour que le niveau d'eau soit le même dans les deux vases, c'est-à-dire dans le tube et dans la chaudière ; car les liquides dans les vases communiquant se tiennent toujours au même niveau, lorsqu'ils sont également pressés; c'est pour arriver à ce but que le tube communique par le bas avec l'eau et par le haut avec la vapeur.

Les robinets qui servent à établir cette communication sont placés en cas de rupture du tube. Celui qui communique avec l'atmosphère sert à vider l'instrument, pour vérifier si les autres communications ne sont pas interceptées par les sels ou par tout autre corps. Il sert aussi à indiquer si la pression intérieure de la chaudière est plus faible que celle de l'atmosphère; car, dans ce cas, l'eau, au lieu de s'échapper du tube, y serait refoulée par la pression de l'air qui y entrerait.

Robinets-jauges. — Ce sont des robinets ordinaires; ils sont placés l'un au-dessus du niveau normal, l'autre au-dessous; le premier, quand on l'ouvre, doit toujours laisser échapper de la vapeur, l'autre de l'eau.

Flotteur. — C'est un corps assez léger pour être soulevé par l'eau, et assez lourd, cependant, pour retomber par son propre poids. Il tient à une tige qui traverse la face de la chaudière; une aiguille placée sur cette tige indique sur un cadran le niveau de l'eau.

Il est encore quelques autres pièces attenantes aux chaudières, telles que les soupapes ou robinets d'alimentation, les tuyaux d'extraction, dont il sera parlé dans des articles subséquens.

CHAUDIÈRES TUBULAIRES.

Les chaudières à basse pression ont le défaut d'être trop pesantes et trop volumineuses; elles sont donc peu favorables pour la navigation à vapeur, où la légèreté et l'espace restreint sont des conditions de marche; aussi, dans ces derniers temps, a-t-on songé à les remplacer par les chaudières à tube, dont l'adoption est devenue presque générale.

Les chaudières tubulaires le plus en usage dans la navigation, sont celles dites à retour de flammes (fig. 7). Dans ce genre d'appareil, la flamme, après avoir léché le *ciel* C, se rend dans la *boîte à feu* B, et revient, en passant *au travers des tubes* T, vers la *boîte à fumée* F placée au-dessus de la porte du foyer. De là elle se rend à la cheminée. Une *porte de boîte à fumée*, munie souvent de *poignées*, sert à ouvrir la boîte pour nettoyer les tubes, et afin que cette opération puisse se faire en marche, il y en a une devant le jeu des tubes situés au-dessus de chaque foyer.

Ces chaudières sont toujours divisées en corps séparés, posés l'un à côté de l'autre; lorsqu'il y a quatre corps, il y a des feux sur l'avant et sur l'arrière, et les *calottes* M se courbent pour venir se réunir à la cheminée, comme dans les chaudières à carneaux.

Les grilles, les cheminées, les soupapes, les cendriers, etc., sont semblables à ceux des chaudières à basse pression. Comme dans ces dernières, il existe des *lames d'eau* entre les fourneaux ainsi que tout autour de la chaudière et au-dessous des foyers.

La forme des chaudières tubulaires est très variée; quelquefois elle est rectangulaire à faces planes ou un peu courbées; dans d'autres, le sommet est arrondi, ou bien *elles* sont un composé de surfaces planes et de surfaces courbes qui prennent la façon du navire.

Les proportions des chaudières tubulaires sont loin d'être déterminées; tous les jours on en construit de nouvelles, qui varient suivant les circonstances.

Dans un rapport remarquable, publié en 1845, M. Sochet, Ingénieur de la marine, résume ainsi ce qui concerne les chaudières tubulaires:

Il convient, dit-il, de n'employer que des tubes en fer soudé, à recouvrement, ayant un diamètre moyen de 0m,076 à l'intérieur et une longueur de 2m ou 2m,30; de distribuer les groupes relativement à chacun des foyers, de telle sorte que leurs séparations correspondent aux bouilleurs; d'employer 1m.c,20 par cheval de surface de chauffe totale, dont 1 mètre carré environ pour les tubes; de donner aux grilles 5 décimètres carrés et aux réservoirs de vapeur 50 litres au moins par force de cheval;

de maintenir le niveau de l'eau à 0m,25 ou 0m,30 au-dessus des tubes ; de faire usage, autant que possible, d'autels surexhaussés, laissant un espace libre au fond des foyers ; de n'employer que des surfaces très arrondies, tant pour l'intérieur des chaudières que pour les foyers ; d'adopter un système d'extraction continue, combiné convenablement avec le système d'alimentation, le rapport de l'alimentation à l'extraction étant dans celui de 2 à 1, et de faire usage de plusieurs corps de chaudières complètement indépendans, afin de faciliter les nettoyages et les réparations à la mer. La pression pour les machines neuves ne devra pas être au-dessous d'une atmosphère en sus de la pression atmosphérique, et, sur les bateaux existans, elle ne devra jamais être inférieure à 40 centimètres de mercure, excepté dans le cas de mauvaises proportions de la machine.

M. Gervaize, Ingénieur de la Marine au port de Brest, vient de faire construire des chaudières tubulaires à grands tubes (fig. 8.), qui ont été placées à bord de l'*Archimède*, et qui donnent des résultats satisfaisans pour la production, ainsi que pour l'économie du combustible.

Le tableau suivant donne les dimensions des principales parties de cet appareil.

Dimensions des Chaudières à grands tubes.

Longueur totale de la chaudière.	5m,50
Longueur totale de la chaudière (deux corps indépendans).	6 ,70
Hauteur totale, le coffre non compris.	3 ,56
Diamètre du coffre à vapeur.	2 ,45
Hauteur du coffre à vapeur.	0 ,85
Diamètre de la cheminée.	1 ,40
Hauteur de la cheminée à partir du dessus de la chaudière.	9 ,00
Hauteur de l'eau au-dessus des tubes de la série supérieure.	0 ,25
Diamètre intérieur des tubes de la série supérieure.	0 ,50 et 0m,60
Longueur de ces tubes.	4 ,25
Épaisseur du métal des tubes.	4m/m et 3m/m,5

	Pour 220 Chev.	Pour 1 Cheval.
Surface des grilles fixes.	12,16	0,0553
Aire de la section du passage de l'air à l'entrée du cendrier.	2,68	0,0122
Aire de la section du passage des gaz au-dessus des autels.	3,30	0,0150
Aire de la section du passage des gaz à l'entrée et à la sortie dans les tubes de la série inférieure.	3,40	0,01545
Aire de la section de la cheminée.	1,50	0,0070
Foyers, autels et plaques de tôle, les cendriers non compris.	53,38	0,2426
Chambre à fumée de l'arrière et de l'avant.	41,20	0,1872
Somme des parois planes et courbes.	94,58	0,4298
Tubes de la série inférieure.	52,746	0,2398
Idem supérieure.	133,440	0,6066
Somme des surfaces tubulaires. . .	186,186	0,8464
Surface totale de chauffe.	280,784	1,2762
Volume de l'eau soumise à l'évaporation. .	34000 lit.	154 litr.
Volume de la vapeur, le coffre non compris	22000	100

Poids total des chaudières avec leurs accessoires 42,400 k.

Nous donnons ici quelques règles extraites de l'excellent traité de M. Bataille, et établies d'après les dimensions adoptées par les plus célèbres constructeurs.

En moyenne, la pratique donne 5 décimètres carrés de surface de grille par cheval de vapeur, donc pour déterminer la surface de la grille, il faudra multiplier le nombre de chevaux de vapeur de la machine par 5, le produit donnera la surface de grille en décimètres carrés.

Exemple : *Déterminer la surface totale d'une machine de 450 chevaux?*

D'après la règle précédente, on aura pour la surface cherchée : $450 \times 5 = 2250^{d.c}$ ou $22^{m.c},50^{d.c}$.

La longueur du foyer est, d'après les moyennes, de 2 mètres environ. La hauteur moyenne du carneau est de 0m,61.

Pour déterminer la capacité de la chambre du foyer au-dessus des barreaux de la grille, il faut multiplier le nombre de chevaux de vapeur de la machine par 35, le produit est le volume cherché en décimètres cubes.

Exemple : *Veut-on déterminer le volume de la chambre du foyer au-dessus des barreaux de grille, pour une machine de 450 chevaux?*

On aura $450 \times 35 = 15750^{d.c}$ ou $15^{m.c},750^{d.c}$

Pour déterminer la section totale des carneaux et des tubes, il faut multiplier le nombre de chevaux de vapeur de la machine par 72, le produit sera la surface cherchée en centimètres carrés.

Exemple : *Quelle est la surface totale que doivent avoir les carneaux ou les tubes d'une chaudière de machine à vapeur de la force de 450 chevaux.*

Nous aurons, d'après la règle précédente :

$$450 \times 72 = 32400^{c.c} \quad \text{ou} \quad 3^{m.c},24^{d.c}$$

Pour déterminer la surface de chauffe d'une chaudière, multipliez le nombre de chevaux de la machine par 0,91, le résultat sera la surface cherchée en mètres carrés.

Exemple : *Trouver la surface de chauffe d'une machine de 450 chevaux?*

Elle est égale à $450 \times 0,91 = 409^{m.c},5$

Pour trouver la surface de la cheminée d'une machine à vapeur, il faut multiplier la puissance nominale en chevaux de la machine par 66, le produit sera la surface de la cheminée en centimètres carrés.

Exemple : *Quelle est la surface de la cheminée d'une machine de 450 chevaux.*

$$450 \times 66 = 29700^{c.c} \quad \text{ou} \quad 2^{m.c},9$$

Pour déterminer le volume de l'eau contenue dans la

chaudière d'une machine à vapeur, il faut multiplier le nombre de chevaux de vapeur de la machine par le nombre 0,142, le produit exprimera en mètres cubes la quantité d'eau moyenne contenue dans la chaudière.

Ainsi, pour un appareil de 450 chevaux, la quantité moyenne d'eau contenue sera

$$450 \times 0,142 = 63^{m.c},900$$

Pour déterminer la capacité moyenne de la chambre à vapeur d'une machine, il faut multiplier le nombre de chevaux de vapeur de la machine par le nombre 0,09, le produit sera la capacité cherchée en mètres cubes.

EXEMPLE : *Quelle est la capacité moyenne de la chambre à vapeur d'une machine de 450 chevaux ?*

Elle est égale à $450 \times 0,09 = 40^{m.c},500^{d.c}$

Toutes ces règles sont les résultats des moyennes prises sur sept ou huit bateaux à vapeur de différentes forces.

Précautions à prendre pour empêcher la détérioration des chaudières. — Les chaudières sont exposées à beaucoup de causes de destruction ; ainsi, en laissant baisser le niveau de l'eau, elles brûlent et on se trouve en danger d'explosion. Si, au contraire, on l'élève trop, l'eau est entraînée dans la machine et peut faire défoncer les cylindres ou casser les balanciers, etc. Si les extractions ne sont pas conduites avec soin, on consomme un charbon inutile et la chaudière se remplit de dépôts salins qui détériorent promptement les tôles.

Les chaudières tubulaires surtout demandent une attention continue ; car, comme elles produisent vite, il en résulte un prompt abaissement du niveau, et leur capacité étant beaucoup moindre que celle des chaudières à tombeau, elles sont facilement obstruées par les sels, et brûlent promptement.

Dès qu'on arrive au mouillage, les surfaces de chauffe doivent être ramonées et débarassées du sel.

Les chaudières doivent être vidées, et, dans les pays pluvieux, la cheminée doit être recouverte pour empêcher l'eau de tomber dans les courans de flamme.

Pour empêcher les incrustations, il n'y a pas de meilleurs moyens que des lavages renouvelés.

Dans les cas de dépôts salins considérables, on peut allumer dans les chaudières des copeaux ou d'autres matières inflammables; la chaleur fait craquer les sels et il est alors très facile de les enlever, mais cette opération demande beaucoup d'attention pour ne pas trop échauffer certaines parties de la chaudière. Il faut, pendant cette opération, laisser les soupapes de sûreté ouvertes. On introduit ensuite de l'eau dans les chaudières et le nettoyage devient facile, mais quand les chaudières ont été bien soignées, il n'est jamais nécessaire de recourir à ce moyen.

Grille mobile fumivore. — Avant de terminer l'article relatif aux chaudières à vapeur marine, nous croyons utile de dire un mot sur la grille JUCKES, importée en France, et considérablement modifiée par MM. J.-B. TAILFER.

Cette grille a été conçue dans le but d'éviter l'ouverture des portes du foyer, soit pour l'alimentation du combustible, soit pour le tirage, soit, enfin, pour éviter le nettoyage des barreaux. On sait que c'est surtout au moment de l'ouverture des portes que l'acte de la combustion est troublé; que la fumée résultant de cette perturbation se dégage en plus grande quantité; on sait aussi que c'est à ce moment que les parois des chaudières s'altèrent et se refroidissent, et que de leur altération résulte l'inégalité du tirage, inégalité qui produit le coup de feu.

Les grilles des foyers actuels sont imparfaites au-delà de ce qu'on peut imaginer. Elles se crassent rapidement, se couvrent de mâchefer et s'usent dans un temps très court. La combustion est incomplète et le travail des chauffeurs on ne peut plus pénible. Avec la grille mobile, la combustion est on ne peut plus complète, et la moitié des chauffeurs employés actuellement sur les bâtimens suffirait grandement à l'entretien des fournaux.

Cette grille (fig. 21) est formée d'élémens en fonte, de $0^m,30$ de long sur $0^m,02$ de large, qui se succèdent dans une série longitudinale et se juxtaposent en séries consécutives dont les joints se croisent; elle présente un plan à jour sur lequel repose le combustible et à travers lequel passe l'air destiné à alimenter la combustion. Chaque série d'élémens forme une chaîne articulée qui s'enroule sur des tambours de forme octogonale fixés sur des arbres à l'avant et à l'arrière ; les barreaux sont reliés par des tringles de 25^{mm} de diamètre.

La grille fait saillie en dehors de la bouche du foyer, et porte sur l'une des flasques de son bâtis un appareil moteur qui transmet aux tambours de l'avant et imprime à la grille son mouvement de translation.

Au-dessus et contre la chaudière est une vanne en tôle ou porte, qui règle, par son ouverture, l'introduction du combustible ; en avant est une trémie qui reçoit le charbon.

La grille est mise en mouvement au moyen d'une courroie ou d'une chaîne, en même temps qu'une manivelle permet, à un instant quelconque, de lui faire faire un parcours exceptionnel ou de la faire rétrograder. On peut aussi arrêter son mouvement au moyen d'un embrayage très simple.

La houille doit être menue et peut être sèche ou mouillée ; elle est entraînée par le mouvement de la grille en une couche qui varie suivant l'ouverture de la vanne de 0,06 à 0,10 ; la vitesse de translation est à-peu-près de 2 à 3 centimètres par minute. La houille s'allume dès qu'elle a dépassé la vanne de distribution, et la fumée qu'elle dégage est brûlée par l'excès d'air qui entre à l'extrémité de la grille ; elle brûle en s'agglutinant plus ou moins fortement suivant sa nature, et lorsqu'elle arrive à l'autel, elle y est arrêtée par le tube bouilleur, et s'accumule en masse très poreuse à travers laquelle l'air passe avec une grande facilité ; elle achève de s'y consumer. Le mâchefer produit reste maintenu sur la grille par une faible adhérence et se détache spontanément, lorsque les barreaux en fonte, en s'enroulant sur le tambour, viennent à se disjoindre momentanément par leurs extrémités.

Une commission de la marine, après des expériences sérieuses, a reconnu les avantages suivans :

1° Économie de combustible résultant, non-seulement de la diminution de la consommation courante, mais aussi de la facilité qu'on aurait de n'employer que du menu charbon, moins cher de 15 p. 0|0 environ, et plus facile à arrimer que le charbon en roches. Ce premier avantage en implique un autre : c'est l'augmentation de la longueur et de la durée des traversées sous vapeur ;

2° En temps de guerre, où il peut être important de dissimuler sa marche à l'ennemi, chose impossible avec les foyers actuels et qui serait obtenue avec les grilles fumivores. On ne serait plus exposé à voir les grémens se noircir et se détériorer ; les manœuvres dans les hunes et sur les vergues seraient plus commodes ; enfin, il n'y aurait pas lieu de répéter aussi fréquemment qu'aujourd'hui le ramonage des tubes des chaudières. Les portes des foyers n'étant jamais ouvertes, la chambre des machines serait beaucoup moins chaude et le service général serait moins fatigant, surtout dans les mers tropicales ;

3° Enfin, la conservation des chaudières serait, d'après les considérations précédemment développées, beaucoup plus assurée qu'elle ne peut l'être aujourd'hui.

Des expériences ont aussi été faites sur le bateau à vapeur le *Prométhée* par une autre commission de la marine, qui a constaté une économie de 10 p. 0|0, et a émis le vœu que des expériences ultérieures, faites sur des chaudières tout-à-fait appropriées à l'installation de semblables appareils, viennent résoudre d'une manière péremptoire un problème dont la solution est du plus haut intérêt.

5e LEÇON.

DES MACHINES A VAPEUR.

Les machines à vapeur sont restées très long-temps imparfaites, bien que la force que produit la vapeur d'eau fut connue même avant l'ère chrétienne. Ce n'est que vers 1799, que WATT, par ses nombreuses inventions, rendit les machines à vapeur à-peu-près à l'état où nous les voyons maintenant.

En 1807, l'américain FULTON réussit à appliquer les machines à vapeur à la navigation.

La machine à vapeur de WATT est à basse pression et à double effet. Dans la marine, on n'emploie jusqu'à présent que les machines à basse pression et à moyenne pression, l'une et l'autre à condensation.

Les machines à basse pression sont celles qui sont mues par de la vapeur à une pression peu différente de l'atmosphère ; elles marchent ordinairement a 1 atmosphère $\frac{1}{4}$ ou 1 atmosphère $\frac{1}{2}$, c'est-à-dire, $\frac{1}{4}$ ou $\frac{1}{2}$ en sus de la pression atmosphérique. Celles à moyenne pression vont à 2 atmosphères et 2 atmosphères $\frac{1}{2}$, ou de 1 atmosphère à 1 atmosphère $\frac{1}{2}$ au-dessus de la pression atmosphérique.

Examinons d'une manière générale comment le mouvement est donné à la machine.

Il a été dit que la chaleur communiquée à l'eau de de la chaudière la transforme en vapeur, que cette vapeur presse les parois de la chaudière avec une force d'autant plus grande que sa température est plus élevée. Si l'on établit la communication de la chaudière avec le dessous du piston, et qu'on fasse communiquer le dessus avec le condenseur préalablement purgé, la vapeur va presser les parois du cylindre et le dessous du piston de la même manière qu'elle presse les parois de la chaudière, en vertu de la loi des vases communiquans, et comme le piston seul est mobile, il devra se mouvoir si la force est suffisante. Si la surface du piston contient, par exemple, 8,000 centimètres carrés, et que la pression de la vapeur soit 1 kilog. par centimètre carré de surface, le piston sera poussé avec une force égale à 8,000 kilog. Si je suppose le vide parfait au condenseur, c'est-à-dire qu'il soit à 0°, rien ne s'opposera au mouvement du piston qui montera jusqu'au haut du cylindre; là, il doit changer son mouvement, il doit descendre, mais la vapeur qui est dessous s'oppose à son mouvement; alors, par une disposition du tiroir, la vapeur trouvant une issue du côté du condenseur, s'y précipite d'autant plus facilement qu'elle a une pression de beaucoup supérieure à celle du condenseur; là elle rencontre l'eau froide qui, se mélangeant avec elle, lui retire la plus grande partie de sa chaleur, et la pompe à air enlève cette eau pour l'envoyer à la mer; alors le vide se rétablit dans le condenseur, et le dessous du piston se trouvant dégagé de la vapeur qui s'opposait à son mouvement, peut commencer sa course descendante, d'autant plus facilement qu'à ce même moment, on établit la communication de la chaudière avec le dessus du piston. Cette vapeur presse le dessus de la même manière qu'elle pressait le dessous, et le mouvement s'exécute avec les mêmes effets que ceux décrits pour le mouvement ascendant.

D'après ce qui vient d'être dit, il est facile de comprendre le mouvement rectiligne du piston, mais comment transformer ce mouvement en un mouvement circulaire continu.

Ce *piston* P (fig. 15) est muni d'une *tige* T, à l'extrémité de laquelle s'adapte une *traverse* T'. Cette traverse est terminée des deux bouts par des *tourillons* sur lesquels sont emmanchées deux tiges ou *bielles*; l'autre extrémité de ces bielles est attachée à deux grands *leviers* ou *balanciers* B, s'articulant par leur milieu sur un *arbre* C qui traverse le condenseur. A l'autre extrémité B' des balanciers, est fixée à une autre traverse T'' qui les lie, et au milieu de cette traverse est fixée à une autre tige, ou bielle D venant s'articuler sur le *bouton* M d'une manivelle H, qui est elle-même fixée sur l'arbre de couche R.

Si nous imaginons actuellement que le piston soit poussé avec une force de 8,000 kilog. par exemple, il transmettra cette force aux balanciers, qui la transmettront, déduction faite du frottement, par l'intermédiaire des bielles, à la manivelle, laquelle étant fixée sur l'arbre, ne pourra que tourner, et pourvu qu'une cause quelconque lui fasse dépasser les points haut et bas, qu'on appelle *points morts*, la machine continuera à se mouvoir tant que la vapeur sera fournie par la chaudière.

Pour remplacer l'eau dépensée à la formation de la vapeur, on a des pompes alimentaires qui prennent l'eau à la bâche, et la portent constamment dans les chaudières. Il est encore d'autres pompes servant à extraire l'eau de la cale, à empêcher la saturation de l'eau dans les chaudières et à faire le plein, mais il en sera parlé dans les articles suivans, qui traitent séparément de chacune des pièces de la machine.

PIÈCES FIXES.

Plaque de fondation. — C'est une grande plaque en fonte G (fig. 16), posant sur les carlingues et destinée à recevoir les pièces fixes de la machine; elle est liée au navire par des boulons en cuivre, dits boulons de scellement. Cette plaque est renforcée par deux nervures

N qui s'appliquent le long des carlingues. Elle est percée à l'endroit du cylindre d'un trou T servant au mouvement de la soupape de sûreté. Un espace E est ménagé dans cette plaque depuis la caisse du tiroir jusqu'au condenseur qui sert de conduit à la vapeur. Le dessous porte des nervures parfaitement dressées pour la pose des différentes pièces, et laissant entre celles-ci et la plaque un espace de 1 centimètre pour le masticage.

Cylindre à vapeur. — C'est un vase cylindrique (fig. 9) dans lequel se meut un piston. Dans les machines à balancier, il est posé verticalement ; il y en a d'obliques dans les machines oscillantes ; d'autres sont horizontaux. Dans les machines oscillantes, ils sont mobiles et suivent le mouvement de leur manivelle, en tournant autour de deux tourillons. L'intérieur des cylindres est alézé avec beaucoup d'exactitude et poli autant que le permet la fonte, qui doit être d'un grain très fin.

Le cylindre porte aux deux bouts un collet ou collecette C, bien dressé et posant d'un bout sur la plaque de fondation, il est tenu par plusieurs boulons qui le fixent à la plaque. Le fond est percé d'un trou S pour la soupape de sûreté. Deux orifices sont ménagés haut et bas pour le passage de la vapeur.

La course du piston doit être à-peu-près égale à son diamètre.

Le cylindre oscillant (fig. 10) est porté par deux gros tourillons creux T placés au milieu de sa longueur et soutenus par deux forts paliers solidement fixés sur la plaque de fondation. La vapeur arrive à l'un des tourillons par un tuyau A, qui porte un presse-étoupe P, ce qui permet au cylindre d'osciller sans qu'il y ait de fuites, et dans l'autre, s'enfonce de la même manière le tuyau d'émission E par lequel la vapeur se rend au condenseur. Ces cylindres portent un tiroir avec plaques frottantes.

Chemise du Tiroir. — C'est une portion du cylindre (fig. 10) d'un même nombre de degrés que le tiroir. Elle s'applique sur la plaque de fondation au moyen d'une barrette ; elle communique avec le cylindre contre lequel elle est appliquée, et est, à cet effet, percée haut et bas des deux orifices rectangulaires, de même dimension que ceux du cylindre. C'est entre la chemise et le tiroir que circule la vapeur. Elle porte des presses-garnitures destinés à appliquer les plaques frottantes des tiroirs contre les orifices, et aussi à empêcher la vapeur de passer en même temps au-dessus et au-dessous du tiroir. Pour passer ces garnitures, il y a deux portes qui servent aussi à les presser.

Condenseur. — Le condenseur C (fig. 17) est un vase clos dans lequel s'opère la condensation de la vapeur. Il communique du côté A avec l'intérieur du tiroir, et de l'autre côté B avec la pompe à air. Le condenseur est indispensable aux machines à basse pression ; il est formé d'une caisse en fonte dont la capacité est ordinairement égale à un tiers du volume engendré par le piston dans une course simple ; il communique avec le cylindre par un canal, et avec la pompe à air par le clapet de pied.

Son effet sur le piston est basé sur la propriété de la condensation et sur la loi des vases communiquans, d'après laquelle les pressions deviennent égales à la plus petite, dès que la communication est ouverte, quelles qu'aient été les pressions des vapeurs renfermées, alors qu'elles étaient séparées ; il offre ainsi un espace presque sans pression, dans lequel la vapeur se précipite en perdant aussitôt son effet et en redevenant liquide par suite de son contact avec l'eau froide.

Un arbre C traverse le condenseur ; il sert d'axe aux balanciers. Une bâche V est placée au-dessus, qui sert à recevoir l'eau provenant du condenseur et que lui envoie la pompe à air.

La position du condenseur est très importante, attendu qu'il porte l'arbre des balanciers, qui demande à être placé très exactement. Il en sera parlé dans une des leçons suivantes.

Le condenseur joue un grand rôle dans les machines à basse pression, puisque dans ces machines on obtient plus par l'effet du vide que par la pression. Pour que ce vide soit convenable, il faut que l'injection soit bien réglée ; si elle est trop grande, elle nuit à la marche de la machine ; si elle est trop petite, le condenseur s'échauffe et le vide ne se fait pas.

Pompe à air. — La pompe à air (fig. 18) se compose d'un cylindre C en fonte de fer, s'appliquant sur la plaque de fondation par une collerette I boulonnée, et contre la bâche du condenseur avec laquelle elle communique. Elle doit plonger jusqu'au fond du condenseur. Quelquefois elle est en fonte de fer, revêtue à l'intérieur d'une chemise en cuivre H. Depuis quelque temps on prend l'habitude de les construire entièrement en bronze, ce qui économise la main-d'œuvre et leur donne infiniment plus du durée. Elle communique par le bas avec le condenseur, au moyen du clapet de pied.

Sa fonction est d'extraire l'eau et l'air qui se trouvent dans le condenseur; elle est à simple effet; son volume est à-peu-près un neuvième de celui du cylindre à vapeur, et comme sa course est ordinairement égale à la moitié de celle du piston à vapeur, il est facile de déterminer la surface du piston de la pompe à air.

Ce piston P porte deux clapets S et S', qui s'ouvrent au-dessous, et dont la surface doit être égale à un quart de la surface du piston. Le clapet de pied D ainsi que celui de la bâche M doivent avoir la même dimension.

La force nécessaire pour faire mouvoir la pompe à air ne laisse pas que d'être très grande, vu la colonne d'eau qu'elle entraîne en montant et le refoulement de l'atmosphère; on estime cette force égale à $\frac{1}{30}$ ou $\frac{1}{40}$ de celle produite par le cylindre à vapeur.

Le piston P et la tige V sont en cuivre ou bronze. Le mouvement est donné au piston par des bielles qui s'articulent au balancier et à une traverse, de la même manière que pour le piston à vapeur.

Sur l'arrière de la pompe à air est ordinairement placé le reniflard R, espèce de soupape posant sur un siége et se levant d'elle-même de bas en haut pour laisser échapper l'eau et l'air chassés par la vapeur lorsqu'on purge la machine. Elle est munie d'une poignée qui sert à la soulever lorsque la pression de la vapeur est insuffisante. Une fois en marche, cette soupape se tient fermée par l'effet du vide du condenseur.

Bâtis. — On appelle bâtis, la charpente destinée à soutenir les arbres de couche et à relier les différentes pièces de la machine. Leurs formes diffèrent suivant les constructeurs ; ordinairement, ils se composent de deux colonnes posées sur la plaque de fondation. Sur ces colonnes sont posés verticalement deux châssis triangulaires qui s'appuient sur la bâche et sont joints au cylindre par des boulons passés dans de forts collets. Ces bâtis sont placés parallèlement des deux côtés de la machine et unis entre eux par des traverses. C'est entre les bâtis que se meuvent les manivelles et la grande bielle. Toute cette charpente est plate, consolidée par de fortes nervures. Les bâtis supportent aussi les paliers de l'arbre de couche, ceux de l'arbre du tiroir et de parallélogramme.

Soupape de purge. — La soupape de purge (fig. 11) est placée contre l'enveloppe des tiroirs ; on la fait mouvoir au moyen d'un levier à main. Elle sert à introduire la vapeur contenue dans la chemise des tiroirs dans le condenseur ; cette vapeur fait soulever le clapet de pied et passe à la pompe à air, puis sort par le reniflard après avoir chassé l'air qui se trouvait dans toutes ses parties. On ferme la soupape de purge lorsque la vapeur sort par le reniflard ; c'est une preuve que le condenseur ne contient plus d'air, alors, on ouvre l'injection et la vapeur se condense : on est prêt à mettre en marche.

Pompe alimentaire. — Cette pompe (fig. 12) est ordinairement adossée contre la pompe à air ; sa fonction est de remplacer dans les chaudières l'eau dépensée pour la formation de la vapeur nécessaire à la machine. Elle se compose d'un cylindre C bouché par le bas et non alézé ; son piston P, d'un diamètre plus petit que celui du corps de pompe, est en cuivre tourné et poli, il est maintenu dans le haut du corps de pompe par un presse-étoupe E qui fait le joint, et guidé par la traverse de la pompe à air de laquelle il reçoit son mouvement. Dans le haut du corps de pompe est une tubulure T qui sert à établir, au moyen d'un tuyau convenablement coudé, la communication du corps de pompe avec la boîte à clapet appelée aussi caisse alimentaire.

Caisse alimentaire. — Cette caisse (fig. 22), de forme

carrée ordinairement, est fixée contre la bâche du condenseur avec laquelle elle communique ; elle porte des deux côtés une tubulure établissant du côté A la communication avec la pompe alimentaire, et de l'autre côté B avec les chaudières ; elle renferme trois soupapes S, S', S'' posant sur des siéges bien rodés ; l'un des clapets S est maintenu fermé par un contre-poids P appuyant sur sa tige L, l'un des deux autres S'' est le clapet d'aspiration, l'autre S' est celui de refoulement.

Fonctionnement de l'alimentation. — Lorsque le piston de la pompe alimentaire monte, il fait le vide dans la caisse ; la soupape S'' n'étant plus pressée se lève et l'eau de la bâche peut descendre dans le corps de pompe ; alors le piston descendant refoule cette eau qui remonte par le même conduit et vient presser la soupape S'' en dessus et la soupape S' en dessous. Celle-ci se soulève et l'eau se dirige vers la chaudière. Dans le cas où l'on n'alimente pas, la soupape S' reste fermée, et la soupape S se soulève par la pression de l'eau qui est suffisante pour faire lever le contre-poids ; dans ce cas, l'eau retourne à la bâche par l'orifice K, qui communique avec elle.

Le volume de la pompe alimentaire doit être calculé de manière à pouvoir fournir deux fois la quantité d'eau dépensée par le piston à vapeur, afin de pouvoir obvier à un manque de surveillance du chauffeur en alimentant promptement.

Pompe d'extraction de cale. — Cette pompe (fig. 13) est destinée à vider l'eau de la cale ; elle est aspirante et foulante. Elle se compose d'un corps de pompe C débouché par les deux bouts, communiquant par le bas avec une caisse à soupape S'. Deux tuyaux T et T' disposés des deux côtés de cette caisse servent à l'aspiration et au refoulement. Celui d'aspiration A descend dans la cale et est garni d'une crépine pour empêcher les saletés de la cale d'obstruer les clapets. Le diamètre de cette pompe est ordinairement plus fort que celui de la pompe alimentaire, mais sa course est aussi plus petite.

Lorsque le piston monte, il fait lever le clapet A,

alors l'eau se précipite dans la caisse et dans le corps de pompe ; lorsque le piston descend, le clapet R se relève et l'eau est refoulée dans le tuyau qui la jette à l'extérieur.

Pompe à bras. — Cette pompe (fig. 23) est destinée à faire le plein des chaudières et à suppléer aux pompes alimentaires lorsque celles-ci sont engagées. Elle sert aussi à vider la cale, à laver le pont et comme pompe à incendie. Au besoin, elle peut servir à l'extraction.

Elle se compose de deux corps A et A' bien alézés, boulonnés par le pied sur une boîte commune B qui s'élève entre ces deux corps et qui contient les clapets. Les pistons P et P' sont pleins, avec une engoujure pour la garniture ; ils sont traversés par une tige ronde qui leur sert de guide en glissant dans le trou de la traverse T, située sur le corps de pompe.

Cette pompe est mue par deux bielles H parallèles, articulées sur les deux côtés de la tige et à un bout du balancier M. Le balancier est plat et roule dans un moufle I pratiqué à l'extrémité du réservoir à air. Chaque corps de pompe a deux soupapes, V et V', celles de pied V sont placées au bas, les autres V' près du réservoir à air K.

Le robinet R est à trois ouvertures, de manière à en tenir toujours deux en communication et à produire ainsi les effets voulus, suivant les ouvertures qu'il découvre.

Fonctionnement de la pompe à bras. — Supposons le robinet dans la position qu'il occupe sur la figure, et faisons manœuvrer les pistons ; le piston P en montant fait le vide dans le corps de pompe et dans la caisse; alors la soupape V n'étant plus pressée se soulève, et l'eau arrivant du tuyau d'aspiration A remplit la caisse et monte dans le corps de pompe où elle suit le piston ; dès que celui-ci descend, il presse le liquide, et cette pression tient la soupape V fermée ; cette même pression ferait soulever la soupape V', alors l'eau de la caisse passe dans le récipient K, et s'échappe soit par la conduite S, soit par celle *r*. Un effet semblable a lieu lorsque l'autre piston vient à se mouvoir.

Au moyen de cette pompe et en changeant seulement la position du robinet, on peut produire plusieurs effets; ainsi, on peut prendre l'eau à la mer pour l'envoyer à la chaudière, envoyer celle de la chaudière ou de la mer sur le pont, etc., etc.

Tiroir d'injection. — Ce tiroir (fig. 14) sert à régler la quantité d'eau qu'on veut introduire dans le condenseur pour effectuer la condensation de la vapeur. Il se compose d'un demi-cylindre creux C, plat sur la face F, qui porte contre l'orifice, et entouré sur sa partie ronde par une garniture d'étoupe. Il est tenu par une tige qui, avec un levier, sert à l'élever ou à l'abaisser, de manière à laisser entrer plus ou moins d'eau. L'eau arrive par un tuyau T communiquant avec la mer et situé sur le côté du navire; un robinet sert à établir ou à intercepter cette communication.

PIÈCES MOBILES.

Les pièces mobiles d'une machine sont celles qui servent à transmettre le mouvement du piston à l'arbre de couche, aux pompes, etc. Elles peuvent se réduire à un petit nombre d'espèces; ainsi, on distingue les arbres, les manivelles, les leviers et les bielles.

On appelle arbre, toute pièce reposant sur deux points fixes appelés tourillons et servant à transmettre le mouvement rotatif ou alternatif qu'elle reçoit de la puissance motrice sur un de ses points. On distingue, dans les machines, l'*arbre de couche ou des manivelles*, l'*arbre des tiroirs*, l'*arbre de parallélogramme*, etc.

On appelle manivelle, toute pièce fixée sur un arbre et destinée à le faire tourner; ainsi, il y a les *manivelles de l'arbre de couche*, l'*excentrique*, qui est aussi une espèce de manivelle, etc.

On appelle bielle, toute pièce s'articulant à une manivelle ou à un levier, et destinée ordinairement à transformer un mouvement rectiligne alternatif en mouvement circulaire continu. Il y a les *grandes bielles et les bielles pendantes du piston à vapeur*, *les bielles du piston de pompe à air*, *les bielles d'excentrique*, *les bielles de parallélogramme*, etc.

Enfin, on nomme levier, une pièce inflexible ayant un point d'appui, à l'une des extrémités est appliquée la puissance, à l'autre la résistance. Dans les machines, le point d'appui des leviers est souvent sur un arbre, attendu que ces leviers ont un mouvement oscillatoire. Il y a le levier de parallélogramme; le balancier lui-même est une espèce de levier, etc.

Ces différentes pièces reçoivent et donnent le mouvement aux pistons, par des traverses fixées sur la tige de ces derniers et qui portent des tourillons sur lesquels s'articulent les bielles.

Ce mouvement articulé ou géométrique d'une machine, doit être parfaitement réglé; s'il en était autrement, la machine éprouverait des chocs, les coussinets s'useraient promptement et on perdrait une partie de la force développée par la machine. Le relevé ainsi que le tracé et la rectification de ce mouvement seront donnés dans un des articles suivans.

Arbre de couche ou intermédiaire. — L'arbre de couche (fig. 19) sert à réunir les mouvemens des deux machines; il sert aussi à réunir les arbres extérieurs ou arbres des roues. Il porte à chacune de ses extrémités **A** et **B**, une manivelle **M** solidement fixée et placée à angle droit de celle de l'extrémité opposée, afin de guider le mouvement des deux machines, de telle sorte que l'une d'elles soit à son maximum de force, lorsque l'autre est à son point mort.

Cet arbre est posé sur les paliers supportés par les bâtis; il porte des collets **C** pour empêcher les ballottemens.

L'axe de l'arbre intermédiaire et celui de chaque arbre extérieur doivent être sur la même ligne droite; sans cela, les arbres porteraient à faux et les coussinets s'échaufferaient promptement. Quand cela arrive, il faut les redresser peu à peu, en calant sous les coussinets.

Pour rectifier la position des arbres, on les fait tourner;

on mesure exactement, dans quatre positions diamétralement opposées, l'écartement des manivelles; on multiplie l'erreur trouvée par le rapport de la longueur de l'arbre à celle de la manivelle, on a ainsi l'épaisseur à donner aux cales qu'il faut placer sous les coussinets.

Arbre des roues ou extérieur. (Fig. 20.) — Il est placé en dehors de chaque machine, traverse la muraille et vient poser sur la chaise fixée à l'élongis du tambour. Une manivelle M est fixée à l'un des bouts. C'est au moyen de cette manivelle, fixée elle-même au bouton de celle de l'arbre intermédiaire, que les roues reçoivent leur mouvement. A l'emplacement des roues, ces arbres portent des renforts R avec des cannelures, pour fixer les disques ou tourteaux avec de fortes clavettes. Les arbres des roues s'abaissent toujours, par suite de l'affaissement des tambours; mais il est toujours facile d'exhausser le coussinet de la chaise qui est disposé à cet effet. C'est aussi, pour cette raison, qu'il existe du jeu autour du bouton de manivelle, afin que cet abaissement de l'arbre extérieur ne produise pas l'effort de torsion qui aurait lieu si le libre n'existait pas.

Arbre du tiroir. — L'arbre du tiroir repose sur deux paliers fixés sur les bâtis de la machine. Il porte au milieu deux manivelles liées à la tige du tiroir, ces manivelles se prolongent du côté du condenseur et soutiennent le contre-poids du tiroir. Cet arbre porte, du côté intérieur, une autre manivelle avec un bouton sur lequel s'enclanche la bielle d'excentrique.

Arbre de parallélogramme. — Comme l'arbre du tiroir, il est fixé sur le bâtis par deux paliers. A chacun de ses bouts, il porte un levier avec bouton, sur lequel s'articulent la bielle et le bras de parallélogramme.

DES BIELLES.

Grande bielle. — La grande bielle est unie aux balanciers par une traverse dans le milieu de laquelle elle est enfoncée et maintenue par une clavette. Cette traverse porte à ses extrémités deux brides ou menottes qui la joignent aux tourillons de balancier. La grande bielle s'articule au bouton de manivelle par le haut, au moyen d'une bride qui maintient les coussinets et que l'on serre à volonté au moyen des clavettes. Elle est percée, à sa partie supérieure, pour recevoir un godet qui sert à lubréfier son mouvement. La longueur de la bielle est égale à la distance du centre du balancier au centre de l'arbre de couche, lorsque le balancier est horizontal.

Bielles pendantes. — Elles servent à unir la traverse du piston aux tourillons des balanciers. Elles portent vers le haut une partie renflée avec un bouton, sur lequel vient s'articuler le bras de parallélogramme. Sa longueur est égale à la distance du centre du tourillon de balancier, lorsque celui-ci est horizontal au coup de pointeau de la traverse du piston, lorsque ce dernier est à moitié course. Les deux bielles doivent être d'égales longueurs.

Bielles de pompe à air. — Elles servent au mouvement de cette pompe. Elles reçoivent ce mouvement du balancier et sont semblables aux bielles pendantes.

Bielle de parallélogramme. — Elle est verticale et s'emmanche sur un tourillon fixé au balancier. Ce tourillon doit être fixé au quart de la distance du centre de balancier à son extrémité. Elle communique le mouvement du balancier à l'arbre de parallélogramme. La longueur de cette bielle est égale à la distance qui existe du centre du tourillon de balancier au coup de pointeau du bouton sur lequel est fixé le bras de parallélogramme.

Mouvement géométrique ou articulé. — Pour tracer ce mouvement, qui limite la longueur des différentes pièces de la machine, il est nécessaire de connaître la longueur de la moitié du balancier, la course du piston et la distance du centre de l'arbre au-dessus de l'axe du balancier, lorsque ce dernier est horizontal. Il faut encore connaître la longueur de la bielle de parallélogramme et la position de son point d'attache sur le balancier; enfin, la longueur des bielles pendantes. Ayant ces dimensions, voici comment on opère :

Traçons (fig. 24) une ligne horizontale représentant l'axe du balancier et égale à sa longueur. Du milieu de cette ligne, comme centre, avec un rayon égal à la demi-longueur du balancier, décrivons deux arcs de cercle ; de chaque côté de l'axe, portons une longueur perpendiculaire égale à la demi-course du piston, et, par ces points, menons des parallèles qui viennent couper les arcs déjà décrits aux points *m*, *n*, *m'*, *n'*, qui nous représenteront la course du piston ; divisons les flèches des deux arcs *m*A*m'*, et *n*B*n'* en deux parties égales, et, par les points *x* et *y*, menons des perpendiculaires à AB; ces perpendiculaires seront, l'une l'axe du cylindre, l'autre l'axe des roues. Sur KR, portons une longueur égale à la distance qui doit exister du centre de l'arbre au-dessus de l'axe horizontal du balancier, soit *y*R, et du point R comme centre avec un rayon égal à la demi-course du piston, décrivons une circonférence, cette circonférence sera celle décrite par le centre du bouton de manivelle. Joignons ensuite les points *mn'* et *m'n* ; les trois lignes AB, *mn'*, et *m'n* seront les trois positions de l'axe du balancier, lorsque le piston est au haut de course, à moyenne course et au bas de course. La longueur de la grande bielle étant égale à BR, décrivons du point B comme centre avec BR un arc de cercle ; il passera par le centre R et coupera la circonférence en deux points *o* et *o'*, joignons *o*B et *o'*B, ces deux lignes seront les positions de la grande bielle, lorsque le piston est au milieu de sa course. Pour avoir les positions de cette bielle, lorsque le piston est au haut et au bas de sa course, joignons le point *n'* au point R, et prolongeons cette ligne jusqu'en H ; joignons de même *n* au point R, et arrêtons cette ligne au point I ; *n*I sera la position de la grande bielle, lorsque le piston est au bas de course, et *n'*H la position de cette bielle lorsque le piston est au haut de course.

Pour avoir les trois positions des bielles pendantes, on décrit des points *m'*, A et *m* comme centres, et avec une longueur égale à celle de cette bielle, des arcs de cercle qui viennent couper l'axe. Soit S, S' et S'' ces points, joignons S'm, SA et S''m'. Ces trois lignes seront l'axe de la bielle pendante dans les trois positions du piston.

Tracé du parallélogramme. — Le parallélogramme a pour but de maintenir la tige du piston dans la direction verticale. Il est basé sur ce principe, que quand trois des sommets d'un parallélogramme géométrique sont assujétis à parcourir des arcs de cercle, le quatrième décrit sensiblement une ligne droite.

Il se compose d'un arbre posant sur les bâtis aux extrémités duquel sont fixées deux manivelles ; sur les boutons de ces manivelles viennent s'articuler les bras et les bielles de parallélogramme ; l'autre extrémité du bras s'articule sur la bielle pendante du piston, et l'autre extrémité de la bielle sur un bouton fixé sur le balancier.

Soit G le point d'attache de la bielle sur le balancier ; ce point décrira, avec le balancier, un arc de cercle ayant pour centre le milieu de ce balancier. Les points G, G', G'' seront les trois positions de ce bouton, et, comme la bielle doit être parallèle à la bielle pendante, menons GT parallèle à AS, G'T' parallèle à AS', et G''T'' parallèle à m'S''. Portons sur chacune de ces lignes, à partir des points G, G', G'', des longueurs égales à celle de la bielle ; les points T, T', T'' seront trois points de l'arc que doit décrire la manivelle de l'arbre, et comme ces points suffisent pour déterminer le centre, nous aurons facilement celui de l'arbre. Soit L, joignons LT, LT' et LT''. Ces lignes seront l'axe de la manivelle dans les trois positions. Par les points T, T' et T'' menons des parallèles à AG, mG' et m'G'', jusqu'à rencontrer SA, S'm et S''m'. Ces trois lignes seront les positions du bras de parallélogramme.

Toutes les pièces du mouvement géométrique devront avoir des longueurs exactes ; on devra s'attacher à obvier aux dérangemens que peut produire l'usure ou tout autre cause ; il faudra souvent les vérifier et corriger surtout le mouvement du parallélogramme, qui exige, entre toutes les pièces, un parallélisme rigoureux ; mais, du reste, assez facile à corriger, ainsi qu'on le verra dans une des leçons suivantes.

Excentrique. — On nomme généralement excentrique,

un cercle tournant autour d'un point qui n'est pas son centre. Ce cercle est entouré d'un collier à frottement doux, qui communique à une tige le mouvement de va-et-vient qu'il reçoit, comme le ferait une manivelle. L'irrégularité de sa marche ou de la vitesse qu'il imprime aux tiroirs est parfaitement assortie à la distribution de la vapeur; ainsi, il fait marcher le tiroir très vite, alors qu'il est nécessaire que la vapeur vienne pousser le piston; c'est-à-dire, lorsque ce dernier est aux extrémités de sa course et qu'il doit changer son mouvement. Il marche, au contraire, très lentement et reste pour ainsi dire stationnaire, lorsque le piston est au milieu de sa course, parce que dans ce moment, le piston produit une grande force sur la manivelle, qui se trouve d'équerre avec la grande bielle, et aussi parce que le piston, se mouvant à ce moment avec une grande vitesse, a besoin d'une plus grande quantité de vapeur.

Dans les machines à vapeur marines, chaque machine possède un excentrique placé sur l'arbre de couche, près des paliers et intérieurement, afin de pouvoir manœuvrer les tiroirs avec plus d'ensemble.

Il se compose (fig. 25) d'un cercle en fonte de fer A en deux pièces reliées par des boulons B, ces deux parties, ainsi jointes, sont fixées sur l'arbre à frottement doux. Ce cercle possède une partie en saillie T, appelée toc ou buttoir; une autre pièce semblable, fixée sur l'arbre de couche, entraîne l'excentrique, soit en avant, soit en arrière, suivant le mouvement du piston. On voit par là que de la position du toc de l'arbre dépend la régulation des tiroirs et la relation qui doit exister entre la marche du piston et celle des tiroirs. Sur le plus petit rayon de l'excentrique, est fixée une autre pièce C en fonte de fer, ayant aussi une forme excentrée et servant de contre-poids à l'excentrique. Ce contre-poids a pour but d'empêcher l'excentrique de quitter son toc.

Une rainure est ménagée dans l'excentrique pour recevoir un cercle en cuivre K, aussi en deux pièces reliées par des boulons à écrous N; la pièce supérieure porte un godet G, qui sert à graisser le mouvement de ce cercle autour de l'excentrique. La partie inférieure de ce collier porte une douille, destinée à recevoir la bielle d'excen trique, qui peut être allongée ou raccourcie au moyen d'écrous; cette bielle vient s'enclancher par une encoche E sur le bouton de la manivelle du tiroir.

Tracé géométrique du mouvement des tiroirs. — Soit (fig. 24) R*e* le rayon d'excentricité, c'est-à-dire, la distance du centre de l'arbre de couche au centre de l'excentrique. Du point R comme centre, avec R*e* pour rayon, décrivons une circonférence; le diamètre de cette circonférence sera égal à la course de tiroir. Soit aussi *o* le centre de l'arbre des tiroirs, *oc* et *od* les longueurs des manivelles. Du point *o* avec *oc* pour rayon, décrivons l'arc *c''cc'*, de manière que la corde *c''c'* soit égale au diamètre *ef*; de ce même point *o* et avec *od*, décrivons l'arc *d'dd''*. Comme *co*=*od*, la corde *d''d'* sera égale à *c''c'*; joignons *c''o*, *co* et *c'o*; joignons de même *od'*, *od* et *od''*; ces lignes seront les axes des manivelles dans les positions tiroir haut, tiroir milieu et tiroir bas. Du point *d* avec *d*R, décrivons l'arc *e*R*f* qui coupe la circonférence d'excentricité aux points *e* et *f*; joignons *ed*, *fd*, qui déterminent les positions de la bielle d'excentrique lorsque le tiroir est à moitié de sa course; joignons *d'h*, en assujétissant cette ligne à passer par le centre, et *d''g* dirigée aussi vers le centre. Ces deux lignes seront les positions de la bielle lorsque le tiroir sera au haut et au bas de sa course.

Le Tableau suivant est donné comme exercice, il comporte toutes les données nécessaires au tracé et à la vérification des mouvemens géométriques du *Canada*.

Mouvemens géométriques du CANADA.

Distance de l'axe du cylindre au centre du balancier.		3m,100
Idem	à l'axe des roues.	6 ,306
Idem	à l'axe de la pompe à air.	4 ,649
Idem	à l'axe du tiroir.	1 ,382
Demi-longueur du balancier.		3 ,211
Distance de l'axe du condenseur au point d'attache de la bielle verticale de parallélogramme.		0 ,86

Distance de l'axe du condenseur au point d'attache de la bielle de pompe à air.	1m,611
Distance de l'axe du condenseur au point d'attache de la pompe de cale.	1 ,611
Longueur de la grande bielle.	5 ,186
Rayon de manivelle.	1 ,152
Rayon d'excentrique.	0 ,158
Longueur des grandes bielles pendantes.	4 ,110
Distance de la position moyenne de l'axe du balancier au point d'attache du bras de parallélogramme. . . .	3 ,711
Distance de cette position au centre de l'arbre des tiroirs en hauteur et en dessous.	0 ,600
Longueur de la manivelle des tiroirs.	0 ,552
Longueur de la bielle d'excentrique.	4 ,977
Longueur du bras de parallélogramme.	2 ,351
Rayon de la manivelle de parallélogramme.	0 ,416
Longueur des bielles pendantes de pompe à air. . . .	1 ,336
Hauteur de l'axe du balancier au-dessus de la plaque de fondation.	0 ,847

6e LEÇON.

Régulation des tiroirs. — Nous avons vu que les cylindres, ainsi que la caisse aux tiroirs, sont percés de deux orifices situés l'un au haut, l'autre au bas, et recouverts par des plaques bien dressées, mues par l'excentrique. Chacun des deux orifices a deux fonctions; quand les plaques les découvrent intérieurement, la vapeur qui est dans la caisse aux tiroirs afflue dans le cylindre; tandis qu'au contraire, quand les plaques les découvrent par leurs arêtes extérieures, la vapeur qui a fait son effet dans le cylindre s'échappe au condenseur.

La marche plus ou moins avantageuse de la machine dépend de la régulation de ces mouvemens et des dimensions des plaques.

Autrefois, les plaques frottantes des tiroirs étaient réglées arête pour arête des deux côtés, c'est-à-dire, qu'elles avaient exactement les dimensions des orifices. La manivelle était calée d'équerre avec l'excentrique. Avec ce système, la vapeur arrivait dans le cylindre au commencement de chaque course, c'est-à-dire, lorsque le piston était au haut ou au bas, et au moment où il recommençait sa course en sens contraire. Ils ouvraient, pour l'émission, au même moment, et comme l'émission n'est jamais instantanée, il s'ensuivait que la pression résistante était très grande. On conçoit, en effet, que cette vapeur, accumulée au-dessous ou au-dessus du piston et qui ne s'échappait que lentement, devait, nuire au mouvement de la machine.

Actuellement, les plaques sont autrement disposées; elles recouvrent les orifices, du côté de l'admission, d'une certaine quantité, qu'on appelle *barrette de recouvrement*, et sont laissées arête pour arête du côté de l'évacuation au condenseur; ou bien, elles recouvrent l'orifice d'une quantité très faible, qui excède rarement 3 ou 4 millimètres. Ce recouvrement produirait un retard à l'admission, si la manivelle restait calée d'équerre avec l'excentrique; aussi, cela n'a pas lieu; cet angle est calculé de manière que le tiroir a déjà marché d'une quantité égale au recouvrement, avant que le piston n'arrive à la fin de sa course; par ce moyen, il n'y a plus de retard à l'admission, et il y a, au contraire, avance à l'émission de cette même quantité, car le tiroir étant arête pour arête à l'évacuation, a dû se déplacer en découvrant l'orifice d'une quantité égale à la barrette.

Cette barrette fait aussi que l'admission ferme plus tôt, disposition avantageuse; car le piston ayant encore à parcourir une certaine fraction de sa course, la vapeur n'agit plus que par expansion, c'est-à-dire, en se détendant, ce qui fait que, lorsque le piston est arrivé à la fin de sa course, la vapeur a déjà une pression inférieure qui diminue d'autant la résistance en sens inverse, en facilitant la condensation.

On voit, par ce qui vient d'être dit, quelle est l'importance de la régulation des tiroirs: cette partie de la machine étant, pour ainsi dire, son organe vital, et combien les mécaniciens doivent apporter de soin aux différentes pièces qui le composent, et attacher d'importance à corriger les déraugemens provenant de l'usure ou de tout autre cause.

Courbe de MM. REECH et FAUVEAU. — M. Reech, Ingénieur de la Marine, est parvenu à déterminer, au moyen de figures géométriques, les dimensions des plaques des tiroirs et à expliquer, au moyen de ces mêmes figures, les relations qui existent, à chaque instant, entre la marche du piston et celle du tiroir.

Après lui, M. Fauveau détermina les mêmes propriétés, au moyen d'une courbe elliptique, courbe tout-à-fait mathématique, et qui a l'avantage de tenir compte de l'obliquité des bielles.

Nous allons développer successivement ces deux méthodes, en nous tenant, autant que possible, dans les termes des rapports de ces savans ingénieurs.

Courbe circulaire. — Avec un rayon égal à la demi-course du tiroir, décrivons une circonférence; menons deux diamètres perpendiculaires entre eux, et par les extrémités *c* et *f* (fig. 27) de l'un des diamètres, menons des parallèles au diamètre vertical, qui serviront à représenter, d'un côté, les orifices d'admission, et de l'autre, ceux d'émission.

Le diamètre PQ sera égal à la course des tiroirs, et la ligne *cf* qui passe par le milieu O du diamètre PQ, représentera la position moyenne des tiroirs. Or, en position moyenne, les plaques sont placées comme sur la fig. 26; l'évacuation se fait par les arêtes A et A', et l'admission par les arêtes C et C', lorsque les plaques découvrent les orifices. Faisons donc monter le tiroir jusqu'à ce que le point C soit en B, le tiroir aura alors monté au-dessus de sa position moyenne, d'une quantité égale à CB, et la vapeur sera prête à s'introduire sur le piston; si donc, nous portons (fig. 27) *cb* égale à CB au-dessus du diamètre *cf* qui passe par la position moyenne, le point *b* pourra représenter l'arête inférieure de l'orifice du haut-vapeur, et en portant au-dessus une longueur égale à la hauteur BA de l'orifice, on aura l'orifice du haut-vapeur, que nous désignerons par H.V.

En même temps que l'arête C s'est déplacée pour venir en B, l'arête A' s'est aussi déplacée d'une quantité égale, et comme le point A se confond avec l'arête inférieure de l'orifice lorsque le tiroir est en position moyenne, il s'ensuit que la ligne *cf* peut aussi représenter cette arête; si donc, nous portons au-dessus de cette ligne, à partir du point *f*, une grandeur égale à la hauteur A'B' de l'orifice du bas, nous aurons l'orifice du bas-condenseur, que nous désignerons par B.C. Il sera ouvert d'une quantité $fn=cb$.

De même, si l'on fait descendre le tiroir, de manière que C' vienne en B', on portera cb'=C'B', et $b'r$ sera l'arête supérieure du bas-vapeur.

En portant en-dessous de b' une longueur égale à la hauteur de l'orifice de b' en t, nous aurons l'orifice B.V. Mais l'arête A a dû se déplacer, et comme ce point est aussi l'arête supérieure de l'orifice, si l'on porte au-dessous de f une longueur égale à AB de f en s, nous aurons l'orifice du haut-condenseur, que nous désignerons par H.C.

Supposons actuellement qu'au moyen d'une échelle, on ait ramené la course du piston à être égale à celle du tiroir ; alors le diamètre cf pourra représenter cette course, c'est-à-dire que les $\frac{1}{10}$, $\frac{1}{100}$, etc., de cette ligne cf, seront les $\frac{1}{10}$, $\frac{1}{100}$, etc., de la course du piston. Supposons aussi que la bielle soit toujours parallèle à elle-même, enfin, que le piston soit au haut de course au point c, il nous sera alors facile de suivre sur la circonférence la marche relative du piston et du tiroir.

Le piston étant au point c, le tiroir recouvre l'orifice d'une quantité cb égale à la barrette ; il faudra que le piston ait marché d'une quantité cI, ou que la manivelle ait parcouru l'arc cK avant que la vapeur vienne presser le piston ; il y a donc retard à l'admission de cette quantité. A partir du point K, la vapeur arrive par l'orifice que la plaque commence à démasquer. Cette vapeur afflue sur le piston pendant tout le temps que la manivelle met à parcourir l'arc KPm. En ce point, l'orifice est encore fermé et le piston a encore à parcourir la portion de course df. Cette quantité df est appelée détente fixe, c'est-à-dire que la vapeur qui est dans le cylindre se détend et fait arriver le piston à la fin de sa course.

Nous avons déjà remarqué que cette détente est un avantage ; il faut le conserver et supprimer le retard à l'admission, ce dont il va être parlé.

Il est aussi facile de voir qu'en partant du point c, l'orifice du B.C. est resté ouvert pendant toute la course, et s'est fermé lorsque le piston est arrivé au point f.

Le même raisonnement s'applique au mouvement

ascendant du piston. En effet, quand le piston part de f pour venir en c, il marche sans vapeur jusqu'au point d, c'est-à-dire, jusqu'à ce que la manivelle soit en l; là, l'orifice du B. V. s'ouvre, et le piston reçoit l'action de la vapeur jusqu'à son arrivée en I; il parcourt encore la distance Ic par la force expansive de la vapeur.

L'orifice du H. C. s'est aussi ouvert lorsque le piston est parti du point f et s'est refermé en c; il est donc resté ouvert pendant toute la course.

Avance à l'admission. — Ce retard à l'admission dont il vient d'être parlé provient de ce que, dans le cas précédent, la manivelle était supposée d'équerre avec l'excentrique. On pourra obvier à cet inconvénient, en changeant la disposition du toc de l'arbre.

En effet, supposons que la direction du piston au lieu d'être RS (fig. 28), soit xg, c'est-à-dire que le piston ait encore à parcourir l'arc mR, lorsque le tiroir part de sa position moyenne. Celui-ci aura déjà marché de la quantité Ra, lorsque le piston arrivera au point x, fin de sa course. De cette manière, il aura déjà commencé à recevoir l'action de la vapeur un moment avant la fin de sa course, et sera poussé immédiatement dans l'autre sens par l'action de la vapeur. Cette quantité Ra dont a marché le tiroir, avant la fin de la course du piston, est appelée *avance du tiroir*, et l'angle Rox s'appelle, pour cette raison, *angle d'avance*.

Or, on voit qu'il a suffi d'apporter une légère modification au toc, pour remédier au retard qui existait précédemment; maintenant l'excentrique et la manivelle forment l'angle P''ox>P''oR d'une quantité égale à l'angle d'avance.

Dans le cas précédent, l'avance à l'émission était égale à Rb; elle est actuellement plus grande et égale à Ra. L'orifice du B. C. a dû s'ouvrir lorsque le piston avait encore à parcourir la fraction de course vx, et s'est fermé lorsque le piston est arrivé en f ou lorsque la manivelle est venue en S.

La vapeur presse le piston jusqu'en d; à partir de ce point, l'orifice du H. V. est fermé; le piston est alors en e et parcourt la distance ef par l'action de la force expansive de la vapeur.

Le tiroir, fermé au point *e*, reste dans cet état jusqu'à ce que le piston soit en *f*; à ce point de sa course, s'ouvre l'orifice du H. C., et la vapeur s'échappe au condenseur. A ce même moment, le tiroir marche pour ouvrir à l'admission dessous, et le mouvement ascendant du piston s'opère de la même manière et avec les mêmes particularités que le mouvement précédent.

Il a été dit précédemment que la distance R*b* (fig. 28) représente la barrette de recouvrement ou la quantité dont la plaque recouvre l'orifice du côté de l'admission. De la hauteur de cette barrette dépend la durée de l'introduction : voyons à la déterminer pour une admission donnée.

Soit proposé, par exemple, de déterminer les barrettes d'un tiroir, qui admette pendant les 0,75 de la course du piston avec une avance à l'admission de 0,01. Connaissant la course du tiroir et la hauteur des orifices du cylindre, déterminer aussi l'avance à l'émission.

Avec la demi-course du tiroir pour rayon, je décris une circonférence ; elle sera le chemin parcouru par le centre de l'excentrique, et les courses du tiroir devront se projeter sur le diamètre PQ (fig. 29). Je trace *aa'* perpendiculaire à PQ ; cette ligne passant par le point *o*, milieu de course du tiroir, pourra représenter leur position moyenne. Je trace des tangentes par les points *a* et *a'*.

Je suppose la course du piston ramenée à être égale à celle du tiroir, de telle sorte que les $\frac{1}{10}$, $\frac{1}{100}$, etc., du diamètre *aa'* soient aussi les $\frac{1}{10}$, $\frac{1}{100}$, etc. de la course du piston. Le chemin parcouru par la manivelle sera aussi celui parcouru par l'excentrique.

Cela posé, je divise *aa'* en 100 parties égales. Chaque partie représentera $\frac{1}{100}$ de la course du piston. Je prends 75 de ces parties à partir du point *a*. Soit *ao* cette longueur. Par le point *o*, j'élève *o*K perpendiculaire à *aa'*, qui coupe la demi-circonférence en un point K. Je trace la corde *a*K que je ramène à être parallèle au diamètre *aa'* ; soit *xm* la position de cette corde ; l'arc *xpm* sera égal à l'arc *a*PK, et le chemin *x*P*m* sera celui parcouru par le bouton des manivelles pour les 0,75 de la course du piston. Cette ligne *xm* devra donc être l'arête intérieure de l'orifice du haut-vapeur. Cela étant, la vapeur arrivera dans le cylindre, pendant les 0,75 de la course du piston. Je porte au-dessus du point *b*, $0^m,01$, qui est la quantité d'avance à l'admission demandée. Je projette ce point sur la circonférence en *x*. Je mène *xy*. Cette ligne sera celle sur laquelle seront portées les courses du piston. La hauteur *ab* sera la barrette demandée, et l'avance à l'émission sera égale à *ac*, en supposant que les plaques soient arête pour arête à l'émission. S'il y avait recouvrement du côté de l'émission, l'avance à l'émission serait égale à *ac* moins le recouvrement.

Si l'on prend un point sur la courbe, soit le point P (fig. 28), pour déterminer les positions respectives du piston et du tiroir, il suffira d'abaisser les perpendiculaires PT et PQ, le piston est au point T de sa course descendante et a marché de *x*T; le tiroir est au point Q et a marché de *o*Q, à partir de sa position moyenne.

Jusqu'à présent nous avons raisonné dans l'hypothèse d'une bielle infinie ou toujours parallèle à elle-même; voyons actuellement quelle peut être l'influence de l'obliquité de la bielle et quel changement doit apporter cette obliquité à la détermination des barrettes.

Manière de tenir compte de l'obliquité des bielles. — Soit A*oce*A (fig. 30), la circonférence décrite par le centre du bouton de manivelle; la course du piston est représentée par le diamètre AC, et soit *b*B la longueur de la grande bielle. Les chemins du piston seront mesurés sur le diamètre AC, et si l'on considère un point de la circonférence *e*, par exemple, ainsi qu'il a été dit précédemment, en projetant ce point sur A*c* en *i*, le chemin parcouru par le piston serait A*i*; mais il est facile de voir qu'il ne peut en être ainsi; car, la distance *ac* mesure aussi la course, et le point *b* est le milieu de course; donc, lorsque la manivelle est en *e*, le piston doit être au milieu de sa course et avoir parcouru AB. On voit par là que la perpendiculaire *ei* menée par le point *e* sur le diamètre A*c*, donne une course de piston trop courte de la quantité *i*B égale à la flèche de l'arc décrit avec un rayon égal à la longueur de la bielle et passant par le point *e* que l'on considère.

Pour tout autre point *d* ou *f*, en opérant toujours de la même manière et avec le même rayon, on aurait les flèches *gh* et K*l* à ajouter aux longueurs A*g* et AK, pour avoir les véritables positions du piston.

On corrige les chemins du tiroir de la même manière. Dans ce cas, le cercle A*oce* représenterait le cercle décrit par le centre de l'excentrique, et *be* la longueur de la bielle d'excentrique.

L'opération graphique au moyen de laquelle on obtient ces corrections, ne laisse pas que de présenter quelques difficultés, à cause de la longueur des bielles ; il sera plus exact et plus commode de les calculer, ce qui est très facile.

Considérons, par exemple, le triangle *bei*. Il peut être sans erreur sensible, même dans le cas d'un balancier supposé rectangle en *i* ; de là

$$bi^2 = be^2 - ei^2 \quad \text{et} \quad bi = \sqrt{be^2 - ei^2}$$

On a aussi *i*B=*b*B—*bi* ; remplaçant dans cette égalité *bi* par sa valeur trouvée dans la première, il vient

$$iB = Bb - \sqrt{be^2 - ei^2}$$

ce qui veut dire élever au carré le nombre d'unités linéaires contenu dans la longueur de la bielle ; faire de même le carré de la moitié de la corde ; retrancher le deuxième carré du premier, en extraire la racine, puis retrancher le résultat de la longueur de la bielle, on aura la flèche.

Transformation de la courbe circulaire en courbe à coordonnées rectangulaires. — Il est plus simple et plus commode de représenter la loi des mouvemens du piston et du tiroir par une courbe à coordonnées rectangulaires, dont les ordonnées seraient les courses du tiroir, et les abscisses les courses du piston. Cette courbe peut facilement se déduire de la courbe circulaire.

Reprenons la fig. 28, et considérons un point pris sur cette courbe, le point P, par exemple, les perpendiculaires PQ et PT menées par le point P aux diamètres QP" et *xg* déterminent sur ces diamètres les positions du tiroir et du piston. Du point o comme centre, et avec oT pour rayon, décrivons l'arc TT', le point T se trouvera reporté sur la ligne des abscisses ; élevons par le point T' une perpendiculaire au diamètre RS ; soit T'V cette perpendiculaire, prolongeons QP jusqu'à la rencontre de cette perpendiculaire en V, le point V sera un point de la courbe cherchée. En effet, l'abscisse QV=oT' donne la position du piston, et l'ordonnée T'V=oQ donne aussi la position du tiroir.

En prenant un nombre suffisant de points sur la circonférence et faisant pour chacun d'eux la même opération, on obtiendrait une suite de points qui détermineraient une courbe elliptique sur laquelle on pourrait suivre comme sur la courbe circulaire la marche du piston et du tiroir, ainsi que toutes les autres particularités qui ont été développées précédemment.

En tenant compte des obliquités de la bielle d'excentrique et de celle de la grande bielle, pour chacun des points employés, on obtiendra une courbe en forme d'œuf (fig. 31), semblable à celle qu'on relèverait sur la machine même, par des moyens pratiques qui vont être indiqués.

Méthode pratique pour obtenir directement cette courbe. — La méthode que nous venons d'expliquer exige la connaissance des dimensions d'une partie de la machine ; elle a de plus l'inconvénient de ne pas tenir compte du jeu qui peut exister dans les articulations ; en outre, ce dernier mode de relèvement est beaucoup plus expéditif.

Voici en quoi elle consiste :

Après avoir découvert la boîte à tiroir, on mesure l'écartement des arêtes intérieures ou extérieures des lumières du cylindre, la hauteur de ces lumières ; on mesure également l'écartement des arêtes intérieures ou extérieures des bandes du tiroir.

On prend un repère qui sert à déterminer la position d'un des points du tiroir correspondant à l'une des arêtes des lumières. Voici comment nous avons déterminé ce point :

On place le tiroir arête pour arête avec l'orifice du haut, par exemple, et du côté de l'admission, puis à partir du dessus du presse-étoupe ou d'un point fixe quelconque pris sur le couvercle du tiroir, on mesure une distance quelconque, on pointe sur la tige, et, lorsqu'on fait tourner la machine, on a soin d'arrêter à ce point, afin d'avoir la position du piston correspondant au point arête pour arête du tiroir.

Cela fait, on pose deux règles bien dressées, l'une contre la tige du piston et de manière qu'elle lui soit parallèle; il faut aussi que cette règle pose sur un point qui ne soit pas susceptible de dérangement; l'autre règle se place de la même manière contre la tige du tiroir.

On fait ensuite tourner la machine, soit au moyen d'un cordage enroulé sur une des roues et en se servant du cabestan, soit seulement au moyen d'hommes convenablement placés dans les roues; mais le premier moyen est préférable. On peut encore le faire au moyen de palans, convenablement disposés sur la traverse du piston et sur la traverse de la grande bielle.

On arrête de pale en pale, par exemple, et on trace sur les règles un trait correspondant, soit au-dessous de la traverse, soit à la clavette de la tige ou à tout autre point mobile, pourvu qu'on prenne toujours le même. On a soin de prendre les points piston haut, piston bas, tiroir haut, tiroir bas, ainsi que le point arête pour arête, dont il a été précédemment parlé. Quand on a fait faire un tour à la machine, on a les points suffisans pour tracer la courbe; la distance entre le trait le plus bas et le trait le plus élevé donne sur la première règle la course du piston; on trouve de même sur la deuxième la course du tiroir.

On mesure ensuite tous les points, à partir du point le plus bas, qui est le point PB piston bas sur la première règle, et TB tiroir bas sur la deuxième, on forme avec ces dimensions un tableau dont nous donnons un modèle ci-après.

STYX. — 160 Chevaux.

Dimensions des Bandes des Tiroirs et des Orifices des Cylindres.

	Tribord.	Babord.
Hauteur de la bande supérieure.	1.31	1.27
Hauteur de la bande inférieure.	1.31	1.31
Distances entre les bords intérieurs des plaques.	1.533	1.5415
Hauteur des orifices supérieurs.	0.100	0.97 $\frac{1}{2}$
Hauteur des orifices inférieurs.	0.103 $\frac{1}{2}$	0.102 $\frac{1}{2}$

Relèvement des mouvemens simultanés des Pistons et des Tiroirs des Machines du **STYX**.

Numéros des Stations.	Machine de Tribord. Course du Piston.	Machine de Tribord. Course du Tiroir.	Observations.	Machine de Babord. Course du Piston.	Machine de Babord. Course du Tiroir.	Observations.
1	1.4475	0.1375	H. de course du piston.	0.6602	0.1949	
2	1.132	0.191		0.126	0.1269	
3	0.994	0.200		0.0578	0.106	
4	0.917	0.201	B. de course du tiroir.	0.000	0.0618	B. de course du piston.
5	0.674	0.1962		0.0184	0.0392	
6	0.448	0.1845		0.0315	0.0193	
7	0.308	0.1652		0.1602	0.0079	
8	0.4895	0.1444	Point arête pour arête	0.282	0.0029	
9	0.0112	0.1285		0.4828	0.000	B. de course du tiroir.
10	0.000	0.0649	B. de course du piston.	0.6124	0.0055	
11	0.055	0.027		0.777	0.0159	
12	0.125	0.0115		0.9548	0.0315	
13	0.2342	0.0025		1.115	0.049	
14	0.340	0.000	B. de course du tiroir.	1.273	0.074	
15	0.6258	0.0054		1.3662	0.094	
16	0.8395	0.020		1.4445	0.1275	Point arête pour arête.
17	1.2082	0.0394		1.448	0.138	H. de course du piston.
18	1.3948	0.102		1.412	0.1639	
19				1.3246	0.182	
20				0.924	0.2012	H. de course du tiroir.

Manière de tracer la courbe au moyen de ces résultats. — Traçons deux lignes AB et BC perpendiculaires entre elles ; la première AB servira d'arc des abscisses ou des courses du piston que l'on y portera à l'échelle $\frac{1}{10}$; la deuxième, BC pour axe des ordonnées ou des courses du tiroir que l'on prendra à l'échelle $\frac{1}{2}$ de la grandeur naturelle, et si l'on porte sur ces axes les valeurs données par le tableau précédent pour ces coordonnées, on en déduira la courbe 1, 2, 3, 4, etc. (fig. 32.)

Pour plus de facilité dans l'exécution, achevons le rectangle compris entre les deux lignes AB et AC. Soit ABCD ; considérons le point B comme bas de course du piston et du tiroir ; portons de B en A les points du piston montant, et de D en C les points du piston descendant ; portons de même de B en C les points tiroir montant, et de D en A ceux tiroir descendant ; menons par tous ces points des perpendiculaires aux lignes sur lesquelles ils sont portés, et la rencontre des perpendiculaires, pareillement numérotées, donnera les points 1, 2, 3, etc., de la courbe ; on joint tous ces points au moyen d'une latte, et on a une courbe représentant la marche simultanée du piston et du tiroir.

Placer les orifices sur la courbe. — Le point 8 est le point arête pour arête ; menons par ce point *xy* parallèle à AB ; cette ligne représentera l'arête intérieure de l'orifice H.V ; portons au-dessus de *x*, $0^m,1005$ de *x* en *m*, nous aurons l'orifice H.V ; remarquons de suite que la distance du PH au point arête pour arête donne l'avance à l'admission dessus, le piston qui, dans ce cas-ci, est égale à $9^m l^m,5$; remarquons, en outre, que l'orifice pour l'admission se découvre de $0,073^m l^m$ qui se mesurera de *x* en I ; nous trouvons aussi que cette admission a lieu pendant les 0,955 millièmes de la course du piston, quantité qui se mesure de *x* en *o*.

La distance entre les arêtes intérieures des orifices	= 1,588
Idem des plaques	= 1,533
DIFFÉRENCE	— 0,055

Portons 0,055 de *x* en K, et menons une parallèle à AB ; cette parallèle représentera l'arête intérieure de l'orifice du B.V. ; portons au-dessous 0,1035 de K en P, nous aurons l'orifice B.V. La distance du point K au point PB, mesurée sur la ligne BC, donne l'avance à l'admission du bas qui, dans ce cas-ci, est égale à 8 millimètres, et l'introduction à 0,868, qui se mesure de S en Q.

Pour placer les orifices d'émission, remarquons que la distance entre les arêtes intérieures des orifices, est égale à	1,588
Ajoutons la hauteur de l'orifice du bas.	0,1035
Ce qui donne.	1,6915

La distance entre les arêtes intérieures des plaques.	1,533
Ajoutons le total de la plaque inférieure.	0,131
TOTAL.	1,664

Retranchons ce résultat du premier, il vient 0,0275. Cette différence 0,0275 indique que, lorsque le tiroir est arête pour arête dessus, il est ouvert à la condensation dessous de la quantité 0,0275. Si donc nous portons de *y* en F cette quantité, et que nous menons une parallèle à AB, cette parallèle représentera l'arête extérieure de l'orifice du B. C. Portons au-dessus une hauteur égale à celle de l'orifice B.V., et nous aurons le B.C.

La distance entre les bords extérieurs des plaques =	1,795
La distance entre les arêtes extérieures des orifices =	1,792
DIFFÉRENCE =	0,003

Portons 3 millimètres du point F et menons GH, cette ligne sera l'arête extérieure du H.C. Portons au-dessus la hauteur de l'orifice du H.V., nous aurons l'orifice du H.C.

On tracera de même les courbes des tableaux ci-après, en opérant de la même manière.

GALIBY. — 80 Chevaux.

Dimensions des Bandes des Tiroirs et des Orifices des Cylindres.

	Tribord.	Babord.
Hauteur de la bande supérieure..........................	0.094	0.093
Hauteur de la bande inférieure..........................	0.0945	0.095
Distances entre les bords intérieurs des plaques.	1.019	1.020
Hauteur des orifices supérieurs....................	0.064	0.064
Hauteur des orifices inférieurs......................	0.064	0.0625

Relèvement des mouvemens simultanés des Pistons et des Tiroirs des Machines du GALIBY.

Numéros des Stations. Observations.	Machine de Tribord. Course du Piston.	Machine de Tribord. Course du Tiroir.	Numéros des Stations. Observations.	Machine de Babord. Course du Piston.	Machine de Babord. Course du Tiroir.	Observations.
1 PH	0.900	0.125	1	0.4045	0.166 1/4	NOTA. — Les Tiroirs sont réglés de manière que lorsque les Pistons sont au haut de course, les orifices pour les arrivées de vapeur sur les Pistons sont ouverts d'un millimètre.
2	0.827	0.159	2	0.1885	0.1345	
3	0.644	0.174	3	0.046 1/5	0.092	
4	0.4095	0.167	4 PB	0.000	0.047 3/4	
5	0.186	0.1365	5	0.052	0.0135	
6	0.144	0.092	6 TB	0.182	0.000	
7	0.000 1/4	0.0555	7	0.3435	0.0035	
8 PB	0.000	0.047	8	0.388 3/4	0.007	
9	0.0485	0.0145	9	0.6285	0.037	
10 TB	0.4785	0.000	10	0.8275	0.079 1/4	
11	0.385	0.0075	11 PH	0.9005	0.1245	
12	0.6235	0.0355	12	0.826	0.1595	
13	0.827 1/4	0.078	13 TH	0.640	0.174	
14 PH	0.900	0.1225	14	0.4075	0.166	
15	0.826	0.159 1/4	15	0.189	0.1355	
16 TH	0.6455	0.174	16	0.0475	0.092	
17	0.406	0.167	17 PB	0.000	0.047	

BRASIER. — 100 Chevaux.

Dimensions des Bandes des Tiroirs et des Orifices des Cylindres.

	Tribord.	Babord.
Hauteur de la bande supérieure..................	0.0915	0.092
Hauteur de la bande inférieure..................	0.091	0.093 1/4
Distances entre les bords intérieurs des plaques.	0.935	0.934
Hauteur des orifices supérieurs..................	0.0725	0.072
Hauteur des orifices inférieurs..................	0.072	0.0725

Relèvement des mouvemens simultanés des Pistons et des Tiroirs des Machines du **BRASIER**.

Numéros des Stations, Observations.	Machine de Tribord.		Numéros des Stations. Observations.	Machine de Babord.		Observations.
	Course du Piston.	Course du Tiroir.		Course du Piston.	Course du Tiroir.	
1 PH	0.036	0.0245	1	0.251	0.1315	
2	0.1845	0.004	2	0.0785	0.0955	
3 TB	0.4375	0.000	3 PB	0.000	0.0485	
4	0.717	0.017	4	0.036	0.0245	
5	0.9555	0.052	5 TB	0.1945	0.000	
6	1.060	0.091	6	0.437	0.0025	
7 PH	1.0635	0.097	7	0.533	0.005	
8	0.999	0.128	8	0.719	0.020	
9	0.779	0.1495	9	0.7645	0.0245	
10 TH	0.489	0.1535	10	0.855	0.054	
11	0.240	0.134	11 PH	1.062	0.099	
12	0.070	0.0975	12	0.999	0.1295	
13	0.002	0.058	13	0.6805	0.150	
14 PB	0.000	0.0515	14 TH	0.3975	0.1525	
			15	0.396 3/4	0.146	

NOTA. — Lorsque le piston de tribord est au haut de course, la vapeur est prête à arriver sur le piston.

Le piston de babord est dans le même cas.

PASSE-PARTOUT. — 120 Chevaux.

Dimensions des Bandes des Tiroirs et des Orifices des Cylindres.

	Avant.	Arrière.
Hauteur de la bande supérieure	0.1478	0.1468
Hauteur de la bande inférieure	0.1473	0.147
Distances entre les bords intérieurs des plaques.	0.219	0.220
Hauteur des orifices supérieurs	0.928	0.92
Hauteur des orifices inférieurs	0.928	0.92
Largeur des orifices	0.365	0.365

Relèvement des mouvemens simultanés des Pistons et des Tiroirs des Machines du **PASSE-PARTOUT.**

Numéros des Stations. Observations.	Machine avant.		Numéros des Stations. Observations.	Machine arrière.		Observations.
	Course du Piston.	Course du Tiroir.		Course du Piston.	Course du Tiroir.	
1 TH	0.366	0.182	1	0.042	0.112	
2	0.4245	0.174	2	0.019	0.113	
3	0.536	0.162	3 PB	0.000	0.1455	
4	0.692	0.135	4	0.0385	0.169	
5	0.819	0.104	5	0.144	0.1825	
6	0.896	0.079	6 TH	0.258	0.1855	
7	0.934	0.056	7	0.380	0.183	
8	0.946	0.0415	8	0.4335	0.178	
9 PH. AA	0.955	0.0345	9	0.530	0.168	
10	0.000	0.031	10	0.730	0.134	
11	0.9165	0.0065	11	0.890	0.0865	
12 TB	0.782	0.000	12	0.946	0.0555	
13	0.652	0.0065	13	0.959	0.0375	
14	0.558	0.015	14 PH	0.960	0.0335	
15	0.529	0.019	15	0.924	0.008	
16	0.321	0.049	16 TB	0.793	0.000	
17	0.109	0.094	17	0.709	0.000	
18	0.043	0.1155	18	0.555	0.013	
19 PB	0.000	0.146	19 AA	0.360	0.039	
20	0.044	0.173	20	0.1455	0.080	
21	0.2125	0.179	21	0.050	0.109	
22	0.3515	0.180				
23	0.8145	0.182				

STYX. — 160 Chevaux.

Dimensions des Bandes des Tiroirs et des Orifices des Cylindres.

	Tribord.	Babord.
Hauteur de la bande supérieure	0.131	0.127
Hauteur de la bande inférieure	0.131	0.131
Distances entre les bords intérieurs des plaques	1.533	1.5415
Hauteur des orifices supérieurs	0.1105	0.0975
Hauteur des orifices inférieurs	0.1035	0.1025

Relèvement des mouvemens simultanés des Pistons et des Tiroirs des Machines du **STYX.**

Numéros des Stations. Observations.	Machine de Tribord.		Numéros des Stations. Observations.	Machine de Babord.		Observations.
	Course du Piston.	Course du Tiroir.		Course du Piston.	Course du Tiroir.	
1 PH	1.4475	0.1375	1	0.6602	0.1959	
2	1.132	0.191	2	0.126	0.1269	
3	0.994	0.200	3	0.0578	0.106	
4 TH	0.917	0.201	4 PB	0.000	0.618	
5	0.674	0.1962	5	0.0184	0.0392	
6	0.488	0.1845	6	0.0815	0.0193	
7	0.0308	0.1652	7	0.1602	0.0079	
8	0.1895	0.1444	8	0.232	0.0929	
9 AA	0.0112	0.1285	9 TB	0.4828	0.000	
10 PB	0.000	0.0649	10	0.6124	0.0055	
11	0.055	0.027	11	0.777	0.0159	
12	0.125	0.0115	12	0.9548	0.0315	
13 TB	0.2342	0.0025	13	1.115	0.049	
14	0.340	0.000	14	1.273	0.074	
15	0.6258	0.0054	15	1.3662	0.094	
16	0.8395	0.020	16 AA	1.4445	0.1275	
17	1.0282	0.0394	17 PH	1.448	0.138	
18	1.3948	0.102	18	1.412	0.1639	
			19	1.3246	0.182	
			20 TH	0.924	0.2012	

STYX. — 160 Chevaux.

(Changement de Régulation.)

Dimensions des Bandes des Tiroirs et des Orifices des Cylindres.

	Tribord.	Babord.
Hauteur de la bande supérieure................	0.146	0.142
Hauteur de la bande inférieure................	0.146	0.146
Distances entre les bords intérieurs des plaques.	1.563	1.5115
Hauteur des orifices supérieurs................	0.1005	0.0975
Hauteur des orifices inférieurs................	0.1035	0.1025

Relèvement des mouvemens simultanés des Pistons et des Tiroirs des Machines du **STYX**.

Numéros des Stations. Observations.	Machine de Tribord.		Numéros des Stations. Observations.	Machine de Babord.		Observations.
	Course du Piston. m	Course du Tiroir. m		Course du Piston. m	Course du Tiroir. m	
1	0.6585	0,184	1 PH	1,447	0,150	Il y a 10m/m d'avance pour l'admission sur le piston de tribord. Il y a 11m/m d'avance pour l'admission sur le piston de babord.
2	0,3765	0,153	2	1,3725	0.180	
3	0,167	0.116	3	1.189	0.197	
4	0,036	0,075	4	0.920	0.197	
5	0.055	0.014	5	0.372	0.159	
6 TB	0,1865	0,000	6	0.161	0.122	
7	0,389	0.000	7	0.034	0.082	
8	0,616	0,011	8 PB	0,000	0,0495	
9	0,946	0.042	9	0,055	0.017	
10	1.213	0.079	10	0.187	0.002	
11	1.3365	0.1025	11 TB	0.300	0.000	
12	1.3975	0.119	12	0.393	0.000	
13 AA	1.438	0.1365	13	0.509	0.0023	
14 PH	1.450	0.151	14	0.6115	0.008	
15	1.375	0.182	15	0.834	0.0385	
16	1.189	0.1975	16	1.207	0.074	
17 TH	1.064	0.199	17	1.315	0.094	
18	0.927	0.000	18	1.395	0.115	
19	0.7385	0.1895	19 AA	1.444	0.1395	
20	0,3735	0.158	20	1.373	0.180	
21	0,080	0.0925	21 TH	1.045	0.197	
22 PB	0,000	0.043	22	0.662	0.187	

FULTON. — 160 Chevaux.

Dimensions des Bandes des Tiroirs et des Orifices des Cylindres.

	Tribord.	Babord.
Hauteur de la bande supérieure..................	0.139	0.1385
Hauteur de la bande inférieure,................	0.138	0.138
Distances entre les bords intérieurs des plaques.	1.645	1.6423
Hauteur des orifices supérieurs.	0.100	0.100
Hauteur des orifices inférieurs..................	0.1005	0.1006

Relèvement des mouvemens simultanés des Pistons et des Tiroirs des Machines du **FULTON.**

Numéros des Stations. Observations.	Machine de Tribord.		Numéros des Stations. Observations.	Machine de Babord.		Observations.
	Course du Piston.	Course du Tiroir.		Course du Piston.	Course du Tiroir.	
1	0.6197	0.0018	1 PH	1.4535	0.1612	
2	0.921	0.0293	2	1.390	0.1955	
3	1.1947	0.068	3	1.2115	0.215	
4	1.3845	0.1125	4	0.9586	0.219	
5 PH	1.4493	0.1566	5	0.6645	0.2065	
6	1.374	0.1936	6	0.3815	0.176	
7	1.191	0.2155	7	0.169	0.137	
8 TH	0.9383	0.223	8	0.041	0.0937	
9	0.6518	0.2195	9 PB	0.000	0.053	
10	0.379	0.1967	10	0.049	0.0216	
11	0.1695	0.163	11	0.175	0.003	
12	0.038	0.1193	12 TB	0.3755	0.000	
13 PB	0.000	0.0738	13	0.649	0.0132	
14	0.049	0.0355	14	0.922	0.0396	
15	0.173	0.0092	15	1.1895	0.0782	
16 TB	0.372	0.000	16	1.3855	0.1215	
17	0.644	0.0032	17	1.453	0.164	
18	0.9295	0.030	18	1.390	0.1955	
19	1.197	0.068	19	1.2095	0.215	
20	1.3865	0.1125	20 TH	0.9537	0.219	
21 PH	1.4493	0.1566				

ARCHIMÈDE. — 220 Chevaux.

Dimensions des Bandes des Tiroirs et des Orifices des Cylindres.

	Tribord.	Babord.
Hauteur de la bande supérieure	0.1805	0.180
Hauteur de la bande inférieure	0.1805	0.180
Distances entre les bords intérieurs des plaques.	1.2565	1.2375
Hauteur des orifices supérieurs	0.119	0.119
Hauteur des orifices inférieurs	0.119	0.119
Largeur des orifices des cylindres. — haut	0.525	0.525
Largeur des orifices des cylindres. — bas	0.525	0.525
Récouvrement	0.0055	0.008

Relèvement des mouvemens simultanés des Pistons et des Tiroirs des Machines de l'ARCHIMÈDE.

Numéros des Stations. Observations.	Machine de Tribord. Course du Piston.	Machine de Tribord. Course du Tiroir.	Numéros des Stations. Observations.	Machine de Babord. Course du Piston.	Machine de Babord. Course du Tiroir.	Observations.
1 PB	0.000	0.0602	1	0.699	0.0148	
2	0.0008	0.0462	2	0.835	0.0261	
3	0.055	0.014	3	1.096	0.0558	
4	0.1802	0.004	4	1.348	0.092	
5 TB	0.350	0.000	5	1.546	0.133	**Nota.** — Les tiroirs sont réglés de manière que, lorsque les pistons sont au haut de course, les orifices d'admission du haut sont ouverts de 9 m/m 5 à tribord et de 9 m/m à babord.
6	0.5608	0.0043	6	1.656	0.1692	
7	0.830	0.0249	7 PH	1.670	0.2022	
8	1.100	0.0547	8	1.598	0.2279	
9	1.360	0.0893	9	1.431	0.242	
10	1.558	0.1292	10 TH	1.210	0.2446	Le n° 16 de tribord est le point arête pour arête; la vapeur est prête à arriver sur le piston.
11	1.633	0.1698	11	0.937	0.239	
12	1.675	0.1782	12			
13 PH	1.6775	0.1878	13	0.789	0.2292	
14	1.666	0.2025	14	0.669	0.2186	
15	1.576	0.2268	15	0.425	0.1896	
16			16	0.232	0.1578	Course du piston: Trib. 1.6775; Bab. 1.678
17 TH	1.425	0.2415	17	0.014	0.0842	
18	1.952	0.2388	18	0.000	0.0597	Course du tiroir: Trib. 0.2445; Bab. 0.2446
19	0.769	0.2293	19 PB	0.006	0.0495	
20	0.692	0.2232	20	0.060	0.0208	
21	0.442	0.1944	21	0.162	0.0042	
22	0.239	0.161	22 TB	0.332	0.000	
23	0.087	0.1233	23	0.548	0.0046	
24	0.012	0.0843	24			

ARCHIMÈDE. — 220 Chevaux.

(Changement de Régulation.)

Dimensions des Bandes des Tiroirs et des Orifices des Cylindres.

	Tribord.	Babord.
Hauteur de la bande supérieure	0.190	0.190
Hauteur de la bande inférieure	0.172	0.174
Distances entre les bords intérieurs des plaques	1.225	1.235
Hauteur des orifices supérieurs	0.119	0.119
Hauteur des orifices inférieurs	0.120	0.120

*Relèvement des mouvemens simultanés des Pistons et des Tiroirs des Machines de l'***ARCHIMÈDE.**

Numéros des Stations. Observations.	Machine de Tribord.		Numéros des Stations. Observations.	Machine de Babord.		Observations.
	Course du Piston.	Course du Tiroir.		Course du Piston.	Course du Tiroir.	
1	0.0355	0.0955	1	0.4775	0.0025	
2 PB	0.000	0.063	2	0.7554	0.024	
3	0.000	1.052	3	0.975	0.047	
4	0.031	0.029	4	1.236	0.0815	
5	0.1232	0.0086	5	1.468	0.121	
6 TB	0.2722	0.000	6	1.625	0.161	
7	0.504	0.010	7	1.6325	0.222	
8	0.984	0.044	8	1.5085	0.240	
9	1.2375	0.0765	9	1.4535	0.000	
10	1.4645	0.1148	10	1.412	0.000	
11	1.625	0.1554	11 TH	1.313	0.2485	
12	1.676	0.1894	12	1.053	0.245	
13	1.6315	0.2195	13	0.792	0.229	
14	1.500	0.2385	14	0.5325	6.202	
15 TH	1.303	0.2474	15	0.310	0.170	
16	1.0504	0.246	16	0.142	0.134	
17	0.790	0.230	17	0.035	0.0944	
18	0.532	0.204	18 PB	0.000	0.0577	
19	0.3095	0.1715	19	0.028	0.0275	
20	0.1365	0.1335	20	0.118	0.008	
21	0.9355	0.094	21 TB	0.261	0.000	
22	0.4725	0.058	22	0.698	0.0188	
23	0.7085	0.0175	23	1.676	0.1925	
24 PH	1.676	0.193	24 PH	1.676	0.1942	
AA		0.1884	AA		0.184	

PHOQUE. — 220 Chevaux.

Dimensions des Bandes des Tiroirs et des Orifices des Cylindres.

	Tribord.	Babord.
Hauteur de la bande supérieure..................	0.178	0.178
Hauteur de la bande inférieure..................	0.178	0.178
Distance entre les bords intérieurs des plaques.	1.250	1.249
Hauteur des orifices supérieurs..................	0.117	0.108
Hauteur des orifices inférieurs..................	0.113	0.114

Relèvement des mouvemens simultanés des Pistons et des Tiroirs des Machines du PHOQUE.

Numéros des Stations. Observations.	Machine de Tribord. Course du Piston.	Course du Tiroir.	Numéros des Stations. Observations.	Machine de Babord. Course du Piston.	Course du Tiroir.
1	1.654	0.1585	1	0.983	0.232
2	1.679	0.176	2	0.852	0.224
3 PH	1.6835	0.1835	3	0.707	0.2125
4	1.6185	0.215	4	0.473	0.1877
5	1.4685	0.2318	5	0.2685	0.154
6 TH	0.260	0.236	6	0.114	0.1177
7	1.1036	0.236	7	0.0255	0.0815
8	0.800	0.2213	8 PB	0.000	0.054
9	0.487	0.189	9	0.046	0.0208
10	0.267	0.1555	10	0.1535	0.0045
11	0.104	0.1165	11 TB	0.3215	0.000
12	0.021	0.0816	12	0.5165	0.003
13 PB	0.000	0.056	13	0.697	0.0155
14	0.041	0.0217	14	1.0295	0.048
15	0.1505	0.0043	15	1.3055	0.0848
16 TB	0.324	0.000	16	1.5325	0.1245
17	0.520	0.002	17	1.651	0.1593
18	0.715	0.0153	18 PH	1.683	0.184
19	1.048	0.049	19	1.613	0.2162
20	1.304	0.083	20	1.4655	0.2313
21	1.520	0.1216	21 TH	1.248	0.2355
22	1.609	0.158	22	0.996	0.232

Observations.

Résultat des Détentes variables.

Cames.	Tribord. Admission dessus.	Admission dessous.	Babord. Admission dessus.	Admission dessous.
1re..	0.288	0.200	0.293	0.213
2e..	0.516	0.378	0.542	0.482
3e..	0.750	0.601	0.784	0.621
4e..	1.035	0.877	1.062	0.928
5e..	1.270	1.121	1.299	1.142

Nota. — La 5e came est nulle car elle donne plus d'admission que les tiroirs, c'est-à-dire qu'à cette came la détente est plus petite que la détente fixe.

Nota. — Les tiroirs sont réglés de telle manière que lorsque les pistons sont au haut de course, les orifices supérieurs pour l'admission sont ouverts de 3mm à tribord et de 7mm à babord.

PLUTON. — 220 Chevaux.

Dimensions des Bandes des Tiroirs et des Orifices des Cylindres.

		Tribord.	Babord.
Hauteur de la bande supérieure		0.180	0.1805
Hauteur de la bande inférieure		0.180	0.1805
Distances entre les bords intérieurs des plaques		1.235	1.236
Hauteur des orifices supérieurs		0.118	0.122
Hauteur des orifices inférieurs		0.118	0.120
Largeur des orifices des cylindres	haut	0.525	0.525
	bas	0.525	0.525

Relèvement des mouvemens simultanés des Pistons et des Tiroirs des Machines du PLUTON.

Numéros des Stations. Observations.	Machine de Tribord.		Numéros des Stations. Observations.	Machine de Babord.		Observations.
	Course du Piston.	Course du Tiroir.		Course du Piston.	Course du Tiroir.	
1 TH	1.184	0.2505	1	1.522	0.1275	
2	0.975	0.246	2	1.652	0.165	
3	0.782	0.233	3 PH	1.680	0.189	
4	0.709	0.227	4	1.678	0.197	
5	0.4515	0.198	5	1.599	0.224	
6	0.259	0.166	6	1.456	0.2396	
7	0.098	0.1248	7 TH	1.225	0.248	
8	0.020	0.0865	8	0.977	0.243	
9 PB	0.000	0.0625	9	0.812	0.232	
10	0.600	0.050	10	0.710	0.224	**Nota.** — Les tiroirs sont réglés de telle manière que lorsque les pistons sont au haut de course ou au bas de course, il y a 5mlm d'avance pour l'admission à tribord comme à babord.
11	0.054	0.022	11	0.462	0.196	
12	0.160	0.005	12	0.260	0.1633	
13 TB	0.323	0.000	13	0.105	0.1243	
14	0.534	0.005	14	0.019	0.086	
15	0.709	0.0193	15 PB	0.000	0.059	
16	0.784	0.0265	16	0.000	0.0494	
17	1.045	0.0558	17	0.0465	0.0223	
18	1.309	0.093	18 TB	0.153	0.0046	
19	1.523	0.1334	19	0.315	0.000	
20	1.6525	0.1725	20	0.534	0.003	
21 PH	1.678	0.196	21	0.704	0.015	
22	1.676	0.204	22	0.770	0.021	
23	1,6040	0.230	23	1.0485	0,052	
24	1.450	0.246	24	1.309	0,0875	
25	0.2225	0.2505	25	1.528	0.128	

PLUTON. — 220 Chevaux.

(*Changement de régulation.*)

Dimensions des Bandes des Tiroirs et des Orifices des Cylindres.

		Tribord.	Babord.
Hauteur de la bande supérieure		0.180	0.1805
Hauteur de la bande inférieure		0.180	0.1805
Distances entre les bords intérieurs des plaques		1.235	1.236
Hauteur des orifices supérieurs		0.118	0.122
Hauteur des orifices inférieurs		0.118	0.120
Largeur des orifices des cylindres.	haut	0.525	0.525
	bas	0.525	0.525
Recouvrement		0.005	0.0035

Relèvement des mouvemens simultanés des Pistons et des Tiroirs des Machines du **PLUTON**.

Numéros des Stations. Observations.	Machine de Tribord.		Numéros des Stations. Observations.	Machine de Babord.		Observations.
	Course du Piston.	Course du Tiroir.		Course du Piston.	Course du Tiroir.	
1	1.6755	0.1875	1	1.6675	0.1797	
2 PH	1.677	0.1925	2 PH	1.678	0.1913	
3	1.6543	0.212	3	1.656	0.2123	
4	1.538	0.236	4	1.5495	0.2348	
5	1.2515	0.2495	5	1.3677	0.2473	
6 TH	1.105	0.2523	6 TH	1.1245	0.249	
7	0.838	0.2415	7	0.862	0.2372	
8	0.583	0.221	8	0.609	0.2162	
9	0.3487	0.191	9	0.350	0.1825	
10	0.1563	0.155	10	0.1838	0.1503	**Nota.** — Les tiroirs sont réglés de manière que lorsque les pistons sont au haut de course, les orifices d'admission du haut sont ouverts de 5m/m à tribord et de 11m/m 1/2 à babord.
11	0.050	0.115	11	0.059	0.1115	
12	0.003	0.0747	12	0.003	0.0725	
13 PB	0.000	0.0623	13 PB	0.000	0.0676	
14	0.0215	0.041	14	0.0135	0.0395	
15	0.0995	0.0157	15	0.086	0.0148	
16	0.240	0.002	16	0.2147	0.0015	
17 TB	0.425	0,000	17 TB	0.3955	0,000	
18	0.659	0.0113	18	0.623	0.0115	
19	0.9205	0.034	19	0.882	0,034	
20	0,961	6.0385	20	1.1225	0,0615	
21	1.213	0.0707	21	1.405	0,1058	
22	1.414	0.102	22	1.5835	0.145	
23	1.5865	0,1413	23	1.670	0.1798	
24	1.671	0.179				

PRONY. — 320 Chevaux.

Dimensions des Bandes des Tiroirs et des Orifices des Cylindres.

	Tribord.	Babord.
Hauteur de la bande supérieure	0.225	0.225
Hauteur de la bande inférieure	0.222	0.225
Distances entre les bords intérieurs des plaques	1.2115	1.1953
Hauteur des orifices supérieurs	0.150	0.150
Hauteur des orifices inférieurs	0.150	0.150

Relèvement des mouvemens simultanés des Pistons et des Tiroirs, des Machines du **PRONY.**

Numéros des Stations. Observations.	Machine de Tribord.		Numéros des Stations. Observations.	Machine de Babord.		Observations.
	Course du Piston.	Course du Tiroir.		Course du Piston.	Course du Tiroir.	
1	0.5885	0.2855	1	0,060	0.032	
2	0.463	0.262	2	0.126	0.0178	
3 AA	0.409	0.2505	3	0.2815	0.003	
4	0.2624	0.2145	4 TB	0.4575	0.000	
5	0.1095	0.1645	5	0.694	0.008	
6	0.0215	0.1140	6	1.122	0.064	
7 PB	0.000	0.0615	7	1.301	0.110	
8	0.612	0.0335	8	1.4375	0.161	
9	0.189	0.010	9 PH	1.551	0.261	
10	0.3668	0.0005	10	1.531	0.303	
11 TB	0.491	0.000	11	1.345	0.3552	
12	0.8188	0.0155	12 TH	1.186	0.359	
13	1.0228	0.0412	13	0.904	0.3345	
14	1.380	0.1288	14	0.775	0.3168	
15	1.491	0.180	15	0.5492	0.2782	
16 PH	1.557	0.2505	16	0.336	0.234	
17	1.554	0.276	17	0.160	0.1835	
18	1.510	0.3135	18	0.0415	0.1315	
19	1.4185	0.341	19 PB	0.000	0.0705	
20	1.2835	0.3535	20 AA	1.550	0.256	
21	1.216	0.3542				
22	1.166	0.3518				
23	0.8355	0.3245				

CHRISTOPHE-COLOMB. — 450 Chevaux.

Dimensions des Bandes des Tiroirs et des Orifices des Cylindres.

		Tribord.	Babord.
Hauteur de la bande supérieure.		0.2355	0.2355
Hauteur de la bande inférieure.		0.2353	9.2355
Distances entre les bords intérieurs des plaques.		2.3682	0.368
Hauteur des orifices supérieurs.		0.160	0.161
Hauteur des orifices inférieurs.		0.1595	0.1595
Largeur des orifices des cylindres.	haut.	0.798	0.7983
	bas.	0.793	0.7965
Recouvrement.		0.006	0.007

Relèvement des mouvemens simultanés des Pistons et des Tiroirs des Machines du **CHRISTOPHE-COLOMB.**

Numéros des Stations.	Observations.	Machine de Tribord. Course du Piston.	Course du Tiroir.	Numéros des Stations.	Observations.	Machine de Babord. Course du Piston.	Course du Tiroir.	Observations.
1		0.2955	0.2085	1		1.9298	0.3205	
2		0.1253	0.1633	2	TH	1.659	0.331	
3		0.0395	0.125	3		1.413	0.3295	
4	PB	0.000	0.086	4		1.1128	0.317	
5		0.0015	0.083	5		0.8415	0.2953	
6		0.0175	0.053	6		0.545	0.263	
7		0.1036	0.0238	7		0.322	0.226	
8		0.2365	0.0068	8		0.154	0.185	
9	TB	0.4145	0.000	9		0.0395	0.139	
10		0.6603	0.0035	10		0.001	0.098	
11		0.9335	0.020	11	PB	0.000	0.0858	
12		1.0255	0.0262	12		0.005	0.0725	
13		1.124	0.0335	13		0.018	0.0625	
14		1.217	0.0413	14		0.096	0.0525	
15		1.517	0.0728	15		0.1695	0.019	**Nota.** — Les tiroirs sont réglés de manière que lorsque les pistons sont au haut de course, les orifices d'admission du haut sont ouverts de 10^{m}l^{m} à tribord et de 9^{m}l^{m}8 à babord.
16		1.696	0.093	16		0.2295	0.0133	
17		1.8068	0.1078	17		0.2850	0.0086	
18		1.872	0.1178	18		0.4276	0.002	
19		2.064	0.1542	19	TB	0.6605	0.000	
20		2.223	0.1983	20		0.7515	0.004	
21		2.259	0.2143	21		0.849	0.0082	
22		2.280	0.2282	22		0.984	0.0170	
23	PH	2.2923	0.2503	23		1.0733	0.0234	
24		2.271	0.2743	24		1.2008	0.0354	
25		2.2423	0.286	25		1.3123	0.0428	
26		2.1563	0.305	26		1.425	0.0542	
27		1.9725	0.324	27		1.529	0.065	
28	TB	1.713	0.3315	28		1.593	0.0729	
29		1.380	0.326	29		1.8165	0.101	
30		1.2905	0.323	30		2.0688	0.1443	
31		1.1978	0.317	31		2.2445	0.1935	
32		1.1092	0.3115	32	PH	2.2945	0.240	
33		0.9963	0.303	33		2.264	0.2694	
34		0.8795	0.292	34		2.143	0.3006	
35		0.7965	0.2838					
36		0.6723	0.2695					
37		0.611	0.261					
38		0.5395	0.2513					

ULLOA. — 450 Chevaux.

Dimensions des Bandes des Tiroirs et des Orifices des Cylindres.

	Tribord.	Babord.
Hauteur de la bande supérieure	0.223	0.223
Hauteur de la bande inférieure	0.223	0.223
Distances entre les bords intérieurs des plaques.	2.401	2.380
Hauteur des orifices supérieurs.	0.162	0.161
Hauteur des orifices inférieurs.	0.160	0.175
Recouvrement.	0.008	—0.001

*Relèvement des mouvemens simultanés des Pistons et des Tiroirs des Machines de l'*ULLOA.

Numéros des Stations. Observations.	Machine de Tribord. Course du Piston.	Machine de Tribord. Course du Tiroir.	Numéros des Stations. Observations.	Machine de Babord. Course du Piston.	Machine de Babord. Course du Tiroir.	Observations.
1	1.128	0.019	1 PB	0.000	0.089	
2	1.336	0.035	2	0.037	0.062	
3	1.632	0.0637	3	0.133	0.033	
4	1.906	0.100	4	0.283	0.013	
5	2.129	0.143	5	0.491	0.001	
6	2.256	0.184	6 TB	0.585	0.000	
7	2.294	0.2215	7	0.726	0.002	
8 PH	2.294	0.227	8	1.009	0.013	
9	2.243	0.264	9	1.332	0.033	
10	2.0995	0.2975	10	1.625	0.062	
11	1.892	0.319	11	1.899	0.103	**Nota.** — Lorsque les pistons sont à demi-course, les orifices d'admission du bas sont ouverts de $5^{m}/^{m}$ 1/2 à tribord et de 7 $^{m}/^{m}$ à babord.
12	1.6285	0.330	12	2.110	0.142	
13 TH	1.5055	0.331	13	2.2705	0.201	
14	1.2255	0.3285	14	2.284	0.221	
15	1.0225	0.319	15 PH	2.284	0.228	
16	0.732	0.2965	16	2.230	0.267	
17	0.473	0.2665	17	2.093	0.296	
18	0.261	0.229	18	1.886	0.320	
19	0.1075	0.186	19	1.624	0.330	
20	0.0225	0.1445	20 TH	1.519	0.331	
21 PB	0.000	0.1065	21	1.332	0.330	
22	0.000	0.100	22	1.013	0.318	
23	0.0385	0.064	23	0.735	0.2955	
24	0.138	0.335	24	0.473	0.266	
25	0.287	0.013	25	0.267	0.228	
26	0.499	0.002	26	0.107	0.184	
27 TB	0.613	0.000	27	6.022	0.142	
28	0.7335	0.002	28	0.000	0.098	

MAGELLAN. — 450 Chevaux.

Dimensions des Bandes des Tiroirs et des Orifices des Cylindres.

	Tribord.	Babord.
Hauteur de la bande supérieure.	0.230	0.2295
Hauteur de la bande inférieure.	0.2318	0.2285
Distances entre les bords intérieurs des plaques.	2.3565	2.3525
Hauteur des orifices supérieurs.	0.1585	0.150
Hauteur des orifices inférieurs.	0.160	0.1605
Recouvrement.	0.0375	0.0045

Relèvement des mouvemens simultanés des Pistons et des Tiroirs des Machines du **MAGELLAN.**

Numéros des Stations. Observations.	Machine de Tribord. Course du Piston.	Machine de Tribord. Course du Tiroir.	Numéros des Stations. Observations.	Machine de Babord. Course du Piston.	Machine de Babord. Course du Tiroir.	Observations.
1 PB	0.000	0.0795	1 PB	0.000	0,0875	
2	0.007	0.0605	2	0.0425	0,043	
3	0.061	0.0325	3	0.1835	0,014	
4	0.1685	0.0145	4	0.2975	0,0045	Arête 0,2335
5	0.328	0.0035	5 TB	0.505	0,001	
6 TB	0.5495	0.000	6	0.740	0,006	
7	0.8212	0.0105	7	0.922	0,016	
8	1.1515	0.033	8	1.098	0,030	
9	1.3795	0.0545	9	1.390	0,055	
10	1.4055	0.0925	10	1.680	0,089	
11	1.9275	0.1265	11	1.9532	0,128	
12	2.1835	0.184	12	2.155	0,167	**Nota** — Les tiroirs sont réglés de manière que lorsque les pistons sont au haut de course, les orifices d'admission du bas sont ouverts de 7mm à tribord et de 8mm 1/2 à babord.
13 PH	2.291	0.2405	13	2.2712	0,213	
14	2.288	0.2525	14	2.2865	0,2335	
15	2.1064	0.309	15 PH	2.2894	0,2415	
16	1.8365	0.3225	16	2.2215	0,287	
17 TH	1.715	0.3252	17	2.068	0,3182	
18	1.783	0.3252	18	1.8785	0,3262	
19	1.275	0.313	19 TH	1.509	0,3292	
20	0.971	0.295	20	1.0905	0,3105	
21	0.687	0.264	21	0.9955	0,3045	
22	0.432	0.2285	22	0.6435	0,238	
23	0.230	0.1872	23	0.231	0,195	
24	0.102	0.151	24	0.1575	0,1052	
25	0.028	0.117	25	0.0966	0,1555	
			26	0.014	0,1115	
			27 PB	0.000	0,073	

7e LEÇON.

Démontage des principales Pièces d'une Machine à Vapeur.

Dans les réparations et même pour les nettoyages, on a souvent besoin de démonter diverses pièces de la machine ; pour le faire sans danger, tout en y mettant le moins de temps possible, il faut suivre certaines règles que nous allons indiquer et qui pourront être de quelque utilité.

Sortir un piston de son cylindre. — On mettra le piston un peu plus bas que la position moyenne ; on saisira la tige avec un frein en bois posant sur le presse-étoupe du couvercle du cylindre. On démontera les chapes qui lient les bielles pendantes aux extrémités des balanciers. On fera marcher la machine jusqu'à ce que les bielles soient dégagées des balanciers. On démontera ensuite les bras de parallélogramme, et on enlèvera les bielles pendantes du piston ; cela fait, on suspendra le piston par sa traverse au moyen d'un palan ; on retirera le frein et on fera descendre le piston jusqu'au fond du cylindre ; on enlèvera ensuite la traverse après avoir retiré la clavette qui la lie à la tige ; on retirera le couvercle du cylindre, puis la couronne du piston, ainsi que les ressorts qui pressent sur la garniture métallique ; il sera alors facile de sortir le piston.

Il peut arriver que la traverse adhère à la tige, de manière à ne pouvoir s'en détacher facilement ; dans ce cas, on soulèvera le piston de 2 à 3 centimètres au-dessus du fond du cylindre ; on placera sous la traverse de fortes cales en bois reposant sur le cylindre et aux endroits les plus résistans, on agira ensuite sur la tige au moyen d'une masse en cuivre ou d'un billard ; si ce moyen était insuffisant, il faudrait chauffer la traverse, en établissant sur le couvercle du cylindre un fourneau en tôle, en employant soit du charbon, soit des mèches en coton trempées dans l'huile.

Dans quelques machines convenablement disposées, on peut employer un mode de démontage plus commode : il consiste à mettre le piston au bas de course, démonter les clavettes qui lient la tige à la traverse, puis virer jusqu'à ce que la traverse soit à la position qu'elle occupe lorsque le piston est au haut de course, alors on démonte le bras de parallélogramme et, au moyen de palans, on fait incliner les bielles pendantes et la traverse, soit sur l'arrière, soit sur l'avant, ce qui permet d'enlever le couvercle du cylindre ainsi que le piston.

Démonter un tiroir. — On retire les menottes qui lient la traverse aux bras de levier de l'arbre du tiroir, ce qui permet de retirer cette traverse ainsi que le couvercle de la boîte ; on démonte ensuite les portes de visite qui servent à faire les garnitures. Si la tige du tiroir est en deux pièces, on démonte la partie supérieure. De même, si le tiroir est en deux pièces, on soutient la partie supérieure avec un palan, on soulève le tiroir, de manière à pouvoir démonter la partie inférieure, soit par la porte de visite, soit en enlevant le couvercle de la partie inférieure de la boîte si elle est en deux compartimens. Cela fait, on enlève la partie supérieure avec la tige, si toutefois l'espace compris entre le dessus de la boîte et le dessous du pont est suffisant; dans le cas contraire, on démonterait la tige. Dans ce cas, il faudrait préalablement prendre un repère, afin de pouvoir remonter le tiroir exactement à la même position. Si le tiroir était d'une seule pièce, et que l'espace entre la boîte et le pont fut insuffisant pour l'enlever, il faudrait détacher la caisse du cylindre et l'incliner convenablement jusqu'à ce que le tiroir soit sorti.

Démonter un piston de pompe à air. — Il faut d'abord mettre la machine dans une position un peu au-dessous de la moyenne, on saisit la tige du piston de la pompe à air avec un frein; on enlève les chapes qui lient les bielles de cette pompe avec les balanciers, puis on vire la machine jusqu'à ce que les bielles abandonnent les tourillons. On décroche le piston de la pompe alimentaire quand il est fixé sur la traverse de pompe à air, et on démonte les guides; cela fait, on démanche la traverse de la tige du piston de pompe à air, ce qui permet d'enlever le couvercle et de sortir le piston.

Démonter les bielles de manivelles. — On met la machine à moyenne course, c'est-à-dire les balanciers horizontaux. On maintient le piston à vapeur, soit en saisissant sa tige avec un frein, soit en arc-boutant la traverse, ou bien encore en calant sous les balanciers et près du cylindre; puis on démonte les brides qui lient la traverse (ou T renversé) de la bielle avec les extrémités des balanciers; cela fait, on vire au moyen des roues, alors la grande bielle se trouve suspendue au bouton de la manivelle, et il est facile de la saisir avec un palan ou de la suspendre avec des cordages. On démonte alors la bride qui la maintient au bouton de manivelle et, en virant un peu aux roues, la bielle se trouve complètement démontée.

Démonter les balanciers. — On frappe un palan sur l'arbre de couche pour saisir l'une des extrémités du balancier, et un autre palan aux pitons qui sont fixés au pont et qui servent à enlever les couvercles des cylindres; si ces pitons ne sont pas dans une position convenable, on peut placer un madrier sur les cylindres et y fixer le palan destiné à soutenir l'autre extrémité des balanciers. On démonte ensuite la rondelle du tourillon du milieu, on fait sortir les clavettes qui serrent les coussinets du dessous, et on retire ces coussinets au moyen de tire-fonds; on agit ensuite au moyen des palans, de manière à pouvoir retirer le coussinet supérieur; alors le balancier se trouve suspendu sur des palans et entièrement libre. On peut le tirer à tribord ou à babord, ou le reposer sur des cales.

Démonter un piston de la pompe alimentaire. — Si ce piston est fixé sur la traverse des pompes à air par une chape, il faut démonter les guides de la pompe à air, ainsi que la traverse, ce qui permet d'enlever le piston de pompe alimentaire.

Devoirs du mécanicien, chef de quart. — Le mécanicien qui prend le quart pour conduire la machine au moment de la mise en marche, doit s'assurer, en premier lieu, si les dispositions préparatoires qu'exigent les chaudières ont été bien observées; si le niveau de l'eau est à la hauteur convenable; si tous les objets adaptés à l'appareil évaporatoire sont en état et fonctionnent librement.

Il ordonne ensuite aux chauffeurs d'allumer le feu, ayant soin d'ouvrir une soupape ou un robinet pour donner issue à l'air renfermé dans la chaudière; cet air, échauffé par la vapeur, pouvant, par dilatation, produire des fuites très grandes dans les divers joints et quelquefois des engorgemens d'eau dans les cylindres à vapeur. Lorsqu'il n'y a plus d'air dans la chaudière, ce dont on a connaissance aussitôt que la vapeur commence à sortir par l'orifice laissé ouvert, le chef de quart ferme cet orifice et laisse monter la tension de la vapeur jusqu'au degré du manomètre déterminé par le constructeur. Pendant ce temps, il visite les divers mouvemens de la machine et des roues, pour examiner s'ils sont en bon état et ne peuvent être engagés au moment de fonctionner. Il s'assure aussi si les injections et toutes les prises d'eau de la mer sont telles qu'elles doivent être, et si leurs robinets ou soupapes peuvent être manœuvrés librement. Il fait graisser soigneusement les articulations des diverses pièces du mécanisme.

Aussitôt qu'il a reçu l'ordre de se préparer à faire fonctionner l'appareil, il ouvre la soupape destinée à envoyer la vapeur dans le fond du tiroir, du cylindre et du condenseur, et purger la machine jusqu'à ce que l'eau et l'air qui s'y trouvent renfermés en soient chassés par la vapeur à travers le reniflard ou soupape de purgation. Il balance la machine en lui faisant faire quelques tours en avant et en arrière, pour être sûr de pouvoir la lancer à l'instant même du commandement. Ces quelques tours de roues ont lieu lentement, afin que l'eau qui se trouve au-dessus du piston du cylindre à vapeur et qui n'a pu être chassée à travers la soupape de purgation, ait le temps de s'écouler par la boîte à tiroir dans le condenseur.

Toutes ces précautions ayant été prises, le mécanicien, chef de quart, se trouve prêt à mettre la machine en mouvement et à exécuter sur elle les manœuvres commandées par le capitaine.

Au commandement de : ***Machine en avant,*** ou de : ***Machine en arrière***, il ouvre, à l'instant, le registre d'admission de vapeur dans la boîte à tiroir et, dès que la machine a commencé à prendre du mouvement, la soupape ou robinet d'injection d'eau froide dans le condenseur, et se réglant sur la position des manivelles de l'arbre de couche ou sur la position de la traverse du piston, il gouverne, à la main, le levier du tiroir, de manière à introduire à-propos la vapeur au-dessus ou au-dessous du piston, et ainsi de suite alternativement.

Au commandement de : ***Machine, stope***, il arrête la manœuvre du tiroir et ferme, au même instant, le registre de vapeur et l'injection au condenseur.

La machine ayant été mise en mouvement au moyen du levier de mise en train, aussitôt le commandement de : ***Machine en route***, le mécanicien embraye définitivement le bras d'excentrique avec le bouton de la manivelle du tiroir. Il donne ensuite la marche ordinaire au mécanisme, ouvrant plus ou moins le registre d'admission de vapeur, selon la vitesse du piston et la puissance productive de la chaudière, et la soupape d'injection selon l'état de la condensation.

Il doit faire ouvrir les soupapes de sûreté, si elles adhèrent à leurs siéges et ne se lèvent pas d'elles-mêmes, lorsque la vapeur dans la chaudière est indiquée dépasser la tension requise. Mais, dans tous les cas, il faut les ouvrir lentement, afin que l'eau ne soit pas entraînée par la vapeur dans le tuyau de dégagement ou même dans le tuyau de communication aux cylindres de la machine; pour ce motif, les leviers à vis à écrou qui servent à manœuvrer ces soupapes sont préférables aux leviers à tiroir, que les mécaniciens peuvent faire agir brusquement.

Pendant tout le temps que l'appareil fonctionne, il surveille, avec une attention particulière, le service des chauffeurs; il s'assure que l'alimentation entretient l'eau des chaudières au niveau convenable; il fait une extraction partielle de cette eau saturée de sel marin, au moins une fois dans son quart, ou mieux encore deux fois s'il est possible; et lorsqu'il fait usage d'argile pour prévenir les dépôts de sels calcaires, il doit en injecter dans la chaudière la quantité nécessaire pour remplacer celle qui est entraînée par l'extraction. Les fuites ou les gonflemens qui se déclarent beaucoup trop souvent aux parois des foyers et que les mécaniciens désignent communément par le nom de *coups de feu*, proviennent, en général, ou d'une couche trop épaisse de dépôts salins sur ces parois, ou d'un abaissement du niveau de l'eau laissant à découvert les surfaces de chauffe. Lorsque ce dernier cas arrive, les conséquences peuvent en être beaucoup plus funestes; et aussitôt que le mécanicien chef de quart s'en aperçoit, le meilleur parti qu'il ait à prendre est d'arrêter d'abord les pompes alimentaires et surtout de ne pas employer la pompe à eau froide, pour rétablir le niveau, afin d'éviter les détonations qui auraient lieu par l'arrivée de l'eau sur le métal surchauffé et qui produiraient des fissures dans les tôles, si la grande quantité de vapeur qui pourrait se développer instantanément n'était même capable de faire éclater la chaudière. Il faut que le mécanicien, après en avoir prévenu le capitaine, ordonne immédiatement de fermer le registre de la cheminée, ou mieux les portes des cendriers pour arrêter le tirage ; qu'il se garde bien d'ouvrir les soupapes de sûreté ; qu'il fasse retirer les feux sans trop de précipitation, qu'il continue de faire marcher la machine le plus long-temps possible, pour consommer la vapeur produite, et qu'il attende d'avoir refroidi lentement les parois des foyers, pour pouvoir alimenter de nouveau la chaudière et pousser ensuite assez vivement les feux qu'il vient de rallumer, afin d'obtenir au plus tôt de la vapeur.

Il doit faire observer aux hommes de service de la machine, qui sont chargés de graisser les mouvemens, de ne point employer de la graisse ou de l'huile sales, et de ne laisser glisser aucun corps dur dans les diverses articulations, sans quoi les coussinets ou garnitures en cuivre éprouveraient une prompte détérioration. Il porte également son attention sur le travail de la pompe à air et des autres pompes de service de la machine. Il examine si l'injection se fait bien et si le condenseur ne s'échauffe pas. Il recherche, enfin, si des chocs qui se manifestent dans quelques organes, et si des fuites de vapeur ou des introductions d'air, annoncées par des sifflemens, ne viennent troubler le jeu du mécanisme et réduire notablement sa puissance motrice. La plupart des chocs peuvent être corrigés pendant la marche, et souvent il suffit de donner le serrage convenable aux clavettes des articulations. Les introductions d'air dans les compartimens où se fait le vide, et qui proviennent de défauts de masticage, se reconnaissent en promenant une bougie sur les divers joints, et l'on doit garnir de mastic les endroits où la lumière est aspirée et éteinte.

Toutes les fois qu'on arrête momentanément la machine, le mécanicien ordonne aux chauffeurs d'ouvrir les portes des foyers et de fermer les registres des cendriers ou de la cheminée. Il fait fermer aussitôt les soupapes ou robinets d'alimentation adaptés à la chaudière. Les robinets sont préférables aux soupapes à siége qui, sujettes à s'engager, donnent plus souvent lieu à ces chocs, semblables à des coups de marteau, produisant la prompte détérioration des soudures et des brides des tuyaux. Si le temps d'arrêt de l'appareil se prolonge, on entretient le niveau de l'eau dans la chaudière, au moyen de la pompe à bras.

Le capitaine, ayant eu le soin de prévenir qu'on approche du mouillage, les mécaniciens doivent laisser tomber les feux et ne conserver que la vapeur suffisante pour atteindre le point d'arrivée.

La machine étant définitivement arrêtée et l'ordre d'éteindre les feux ayant été donné, le chef de quart fait boucher soigneusement les trous de graissage des principales articulations, fait couvrir les dessus des boîtes à étoupes des cylindres, boîtes à tiroir et autres, de crainte que les cendres soulevées par l'extinction des feux ne viennent se loger dans ces parties et ne s'introduisent dans les coussinets et garnitures en cuivre, ce qui occasionnerait, par la suite, des gorges aux tourillons et des cannelures aux tiges des pistons.

Après avoir opéré, au moyen de la pression de la vapeur, une forte extraction de l'eau de la chaudière, mais de manière à ne pas refroidir trop brusquement ses parois, et après avoir fait ouvrir le trou d'homme, on doit s'occuper de suite de la mise en bon état de toutes les parties du mécanisme et du nettoyage ou fourbissage de ces parties pendant qu'elles sont chaudes. On attend que le refroidissement de la chaudière permette de pénétrer dans son intérieur, pour procéder à la visite des grilles des foyers et au nettoyage général des conduits de flamme et des bouilleurs ou lames d'eau.

Les mécaniciens ont, en général, l'habitude d'opérer ce qu'ils appellent une *extraction en grand*, par le moyen de la pression de la vapeur, lorsqu'on arrive au mouillage, et même lorsque, dans une longue traversée, on s'arrête pour nettoyer la chaudière. De l'aveu de plusieurs d'entre eux, des fentes se sont alors déclarées aux tôles des foyers, surtout dans le voisinage des tirans, entretoises et rivets des coutures, à cause des différences de dilatation pour des épaisseurs de métal inégales. Il est naturel de craindre aussi que, par ces extractions complètes, répétées trop souvent, les bouilleurs latéraux mis à sec, transmettant leur chaleur au bois qui les avoisine, ne finissent peu à peu par carboniser ce bois, qui peut ensuite s'enflammer à la moindre étincelle et produire un incendie dans les soutes alimentaires. Nous pensons donc qu'on devrait supprimer, ou du moins modifier cet usage, en se bornant à baisser le niveau de l'eau par la pression de la vapeur, de manière à ne pas mettre à nu les parois des foyers ; on injecterait graduellement de l'eau froide avec la pompe à bras, si l'on avait hâte de refroidir la chaudière ; on la viderait ensuite complètement par les portes de sels dans la cale, d'où cette eau serait extraite au moyen des pompes de service de la machine et du navire.

C'est une erreur de croire que l'extraction en grand entraîne les écailles des sels insolubles déposés sur les parois des bouilleurs : s'il en était ainsi, ces écailles obstrueraient les coudes des tuyaux et robinets d'extraction, ou seraient arrêtées par les grilles qu'on met très souvent aux orifices de décharge à la mer.

8e LEÇON.

Nous aurons besoin par la suite de quelques théorèmes qu'il importe de faire connaître.

Pour évaluer les aires planes comprises entre une ligne courbe d'une forme quelconque et trois droites, dont deux perpendiculaires à la troisième et limitées aux extrémités de la courbe, sont dites les ordonnées extrêmes, tandis que la troisième droite est appelée la ligne des abscisses.

Thomas Sempson a donné une formule dont voici l'énoncé :

L'aire totale est égal au tiers de l'intervalle compris entre les pieds de deux ordonnées consécutives multiplié par la somme des ordonnées extrêmes, plus quatre fois la somme des ordonnées de rang pair, plus deux fois la somme des ordonnées de rang impair non comptées.

Soit à évaluer la surface curviligne $a'agg'$ (fig. 1) : divisons la longueur ag en un nombre pair de parties égales, en six parties par exemple ; par chacun des points de division, élevons des perpendiculaires jusqu'à la rencontre de la courbe, et joignons deux à deux les extrémités supérieures des ordonnées ; on voit que chaque trapèze rectiligne est moindre que le trapèze curviligne compris entre les mêmes ordonnées et l'abscisse ; donc la somme de tous les trapèzes rectilignes nous donnera une première approximation en moins ou par défaut de l'aire à évaluer.

Si la courbe $a'c'g'$ au lieu d'être concave était convexe du côté de la ligne des abscisses ag, la somme des trapèzes rectilignes donnerait, au contraire, une approximation en plus ou par excès.

Cette somme a pour expression :

$$\tfrac{1}{2}\,ab(aa'+bb')+\tfrac{1}{2}\,bc(bb'+cc')+\tfrac{1}{2}\,cd(cc'+dd')+\tfrac{1}{2}\,de(dd'+ee')+\ldots$$

$$\tfrac{1}{2}\,fg(ff'+gg')=\tfrac{1}{2}\,ab(aa'+2bb'+2cc'+2dd'+2ee'+2ff'+gg')$$

mais on peut obtenir une approximation plus grande.

Partageons l'intervalle ce compris entre deux ordonnées consécutives de rang impair en trois parties égales (fig. 2), $cm=mn=ne$, et remplaçons les deux trapèzes rectilignes $c'cdd'$ et $d'dee'$ par la somme des trois trapèzes rectilignes déterminés, en menant en m et en n des ordonnées, nous aurons une valeur plus approchée de l'aire curviligne $cee'c'$.

La somme de ces trois trapèzes est :

$$\tfrac{1}{2}\,cm(cc'+2mm'+2nn'+ee')$$

Vu les égalités : $cm=mn=\tfrac{2}{3}\,ab$, elle peut s'écrire :

$$\tfrac{1}{3}\,ab(cc'+2mm'+2nn'+ee')$$

Lisons mn' qui rencontre dd' en o, nous avons

$$do=\frac{mm'+nn'}{2}$$

et, par suite : $4do=2(mm'+nn')$

Nous aurons, en substituant pour l'aire des trois trapèzes rectilignes :

$$\tfrac{1}{3}\,ab(cc'+4do+ee')$$

Or, comme cette aire est moindre que l'aire curviligne

correspondante, on obtiendra donc une compensation approximative, en remplaçant l'ordonnée *do* par *dd'* qui est plus grande.

On aura donc pour approximation plus grande, mais toujours par défaut de l'aire curviligne *cee'c'*, l'expression

$$\tfrac{1}{3}\,ab(cc'+4dd'+ee')$$

On aurait de même pour l'aire *acc'a'* une valeur plus approchée, dont l'expression serait :

$$\tfrac{1}{3}\,ab(aa'+4bb'+cc')$$

faisant la somme de ces aires partielles, on aura pour exprimer la valeur approchée de l'aire curviligne totale, que nous désignerons par S.

$$S=\tfrac{1}{3}\,ab\,\{aa'+4(bb'+dd'+ff')+2(cc'+ee')+gg'\}$$

ou $$S=\tfrac{1}{3}\,\{ab_1+b_7+4(b_2+b_4+b_6)+2(b_3+b_5)\}$$

En désignant par *a* l'un des espaces égaux comptés sur $\chi\gamma$, et par b_1, b_2, les diverses ordonnées.

Remarque. — On comprend que plus on prend de points de divisions, plus est grande l'approximation obtenue. Toutefois, lorsque la courbe est ondulée, quand elle est tantôt concave, tantôt convexe vers la droite $\chi\gamma$, l'approximation croît très rapidement avec le nombre de divisions prises. Cela est facile à comprendre, car les trapèzes rectilignes que nous avons évalués étant les uns plus grands, les autres plus petits que les trapèzes curvilignes qui leur correspondent, la compensation s'établit vite et l'approximation est rapide.

Si l'on avait à évaluer une surface comprise entre une ligne fermée, composée de lignes droites et courbes (fig. 3), on mènerait une droite à travers le contour, et divisant la longueur de cette droite terminée au contour en un nombre pair de parties égales, l'on élèvera, à tous les points de division, des ordonnées parmi lesquelles il pourra s'en trouver de nulles.

Non seulement cette formule nous servira à calculer approximativement l'aire d'une surface plane curviligne, mais aussi tout ce qui pourra se représenter par une surface, en un mot toute somme de produits formés de deux facteurs, dont l'un peut acquérir, entre deux limites, une série de valeurs variant d'après une loi quelconque, tandis que l'autre facteur est invariable et connu.

Théorème. — Si l'on divise la somme des puissances q des nombres naturels depuis 1 jusqu'à m, par la puissance $q+1$ du nombre m, le quotient s'approchera d'autant plus de la valeur $\frac{1}{q+1}$ que le nombre m sera plus grand, en autres termes, le quotient aura pour valeur rigoureuse et finale $\frac{1}{q+1}$ quand m sera infiniment plus grand.

Ce théorème est l'énoncé, en langage ordinaire, de la formule

$$\text{limite de } \frac{\Sigma m^q}{m^{q+1}} = \frac{1}{q+1}.$$

$\Sigma m^q = 1^q + 2^q + 3^q + 4^q \ldots\ldots\ldots\ldots + m^q$, et se prononce somme de m^q. C'est une expression abrégée, souvent en usage pour représenter une somme composée de termes semblables, et limite $\frac{\Sigma m^q}{m^{q+1}}$ indique la valeur de la somme quand m est infiniment grand.

Application :

1° Si l'on suppose $q=1$, on aura

$$\text{lim. de } \frac{\Sigma m}{m^2} = \text{lim. } \frac{1+2+3+4+\ldots\ldots m}{m^2} = \frac{1}{2}$$

2° Si l'on suppose $q=2$, on aura

$$\text{lim. de } \frac{\Sigma m^2}{m^3} = \text{lim. } \frac{1+2^2+3^2+4^2+\ldots\ldots m^2}{m^3} = \frac{1}{3}$$

3° Pour $q=3$, il vient

$$\text{lim. de } \frac{\Sigma m^3}{m^4} = \text{lim. } \frac{(1+2^3+3^3+4^3+\ldots\ldots m^3)}{m^4} = \frac{1}{4}$$

4° $$\text{lim. de } \frac{\Sigma m^4}{m^5} = \text{lim. } \frac{(1+2^4+3^4+4^4+\ldots\ldots m^4)}{m^5} = \frac{1}{5}$$

Nous nous contenterons de donner ces exemples, les seuls que nous aurons l'occasion d'utiliser, et nous allons démontrer la formule dans deux cas.

La somme des m premiers nombres naturels divisée par m^2, tend à devenir égal à $\frac{1}{2}$, à mesure que m devient plus grand et à la limite, c'est-à-dire quand m est infini. Ce quotient a pour valeur rigoureuse $\frac{1}{2}$.

En effet : $1+2+3+4\ldots\ldots m=\frac{m(m+1)}{2}$

donc, limite de $\frac{\Sigma m}{m^2}=\lim.\frac{m(m+1)}{2m^2}=\lim.\left(\frac{m^2}{2m^2}+\frac{m}{2m^2}\right)$

$$=\lim.\left(\frac{1}{2}+\frac{1}{2m}\right)=\frac{1}{2}$$

car $\frac{1}{m}=0$ quand m est infini, donc $\lim.\frac{\Sigma m}{m^2}=\frac{1}{2}$.

La somme des secondes puissances des m premiers nombres consécutifs divisée par la troisième puissance de m, donne un quotient dont la valeur égale $\frac{1}{3}$ à la limite, c'est-à-dire quand m est infiniment grand.

En effet, on a identiquement :

$$(0+1)^3=\ldots\ldots\ldots\ldots 1$$
$$(1+1)^3=1^3+3\times1^2+3\times1+1$$
$$(2+1)^3=2^3+3\times2^2+3\times2+1$$
$$(3+1)^3=3^3+3\times3^2+3\times3+1$$
$$\ldots\ldots\ldots\ldots\ldots\ldots$$
$$(m+1)^3=m^3+3\times m^2+3\times m+1$$

Ajoutons toutes ces égalités membre à membre, et remarquons que le premier membre de l'une d'elles est détruit par le premier terme du second nombre de la suivante dans l'égalité résultante et finale.

Nous aurons

$$(m-1)^3=3\,\Sigma m^2+3\,\Sigma m+m+1$$

en divisant les deux membres par m^3, il vient

$$\frac{(m+1)^3}{m^3} \quad \text{ou} \quad \left(\frac{m+1}{m}\right)^3$$

$$\text{ou} \quad \left(1+\frac{1}{m}\right)^3 = \frac{3\Sigma m^2}{m^3} + \frac{3\Sigma m}{m^3} + \frac{m}{m^3} + \frac{1}{m^3}$$

$$\text{ou} \quad \left(1+\frac{1}{m}\right)^3 = \frac{3\Sigma m^2}{m^3} + \frac{3\Sigma m}{m^3} + \frac{1}{m^2} + \frac{1}{m^3}$$

Si nous faisons m infini, nous aurons

$$\frac{1}{m}=0, \quad \frac{3\Sigma m^2}{m^3} = \frac{3}{m}\,\frac{\Sigma m}{m^2} = \frac{3}{m} \times \frac{1}{2} = 0, \quad \frac{1}{m^2}=0, \quad \frac{1}{m^3}=0,$$

restera l'égalité

$$1 = \frac{3\Sigma m^2}{m^3}, \quad \text{d'où} \quad \frac{\Sigma m^2}{m^3} = \frac{1}{3} \text{ à la limite.}$$

$$\text{donc} \qquad \text{limite } \frac{\Sigma m^2}{m^3} = \frac{1}{3}$$

On démontrerait de même le théorème dans le cas de $q=3$, de $q=4$, etc. On peut donc l'admettre dans tous les cas.

De l'espace et du temps. — Tous les mouvemens que nous observons, tous ceux que nous faisons naitre, tous les phénomènes dont nous sommes témoins en dehors de nous comme en nous-mêmes, s'accomplissent dans l'espace et dans le temps. Ces deux grandes notions interviennent sans cesse en mécanique, pour donner à nos définitions, à nos évaluations un sens précis et complet, en un mot pour les rendre comparables ; que l'on sache, par exemple, qu'un corps qu'un mobile a parcouru 20 mètres en ligne droite et d'un mouvement uniforme, l'on ne connaitra pas le mouvement du corps d'une manière complète, il manque un élément nécessaire, le temps employé, le temps qui fait connaitre la vitesse du mobile et rend le mouvement comparable à tout autre mouvement uniforme et peut l'en distinguer. De même, il ne suffit pas de savoir qu'un corps a mis 20 minutes à se transporter d'un point à un autre de l'espace, pour connaître à fond son mouvement ; l'ignorance de la nature de la trajectoire qu'il a suivie, la grandeur du chemin qu'il a parcouru laisse inconnue sa vitesse, et par suite la nature véritable du mouvement ; pour juger, enfin, de la puissance d'une machine, il ne suffit pas de connaître la quantité de travail accompli par elle, il faut savoir encore dans quel temps ; ainsi il en est de toutes nos connaissances mécaniques : elles ne sont complètes que par le concours de ces deux élémens réunis.

Qu'est-ce que le temps ? Qu'est-ce que l'espace ? Sans vouloir donner une définition impossible de ces deux grandes abstractions de notre esprit, nous dirons en deux mots comment il y est conduit. D'abord, l'impénétrabilité de la matière en vertu de laquelle deux corps différens ne peuvent occuper simultanément le même lieu, et le sentiment distinct des limites de leurs volumes nous donnent la notion de l'espace partiel et relatif ; puis la considération d'une sphère pleine, dont nous faisons abstraction de la matière à mesure que son rayon s'accroît, nous fait concevoir des espaces croissant de plus en plus, si bien que, lorsque le rayon est infini, notre esprit, en faisant abstraction de la matière pondérable, cherche en vain les limites d'une sphère dont le centre est désormais partout et la surface nulle part. C'est l'infini dans l'étendue ; c'est l'espace absolu.

Quant à la notion du temps, elle nous vient de la succession des événemens et des phénomènes du dehors, comme de nos pensées et de nos sentimens intimes, enregistrés par ordre dans notre mémoire. Dans les usages de la vie, comme en mécanique, nous n'avons à considérer que l'espace et le temps relatifs. La géométrie apprend à mesurer l'espace qu'elle conçoit, et le représente sous trois dimensions : la longueur, la largeur et l'épaisseur. Quant au temps, les mouvemens périodiques des astres ont, de bonne heure, appris à l'homme à le classer, le diviser, le mesurer ; de là ces grandes unités temporaires, l'année, le mois, le jour, etc. Aujourd'hui, c'est encore là, c'est encore dans le ciel qu'il trouve l'horloge invariable qui règle ses instrumens chronométriques, trop sujets à dérangemens.

Les anciens employaient à la mesure du temps un instrument appelé *Clepsydre* et propre à tamiser l'eau ou le mercure d'une façon uniforme. C'est une bouteille de verre présentant la forme de deux conoïdes opposés par leur sommet et communiquant à l'intérieur par un petit orifice percé dans la troncature qui les unit. Plus tard, et de notre temps, on a remplacé l'eau par du sable fin, et l'instrument s'est appelé *Sablier*.

Du mouvement. — On donne le nom de mouvement à tout déplacement d'un corps dans l'espace. C'est là le mouvement dans sa conception générale, c'est là le mouvement absolu. Quand on compare le mouvement d'un corps à celui d'un autre, ce qu'on obtient comme résultat de cette comparaison, c'est la notion du mouvement relatif. Ce n'est d'ailleurs que de tels mouvemens qu'il nous est donné de suivre et de mesurer dans l'industrie et à la surface du globe ; on le comprendra sans peine en songeant que, pour étudier un mouvement, il faut rapporter les diverses positions du mobile à soi-même ou à tout autre corps ; or, tout ce qui est à la surface de la terre participe comme nous participons nous-mêmes, sans nous en douter, au mouvement qui l'emporte à travers l'espace. Toutefois, nous regarderons comme absolu tout mouvement isolément considéré, et comme relatif tout mouvement qui sera né de la comparaison de deux ou de plusieurs autres mouvemens.

Sous le rapport géométrique, le mouvement est rectiligne ou curviligne, c'est-à-dire, la ligne ou trajectoire que décrit le mobile est droite ou courbe.

Sous le rapport mécanique, le mouvement est uniforme ou varié.

Le mouvement uniforme est celui où le mobile parcourt des espaces égaux en temps égaux ; il est caractérisé par la constance de la vitesse et par l'absence de toute force motrice.

Le mouvement varié est caractérisé par la variation de sa vitesse et par l'incessante action d'une force motrice constante ou variable.

La force est-elle constante, la variation de la vitesse, c'est-à-dire, le degré d'augmentation ou de diminution qu'elle subit dans l'unité de temps est constante, et le mouvement est dit *uniformément varié*, *accéléré* ou *retardé*; c'est le mouvement le plus simple après l'uniforme. Au contraire, la force est-elle variable d'intensité, le mouvement est varié et le plus général. Pour avoir la vitesse acquise, la vitesse totale au bout d'un temps fixé, on suppose que la force motrice suspend tout-à-coup son action; alors devenue constante, la vitesse apparaît dans sa véritable grandeur, et peut s'évaluer, du moins en imagination.

Mouvement périodique. — On appelle ainsi tout mouvement où la vitesse passe par divers états de grandeur successivement croissans et décroissans, se reproduisant toujours les mêmes et dans le même ordre, si bien que si le temps qui s'écoule entre deux états identiques de la vitesse est constamment le même, le mouvement est régulièrement périodique. Il en est rarement ainsi dans les machines. Toutefois, l'on conçoit que si des accélérations et des retards viennent troubler la régularité de la période, il peut arriver que ces écarts se compensent à la longue, alors il est possible de substituer au mouvement périodique un mouvement moyen uniforme, où la vitesse serait constante et égale à une vitesse moyenne entre les deux vitesses extrêmes. C'est ainsi que le mouvement varié des pistons est remplacé par un mouvement moyen uniforme, dont la vitesse est le quotient de la longueur d'une course divisée par le temps de sa durée.

Inertie des corps. — L'expérience nous apprend qu'un corps quelconque ne peut se communiquer le mouvement par lui-même, pas plus qu'il ne peut rien changer au mouvement qu'il possède, si bien que s'il est en repos, il y persévère; que s'il est en mouvement, il continue à se mouvoir de la même façon, à moins de l'intervention d'une cause étrangère. Cette inaptitude des corps à modifier d'une manière quelconque leur état mécanique, à passer d'eux-mêmes du repos au mouvement et du mouvement au repos, porte le nom d'inertie. Elle se montre dans tous les corps et compte parmi leurs propriétés générales.

L'inertie est la cause occasionnelle d'une foule de phénomènes qui la constatent et que nous pouvons tous les jours observer. Qu'un cheval, lancé au galop, s'arrête tout-à-coup, le cavalier qu'il porte, s'il manque d'attention et d'adresse, sera lancé par dessus la tête de l'animal, en vertu de sa vitesse acquise, vitesse empruntée au mouvement connu, non éteinte en lui, tandis qu'elle a été soudainement détruite dans le cheval par l'effort de ses muscles.

Principe de l'égalité de l'action et de la réaction. — Lorsque deux corps agissent l'un sur l'autre, soit au contact, soit à distance, ils exercent l'un sur l'autre des actions égales et contraires, ou si l'on veut, la réaction est égale et contraire à l'action; ce principe est constamment vérifié par l'expérience. Deux corps viennent-ils à se presser, à se tirer ou à se choquer, il se développe, de la part de l'un, des efforts de compression ou d'extension, et, de la part de l'autre, des efforts de résistance opposés et égaux. Il en est de même identiquement pour les corps qui s'attirent ou se repoussent à distance, appréciable ou inappréciable; par exemple, pour les corps dans l'espace et pour les molécules dans les corps.

Des forces. — On donne le nom de force à toute cause extérieure capable de changer l'état mécanique d'un corps, de lui donner le mouvement qu'il n'a pas, comme de modifier ou détruire celui qu'il possède; plus généralement on donne ce nom à tout ce qui est ou ce qui peut être cause du mouvement. Je citerai l'attraction, la pesanteur, l'action des animaux, de l'eau, de l'air, de la vapeur, etc.

Actions mutuelles des molécules, forces intérieures. — Outre les forces extérieures, qui déterminent dans les corps le mouvement de translation dans l'espace, et le mouvement de rotation autour d'un axe, il en est d'autres qui sollicitent à chaque instant leurs particules; c'est, d'une part, l'attraction qu'elles exercent les unes sur les autres, force qui tend à les rapprocher et forme dans les solides le lien de cohésion ; d'autre part, c'est l'action répulsive de la chaleur qui s'interpose entr'elles comme un ressort pour les écarter. L'antagonisme de ces deux forces décide l'état physique des corps et leurs diverses qualités mécaniques. Dans les gaz, c'est la répulsion qui l'emporte ; dans les liquides, les forces mutuelles semblent se faire équilibre, et les molécules très mobiles sont à-peu-près indifférentes entr'elles. Aussi, le moindre effort trouble-t-il l'équilibre des molécules dans les liquides et les gaz. Dans les solides, la force attractive est prépondérante et tient les molécules à distance fixe dans un état d'équilibre stable ; aussi, dès qu'une force extérieure est venue le troubler, en violentant le lien de cohésion, les molécules tendent-elles à revenir à leur position primitive et y reviennent-elles, en effet, par une série d'oscillations dès qu'elles sont abandonnées à elles-mêmes, pourvu, toutefois, que l'écart n'ait point été poussé au-delà de la limite d'élasticité, car alors l'équilibre constitutif étant rompu, les molécules prennent d'autres positions et le corps a perdu sa consistance. Ce point, au-delà duquel l'équilibre constitutif se rompt, est une limite qu'il ne faut jamais dépasser dans les efforts de traction, de torsion, de flexion, de compression, et le connaître dans tous les cas est d'une importance capitale.

Mode d'action des forces. — Quand une force commence à agir sur un corps, les molécules couchées sont seules déplacées d'abord ; mais, l'équilibre une fois rompu, elles agissent à leur tour sur les molécules voisines qui sont chassées de leur position ; celles-ci déplacent les suivantes et ainsi de proche en proche, jusqu'à ce que, par une suite de flexions des ressorts moléculaires, le mouvement ait gagné toute la masse, et que la vitesse communiquée aux particules de contact se soit répartie et distribuée partout. De là, deux conséquences importantes :

1° C'est que la communication du mouvement dans les corps est due à leur élasticité ;

2° Que toute force a besoin d'un temps plus ou moins long, plus ou moins appréciable, pour développer son action ; partant, qu'il n'est que des forces non instantanées et assimilables à des pressions.

Dénomination des forces. — Nous appellerons forces motrices ou mouvantes celles qui concourent directement au but proposé de la machine, et forces résistantes, celles qui y sont contraires.

Trois choses sont à considérer dans une force : son point d'application, sa direction et son intensité. Sa direction se représente par une droite, et son intensité par une portion de cette droite, comptée à partir du point d'application.

Mesure des forces. — Deux forces sont égales quand, substituées l'une à l'autre, elles produisent le même effet dans les mêmes circonstances, ou quand elles détruisent une troisième qui leur est directement opposée. Tel est le principe des dynamomètres. Ainsi, que dans les limites convenables, on soumette un ressort à l'action de divers poids, puis à l'action d'une force à estimer ; la force et le poids qui imprimeront au ressort une flexion pareille seront égaux, comme ayant surmonté le même effort de résistance à la flexion ; la force pourra donc se représenter par le poids ; ainsi il en est de toutes les forces travaillant dans les machines. L'unité de poids et partant de force est le gramme ou le kilogramme.

Effet et travail des forces. — Pour qu'une force produise un effet mécanique, un travail industriel quelconque, il faut que son point d'application se déplace. On appelle travail ou quantité de travail d'une force, le produit de son intensité par le déplacement de son point d'application, estimé toujours suivant la direction. Le travail d'une force mouvante est dit travail moteur ; il est positif ou porte le signe algébrique + ; le travail d'une force résistante est appelé travail résistant ; il est négatif ou est précédé du signe —.

L'unité de travail mécanique est le kilogrammètre ; c'est le travail propre à élever un kilogramme à un mètre de hauteur par seconde.

L'unité de travail mécanique dans les machines à vapeur équivaut à 75 kilogrammes : c'est le cheval de vapeur.

La projection d'une ligne droite sur une autre ou sur un plan, la distance comprise entre les pieds des perpendiculaires abaissées des extrémités de la droite sur la deuxième droite ou sur le plan, la *normale* à une ligne ou surfaces courbes, est une droite perpendiculaire à la tangente de la courbe et au plan tangent de la surface, passant par le point de contact.

9e LEÇON.

Mouvement d'un point matériel. — L'on entend par point matériel, un corps réduit à des dimensions d'une petitesse extrême.

On rapporte les diverses positions du mobile sur sa trajectoire à un point fixe, et l'on appelle conditions initiales du mouvement la position qu'occupait le mobile à l'origine du temps, c'est-à-dire à l'instant où commence le mouvement, ou bien où l'on commence à l'observer. Pour plus de simplicité, nous supposerons que c'est à partir de la position initiale du mobile que nous compterons l'espace parcouru. Nous désignerons par E l'espace, par T le temps employé à le parcourir, et par V la vitesse au moment que l'on considère. Il s'agira de trouver, dans chaque cas, entre ces trois quantités, des relations qui donnent la valeur de deux d'entr'elles au moyen de la troisième.

Du mouvement uniforme. – Dans le mouvement uniforme, où il n'y a point de force motrice, la vitesse, c'est-à-dire, l'espace parcouru dans l'unité de temps, qui est ici la seconde sexagésimale, est constante ; il s'ensuit que si le mobile parcourt un espace V dans une seconde, il parcourra l'espace 2V dans deux secondes, 3V dans trois secondes, et ainsi de suite ; si bien que la loi du mouvement est donnée par la formule

$$\text{(I)} \qquad E=VT$$

Ce qui signifie que l'espace croît proportionnellement au temps.

On en tire

$$\text{(II)} \qquad V=\frac{E}{T}, \qquad \text{et (III)} \qquad T=\frac{E}{V}$$

Ces trois formes de la même formule déterminent successivement l'un des élémens du mouvement au moyen des deux autres.

Pour un autre mouvement uniforme, qui aurait pour vitesse V', où l'espace E' serait parcouru dans le même temps T, nous aurions

$$E'=V'T$$

En divisant membre à membre cette dernière relation, il vient

$$\text{(I)} \qquad \frac{E}{E'}=\frac{V}{V'}$$

Ce qui enseigne que, dans deux mouvemens uniformes différens, les espaces parcourus par les mobiles dans le même temps sont, entr'eux, dans le rapport direct des vitesses.

Si les espaces parcourus étaient égaux, E=E', nous aurions

$$VT=V'T' \qquad \text{d'où} \qquad \frac{V}{V'}=\frac{T'}{T}$$

Les vitesses sont dans le rapport inverse des temps employés à décrire des espaces égaux.

Si l'on avait V=V', ce qui revient à identifier les deux mouvemens en un seul, on aurait

$$V'=\frac{E'}{T'}=\frac{E}{T}=V\text{; d'où } \frac{E}{E'}=\frac{T}{T'}$$

Ce qui signific que dans un mouvement uniforme, les espaces parcourus dans deux temps différens T et T' sont entr'eux dans le rapport direct des temps employés.

Application.

1° Un mobile a une vitesse de 4 mètres ; quel espace parcourra-t-il dans 20 secondes ?

Dans (1) faisons V=4 et T=20, nous avons 80 mètres pour l'espace parcouru.

$$E=4^m\times 20=80^m.$$

(2) Un mobile a parcouru d'un mouvement uniforme $25^m,50$ dans 5 secondes, quelle vitesse avait-il ?

Dans $V=\frac{E}{T}$, faisons $E=25^m,50$ et T=5, il vient

$$V=\frac{25^m,50}{5}=5^m,10$$

(3) Un mobile a parcouru 150 mètres avec une vitesse constante de $1^m,5$, quel temps a-t-il employé ?

Dans $T=\frac{E}{V}$, faisons $E=150^m$, et $V=1^m,50$, il vient

$$T=\frac{150}{1^m,50}=100 \text{ secondes.}$$

Le temps employé est donc 1 minute 40 secondes.

(4) Un mobile a mis 15 secondes à parcourir un espace de $0^m,14$ d'un mouvement uniforme, quelle vitesse avait-il?

$E=0^m,75$ et $T=0^s,15$, $\quad V=\frac{0^m,75}{0^s,15}=\frac{75^m}{15}=5^m$

la vitesse est 5 mètres.

Remarque. — Il arrive quelquefois, pour les grandes vitesses, que l'on change l'unité de temps et d'espace. L'on dira, par exemple, qu'un convoi de chemin de fer a une vitesse de 20, 30 kilomètres à l'heure.

Dans les mouvemens de rotation uniforme, au lieu de l'espace parcouru par la vitesse, on prend le nombre de tours en une seconde, mais cela revient au même quand le rayon du cercle est connu.

Mouvement uniformément varié. — Dans le mouvement varié, le mobile est sans cesse soumis à l'action d'une force motrice. On conçoit, dès-lors, que si la force varie à chaque instant, la vitesse varie aussi de quantités inégales, alors on est obligé de partager le temps en instans infiniment petits, pendant lesquels on regarde la vitesse comme constante, ce qui ramène le mouvement varié général à une succession de mouvemens uniformes d'une durée infiniment petite, qui seraient superposés.

Le plus remarquable et le plus simple des mouvemens variés est celui où la force motrice est constante, où, par conséquent, la vitesse varie de quantités égales en temps égaux d'une même quantité dans l'unité de temps ; c'est le *mouvement uniformément varié.*

Cherchons-en les lois :

Supposons que le mobile soit au repos quand la force motrice commence à agir sur lui, et appelons W la vitesse qu'elle lui communique dans la première seconde. En vertu de l'inertie, le mobile gardera cette vitesse dans la deuxième seconde, et, pendant ce temps, il recevra de l'incessante action de la même force une même vitesse W; car l'expérience nous apprend que dans le mouvement, comme dans le repos, un mobile reçoit d'une même force en action sur lui une vitesse absolument identique dans le même temps ; il possède donc la vitesse 2W au bout de la deuxième seconde, et cette vitesse s'augmentera de W pendant la troisième seconde, si bien que le mobile aura pour vitesse acquise, pour vitesse totale 3W au bout de la troisième seconde ; sa vitesse acquise sera 4W à la fin de la quatrième, et ainsi de suite, ce qui se généralise en disant que *la vitesse croît proportionnellement au temps.*

De là, la formule

$$(1)\qquad V = WT$$

où V représente la vitesse totale acquise au bout du temps T, et W l'accélération ou la variation de la vitesse. Telle est la première loi, la loi de la vitesse et du temps.

Il s'agit de trouver celle qui lie l'espace au temps et à l'accélération.

Pour cela, il faut remarquer que l'accélération W, qui n'est que la vitesse communiquée au mobile pendant la première seconde, est égale au double de l'espace parcouru pendant ce temps ; en effet, la vitesse est allée croissante par quantités égales, depuis le premier instant où elle est 0, jusqu'à la fin de la seconde où elle est W, si bien qu'avec une vitesse constante égale à $\frac{W}{2}$, le mobile eût parcouru le même espace dans le même temps ; donc il parcourrait un chemin double avec une vitesse double, c'est-à-dire, avec une vitesse constante W ; et comme la vitesse est l'espace parcouru lui-même dans la seconde, W représentera un espace double de celui parcouru dans la première unité de temps.

Cela posé, représentons par 1 l'espace parcouru dans la première seconde ; dans la deuxième, le mobile parcourra un espace égal à 2, en vertu de la vitesse acquise W, puis l'espace 1 en vertu de l'incessante action de la force motrice, ce qui fera, pour la deuxième seconde, un espace total marqué par 3, et pour les deux premières unités de temps, un espace total égal à 4 ; au commencement de la troisième seconde, la vitesse acquise étant 2W, le mobile parcourra, en vertu de cette vitesse, l'espace 4, puis l'espace 1 en vertu de l'action de la force, en tout l'espace 5 pendant la troisième seconde ; donc l'espace total parcouru par le mobile après 3 unités de temps sera 9 ; au bout de 4 unités de temps l'espace serait 16, et ainsi de suite ; on voit donc que les temps étant exprimés par la suite naturelle des nombres

1 2 3 4 etc.,

les espaces sont représentés par les carrés des temps.

1 4 9 16 etc.

Si donc, nous représentons par E l'espace total parcouru au bout du temps T, et par $\frac{W}{2}$ l'espace parcouru pendant la première unité de temps, nous aurons la proportion :

$$E : \frac{W}{2} :: T^2 : 1 , \quad \text{d'où} \quad (2) \quad E = \frac{W}{2} T^2$$

Cette formule contient la deuxième loi du mouvement uniformément varié ; en voici l'énoncé en langage ordinaire : *les espaces croissent proportionnellement au carré des temps.*

Les formules (1) et (2) permettent de calculer tous les élémens du mouvement, dès qu'il y en a deux de connus.

Cas où le mobile possède une certaine vitesse V_0 *à l'instant où commence l'accélération.*

Si le mobile possédait déjà une vitesse V_0 quand intervient la force, le mobile conserverait toujours cette vitesse, en vertu de laquelle il décrirait d'un mouvement uniforme, des espaces auxquels il faudrait ajouter, ou dont il faudrait retrancher ceux décrits en vertu de l'action de la force, suivant qu'elle serait dirigée dans le sens ou à contre-sens de la vitesse initiale ; quand la vitesse communiquée et l'initiale ont le même sens, le mouvement est dit uniformément accéléré, et il s'exprime par ces deux formules-ci :

$$(3) \qquad V = V_0 + WT$$

$$(4) \qquad E = V_0 T + \frac{W}{2} T^2$$

Si, au contraire, la vitesse communiquée est opposée à la vitesse initiale, le mouvement est dit uniformément retardé, et il s'exprime par les deux formules suivantes :

$$(5) \qquad V = V_0 - WT$$

$$(6) \qquad E = V_0 T - \frac{W}{2} T^2$$

Nous remarquons que la vitesse sera nulle et le mouvement éteint, quand on aura $V_0 = WT$; cela arrivera au bout du temps $T = \frac{V_0}{W}$, et le chemin parcouru à cet instant, sera

$$E = WT^2 - \frac{W}{2}T^2 = \frac{WT^2}{2}$$

ce qui nous apprend que dans le mouvement uniformément retardé, l'espace parcouru par le mobile, à l'instant où le mouvement s'éteint ou passe par 0, est justement égal à celui que décrirait, dans le même temps, le mobile, s'il partait du repos sous l'action de la force.

Quand nous disons que le mouvement s'éteint à l'instant où la vitesse devient égale à 0, cela ne veut pas dire que le mouvement cesse d'une manière définitive, tant s'en faut; que si la force ne disparaît pas, le mobile s'arrête un instant infiniment petit, mais, pour reprendre un chemin infiniment contraire, il le décrit d'un mouvement uniformément accéléré dans le sens de la force motrice, dont tout l'effet se manifeste désormais à partir du moment où le mouvement change de sens.

La vitesse et, par suite, l'espace parcouru sont négatifs, c'est-à-dire, affectés, précédés du signe algébrique —, pour indiquer qu'ils sont opposés de sens à la vitesse et au mouvement primitifs; nous faisons connaître, une fois pour toutes, ces notations, qui sont toutes conventionnelles, mais d'un usage universel. Toutes les fois que l'on considère dans un calcul des quantités qui marchent à contre-sens, ou plutôt dans deux sens opposés, si les unes sont positives, les autres sont négatives; on donne le signe + aux quantités principales, et le signe — aux quantités qui sont opposées à celles-ci.

Chutes des graves ou des corps pesans. — La nature nous offre un exemple intéressant du mouvement uniformément varié dans la chute des corps; l'expérience prouve que tous les corps soumis à l'action de la pesanteur, tombent de la même hauteur et avec la même vitesse dans le vide, ce qui veut dire qu'ils descendent de la même hauteur dans le même temps. Si, en circonstances ordinaires, nous trouvons des différences marquées dans la vitesse avec laquelle tombent des corps de nature différente, une balle de plomb, un morceau de bois, une feuille de papier, cela tient à la résistance de l'air, résistance qui diffère d'un corps à l'autre, en raison de la forme et de la densité, et qui se fait surtout ostensiblement sentir pour les hauteurs considérables. Ainsi donc, une première notion expérimentale, c'est que dans un même lieu de la terre, la pesanteur agit d'une manière identique sur tous les corps.

Mais cela ne nous dit point si en un même lieu elle a la même intensité à chaque instant, en autres termes, si elle est constante. Il fallait, pour cela, connaître les lois du mouvement des corps sous la seule action de la pesanteur; c'est ce qu'a fait Galilée, avec son plan incliné, imaginé pour calculer et rendre observable la chute des corps; c'est ce qu'a fait depuis Athood, avec sa machine à poids différentiels et à mouvement ralenti.

De la formule (2), on tire

$$W=\frac{2E}{T^2}$$

L'observation donne E pour un temps déterminé T. On trouve pour l'accélération W, que l'on remplace ordinairement par la lettre g, le nombre $9^m,8088$, qui est dans un même lieu la mesure de la pesanteur ou de la gravité; la lettre E se remplace aussi par la lettre H, de sorte que les formules (1) et (2) pour la chute des graves s'écrivent ordinairement :

$$V=gT\,;\quad H=\tfrac{1}{2}gT^2\,;\quad g=9^m,8088.$$

En éliminant T entre ces deux formules, on a

$$V^2=2gH$$

et en extrayant la racine carrée :

$$V=\sqrt{2gH}$$

H est la hauteur dont il faut qu'un corps tombe dans le vide sous l'action de la pesanteur pour acquérir la vitesse V; et réciproquement, si un corps est lancé verticalement avec une vitesse égale à V, il s'élèvera jusqu'à la hauteur H, point auquel la vitesse passera par zéro pour changer de signe.

Usage de ces Formules.

1° *Quelle est la hauteur d'une tour du sommet de laquelle un corps atteint le sol dans 2'',5?*

$$H = \frac{9^m,8088}{2}(2'',5)^2 = 30^m,65$$

2° *Quelle est la profondeur d'un puits, pour lequel un tison allumé ou une lumière mettent 3'',7 pour aller de la margelle au fond?*

$$H = \frac{9^m,8088}{2}(3'',7)^2 = 65^m,14$$

3° *Connaissant la hauteur dont un mobile tombe, déterminer la vitesse acquise V et le temps employé T?*

On aura V par la formule

$$V = \sqrt{2gH}$$

puis on connaîtra T par la formule

$$T = \frac{V}{g}$$

Soit H = 100 mètres, il vient

$$V = \sqrt{2 \times 9^m,8088 \times 100} = 44^m21$$

par suite on aura

$$T = \frac{V}{5} = \frac{44^m,21}{9^m,8088} = 4'',5$$

4° *De quelle hauteur doit tomber un corps, pour acquérir une vitesse donnée, et dans quel temps s'accomplit la chute?*

H et T sont inconnues, tandis que V est donnée; elle est égale, par exemple, à 10 mètres. Nous aurons

$$H = \frac{V^2}{2g} = \frac{100^{m.q.}}{2 \times 9^m,8088} = 5^m,09$$

$$T = \frac{V}{g} = \frac{10^m}{9^m,8088} = 1'',2$$

3° *Étant donné la durée de la chute T=5 secondes, calculer la hauteur dont le corps est tombé et la vitesse acquise au bas de la chute?*

On a $H=\frac{g}{2}T^2=\frac{9^m,8088\times25}{2}=122^m,61$

et $V=gT=9^m,8088\times5=49^m,04$

Supposons, maintenant, un corps lancé de bas en haut avec une vitesse initiale V_0 constamment opposée à l'action de la pesanteur; le mouvement, comme nous l'avons déjà dit, est uniformément retardé et se résume dans les deux formules connues :

$$V=V_0-gT, \qquad H=V_0T-\frac{g}{2}T^2$$

V étant la vitesse acquise et H la hauteur à laquelle le corps est parvenu au bout du temps T.

Le cas le plus important à considérer est celui où le mobile aura épuisé sa vitesse impulsive sous l'action opposée de la pesanteur.

Alors que $V=o$, il vient

$$V_0=gT \quad \text{et} \quad H=V_0T-\frac{g}{2}T^2$$

d'où en éliminant T, l'on tire

$$H=\frac{V_0^2}{g}-\frac{g}{2}\times\frac{V_0^2}{g^2}=\frac{V_0^2}{2g}$$

ou bien en éliminant V_0

$$H=gT^2-\frac{g}{2}T^2=\frac{g}{2}T^2$$

Cela nous apprend que la plus grande hauteur à laquelle le mobile parviendra dans son mouvement uniformément retardé est précisément celle dont il lui faudrait tomber pour acquérir une vitesse égale à la vitesse initiale d'impulsion.

Comme nous l'avons déjà dit, le corps, un instant immobile, rebroussera chemin sous l'action de la pesanteur, et repassera par les mêmes degrés de vitesse qu'il avait en montant, jusqu'à ce qu'il ait acquis une vitesse égale et contraire à la vitesse initiale V_0.

Au surplus, si l'on élimine T entre les deux équations du mouvement, on obtient la formule

$$V^2 = V_0^2 - 2gH$$

qui nous montre que la vitesse acquise V a la même grandeur pour la même valeur de H, soit que le corps monte, soit qu'il descende ; il n'y a de changement que dans son signe.

Mouvement de rotation autour d'un axe. — Le mouvement que nous venons de considérer est dit de translation ou de transport, soit en ligne droite, soit en ligne courbe ; il est un autre mouvement très usité dans les machines, c'est le mouvement de rotation autour d'un axe, appelé aussi *mouvement circulaire central*. Imaginons que deux points A et C, invariablement liés entr'eux, tournent autour d'un axe passant par le point O et perpendiculaire au plan de la figure, situés à des distances différentes de l'axe, ils parcourront, dans le même temps, des chemins proportionnels à ces distances ; c'est-à-dire que les arcs AB et CD de rayons inégaux qu'ils décriront dans le même temps, seront directement proportionnels à ces rayons ; l'on aura donc

$$(1) \qquad \frac{AB}{CD} = \frac{OA}{OC}$$

Vitesse angulaire. — Si le point C est à l'unité de distance de l'axe ; l'arc qu'il décrit dans l'unité de temps et que je désignerai par V_1, est ce qu'on appelle la *vitesse angulaire*. En sorte que si AB et CD sont décrits dans l'unité de temps, que l'on désigne AB par V, OA par R, on aura pour exprimer V au moyen de la vitesse angulaire

$$(2) \qquad V = RV_1$$

Dans la pratique, on ne s'astreint pas à observer le mouvement exactement dans l'unité de temps, on compte le nombre de tours que fait l'arbre pendant un temps quelconque, on traduit ce nombre de tours en mètres, pour un point situé à l'unité de distance de l'axe, et l'on divise par le temps de l'observation le nombre de mètres trouvé, pour avoir la vitesse angulaire.

Si le mouvement est uniforme, l'on a ainsi rigoureusement cette vitesse; si le mouvement est varié, l'on a ainsi la vitesse angulaire moyenne : le mouvement est alors ramené à l'uniformité.

EXEMPLE : *Il s'agit d'obtenir la vitesse angulaire dans le cas où l'arbre fait 10 tours dans 1' ou 60''?*

Pour cela, on multiplie par 10 la longueur de la circonférence décrite par un point situé à 1 mètre de l'axe, ce qui donne

$$10 \times 2 \times 3{,}14 = 6{,}28 \times 10 = 62^m{,}80$$

divisant par le temps converti en secondes, il vient

$$\frac{62^m{,}80}{60} = 1^m{,}046$$

pour l'expression de la vitesse angulaire moyenne.

Pour avoir la vitesse d'un autre point participant au même mouvement, mais situé à 5 mètres de distance de l'axe, il faudrait multiplier V_1, qui est ici $1^m{,}046$, par 5, ce qui donne

$$V = 5^m{,}230$$

Quand la vitesse angulaire est variable, le mouvement de rotation est varié. Si, pour chaque unité de temps, la variation de la vitesse angulaire est la même, le mouvement est uniformément varié.

Si donc V_1 désigne la vitesse angulaire au bout du temps T, V_1^o la vitesse initiale, W_1 l'accélération de la vitesse angulaire, nous aurons pour déterminer la vitesse angulaire totale

$$V_1 = V_1^o + W_1 T$$

et pour déterminer l'espace

$$E = V_1^o T + \frac{W_1}{2} T$$

10e LEÇON.

MOUVEMENS ET VITESSES SIMULTANÉS.

Composition et Décomposition. — Un point matériel peut être animé de deux vitesses simultanées, différant de grandeur et de direction, ou, ce qui revient au même, il peut être sollicité à la fois à deux mouvemens suivant deux directions différentes ; il s'agit de déterminer le chemin qu'il tiendra et la grandeur de la vitesse.

Soit donc (fig. 4) un point M sollicité à la fois à se mouvoir suivant les deux droites MN et MS avec les vitesses constantes MA et MB.

Je dis, 1° que le point M se dirigera dans le plan des vitesses, car il n'y a pas plus de raison pour qu'il en sorte d'un côté plutôt que de l'autre ;

2° Qu'il se dirigera à l'intérieur de l'angle SMN. En effet, il ne pourra se mouvoir au-dessus de la droite MS en vertu de la vitesse MA ; de même, qu'en vertu de la vitesse MB, il ne pourra se transporter au-dessous de la droite MN prolongée autant qu'on voudra ; donc il se mouvra toujours à l'intérieur de l'angle NMS, la seule partie du plan qui ne lui soit pas interdite ;

3° J'ajoute qu'il se mouvra suivant la diagonale du parallélogramme construit sur les vitesses, et que cette droite représentera sa vitesse effective en grandeur et en direction.

Au lieu de prendre les vitesses MA et MB simultanées, nous pouvons, sans rien changer à la trajectoire du mobile, les supposer successives, pourvu que ces vitesses demeurent intactes, comme le veut l'expérience. Or, par la seule vitesse MA, le mobile se transporterait d'abord en A, puis, à partir de ce point, il décrirait, en vertu de la vitesse MB, une droite AC égale et parallèle à MB, et tout cela serait accompli dans une première unité de temps ; mais dans une demi-unité de temps, il se serait transporté en C', en suivant le chemin MA'C' ; dans deux secondes, il serait arrivé en C''. Or, je dis que les points C', C, C'' sont en ligne droite.

En effet, $MA' = \frac{MA}{2}$, de même que MB' ou $A'C' = \frac{MB}{2}$ puisque MA' et MB' sont les chemins que le mobile parcourrait dans une demi-seconde en vertu des vitesses séparées ; nous avons donc $\frac{A'C'}{MA'} = \frac{AC}{MA}$, de plus les droites AC et A'C' sont parallèles, donc les triangles MAC et MA'C' sont semblables comme ayant un angle égal compris entre les côtés proportionnels ; donc l'angle C'MA' =CMA ; donc M, C' et C sont en ligne droite ; donc le mobile se meut suivant la diagonale MC et la parcourt dans 1''. Mais de ce que $MA' = \frac{MA}{2}$, il suit que $MC' = \frac{MC}{2}$ et que MC''=2MC. Le mobile se meut donc suivant la diagonale qui représente en grandeur et en direction sa vitesse effective ; il y parcourt un espace MC' moitié moindre dans une demi-seconde ; un chemin double MC'' en deux unités de temps ; il y parcourrait un chemin triple en trois unités ; et enfin, pour conclure, il parcourt sur la diagonale, en vertu de la vitesse effective MC quelle représente, des espaces proportionnels au temps.

On peut donc remplacer les deux vitesses simultanées d'un point matériel par une vitesse unique qui leur est équivalente ; les vitesses simultanées sont dites les *composantes*, et la vitesse unique qui les remplace identiquement en est la *résultante* ; enfin, le mouvement résultant est de la même espèce que les mouvemens composans, il est comme eux uniforme.

Le principe que nous venons de démontrer porte le nom de parallélogramme des vitesses ; en voici l'énoncé ordinaire :

La résultante de deux vitesses simultanées de direction différentes est représentée en grandeur et en direction par la diagonale du parallélogramme construit sur les droites qui les représentent et pour la direction et pour la grandeur.

Il va sans dire que lorsque les vitesses simultanées ont la même direction, leur résultante est égale à leur somme ou à leur différence ; selon qu'elles sont de même sens ou de sens contraire.

Considérons maintenant (fig. 5) un point matériel animé de trois vitesses simultanées de directions différentes, et non situées dans le même plan.

Je dis que si l'on construit un parallélipipède sur les droites qui représentent en grandeur et en direction les vitesses, le mobile en parcourra dans l'unité de temps la diagonale qui exprimera sa vitesse composée ou résultante.

Comme dans le cas précédent, nous supposerons que le mobile, en vertu des deux vitesses simultanées MA et MB, parcourrait la diagonale ME, après quoi il se transporterait en D en vertu de la vitesse MC ; tout cela s'accomplissant dans une seconde ; mais il eût aussi atteint le point D en une seconde, s'il eut possédé l'unique vitesse MD ; donc MD représente, en grandeur et en direction la résultante des trois vitesses simultanées.

Il serait facile de démontrer que le mobile parcourrait sur la direction de la diagonale un chemin double dans 2", un chemin triple dans 3", etc., qu'il s'y meut, en un mot, d'un mouvement uniforme.

Nous pouvons donc énoncer ce théorème général :

La résultante de trois vitesses simultanées, dont les di-

rections concourent, est représentée pour la grandeur et la direction par la diagonale du parallélipipède construit sur les droites qui les représentent en grandeur et en direction.

Tel est le principe du parallélipipède des vitesses.

Si au lieu des trois vitesses simultanées, nous en avions un plus grand nombre situées dans des plans quelconques, on composerait, d'abord, en une seule trois des vitesses données, puis leur résultante avec une quatrième, puis cette dernière résultante avec une cinquième, et ainsi de suite, on arriverait de cette manière à une vitesse unique, qui représenterait toutes les vitesses simultanées et en vertu de laquelle le mobile prendrait son mouvement définitif, inaltéré dans la grandeur, dans le sens et dans la la direction.

On a souvent besoin de résoudre la question en sens inverse :

Etant donné une vitesse de grandeur et de direction, on peut avoir à la décomposer en deux, en trois vitesses simultanées équivalentes et pouvant la remplacer d'une manière identique.

Etant donné la vitesse d'un point matériel M représentée en grandeur et en direction par la droite MA (fig. 6).

Soit proposé de la décomposer en deux autres vitesses simultanées équivalentes, désignées suivant les droites MB et MC. Pour cela, en menant par le point A des parallèles aux directions données, jusqu'à leur rencontre en D et E, j'achève le parallélogramme MEAD, et les droites ME et MD représentent en grandeur et en direction les vitesses simultanées équivalentes à la vitesse MA ; ce sont les composantes dont MA est la résultante.

Si les droites suivant lesquelles on veut décomposer la vitesse MA étaient rectangulaires, comme dans la fig. 7, les composantes MD et ME seraient les projections de la vitesse MA ; c'est ordinairement ainsi que se fait la décomposition d'une vitesse donnée en deux autres équivalentes. Mais remplacer la vitesse MA par ses deux projections, cela veut dire que l'on substitue au mouvement diagonal MA, les deux mouvemens simultanés et rectangulaires selon MB et ME. Ces deux mouvemens ne sont autres que les mouvemens de la projection du point suivant les deux droites rectangulaires, sous ce point de vue, on appelle aussi les deux vitesses MD et ME, les vitesses de la projection du mobile.

Si l'on représente MA par V, MD par V', et ME par V'', l'on aura la relation ci-dessous :

$$V = \sqrt{V'^2 + V''^2}$$

Passons maintenant à la décomposition d'une vitesse donnée en trois autres vitesses simultanées et équivalentes dirigées suivant trois droites que nous supposerons rectangulaires, selon l'habitude.

Soit MA la vitesse donnée en grandeur et en direction (fig. 8), soient MB, MC, MD, les trois droites rectangulaires suivant lesquelles il faut décomposer la vitesse donnée. Ces trois droites représentent évidemment trois plans rectangulaires se coupant en M : les plans DMB, BMC, CMD ; par le point A, menons trois autres plans respectivement parallèles aux trois premiers, nous formerons ainsi un parallélipipède rectangle, dont les trois côtés contigus ME, MF, MG représenteront les trois vitesses simultanées, propres à remplacer identiquement la vitesse donnée, dont elles seront les composantes ou les projections ; ce sera encore, si l'on veut, les trois vitesses des projections du mobile.

Si nous désignons par V la vitesse donnée, et par V', V'', V''' les composantes ou projections, nous aurons la relation

$$V = \sqrt{V'^2 + V''^2 + V'''^2}$$

Si l'on proposait de décomposer une vitesse donnée en un nombre plus grand de vitesses simultanées ou équivalentes, ce problème serait indéterminé, c'est-à-dire qu'il pourrait recevoir une infinité de solutions différentes.

Momens des vitesses par rapport à un point pris dans leur plan. — On appelle moment d'une vitesse, et plus généralement moment d'une droite par rapport à un point, le produit de cette droite par la distance au point fixé.

Lorsque sur deux droites déterminées de grandeur, qui se coupent, l'on construit un parallélogramme, le moment de la diagonale par rapport à un point pris dans le même plan, est égal à la somme ou à la différence des momens des deux droites données, suivant que le point est pris en dehors ou à l'intérieur du parallélogramme.

Soit O le point pris en dehors du parallélogramme (fig. 9). J'abaisse de ce point des perpendiculaires sur les côtés AB, AD et AC, et je prolonge Od jusqu'en b. Nous aurons

$$\text{OAC}=\text{OAB}+\text{OBC}-\text{ABC}$$

à la place de ces triangles nous pouvons mettre leurs valeurs

$$\frac{\text{AC.O}c}{2}, \frac{\text{AB.O}a}{2}, \frac{\text{BC.O}b}{2}, \frac{\text{BC.}bd}{2};$$

il vient, en multipliant les deux membres de l'égalité par 2,

$$\text{AC.O}c=\text{AB.O}a+\text{BC.O}b-\text{BC.}bd$$

ou bien

$$\text{AC.O}c=\text{AB.O}a+\text{BC}(\text{O}b-bd)$$

et en remarquant que Ob—bd=Od, que BC=AD, il vient, après substitution

$$\text{AC.O}c=\text{AB.O}a+\text{AD.O}d$$

ce qui démontre déjà la première partie de la proposition.

Soit O le point pris à l'intérieur du parallélogramme (fig. 10). Abaissons, de même, de ce point des perpendiculaires sur les diagonales et sur les côtés adjacens.

Nous aurons

$$\text{AOC}=\text{AOB}+\text{BOC}-\text{ABC}$$

remplaçons ces triangles par leurs valeurs respectives,

$$\frac{\text{AC.O}c}{2}, \frac{\text{AB.O}a}{2}, \frac{\text{BC.O}b}{2}, \frac{\text{BC.}bd}{2}$$

il vient, en multipliant les deux nombres par ,

$$\text{AC.O}c=\text{AB.O}a+\text{BC.O}b-\text{BC.}bd$$

ou bien encore

$$AC.Oc = AB.Oa + BC(Ob - bd)$$

puis remarquant que $db - bd = Od$, et $BC = AD$, on a finalement, après substitution,

$$AC.Oc = AB.Oa - AD.Od$$

Supposons maintenant que les droites AC, AB et AD représentent en grandeur et en direction trois vitesses, V, V', V'', que V soit la résultante des vitesses simultanées équivalentes V' et V''; nous aurons, en réunissant les deux cas dans une même expression

$$V.Oc = V'Oa \pm V''.Od$$

De là ce théorème,

Le moment de la résultante de deux vitesses simultanées, par rapport à un point pris dans leur plan, est égal à la somme ou à la différence des momens des composantes, selon que le point est situé hors ou à l'intérieur du parallélogramme construit sur les vitesses, ou bien encore selon que les vitesses tendent à faire tourner le mobile dans le même sens ou dans le sens contraire autour du point.

Si au lieu de deux vitesses simultanées, nous en avions un plus grand nombre, toutes situées dans le même plan, nous combinerions, d'après les mêmes règles, le moment de la résultante de deux vitesses avec une troisième, puis le moment des trois premières avec la quatrième, et ainsi de suite, et nous arriverions à ce résultat général.

Quand un point matériel est animé à la fois de plusieurs vitesses, toutes situées dans un même plan, le moment de la résultante, par rapport à un point pris dans leur plan, est égal à la somme des momens des composantes, qui tendent à faire tourner le mobile dans le sens réel du mouvement autour du point moins la somme des momens des vitesses qui tendent à le faire tourner en sens contraire, ou bien encore est égal à la somme algébrique des momens des composantes.

Nous entendons par somme algébrique, une somme de termes, soit positifs, soit négatifs. Nous prenons comme positifs les momens des vitesses qui tendent à faire tourner le mobile dans le sens du mouvement effectif autour du point, et comme négatifs les momens des vitesses qui tendent à le faire tourner en sens contraire.

Mouvement relatif de deux points matériels. — Le mouvement relatif de deux points qui se meuvent en même temps, n'est autre chose que le mouvement de l'un d'entr'eux par rapport à l'autre. Pour en donner une définition sensible, nous dirons que c'est le mouvement que prendrait l'un des points aux yeux d'un observateur entraîné, à son insu, avec le second, et appréciant les distances avec exactitude, sans illusion de perspective.

Il résulte de cette définition, que si nous donnons en même temps aux deux points un mouvement commun, leur mouvement relatif ne sera nullement altéré; c'est ce que l'on fait ordinairement pour déterminer la vitesse relative des mobiles, et l'on choisit le mouvement commun qu'on leur communique par la pensée, de manière que l'un des mobiles soit réduit au repos, et que l'on puisse considérer comme absolu le mouvement de l'autre.

Détermination de la vitesse relative de deux points matériels doués de mouvemens rectilignes. — Il y a deux cas à considérer : ou ils se meuvent sur une même ligne droite, ou sur deux droites différentes.

1° S'ils se meuvent sur une même droite, dans le même sens et avec des vitesses égales, il est évident qu'ils resteront constamment à la même distance; leur vitesse relative est, dans ce cas, égale à zéro.

Si leurs vitesses sont inégales, je dis que leur vitesse relative est égale, et pour le sens et pour la grandeur, à l'excès de la plus grande sur la plus petite.

Pour le démontrer, communiquons aux deux mobiles une vitesse égale et contraire à la plus petite des vitesses, il est évident que le mouvement relatif ne sera pas troublé; mais alors l'un des points sera réduit au repos, tandis que l'autre se mouvra d'un mouvement absolu, avec une vitesse égale à l'excès de sa vitesse primitive sur celle de l'autre point; ce sera justement la vitesse relative cherchée.

Si, au contraire les deux points se meuvent en sens contraire, toujours sur la même droite, la vitesse relative sera égale à la somme des vitesses relatives. En effet, si nous communiquons une vitesse égale et contraire à celle de l'un d'eux, ce point sera réduit au repos, et l'autre se mouvra seul, avec une vitesse égale à la somme des vitesses;

2° Si les deux points se meuvent selon des droites différentes, nous fixerons l'un des points en lui communiquant une vitesse égale et directement contraire à la sienne; cela ne changera rien au mouvement relatif, pourvu que nous donnions à l'autre une vitesse pareille, et pour la grandeur et pour la direction. Ce dernier se mouvra avec une vitesse qui sera égale en grandeur et en direction à la résultante des deux vitesses. Par exemple, supposons que le point C (fig. 11) se meuve suivant CG, avec une vitesse représentée en grandeur par la droite CA ; et que le point E se meuve suivant ES, avec une vitesse représentée par EF ; donnons au point C une vitesse CB égale et contraire à AB, le point C sera réduit au repos ; puis, pour que le mouvement relatif ne soit pas altéré, donnons en même temps au point E une vitesse EH égale et parallèle à CA, mais de sens contraire ; il est évident que le point E se mouvra avec la vitesse EI.

Tout ce qui précède peut donc se résumer dans l'énoncé suivant :

Pour obtenir la vitesse relative de deux points en mouvement, il faut composer la vitesse de l'un d'eux avec une vitesse égale, parallèle et de sens opposé à la vitesse de l'autre.

L'expérience nous donne tous les jours le sentiment de la vérité de ce principe : lorsque deux voitures sont à la suite l'une de l'autre, avec des vitesses égales, elles semblent être au repos pour les personnes qu'elles portent ; mais si leurs vitesses diffèrent, et que la dernière marche le moins vite, elle semble reculer aux personnes qui se trouvent dans la première ; tandis que celle-ci paraît, pour les observateurs assis dans la dernière voiture, s'avancer avec une vitesse moindre que la sienne propre;

enfin, si les voitures se croisent, elles semblent marcher avec une vitesse suraugmentée.

Dans le mouvement de rotation, la vitesse relative se détermine absolument de la même manière. On fixe l'un des points en lui donnant une vitesse angulaire égale et contraire à la sienne propre; puis on donne à l'autre la même vitesse angulaire, si bien que ce dernier se meut avec une vitesse angulaire égale à la somme des vitesses angulaires ou égale à leur différence, selon que les vitesses sont de sens contraire ou de même sens.

Supposons, par exemple, que deux points A et B se meuvent autour d'un même axe, avec des vitesses angulaires V_1 et V_2, situés à des distances r_1 et r_2 de l'axe; la vitesse relative sera V_1+V_2 s'ils marchent en sens contraire; elle sera V_1-V_2 s'ils marchent dans le même sens, en remarquant toutefois que la vitesse relative est positive ou négative, selon que V_1 est plus grand ou plus petit que V_2.

Examinons, pour terminer, le cas où deux points situés sur deux cylindres parallèles, tournent, en se touchant toujours selon une génératrice, avec des vitesses angulaires V_1 et V_2 toujours contraires et toujours différentes, quand les rayons des cylindres r_1 et r_2 sont inégaux, comme nous le supposons ici (fig. 12).

Puisque les cylindres roulent l'un sur l'autre, sans glissement, les arcs décrits par chaque point dans le même temps sont égaux, en sorte qu'on a toujours

$$(1) \qquad V_1 r_1 = V_2 r_2$$

Pour obtenir le mouvement relatif, donnons, par la pensée, à l'un des cylindres une vitesse angulaire égale et contraire à la sienne, ce qui revient à le fixer; le mouvement relatif ne sera pas troublé, pourvu qu'on donne à l'autre cylindre une vitesse angulaire identique. Il en résulte que le second cylindre, dont l'axe passe en O' sera animé de deux mouvemens simultanés uniformes, l'un autour de son axe avec sa vitesse angulaire V_2, et l'autre autour de l'axe projeté O du premier cylindre, avec une vitesse angulaire V_1; si bien que dans le temps T, l'axe de ce cylindre décrira l'arc O'O''; le point de contact, d'abord situé en M, sera situé en M'' à la fin du temps T, et le point qui se trouvait au contact sur le second cylindre en M au commencement, se sera transporté en M' à la fin; or, ces arcs étant décrits avec des mouvemens uniformes, l'on aura

$$O'O''=OO'V_1T=(r_1+r_2)V_1T$$

mais on a toujours

$$\frac{MM''}{O'O''}=\frac{r_1}{r_1+r_2}$$

en remplaçant, il vient

$$\frac{MM''}{(r_1+r_2)V_1T}=\frac{r_1}{r_1+r_2}$$

et par suite

(2) $$MM''=r_1V_1T$$

Nous aurons aussi pour le mouvement de rotation accompli autour de l'axe du second cylindre,

(3) $$M'M''=r_2V_2T$$

et en vertu de l'équation (1), les derniers membres des relations (2) et (3) étant égaux, il vient

$$MM'=M'M''$$

ce qui apprend que le second cylindre O' roule sans glissement sur le premier devenu fixe.

Ainsi donc, lorsque deux points matériels sont situés à la surface de deux cylindres, se touchant toujours et tournant en sens contraire, sans glissement autour de leurs axes respectifs qui sont fixes et parallèles, le mouvement relatif est le même que si l'un d'eux étant fixe, l'autre roulait sur lui sans glissement, en sens contraire du mouvement du cylindre fixe.

Mouvement d'un corps solide. — Ce que nous avons dit du mouvement d'un point et de deux points matériels, s'applique identiquement au mouvement d'un corps solide; dans le mouvement de translation, il faut entendre que les divers points, tous solidairement liés entr'eux, ont des mouvemens égaux et parallèles; dans le mouvement de rotation circulaire autour d'un axe, tous les divers points d'un corps situés à des distances inégales de l'axe, mais invariables, ont évidemment une vitesse angulaire commune; en sorte, qu'il n'y aurait qu'à répéter, pour chacun d'eux, ce qu'on a dit d'un seul point.

Quant au mouvement relatif de deux corps, il se définit aussi comme celui de deux points matériels, et la détermination de la vitesse relative repose sur le même principe de sens commun, que nous avons pris comme axiome, savoir :

Qu'on n'altère pas le mouvement relatif de deux points matériels ou de deux corps, en leur imprimant un mouvement commun, mais égal et directement contraire au mouvement de l'un des deux corps ; de cette façon, l'un des mobiles étant réduit au repos, une question de mouvement relatif se trouve changée en une question de mouvement absolu.

11e LEÇON.

DES FORCES.

Comparaison des forces eu égard aux masses et aux vitesses. — Nous avons déjà dit que toutes les forces pouvaient s'assimiler à des pressions et s'évaluer en poids, au moyen d'instrumens appelés dynamomètres ; mais nous trouvons aussi dans les vitesses qu'elles communiquent aux corps, un moyen très commode et très usité de les comparer entr'elles et même de les évaluer. Pour le faire voir, nous allons énoncer un principe expérimental, qui nous servira de base comme il sert de base à tous les mouvemens relatifs, et qui, selon nous, n'est qu'une nouvelle consécration de l'inertie de la matière, laquelle laisse les corps toujours et en tout état également aptes à recevoir l'action des forces extérieures.

Si plusieurs points matériels, animés de vitesses égales, parcourent des droites parallèles, et qu'une force quelconque vienne à agir sur l'un d'entr'eux dans le même sens ou en sens contraire du mouvement commun, elle lui fera prendre à chaque instant, par rapport aux autres points, des positions qui seront exactement les mêmes que si elle eût trouvé ce point en repos ainsi que tous les autres points. Il s'ensuit qu'un corps, qu'un point matériel, en repos ou en mouvement, recevra de l'action d'une force auquel il est soumis la même vitesse dans le même temps.

Ce principe, vérifié suffisamment par les conséquences qu'on en tire, peut aussi l'être directement par l'expérience de la chute des corps; que l'on mesure, en effet, l'espace parcouru par un corps qui tombe, soit à l'aide du plan incliné de Galilée, soit à l'aide de la machine d'Atowd, on trouve qu'il est égal pour le même temps à l'espace calculé, par la formule

$$E = \tfrac{1}{2} gT^2$$

Or, cette formule a été établie dans la double hypothèse que la force était constante, et qu'elle communiquait au mobile la même accélération, c'est-à-dire, la même variation de vitesse, dans le même temps, à toutes les époques du mouvement.

Forces constantes. — Si donc deux forces constantes F et F' de même sens et de même direction, agissent simultanément ou successivement sur le même point matériel pendant le même temps T, et que V et V' soient les vitesses que chacune lui communiquerait à part, ce seront encore ces vitesses que chacune lui communiquera dans leur simultanéité d'action, en sorte que V+V' sera la vitesse du point à la fin du temps T; l'on voit que si F=F', en grandeur et en direction, l'on aura V=V', et la vitesse finale du point sera 2V; elle serait 3V, 4V, etc., si F' était 2F, 3F, 4F, etc.; ce qui nous apprend que les vitesses communiquées sont proportionnelles aux forces, si bien qu'en général l'on aura

$$(1) \qquad F : F' :: V : V'$$

Deux forces constantes sont entr'elles comme les vitesses qu'elles communiquent dans le même temps au même point matériel ou à deux points matériels égaux.

Vérification expérimentale. — Si P et P' sont les poids d'un même corps par la latitude de Paris et à l'équateur, que g et g' soient les accélérations correspondantes dues à la pesanteur pour l'unité de temps, on trouve

$$P : P' :: g : g'$$

Il est évident que ce n'est point la balance, mais le dynamomètre qui peut donner la différence des poids d'un même corps par diverses latitudes ; car la variation de la pesanteur affecterait les corps que l'on pèse ni plus ni moins que les poids comparatifs qu'on leur substitue dans les plateaux. On a trouvé, à l'aide du pendule, que $g=9^{m},81$, et $g'=9^{m},78$.

Conséquence de la proportionnalité des forces aux vitesses. — Supposons qu'une force constante F, agissant pendant un temps T sur un point matériel d'un point P, lui communique une vitesse V ; en vertu de son poids, le point P acquerrait en tombant dans le vide une vitesse $V'=gT$; nous aurons donc d'après (1)

$$F : P :: V : gT$$

d'où

$$F ; \frac{P}{gT} V$$

et, dans l'unité de temps, si W était la vitesse communiquée par F, nous aurions en même temps $V'=g$, et par suite

(2) $$F = \frac{P}{g} W$$

On entend par la masse d'un corps, la somme des molécules matérielles qu'il possède, abstraction faite de la pesanteur, on aura donc bien dans cet ordre d'idées

$$M = \frac{P}{g}, \qquad \text{d'où} \quad P = Mg$$

ce que donne immédiatement l'expérience, c'est le poids ; pour avoir la masse, il suffit de diviser le poids par g, et réciproquement. Si l'on connaissait la masse numériquement, il n'y aurait qu'à la multiplier par g pour avoir le poids. La masse figurant plus communément dans les formules de mécanique, nous l'emploierons ordinairement pour nous conformer à l'usage. L'expression (2) prendra alors la forme

$$F = MW \tag{3}$$

Le produit MW est appelé quantité de mouvement, et (3) signifie qu'une force est égale à la quantité de mouvement qu'elle communique à une masse M dans l'unité de temps.

Pour une force constante F' agissant sur une masse M', à laquelle elle communique une vitesse V' dans l'unité de temps, nous aurons aussi

$$F' = M'W'$$

et divisant membre à membre celle-ci et (3), il vient

$$\frac{F}{F'} = \frac{MW}{M'W'}, \quad \text{ou} \quad F : F' :: MW : M'W' \tag{4}$$

De là ce principe : *Que deux forces constantes sont entre elles comme les quantités de mouvement qu'elles produisent.*

Si l'on avait $F = F'$, on aurait

$$MW = M'W'$$

ce qui enseigne que si une même force ou deux forces égales, en agissant sur deux masses différentes, produisent dans le même temps des quantités de mouvement égales, elles sont égales.

Quantité de mouvement produite par une force constante. — Si V désigne la vitesse communiquée à une masse M par une force constante F dans le temps T, et que W soit, à l'ordinaire, l'accélération, nous aurons

$$V = WT, \quad \text{d'où} \quad W = \frac{V}{T}$$

l'équation (3) deviendra

$$(5) \qquad F=\frac{MV}{T} \quad \text{d'où} \quad FT=MW$$

ce qui nous apprend que la quantité de mouvement produite dans le temps T par une force constante F, est égale au produit de la force elle-même par la durée de son action.

Le produit MV est une mesure naturelle de l'énergie de la force ; en est-il de même du produit FT ?

On pourrait le croire au premier aperçu ; mais en y réfléchissant davantage, on voit bientôt que cela n'est vrai qu'autant que la force produit un effet sensible, manifeste ; qu'autant qu'elle communique ou détruit une vitesse appréciable dans la masse qu'elle sollicite. Ainsi, l'effort d'un cheval qui tire sur une voiture embourbée pourra durer très long-temps ; tant que la voiture demeurera à la même place, il n'y aura pas d'effet mécanique réalisé, bien que le produit de la force par la durée de son action soit très considérable ; ce produit ne pourra donc pas servir à caractériser, d'une manière comparable, la puissance de la force.

La véritable mesure de l'effet mécanique d'une force, c'est, comme nous l'avons déjà dit, le produit de son intensité par le chemin qu'a parcouru son point d'application.

Évaluation des forces. — De la relation (4), on tire

$$F=\frac{MW}{M'W'}F'$$

Or, on prend pour unité de force celle qui communique l'unité de vitesse à l'unité de masse dans l'unité de temps.

Si donc l'on avait $M'=1$, $W'=1$, F' serait l'unité de force exprimée en kilogrammes. La dernière relation deviendrait alors

$$F=MW$$

ce qui apprend qu'il vaut autant de kilogrammes qu'il y a d'unités dans le produit de la masse et de l'accélération qu'elle y produit dans l'unité de temps.

Enfin, si $M=1$, l'on aura

$$F=W$$

ce qui apprend qu'une force qui communique à l'unité de masse une vitesse W dans l'unité de temps, a pour valeur autant de kilogrammes qu'il y a d'unités dans W.

C'est ainsi que le poids de l'unité de masse est $g=9^k,81$.

S'il s'agissait d'une force d'intensité variable, on suppose qu'elle conserve l'intensité F qu'elle possède à l'époque T pendant une seconde; si, dans ce cas, elle communique l'accélération W à une masse M dans l'unité de temps, elle pourra se comparer à une force constante, et partant à l'unité de force, et l'on aura pour l'évaluer la relation générale

$$F=MW^{kil}.$$

Composition des forces concourantes. — Rappelons, d'abord, que nous représentons la direction d'une force par une droite qui passe par son point d'application; que le sens et l'intensité d'une force sont marqués par une longueur déterminée, comptée à partir du point d'application sur la direction elle-même; nous admettons, de plus, que les forces ne poussent pas leur point d'application, mais qu'elles le tirent comme feraient des poids auxquels on les assimile; ce n'est là qu'une pure convention à laquelle on pourrait substituer une convention contraire.

Axiomes ou vérités fondamentales de sens commun :

1° Lorsque deux forces égales et directement contraires sollicitent un même point matériel, elles se font équilibre;

2° Lorsque deux forces égales et contraires sont appliquées à deux pointes d'une droite invariable, c'est-à-dire, inflexible et inextensible, ayant cette droite pour direction commune, elles se font encore équilibre, car il n'y a pas de raison pour que le mouvement naisse dans un sens plutôt que dans un sens contraire.

Conséquence. — Il suit de là, que lorsqu'une force est appliquée à certain point d'un corps, on peut transporter son point d'application en tel autre point qu'on voudra pris sur sa direction, pourvu que ce point appartienne au corps lui-même, ou du moins qu'il lui soit invariablement attaché.

3° Lorsque deux forces agissent suivant la même direction et dans le même sens, il est évident qu'on peut les remplacer par une force unique, qui leur sera équivalente et que l'on appelle leur *résultante* ; on dira alors que les forces données, qu'on appelle aussi *composantes*, ont, dans le cas présent, une résultante égale à leur somme, de même sens et de même direction.

Conséquence. — Si au lieu de deux forces, il en est un plus grand nombre, ayant toutes la même direction et non le même sens, on composera en une seule les forces qui tirent dans le même sens, et l'on prendra la différence des deux résultantes ; la résultante définitive sera donc égale à l'excès de la somme des forces qui tirent dans un sens sur la somme de celles qui tirent dans un sens contraire, et elle agira dans le sens de la plus grande somme.

THÉORÈME : *La résultante de deux forces concourantes est représentée en grandeur et en direction par la diagonale du parallélogramme construit sur les droites qui représentent les forces en grandeur et en direction.*

Soit donc P et P' les deux forces concourantes en M (fig. 13), représentées en grandeur et en direction par les droites déterminées de grandeur MA et MB ; Je construit sur ces longueurs le parallélogramme ACBM, et je dis que la diagonale MC représente leur résultante, et pour la grandeur et pour la direction.

On démontrerait, comme à-propos de la composition des vitesses simultanées et concourantes, que le point M, soumis à l'action simultanée des forces, ne sortira point de leur plan, et ne pourra se mouvoir que dans l'intérieur de leur angle AMB.

Cela posé, supposons les deux forces constantes, et soient W l'accélération due à P, et W' l'accélération due à P' ; si le point matériel M a une masse égale à l'unité, nous aurons

$$P=W, \quad \text{et} \quad P'=W'$$

et par suite

$$MA = W, \quad MB = W'$$

donc le chemin que le mobile aura à parcourir sous l'action de la force P sera

$$E = \frac{WT^2}{2}$$

dans le temps T ; il sera

$$E' = \frac{W'}{2} T^2$$

sous l'action de la force P', dans le même temps ; dans l'unité de temps, ces espaces seront

$$\frac{W}{2} = MA', \qquad \frac{W'}{2} = MB' = \frac{MB}{2}$$

dans deux secondes, ils seront

$$2W = MA'', \quad 2W' = MB'', \text{ etc.}$$

Mais comme la simultanéité des forces n'apporte aucun changement à leurs effets, ni pour la grandeur, ni pour la direction, nous pouvons supposer que l'action des forces soit successive au lieu d'être simultanée, pourvu que le double effet s'accomplisse sans altération dans chaque unité de temps. Obéissant d'abord à la force P, le mobile se transportera en A', puis obéissant à P', il décrira un espace A'C' égal et parallèle à MB', tout cela s'accomplira dans la première seconde ; dans la deuxième seconde, il se transportera d'abord en A'' sous l'action de P, puis il parcourra la droite A''C'' égale et parallèle à MB'' sous l'action de P' ; or, si nous joignons le point M aux points C', C et C'', nous aurons entre les espaces partiels les proportions

$$P : P' :: W : W' :: MA : AC \text{ ou } MB$$

puis

$$\frac{W}{2} : \frac{W'}{2} :: MA' : A'C'$$

puis encore

$$2W : 2W' :: MA'' : A''C''$$

d'où $P : P' :: MA : AC :: MA' : A'C' :: MA'' : A''C''$

donc les deux triangles A'C'M et A''C''M sont semblables, comme ayant un angle égal ($MA'C' = MA''C''$) compris entre côtés proportionnels ; donc ces points M, C', C, C'' sont en ligne droite ; cette droite marque la direction de la résultante R des forces P et P'.

Il reste à faire voir que R est égale à MC.

La similitude des triangles précités nous apprend que $MC = 2MC'$, que $MC'' = 4MC'$, tout comme $MA = 2MA'$ et $MA'' = 4MA'$. Or, puisque le mobile est en C' au bout de 1'', en C'' au bout de 2'', il s'ensuit que si $MC = W''$, le mobile soumis à l'action de la résultante, obéira à la loi

$$E'' = \frac{W''}{2} T^2$$

et l'on aura

$$R = W'' = MC$$

comme on a

$$P = V, \ P' = W'$$

Si les deux forces concourantes au lieu d'être constantes étaient variables, on ramènerait ce cas au précédent, en les supposant constantes pendant un temps infiniment petit. Les diagonales successives que l'on obtiendrait, pour exprimer à chaque instant la résultante des forces, ne seraient autre chose que les élémens de la courbe que décrirait, en général, le point d'application. Ainsi se trouve démontrée la proposition connue sous le nom de parallélogramme des forces.

Conséquence. — La similitude des triangles ci-dessus nous donne les proportions

$$P : P' : R :: MA : MB : MC$$

et aussi

$$P : P' : R :: MA' : M'B' \text{ ou } A'C' : MC'$$

Ce qui nous apprend que tout triangle, semblable à un autre qui représente, par ses côtés, les intensités de trois forces, dont deux composantes et leur résultante, jouit de la propriété d'avoir ses côtés proportionnels aux trois forces ; donc, étant données deux forces P et P', connues dans leur direction et leur intensité, si l'on prend sur une droite parallèle à l'une d'elles une longueur M'A' proportionnelle à son intensité, puis une longueur A'B' parallèle et proportionnelle à l'autre (fig. 14) et (fig. 15), la droite M'B', qui achèvera le triangle, représentera en grandeur et en direction une droite proportionnelle à l'intensité de la résultante ; et si M'A', A'B' représentaient en grandeur et en direction les forces P et P', M'B' représenterait leur résultante pour la direction et pour l'intensité.

Nous avons, de plus, entre les trois forces, la relation

$$(6) \qquad R^2 = P^2 + P'^2 \pm 2PP_1$$

suivant que l'angle AMB des forces, est aigu ou obtus ; on prendra le signe + dans le cas de l'angle aigu, et le signe — dans le cas de l'angle obtus. P_1 représente AI : c'est la projection de P' ou de AC sur la direction de P.

Cas de AMB=90° *ou cas de l'angle droit.* — A mesure que l'angle des forces augmente et s'approche de l'angle droit, P_1 devient de plus en plus petit, et est rigoureusement 0, quand l'angle AMB est droit, l'on a alors

$$(7) \qquad R^2 = P^2 + P'^2 \quad \text{ou} \quad R = \sqrt{P^2 + P'^2}$$

Cas de AMC=180° — Si, au contraire, l'angle AMB, d'abord obtus, grandit et s'approche de 180° ou 2 angles droit, P_1 grandit de plus en plus, si bien qu'il devient égal à P', quand AMB vaut deux angles droits, c'est-à-dire quand P et P' sont dirigées en sens contraire suivant les mêmes doites. La relation

$$R^2 = P^2 + P'^2 - 2PP_1$$

devient

$$R^2 = P^2 + P'^2 - 2PP' \quad \text{ou} \quad R^2 = (P - P')^2$$

d'où

$$(8) \qquad R = P - P'$$

Cas de AMB=0. — Quand l'angle aigu AMC diminue, P augmente tellement, que lorsque l'angle est devenu égal à zéro, l'on a

$$P_1 = P$$

et (6) devient

$$R^2 = (P + P')$$

d'où

(9) $$R = P + P'.$$

(8) et (7) nous rappellent des résultats connus déjà, puisqu'elles ne sont que l'axiome (3°)

Considérons maintenant le cas de plusieurs forces concourantes, toutes situées dans le même plan, toutes données de grandeur et de direction (fig. 16); il sera facile de construire en grandeur et en direction une force unique, qui leur soit équivalente. On composera, d'abord, en une force équivalente R, les deux forces P et P'; puis on composera de même P'' et R en une seule force R_1, qui leur soit équivalente, et partant aux trois forces simultanées P, P', P'', on cherchera de même la résultante R_2 des forces R_1 et P''', et R_2 représentera les actions simultanées des forces P, P', P'', P''', et ainsi de suite.

Or, il n'est pas difficile de voir que cette construction se fera très simplement en mettant à profit la conséquence ci-dessus de la proposition actuelle.

Prenons que nous avons à trouver la résultante des forces concourantes P=AB, P'=AC, P''=AD, P'''=AE; je prends la résultante de P et P', c'est AO=R; je prends la résultante de R et P'', c'est AO'=R_1; je prends de même la résultante de R_1 et P''', et je trouve AO'', que je désigne par R_2 et qui représente toutes les forces; mais on voit que j'eusse de même obtenu R_2 en construisant la portion de polygone A'B'C'D'E' (fig. 17). En prenant A'B' égal et parallèle à AB, en prenant de même les droites B'C', C'D', D'E', égales et parallèles respectivement aux droites AC, AD, AE; on aurait, en joignant E' à A', le polygone A'B'C'D'E' égal au polygone ABOO'O''; donc E'A'=O''A=R_2 est la résultante de toutes les forces.

Remarque. — Nous ferons observer tout de suite que

les forces, qui concourent ainsi en un même point, pourraient bien se faire équilibre, c'est-à-dire, avoir pour résultante une force égale à zéro ; on le reconnaît à ce que le polygone construit sur la grandeur et la direction des forces se ferme de lui-même, l'extrémité de la dernière force tombant sur l'extrémité de la première, sur le point de concours.

Parallélipipède des forces. — Théorème : *La résultante de trois forces concourantes, non situées dans le même plan, est égale pour la direction et la grandeur à la diagonale du parallélipipède construit sur les droites, qui représentent respectivement la grandeur et la direction des forces données.*

Soient MA, MB, MC (fig. 18) les trois droites déterminées, qui représentent en grandeur et en direction les forces concourantes P, P' P'',

Nous prendrons d'abord la résultante des forces P et P', et cette résultante sera ME ; puis nous prendrons la résultante de ME et de P'' ou MC, et nous obtiendrons la résultante R=MD, qui sera justement la diagonale du parallélipipède construit sur les trois droites MA, MB, MC. Si l'on avait plus de trois forces, on les composerait ainsi de proche en proche par le parallélogramme ou le parallélipipède des forces.

Si les trois forces P, P', P'' étaient perpendiculaires entr'elles, leur parallélipipède serait rectangle, et l'on aurait, entre les forces et leur résultante, la relation

$$(10) \quad R^2 = P^2 + P'^2 + P''^2 \quad \text{ou} \quad R = \sqrt{P^2 + P'^2 + P''^2}$$

Décomposition des forces. — Etant donné une force de grandeur et de direction, on peut, à l'aide du parallélogramme et du parellélipipède, la décomposer en deux ou trois autres, suivant telle direction qu'on voudra ; toutefois, nous devons dire que les directions suivant lesquelles on décompose ordinairement une force donnée sont rectangulaires ; dans ce cas, les composantes de la force donnée en sont dites *les projections*, ou *les composantes rectangulaires*, et les relations (7) et (10) existent toujours entr'elles; R représentant la force donnée, et P, P', P'' les projections.

Des momens des forces concourantes par rapport à un point pris dans leur plan commun. — THÉORÈME : *Le moment de la résultante est égal à l'excès de la somme des momens des forces, qui tendent à faire tourner le mobile dans le sens du mouvement effectif sur la somme des momens des forces, qui tendent à le faire tourner dans le sens contraire.*

Supposons que les forces P', P'', P''' (fig. 19), dont les distances au point O sont exprimées par p', p'', p''', tendent à faire tourner dans le sens du mouvement effectif, et que P et P^{IV}, dont les distances respectives au point O sont représentées par p et p^{IV}, tendent à faire tourner en sens contraire. Nous aurons, en désignant par R et r la résultante et sa distance (10e Leçon.)

$$(11) \qquad Rr = P'_{p'} + P''_{p''} + P'''_{p'''} - P_p - P^{IV}_{p^{IV}}$$

Conséquence. — On voit tout de suite que pour qu'il n'y ait pas de mouvement de rotation autour du point O, il faut et il suffit que

$$P'_{p'} + P''_{p''} + P'''_{p'''} - (P_p + P^{IV}_{p^{IV}}) = 0$$

ce qui peut arriver de deux manières, soit quand les forces se font équilibre autour du point O, auquel cas l'on a $R = o$, soit lorsqu'elles ont une résultante qui n'est pas nulle, mais qui passe par le point O, auquel cas l'on a $r = 0$.

Au lieu de n'avoir qu'un groupe de forces autour d'un point, on pourrait en avoir plusieurs, tous situés dans un même plan ; en regardant alors P, P', P'', P''' comme les résultantes de chaque groupe, et R étant la résultante définitive, (11) n'en subsisterait pas moins avec sa conséquence.

Composition des forces parallèles. — THÉORÈME : *Si deux forces quelconques* P *et* P' (fig. 20), *parallèles et de même sens, sont appliquées aux extrémités* A *et* C *d'une droite rigide* AC.

Je dis : 1° Que leur résultante est égale à leur somme ;

2° Qu'elle leur est parallèle ;

3° Qu'elle divise la droite AC, qui joint leurs points d'application, en deux parties réciproquement ou inversement proportionnelles à ces forces.

Supposons que ces forces soient représentées en grandeur et en direction, P par AB, et P' par CD; sans rien changer au système, nous pourrons appliquer aux points A et C, suivant AC, deux forces égales et contraires Q et Q', représentées par AE et CF. Construisons les résultantes de P et Q d'une part, et de P' et Q' d'autre part; prolongées, ces résultantes S=GA et S'=HC iront se rencontrer en un point O, et nous pouvons y transporter leurs points d'application. La résultante des forces S et S' sera absolument la même que celle de P et P', elle est nécessairement dirigée dans leur angle et vient passer en quelque point I situé entre A et C.

Si maintenant nous décomposons la force S en ses deux composantes, l'une OE' égale et parallèle à Q, l'autre sera représentée par OB' égale et parallèle à AB ou P, si nous faisons la même décomposition sur S', dont les composantes seront OF' égale et parallèle à CF, et OD' égale et parallèle à P'; les deux forces OE' et OF' égales et directement opposées se détruiront, et il restera les deux forces P et P' dirigées suivant une droite parallèle à leur direction primitive, et qui étant de même sens se réduiront à une force unique R égale à leur somme

$$R=P+P'$$

Remarquons maintenant que les triangles semblables AOI et G'OB', nous donnent

$$OI:OB' \text{ ou } P::AI:G'B' \text{ ou } Q' \quad \text{d'où} \quad Q'.OI=P.AI$$

que de même les triangles semblables OIC et OD'H nous donnent

$$OI:OD' \text{ ou } P'::CI:D'H' \text{ ou } Q' \quad \text{d'où} \quad Q'OI=P'.CI$$

Mais les premiers membres étant égaux, les deux derniers le sont aussi, et l'on a

$$P.AI=P'.CI \quad \text{ou} \quad P:P'::CI:AI$$

Corollaire. — 1° Si les deux forces P et P' sont égales et toujours de même sens, on aura

$$R=2P.$$

et le point I tombera au milieu de AC; c'est ce que l'on démontrerait facilement sur la figure et ce qui se conclut de l'égalité,

$$P.AI=P.CI \quad \text{d'où :} \quad AI=CI$$

Théorème : *Si les forces P et P' toujours parallèles, sont inégales et de sens opposés, elles ont une résultante égale à leur différence, toujours parallèle à leur direction, et rencontrant le prolongement de la droite qui joint leurs points d'application en un point dont les distances à ces deux derniers sont réciproquement proportionnelles aux forces ?*

Soit P et P' les deux forces parallèles, mais de sens contraire (fig. 21), représentées respectivement par les droites AB et BC (fig.). Sans rien changer au système, je puis appliquer aux extrémités A et C de la droite rigide AC deux forces égales et de sens contraire Q et Q', représentées par AE et CF. Les résultantes S et S' des quatre forces parallèles P, Q, P' Q', composées deux à deux, iront, suffisamment prolongées, se rencontrer en un point O, que nous pourrons prendre pour leur point d'application. En décomposant la force S en deux autres OE' égale et parallèle à AE, et OB' égale et parallèle à AB; en décomposant de même S' en les deux forces OF' égale et parallèle à CF, et OO' égale et parallèle à CD. On voit que les deux forces OE' et OF' égales et directement opposées se détruiront; il ne restera plus que les deux forces OB' et OD' ou P et P', dirigées suivant la même droite parallèle à leur direction primitive, mais en sens contraire, et se réduisant à une résultante unique égale à leur différence, R=P—P'.

De plus, cette résultante prolongée va rencontrer le prolongement de la droite rigide AC en un point I, où nous la supposerons désormais appliquée ; or, la similitude des triangles OG'B' et OAI, donne

$$OI:IA::OB' \text{ ou } P:B'G' \text{ ou } Q \quad \text{d'où} \quad Q.OI=P'.IC$$

La similitude des triangles D'OH et IOC donne aussi

$$OI:IC::OD' \text{ ou } P':D'H' \text{ ou } Q' \quad \text{d'où} \quad Q'.OI=P'.IC$$

Or, comme Q'.OI=Q'OI, l'on a de même

$$P.OA=P'OG$$

Cas singulier des forces parallèles. — Si les deux forces parallèles P et P', agissant en sens contraire, sont égales, je dis qu'elles n'auront point de résultante qui puisse les remplacer d'une manière identique. On le verra tout de suite en pratiquant la construction ci-dessus (fig.   ). Si, suivant AC, nous appliquons en A et en C deux forces Q et Q' égales entr'elles et égales aux forces données, mais tirant en sens contraire, nous ne changerons rien à l'état du système ; on voit que les deux résultantes S et S', nées de la composition de P et Q d'un côté, et de P' et Q' de l'autre, partagent en deux parties égales les angles BAE et DCF, qui sont égaux ; partant elles sont parallèles ; donc elles ne se rencontreront point ; donc leur point de concours O, par lequel doit passer la résultante, est situé à l'infini, ce qui signifie qu'il n'existe point de résultante. Les deux forces P et P' forment, dans ce cas, ce qu'on appelle un couple, dont l'effet est un mouvement de rotation, qui ne peut être détruit par l'action d'une force unique.

Momens de deux forces parallèles par rapport à un point quelconque pris sur la droite AC, *prolongée au besoin.* — Si nous prenions sur cette droite un point I' (fig 22), nous aurions

$$II'=I'A+AI=I'C-IC$$

Or, nous avons trouvé

$$R=P+P'$$

Multiplions les deux membres de cette égalité par I'I, nous obtiendrons

$$R.II'=P.II'+P'II'$$

et en remplaçant II' d'une part par I'A+AI, de l'autre par I'C—IC, nous aurons

$$RII'=P.I'A+P.AC+RI'C-P'IC$$

Mais P.AI—P'IC=O, il vient donc en définitive

$$R.II'=P.I'A+P'IC'$$

ce qui nous apprend que le moment de la résultante de

deux forces parallèles de même sens par rapport à un point pris dans leur plan, est égal à la somme des momens des composantes par rapport au même point.

Dans le cas où les deux forces parallèles tirent en sens contraire, le point I tombe en dehors de AC. Nous avons pour le point quelconque I' (fig. 23)

$$II' = I'A - AI = I'C - IC$$

multipliant par II' les deux membres de la relation trouvée

$$R = P - P'$$

il vient

$$RII' = P.I'A - P.AI - P.I'C + P.I'C$$

et comme $-P.AI + P'IC = O$, il vient en définitive

$$R.II' = P.I'A - P'.I'C$$

Cette relation nous apprend que le moment de la résultante de deux forces parallèles, mais tirant en sens contraire par rapport à un point pris dans leur plan, est égal à la différence des momens des forces.

Remarque. — Il importe de remarquer que nous supposons ici que les forces P et P' sont perpendiculaires sur AC, condition sans laquelle les produits R.II', P.AI', P'.CI' ne seraient pas les momens des forces par rapport au point I'.

Si les forces n'étaient pas perpendiculaires sur la droite AC, il faudrait, du point I', abaisser des perpendiculaires sur la direction des forces et multiplier chaque force par sa distance au point ; en appelant r, p, p' ses distances, on aurait toujours

$$Rr = Pp \pm P'p'$$

Pour le démontrer, remarquons que les triangles II'I'', AI'A', CI'C' sont tous semblables entr'eux ; ainsi que le triangle MI'N auquel nous les comparerons tour-à-tour, et dont nous représenterons les côtés I'M et I'N par l et b ; II'I'' et MI'N donnent

$$I'N : I'N :: I'I'' : I'I \quad \text{ou} \quad b : l :: r : I'I$$

d'où

$$I'I = r\frac{l}{b}$$

AI'A et MI'N donnent

$$b:l::p:I'A \quad \text{d'où} \quad I'A = p\frac{l}{b}$$

enfin, CI'C' et MI'N donnent de même

$$b:l::p':I'C \quad \text{d'où} \quad I'C = p'\frac{l}{b}$$

Remplaçant les quantités I'I, I'A, I'C par leurs valeurs respectives, et supprimant $\frac{l}{b}$, facteur commun aux deux membres des égalités, nous obtenons la relation des momens, que nous avions écrite et qui se trouve ainsi démontrée de la manière la plus générale.

Ajoutons que le point I', situé où l'on voudra dans le plan des forces, peut être regardé comme la projection d'un axe, par rapport auquel on doit répéter tout ce qu'on a dit relativement au point I'.

Extension du principe de la composition des forces parallèles. — Si l'on avait dans un même plan et même dans des plans différens, plusieurs forces parallèles distribuées comme on voudra, leur composition serait facile au moyen de ce qui précède ; on prendrait la résultante R' de deux quelconques d'entr'elles, de P et P' par exemple, puis la résultante R'' entre R' et P'', et ainsi de suite jusqu'à la dernière ; l'on trouverait que leur résultante est égale à l'excès de la somme des forces qui tirent dans un sens sur la somme de celles qui tirent dans le sens contraire, et qu'elle agit dans le sens de la plus grande somme, résultat qui s'écrit de la manière suivante :

$$R = P + P' + P'' - P''' - P^{IV} - P^{V}, \text{ etc.}$$

Ici, nous supposons que le système des forces données a une résultante unique, qui peut les remplacer d'une manière identique ; il n'en est pas toujours ainsi ; elles peuvent se réduire à deux forces égales et de sens contraire ; le système alors se réduit à un couple.

Décomposition d'une force donnée en plusieurs autres qui lui sont équivalentes et parallèles. — Soit d'abord la force R (fig. 21), appliquée en I, qu'il s'agit de décomposer en deux autres forces parallèles et équivalentes, P et P', devant être appliquées aux points A et C invariablement liés entr'eux et au point I, et situés à des distances connues de ce point.

Si le point I est intermédiaire (fig.), nous aurons les relations

$$R = P + P' \quad \text{et} \quad P.AI = P'CI$$

Dans ces équations tout est connu, excepté P et P', elles suffiront donc à les déterminer. On trouve

$$P = R.\frac{CI}{AC}, \quad P' = R.\frac{AI}{AC}$$

Si le point I laisse d'un même côté les points A et C (fig.), nous aurons

$$R = P - P' \quad \text{et} \quad P.AI = P'CI$$

Ces équations nous donnent pour les valeurs de P et P'

$$P = R\,\frac{CI}{AC}, \quad P' = R\,\frac{AI}{AC}$$

on peut résoudre la même question par une construction graphique.

Supposons que R appliquée en I soit représentée en grandeur et direction par la droite IE; menons par les points A et C, où doivent être appliquées les composantes parallèles et équivalentes à R, deux droites parallèles à IE; puis menons par le point E, parallèlement à AB, une droite qui rencontre en G et en H chacune de ces dernières; tirons la diagonale CG, qui rencontre en O la droite IE, et prenons sur AG et CH les longueurs AB =IO, CD=EO; je dis que AB et CD représenteront en grandeur et en direction les composantes cherchées.

La similitude évidente des triangles GOE et GCH, COI et CGA nous donne

OE ou CD:CH ou R::GE ou AI:GH ou AC

$$OI \text{ ou } AB : AG \text{ ou } R :: CI : AC$$

comme les conséquens sont les mêmes dans ces deux proportions, les antécédens sont proportionnels, et il vient

$$AB : CD :: CI : AI \quad \text{ou} \quad P.AI = P'CI$$

Si le point I n'était pas situé entre les deux points par où doivent passer les composantes parallèles et équivalentes à la force donnée, voici comment il faut en modifier la construction.

Soit IE=R (fig. 25), menons par les points A et C deux droites parallèles, tirons EG parallèle à IA, et CG qui rencontre en O la direction de R; portons OE=CD sur CD, et IO=AB sur AG; je dis que AB et CD représenteront en grandeur et en direction les composantes cherchées P et P'; d'abord elles seront parallèles à R, reste à montrer qu'on aura

$$P.AI = P'CI$$

par les deux triangles semblables OEG et OIC, l'on a

$$OE \text{ ou } CD : OI \text{ ou } AB :: EG \text{ ou } AI : CI$$

d'où

$$CD.CI = AB.AI \text{ ou } P.AI = P'CI$$

Soit proposé maintenant de décomposer une force donnée R en trois autres forces parallèles et équivalentes à la force donnée.

Il y a deux cas à examiner : le cas où le prolongement de la force donnée tombe à l'intérieur du triangle formé par les trois points d'application des forces cherchées, et celui où il perce en dehors le plan de ces points.

Examinons le premier, et supposons (fig. 26) que le prolongement de R vienne tomber en I'; nous pourrons y transporter son point d'application en le regardant comme invariablement lié au point I ainsi qu'aux autres points A, B, C. Tirons AB et CI'O; nous pourrons la décomposer en deux autres appliquées en C et en O, la première désignée par P' et la deuxième par R'; nous pourrons de même décomposer la force R', qui passe en O en deux autres P et P'' appliquées, la première en A, et la deuxième en B. On voit par le mode de décomposition même et par la recomposition, que l'on aura

$$R = P + P' + P''$$

Le deuxième cas offrirait une construction analogue ; on joindrait l'un des sommets au point où la résultante perce le plan ABC, puis l'on joindrait ce point à l'un des sommets du triangle, de façon à rencontrer en O l'un des côtés, le reste s'achève de lui-même.

On peut se demander s'il est possible de décomposer une force donnée en un nombre quelconque d'autres forces parallèles qui lui seraient équivalentes. Le problème est possible ; mais au-delà de trois, il peut se résoudre d'une infinité de manières, en autres termes, il est indéterminé. Pour le faire voir, prenons qu'il faut décomposer une force R (fig. 27) en quatre autres, devant s'appliquer aux quatre points A, B, C, D, tous situés dans le même plan ; prenons, de plus, que la force donnée rencontre ce plan en I' ; par le point I' menons la droite quelconque OI'O', nous pourrons décomposer R en deux autres R' et R'' appliquées en O et O' ; puis décomposer R' en deux autres P et P' appliquées en C et D, et R'' en deux autres de même P'' et P''' appliquées en A et B ; mais on voit que nous aurions pu mener par le point I' une infinité de droites, telles que OO', et qui nous auraient conduits à une décomposition particulière, la somme des quatre composantes eût bien toujours équivalu R, mais les bras de leviers eussent varié à l'infini, et par suite la grandeur de chaque force.

Moment d'un nombre quelconque de forces parallèles, toutes situées dans un même plan par rapport à un point pris dans ce plan, ou bien par rapport à un axe qui lui serait perpendiculaire. — Nous avons vu que, pour deux forces, le moment de la résultante est égal à la somme ou à la différence des momens des composantes ; on démontrerait que la proposition se maintient pour trois, pour quatre composantes et, par suite, pour un nombre quelconque ; on peut donc énoncer le théorème général suivant :

Le moment de la résultante des forces parallèles, en

nombre quelconque, qui sont situées dans un même plan par rapport à un point pris dans le même plan, est égal à l'excès de la somme des momens des forces qui tirent dans un sens sur la somme des momens des forces qui tirent en sens contraire et, de plus, a le même signe ou le même sens que la plus grande somme.

Moment des forces parallèles situées dans un plan par rapport à une droite quelconque, prise dans le plan des forces. — Soit P et P' les deux composantes (fig. 28) appliquées en A et C, R leur résultante appliquée en I, et NN' la droite par rapport à laquelle il faut estimer les momens; si nous prolongeons la droite CA jusqu'en I, où elle rencontre la droite donnée, nous aurons d'après ( ) la relation

$$R.II'=P.AA'+P'CC'$$

Mais les triangles N'AA', N'II', N'CC' sont semblables entr'eux, et semblables au triangle N'MM', dont nous représenterons les côtés MN' et MM' par l et b. Dès-lors, nous aurons

$$l:b::AN':AA' \quad \text{d'où} \quad AN'=AA'.\frac{l}{b}$$

$$l:b::IN':II' \quad \text{d'où} \quad IN'=II'.\frac{l}{b}$$

on aurait de même

$$CN'=CC'.\frac{l}{b}$$

remplaçant IN', AN', CN' par les valeurs, on trouve

$$R.II'=P.AA'+P'CC'$$

Pour un nombre quelconque de forces P, P', P'', P''', etc., ayant pour résultante R, et dont les distances respectives à la droite NN' seraient p, p', p'', p'''........ et r, on aurait

$$Rr=P_p+P'_{p'}+P''_{p''}-P'''_{p'''}.......... \text{ etc.}$$

De là l'énoncé général : *Le moment de la résultante*

d'un nombre quelconque de forces parallèles, situées dans un plan et tirant en sens contraire, par rapport à une droite située dans le plan des forces est égal à l'excès de la somme des momens des forces qui tirent dans un sens sur la somme des momens des forces qui tirent en sens contraire et, de plus, possède le signe ou le sens de la plus grande somme.

Moment des forces parallèles non situées dans le même plan par rapport à un plan quelconque. — Quand les forces parallèles sont situées d'une manière quelconque dans l'espace, comme celles qui seraient appliquées aux divers points d'un corps solide, on ne peut plus rapporter leurs momens à un point; il convient alors de les rapporter à un plan quelconque de position déterminée qu'on appelle le plan des momens.

Principe général : *Le moment de la résultante des forces parallèles en nombre quelconque, et situé comme on voudra dans l'espace, par rapport à un plan quelconque, est égal à l'excès de la somme des momens des forces qui tirent dans un sens sur la somme des momens des forces qui tirent en sens contraire et, de plus, a le sens de la plus grande somme.*

Prenons, d'abord le cas de deux forces parallèles :

Soit P et P' (fig. 29) les deux forces données et R leur résultante ; soit $AA'=p$, $CC'=p'$, et $II'=r$ les perpendiculaires respectives abaissées de leurs points d'application A, C et I sur le plan des momens ST, nous aurons, d'après ce qui a été démontré ( ).

$$R_r = P_p + P'_{p'}$$

Prenons maintenant le cas de trois forces parallèles non situées dans le même plan, et soit (fig. 30) P, P', P'' les forces données et R leur résultante, dont les distances au plan des momens ST sont respectivement p, p', p'' et r.

Si nous prenons d'abord en considération les forces P et P' qui tirent dans le même sens et dont la résultante désignée par R' est appliquée en D à une distance r' du plan des momens, nous aurons

$$R'_{r'} = P_p + P'_{p'}$$

Semblablement, les deux forces R' et P'' étant situées dans le même plan et ayant pour résultante R, nous aurons pour elles

$$R_r = R'_{r'} - P''_{p''}$$

puis remplaçant $R'_{r'}$ par sa valeur, nous aurons le résultat voulu

$$R_r = P_p + P'_{p'} - P''_{p''}$$

Du cas de trois forces, nous pourrons conclure au cas d'un nombre de forces parallèles situées comme on voudra dans l'espace et écrire, en confirmation de l'énoncé général ci-dessus, la relation

$$R_r = P_p + P'_{p'} + P''_{p''} - P'''_{p'''} - P^{IV}_{p^{IV}} \ldots\ldots\ldots$$

Centre des forces parallèles. — Les constructions à l'aide desquelles nous avons déterminé le point d'application de la résultante des forces parallèles, nous montrent d'une manière évidente, que la situation de ce point ne dépend nullement de la direction commune de ces forces, mais seulement du rapport de leurs intensités ; il s'ensuit que ce point ne variera pas si nous venons à changer la direction commune des forces, pourvu que nous conservions intacts les rapports de leurs grandeurs et le sens de leurs actions. Eh ! bien, ce point par lequel passe constamment la résultante des forces parallèles, quand on fait varier leur direction commune, en conservant leurs intensités ou les rapports de ces intensités, se nomme le *centre des forces parallèles*.

Soit donc les deux forces P et P' (fig. 31), agissant suivant AB et CD, et ayant les mêmes longueurs pour intensités ; si nous leur donnons les directions AB' CD' en maintenant leur parallélisme et leur sens, en leur donnant des intensités doubles AB'=2AB, CD'=2CD, leur résultante passera toujours par le point I, seulement elle aura doublé d'intensité, si elle était OI=R dans le premier état, elle sera dans le second O'I=R'=2R.

Pour un plus grand nombre de forces parallèles, nous aurions un résultat pareil.

Emploi des momens pour déterminer le point d'application et la position de la résultante des forces parallèles.

Soit r, p, p', p'', p''', etc., les distances de la résultante et des composantes au centre des momens, ou bien les distances de leurs points d'application à la droite ou au plan des momens, nous aurons

$$r = \frac{P_p + P'_{p'} + P''_{p''} - P'''_{p'''} \ldots}{R} = \frac{P_p + P'_{p'} + P''_{p''} - P'''_{p'''} \ldots}{P + P' + P'' - P''' \ldots}$$

pour une autre direction des forces, nous aurions

$$r_1 = \frac{P_{p_1} + P'_{p'_1} + P''_{p''_1} - P'''_{p'''_1} \ldots}{P + P' + P'' - P''' \ldots}$$

pour le cas des momens par rapport à un point pris dans le plan des forces.

S'il s'agissait des momens dans les deux autres cas, on conserverait la direction des forces, mais on changerait la droite ou le plan des momens.

Dans le premier cas, le point d'application serait déterminé par la rencontre des deux directions connues de la résultante, et le serait, dans le second, par la rencontre des distances aux droites ou bien aux plans des momens.

12e LEÇON.

Centre de gravité. — L'expérience nous apprend que tous les corps abandonnés à eux-mêmes tombent avec une égale vitesse dans le vide, quelle que soit leur nature et leur constitution; le morceau de liége, la balle de sureau, comme le fer et le plomb ; il faut donc que la force qui les sollicite, la pesanteur ou gravité, exerce sur chacun des points matériels qui les constituent, des actions égales et parallèles. La résultante de toutes ces actions élémentaires et parallèles de la pesanteur, appliquée aux divers points d'un corps, en constitue le poids ; ce qui montre que le poids d'un corps est proportionnel à la quantité de matière dont il est formé, c'est-à-dire, à sa masse. Le poids d'un corps a pour mesure naturelle l'effort qu'il faut déployer pour l'empêcher de tomber.

Cette résultante de forces parallèles appliquées aux divers points d'un corps, véritable expression de son poids, a pour direction, en chaque lieu de la terre, la verticale du lieu, la ligne de fil à plomb; son point d'application, qui n'est autre que le centre des actions élémentaires et parallèles de la pesanteur, porte le nom de *centre de gravité*. Ce point peut être ou n'être pas un des points mêmes du corps; dans le dernier cas, on le considère comme invariablement lié au corps, et alors on voit apparaître sans nuage cette propriété caractéristique en vertu de laquelle un corps est soutenu quand son centre de gravité possède un point d'appui invariable.

Il suit de là, que tout corps, que tout système de points matériels peut être réduit à son centre de gravité, pourvu qu'on y concentre la somme des poids élémentaires, le poids total; aussi est-il généralement d'usage de remplacer un corps par son poids appliqué au centre de gravité.

Pour le déterminer, nous ne pouvons point ici faire varier la direction des forces parallèles, qui est constamment la même dans un même lieu; mais nous obtenons un résultat pareil, en donnant au corps deux situations différentes; on marque, dans chaque cas, la direction de la résultante et le point où ces deux directions se coupent dans le corps, assignent évidemment la position du centre de gravité; pour le dire en passant, ce moyen, un peu grossier, mais très simple, est souvent employé dans la pratique, et a l'avantage de s'appliquer à tous les corps, et convient surtout pour ceux dont le poids est considérable et les formes irrégulières.

Corps homogènes. — La nature nous présente les corps criblés à l'intérieur d'une multitude de petites ouvertures, que l'on appelle pores. Ces pores sont souvent imperceptibles, mais leur existence est mise hors de doute par un phénomène général et fréquent, la variation du volume; les corps, à cet égard, ne font que présenter des différences, et si de l'éponge au platine l'échelle de la porosité est grande, la porosité n'en est pas moins un état général des corps pesans. On donne le nom de densité à la quantité de matière comprise sous l'unité de volume; et quand un corps présente une densité constante dans toute l'étendue de son volume, on le dit *homogène*. Dans ce cas, le poids, aussi bien que la masse sont proportionnels au volume.

De corps homogènes, il n'en est point, à proprement parler, dans la nature; toutefois, nous regardons comme tels, ceux qui entrent dans la constitution des machines; c'est donc à-propos des corps homogènes que nous allons tracer les règles au moyen desquelles on pourra déterminer le centre de gravité, dans quelques cas spéciaux, quand, par exemple, il s'agit de corps aux formes régulières et même aux formes éloignées des types géométriques simples.

Mentionnons d'abord quelques principes qui nous serviront de guide et d'appui :

1° Lorsqu'un corps possède un point tel que tout plan ou toute droite qui y passe, partage le corps en deux parties égales et symétrique, ce point est le centre de gravité du corps; c'est ainsi que pour la sphère, pour le cercle, pour la circonférence ou couronne matérielle, le centre de figure est le centre de gravité; que le milieu d'une droite est le centre de gravité de cette droite;

2° Si toutes les parties composantes d'un corps ou système de points matériels ont leurs centres de gravité dans un même plan ou sur une même droite, le centre de gravité du corps entier est situé dans le plan ou sur la droite;

3° Lorsqu'un corps possède un plan de symétrie, c'est-à-dire un plan qui le partage en deux parties égales, il a son centre de gravité dans ce plan;

4° Lorsqu'un corps possède un axe de symétrie, il a son centre de gravité sur cet axe.

Ces quatre principes sont faciles à établir. Pour le premier, il suffit de prendre les momens des deux parties égales par rapport au plan symétrique qui les détermine, leurs centres de gravité en sont également éloignés; donc le centre de gravité du corps est en ce plan; il en serait de même dans un deuxième, dans un troisième plan de symétrie; donc il est au point désigné.

Pour établir le deuxième, il suffit de prendre pour le plan ou la droite des momens, le plan et la droite où se trouvent les centres de gravité des parties; l'on aura

$$P_p = o, \quad P'_{p} = o, \text{ etc.}$$

donc $R_r = o$, donc $r = o$, puisque $R = P + P' + P'' \ldots\ldots$, ce qui revient à dire que le plan ou la droite contient le centre de gravité du corps entier.

Le troisième principe se trouve démontré dans le premier.

Le quatrième est une conséquence du troisième, et partant trouve sa démonstration dans le premier ; car si l'on mène par l'axe deux plans qui partageront le corps en deux parties égales et symétriques, le centre de gravité se trouvera dans chacun de ces plans, par conséquent il sera sur leur commune intersection, qui n'est autre que l'axe de symétrie lui-même.

Pour procéder d'une manière logique, nous irons du simple au composé. Nous prendrons d'abord le cas où deux des trois dimensions peuvent être négligées devant la troisième que nous considérerons ; puis celui où une seule dimension peut être négligée ; puis, enfin, celui où les trois dimensions seront considérées à la fois ; en autres termes, nous allons déterminer le centre de gravité des lignes, des surfaces, des volumes.

Ligne droite pesante. — Son centre de gravité est en son milieu; nous l'avons déjà dit.

Contour d'un triangle. — Théorème : *Le centre de gravité du contour d'un triangle est situé au centre du cercle inscrit dans le triangle formé par les droites qui joignent le milieu des trois côtés.*

Soit le triangle ABC (fig. 32), formons le triangle A'B'C' en joignant les milieux des côtés deux à deux ; tirons les bissectrices B'D et A'O, je dis que le point O, centre du cercle inscrit dans A'B'C', sera le centre de gravité. Or, le triangle A'B'C' étant semblable au primitif, comme ayant les côtés parallèles, et B'D étant bissectrice, nous avons

C'D:DA'::C'B':B'A'::BC:AB

Or, BC et AB représentent les poids de ces droites, ou du moins leur sont proportionnels.

Ces forces doivent être considérées comme appliquées aux extrémités de la droite C'A' ; donc leur résultante doit partager cette droite en deux segmens inversement proportionnels à ces forces ; mais C'D et A'D jouissent de cette propriété, donc leur résultante est appliquée en D ; composée avec la force AC qui est appliquée en B', elle donnera une résultante appliquée quelque part sur B'D, et qui sera la résultante du contour.

On verrait de même, en composant d'abord les poids appliqués en B', C', que la résultante du contour devrait avoir aussi son point d'application sur la bissectrice A'E ; donc elle est appliquée au point de rencontre O des deux bissectrices B'D et A'E, c'est-à-dire, au centre du cercle inscrit au triangle A'B'C'.

Ligne brisée, pesante et homogène. — THÉORÈME : *Le centre de gravité d'une ligne brisée régulière est situé sur son axe de symétrie, à une distance du centre que l'on obtient en divisant le produit du rayon du cercle inscrit et de sa corde par le contour de la ligne brisée.*

Soit ACE la ligne brisée régulière, CO son axe de symétrie, il est évident qu'il contient le centre de gravité du contour (fig. 33) ; tirons la corde AE, par le point O, centre du cercle inscrit, menons ST parallèle à la corde, et prenons les momens du contour par rapport à cette droite ; p étant le poids de l'unité de longueur, il sera p.ACE pour le contour, et $p.a$ pour chacun des côtés dont la longueur commune est représentée par a ; comme nous désignons par m, m', m''..... les perpendiculaires abaissées de ces points sur ST, et par h la distance du centre de gravité cherchée au point O, nous aurons

$$p.\text{AGF}.h = pa(m+m'+m''......)$$

d'où en supprimant p comme facteur commun aux deux membres de l'égalité

$$h = \frac{a(m+m'+m''......)}{\text{ACE}}$$

mais en désignant IO par R, les deux triangles semblables ABK et LOI donnent

$$\text{AK}:\text{AB} \text{ ou } a::m:\text{R}, \quad \text{d'où} \quad m = \frac{\text{R}}{a}.\text{AK}$$

on aurait de même

$$m' = \frac{R}{a}.KK'$$

$$m'' = \frac{R}{a}.KK''$$

Substituant dans la dernière équation, et supprimant le facteur a, commun au numérateur et au dénominateur, il vient

$$h = \frac{R}{ACE}(K + KK' + K'K'' \ldots\ldots)$$

mais la somme des projections des côtés sur la corde est la corde elle-même, nous pourrons donc remplacer la parenthèse par la corde elle-même, et l'on obtient

$$h = \frac{R.AE}{ACE}$$

Arc de cercle homogène et pesant. — Théorème : *Le centre de gravité d'un arc de cercle est situé sur le rayon qui passe par son milieu, à une distance du centre qui est donnée, en divisant par l'arc lui-même le produit de sa corde et de son rayon.*

C'est une conséquence immédiate de la dernière proposition. Il suffit de remarquer que le rayon du cercle inscrit est celui du cercle lui-même, et que les côtés de contour sont infiniment petits et infiniment nombreux.

Nous aurons

$$h = \frac{R.C}{S}$$

h désigne la distance du centre de gravité au centre, R le rayon du cercle, C la corde et S la longueur de l'arc.

Pour $S = \pi R$ la demi-circonférence, $C = 2R$, il vient

$$h = \frac{2R^2}{\pi R} = \frac{2R}{\pi} = 0{,}64.R$$

Surfaces homogènes et pesantes. — THÉORÈME : *Le centre de gravité d'un triangle pesant et homogène est situé sur la droite qui joint le sommet au milieu de la base et au tiers de cette droite, à partir de la base.*

Si nous coupons les deux côtés AB et AC (fig. 34), par une infinité de droites parallèles à BC et infiniment rapprochées, le triangle se trouvera divisé en un nombre infini de tranches infiniment minces, assimilables à des droites pesantes ; ces tranches auront leurs centres de gravité en leur milieu, par suite, le centre de gravité du triangle ABC sera situé sur la droite AD, qui passera par les centres de gravité des tranches. Semblablement, si nous concevons le triangle divisé en un nombre infini de tranches infiniment minces et parallèles à AC, leurs centres de gravité situés en leurs milieux se trouveront tous sur la droite BE, qui joint le sommet B au milieu du côté AC ; le centre de gravité se trouvera donc aussi sur cette droite, donc il sera situé au point de rencontre de AD et BE.

Je dis maintenant qu'il sera au tiers de AD, à partir de la base ; tirons la droite EI parallèle à BC ; les triangles AIE et ADC nous donnent

$$AD : AI :: DC : IE$$

mais AD=2AI, donc

$$IE \text{ est égal à } \frac{DC}{2} \text{ ou à } \frac{BD}{2}$$

Mais les triangles semblables BGD et IGE donnent de leur côté

$$IE : BD :: IG : GD$$

Mais $IE = \frac{BD}{2}$, donc

$$IG = \frac{DG}{2} = \frac{ID}{3};$$

donc à leur tour

$$GD = \frac{2}{3} \cdot ID = \frac{1}{3} AD.$$

Conséquence. — Si le triangle est équilatéral, le centre de gravité est au centre de figure.

Théorème : *Le centre de gravité d'un parallélogramme est situé au point de rencontre des diagonales.*

Si nous considérons (fig. 35) BD comme la base commune des deux triangles ABD et DBC qui forment le parallélogramme, ils ont leurs centres de gravité, d'après le théorème précédent, situés sur la diagonale AC, qui joint leur sommet au milieu de leur base commune, et, par suite, cette droite contient le centre de gravité du parallélogramme; si, de même, on prenait AC pour la base commune des deux triangles ADC, ABC, on verrait que le centre de gravité du parallélogramme serait situé sur la diagonale BD qui, joignant les sommets des triangles au milieu de leur base commune, contient leurs centres de gravité; se trouvant à la fois sur les deux diagonales, le centre de gravité du parallélogramme tombe donc à leur point de rencontre.

Ainsi, il en est pour un carré, pour un lozange, pour un rectangle, figures qui ne sont toutes que des variétés du parallélogramme.

Théorème : *Le centre de gravité d'un trapèze se trouve au point de rencontre de la droite qui joint le milieu de ses bases et de la plus grande diagonale du parallélogramme formé sur sa hauteur et sur ses bases augmentées réciproquement l'une de l'autre.*

En effet, si par la pensée nous divisons le trapèze ABCD (fig. 35 bis) en une infinité de tranches infiniment petites, par des droites parallèles aux bases, que nous désignerons AB par a et CD par b; chacune de ces tranches, assimilable à une droite pesante, aura son centre de gravité en son milieu; donc le centre de gravité du trapèze se trouvera sur la droite qui joint les milieux des deux bases, laquelle contient les centres de gravité des tranches.

Remarquons maintenant que le centre de gravité O du triangle ADC est distant de CD du tiers de AH que nous représenterons par h, et distant de AB des deux tiers h; car les triangles semblables HAF et LOF nous montrent que OL est le tiers de h, de même que OF est le tiers de AF.

D'un autre côté, le centre de gravité du triangle ABD est éloigné des mêmes bases des quantités $\frac{2}{3}h$ et $\frac{1}{3}h$.

Si donc x et y représentent les distances du centre de gravité du trapèze à ses bases b et a, et que nous prenions les momens par rapport à ses bases elles-mêmes, nous aurons par rapport à AB

$$ABCD.y = \frac{b.h}{2}\frac{2}{3}h + \frac{a.h}{2} \times \frac{h}{3} = \frac{h^2}{3}\left(b + \frac{a}{2}\right)$$

par rapport à CD

$$ABCD.x = \frac{a.h}{2}\frac{2}{3}h + \frac{b.h}{2}\frac{h}{3} = \frac{h^2}{3}\left(a + \frac{b}{2}\right)$$

Or, si nous prolongeons AB d'une longueur BN=CD, CD d'une longueur CM=AB, nous aurons en joignant M et N

$$\frac{NI}{MK} = \frac{GI}{GK} \text{ ou bien } \frac{b + \frac{a}{2}}{a + \frac{b}{2}} = \frac{x}{y},$$

car la similitude des triangles NGI et MGK est évidente.

Théorème : *Pour obtenir le centre de gravité d'un quadrilatère quelconque, tirez les diagonales et portez le tiers de la plus petite partie de l'une d'elles sur la droite qui joindra les centres de gravité des triangles formés par l'autre, à partir du centre de gravité du plus grand des deux triangles.*

Soient, en effet, g et g' (fig. 36) les centres de gravité des deux triangles formés par la diagonale DB, ces deux triangles ayant cette droite pour base commune, ont entr'eux le même rapport que leurs hauteurs h et h', et l'on a par la similitude évidente des triangles KCI et LAI

$$\frac{h}{h'} = \frac{CI}{AL}; \text{ donc } CDB : DAB :: CI : AL.$$

Or, pour trouver le point G, le centre de gravité du quadrilatère, il faut diviser la droite gg' en parties réciproquement proportionnelles aux deux triangles ou bien aux parties CI et AI de la diagonale AC. On aura donc

$$CI : AI :: Gg' : Gg$$

et en composant

$$CI + AI \text{ ou } AC : AI :: Gg' + Gg \text{ ou } gg' : Gg'$$

d'où $$Gg = gg' \cdot \frac{AI}{AC}$$

mais puisque $E.g = \frac{EC}{3}$, l'on a

$$gg' = \frac{AC}{3}; \text{ donc } Gg = \frac{1}{3} \frac{AC}{AC} \cdot AI = \frac{AI}{3}$$

Théorème : *Le centre de gravité d'un polygone régulier est situé au centre de figure.*

Supposons que tous les triangles composans, dont le sommet est au centre, soient concentrés en leurs centres de gravité respectifs, et joignons tous ces points deux à deux, nous formerons ainsi un même nombre de triangles ayant tous au centre leur sommet. Si, par la moitié de la base de deux d'entr'eux et par le centre, nous tirons deux droites, chacune de celles-ci contiendra le centre de gravité du polygone; donc il se trouvera à leur point de rencontre, c'est-à-dire au centre de figure.

Théorème : *Le centre de gravité d'un polygone quelconque pourrait s'obtenir par la composition successive des poids des triangles qui le composent, appliqués à leurs centres de gravité partiels; mais il est mieux de prendre les momens des triangles composans et du polygone donné, par rapport à deux droites rectangulaires se coupant dans son plan.*

Le point de rencontre des distances du centre de gravité à ces deux droites le détermine.

Supposons que le centre de gravité se trouve sur AI (fig. 37), à une distance OA de la droite $O\gamma$, et sur BK à une distance OB de la droite OZ; il est évident que se trouvant sur AI et sur BK, il sera à leur point d'intersection.

Soit donc maintenant un polygone A, dont le centre de gravité se trouve à une distance x de $O\gamma$ et y de OZ;

Soient les triangles composans du polygone a, a', a'', a''', dont les distances à Oy sont r, r', r'', r''', dont les distances à Ox sont s, s', s'', s''', nous aurons

$$pAx = par + pa'r' + pa''r'' + pa'''r''' + \ldots\ldots$$

$$pAy = pas + pa's' + pa''s'' + pa'''s''' + \ldots\ldots$$

p exprimant le poids de l'unité superficielle ; comme p multiplie les deux membres de ces équations, nous pouvons le supprimer, et il vient

$$x = \frac{ar + a'r' + a''r'' + pa'''r''' + \ldots\ldots}{A}$$

$$y = \frac{as + a's' + a''s'' + a'''s''' + \ldots\ldots}{A}$$

THÉORÈME : *Le centre de gravité d'un parallélipipède obliquangle ou rectangle est situé au centre de figure.*

En effet, si l'on mène un plan à égale distance de deux faces parallèles, ce plan partagera le solide en deux parties égales ; pris pour plan des momens, il contiendra le centre de gravité du parallélipipède.

D'un autre côté, si par des plans parallèles à celui-ci et infiniment rapprochés, on partage le solide en une infinité de tranches infiniment minces, chacune de ces tranches sera assimilable à un parallélogramme pesant, ayant son centre de gravité en son centre de figure, c'est-à-dire au point de rencontre des diagonales ; donc toutes ces tranches auront leurs centres de gravité sur la droite qui joindra le point de rencontre des diagonales des bases, et comme cette droite qui contient, d'après ce qui précède, le centre de gravité du solide, rencontre le plan mené à égale distance des bases au point où se coupent ses diagonales, il s'ensuit que le centre de gravité d'un parallélipipède se trouve en son centre de figure.

THÉORÈME : *Le centre de gravité d'un prisme régulier est situé en son centre de figure, c'est-à-dire à la moitié de la droite qui joint les centres des polygones des bases.*

Si, en effet, nous coupons ce prisme régulier par un plan équidistant des bases, il le partage en deux parties égales et symétriques, et contient par conséquent le centre de gravité du prisme.

D'un autre côté, le centre de gravité est situé sur la droite qui joint les centres des bases et qui contient les centres de gravité des tranches infiniment minces et nombreuses, résultant de sections faites par des plans parallèles aux bases ; le point de rencontre de cette droite et du plan de symétrie ci-dessus, détermine le centre de gravité du prisme, et ce point n'est autre que le centre de figure.

Corollaire. — Le centre de gravité d'un cylindre est situé au centre de figure.

On pourrait répéter identiquement pour le cylindre la démonstration faite pour le prisme régulier. On s'en dispense, en remarquant que l'on peut regarder le cylindre comme un prisme régulier d'un nombre infini de faces infiniment petites.

THÉORÈME : *Le centre de gravité d'une pyramide triangulaire ou tétraèdre, est situé sur la droite qui va du sommet au centre de gravité de la base, et au quart de cette droite à partir de la base.*

Si nous coupons la pyramide SABC (fig. 38), par des plans infiniment rapprochés et parallèles à leur base, nous aurons décomposé la pyramide en une infinité de tranches assimilables chacune à un triangle pesant, dont le centre de gravité est connu. Ce centre de gravité de chaque tranche, et par suite celui de la pyramide entière, sera donc situé sur la droite qui va du sommet au centre de gravité de la base, sur Sg.

Mais, pour la même raison, le centre de gravité doit se trouver aussi sur Ag' qui joint le sommet A au centre de gravité de la face SBC prise pour base ; il se trouve donc à leur intersection.

Comme les deux triangles SEA, $g'Eg$ ont un angle égal compris entre leurs côtés proportionnels, ils sont semblables, et l'on a

$$gg' = \frac{AS}{3}, \text{ de même que } gE = \frac{AE}{3}$$

mais la similitude évidente des triangles Ggg' et GAS donne

$$Gg : GS :: gg' : AS$$

donc

$$gG = \frac{GS}{3} = \frac{gS}{4}$$

On pourrait parvenir autrement au même résultat ; en effet, ayant observé que le centre de gravité doit se trouver sur SG, on peut considérer la pyramide identiquement remplacée par quatre boules égales et invariablement liées entr'elles par des droites sans poids ; la résultante des trois boules A, B, O égale à 3 est appliquée en g ; il n'y a plus qu'à partager la droite Sg en deux parties, dans le rapport de 1 : 3.

Remarque. — Joignons les points EG et prolongeons jusqu'en K ; je dis que le point K est au milieu de SA. Comme $gG = \frac{Sg}{4}$, il s'ensuit que le triangle $\frac{ASE}{4} = ACE$ de même SGE est le quart de SAE, puisque ces deux triangles ont même base SE et que $g'G = \frac{Ag'}{4}$; mais AGE et SGE qui ont même base GE, sont entr'eux comme leurs hauteurs et aussi comme AK et SK ; mais comme les hauteurs sont égales vu l'égalité de ces triangles, il s'ensuit que AK=SK.

Mais puisque $AGE = \frac{ASE}{4}$, il vient

$$AGE = \frac{AKE}{2}$$

mais AGE et AKE ayant même base AE sont dans le

rapport des hauteurs, et par suite des lignes EG et EK; donc

$$EG = \frac{EK}{2}$$

d'où l'on conclut que le centre de gravité G de la pyramide se trouve au milieu de la droite qui joint les milieux des deux arêtes opposées.

THÉORÈME : *Le centre de gravité d'une pyramide polygonale est situé sur la droite qui joint le sommet au centre de gravité de la base et au quart de cette droite à partir de la base.*

On démontrerait, comme ci-dessus, qu'il se trouve sur la droite qui va du sommet au centre de gravité de la base, en divisant la pyramide en tranches infiniment minces et parallèles à la base; puis en la décomposant en pyramides triangulaires ayant toutes leur sommet au sommet de la pyramide donnée, on verrait que chaque pyramide partielle ayant son sommet au quart de la droite, qui va du sommet commun au centre de gravité du triangle qui lui sert de base, tous les centres de gravité de ces pyramides partielles et partant le centre de gravité de la pyramide totale seraient situés dans un même plan parallèle à la base; or, ce plan rencontre toutes les droites qui vont du sommet aux centres de gravité des bases au quart de ces droites, à partir des bases; donc le centre de gravité de la pyramide polygonale est bien situé au quart de la droite qui joint son sommet au centre de gravité de la base à partir de celle-ci.

THÉORÈME : *Le centre de gravité d'un cône est situé sur son axe et au quart de celui-ci à partir de la base.*

La vérité de cette proposition résulte immédiatement de l'assimilation que l'on peut faire du cône à une pyramide régulière d'un nombre infini de faces infiniment minces.

Centre de gravité d'un tétraèdre tronqué aux bases parallèles. — On voit tout de suite (fig. 49) que le centre de gravité se trouvera sur la droite qui joint les centres de gravité des bases, en décomposant le solide en une infinité de tranches minces parallèlement aux bases, et il divise cette droite en deux segmens proportionnels aux distances x et y de ce point aux bases; reste donc à exprimer ces distances au moyen des élémens connus, les deux bases B, b et leur distance h.

En divisant ce tronc de pyramide en ses trois pyramides équivalentes, et désignant par p le poids de l'unité de volume, nous aurons pour les poids respectifs des pyramides

$$\frac{pBh}{3} \text{ pour ABCE; } \frac{pbh}{3} \text{ pour FEDC, et } \frac{ph\sqrt{Bb}}{3} \text{ pour ACFE}$$

les momens de chacun de ces poids seront, par rapport à la base ABC,

$$\frac{pbh}{3}\cdot\frac{h}{4}=\frac{pBh^2}{12},\ \frac{pbh}{3}\cdot\tfrac{3}{4}h=\frac{3pbh^2}{12},\ \frac{ph\sqrt{Bb}}{3}\cdot\tfrac{1}{2}h=\frac{2ph^2\sqrt{Bb}}{12}$$

En remarquant que la pyramide ACFE a son centre de gravité au milieu de la droite qui joint les milieux des côtés opposés AC et EF, et par conséquent au milieu de la distance des deux bases.

Par rapport à la base FED,

$$\frac{pBh}{3}\cdot\tfrac{1}{2}h=\frac{2pBh^2}{12},\ \frac{pbh}{3}\cdot\tfrac{1}{4}h=\frac{2pbh^2}{12},\ \frac{ph\sqrt{Bb}}{3}\cdot\tfrac{1}{2}h=\frac{2ph^2\sqrt{Bb}}{12}$$

Nous aurons donc en désignant par V le volume total :

$$pVx=\tfrac{1}{12}pBh^2+\tfrac{3}{12}pbh^2+\tfrac{2}{12}ph^2\sqrt{Bb}$$

ou

$$(1)\qquad Vx=\frac{h^2}{12}(B+3b+2\sqrt{Bb})$$

par rapport à la base B.

$$Vpy=\frac{3pBh^2}{12}+\frac{pbh^2}{12}+\frac{2}{12}ph^2\sqrt{Bb}$$

$$(2)\qquad Vy=\frac{h^2}{12}(3B+b+2\sqrt{Bb})$$

par rapport à la base b.

Divisant membre à membre ces deux égalités et supprimant le facteur commun V et h^2, il vient

$$\frac{x}{y}=\frac{B+3b+2\sqrt{Bb}}{3B+b+2\sqrt{Bb}}$$

Nous ferons observer que l'on pourrait se borner à l'équation (1), qui ferait connaître la distance du centre de gravité à la base B.

S'il s'agissait d'un tronc de pyramide polygonale, toujours à bases parallèles, il n'y aurait rien à changer, ni aux raisonnemens, ni aux calculs, puisqu'un tronc de pyramide polygonale peut se remplacer par un tronc de pyramide triangulaire de même hauteur et de bases équivalentes.

Centre de gravité du cône tronqué parallèlement à la base. — S'il s'agissait d'un tronc de cône, les résultats et les considérations qui y conduisent seraient absolument semblables, il n'y a qu'à se rappeler que si R est le rayon de la grande base et r le rayon de la petite, on a

$$B=\pi R^2 \quad \text{et} \quad b=\pi r^2$$

et par suite on a la formule

$$\frac{x}{y}=\frac{R^2+3r^2+2Rr}{3R^2+r^2+2Rr},$$

Centre de gravité d'un corps solide de forme quelconque, mais toujours homogène. — On a souvent besoin de déterminer le centre de gravité d'un corps solide, d'un volume terminé par des contours tout-à-fait irréguliers, en dehors, en un mot, de toute loi géométrique connue. C'est le cas des bâtimens marins, des navires, dont il importe souvent de savoir déterminer le déplacement et le centre de gravité de ce déplacement lui-même.

Voici comment on procède : On partage, au moyen de plans équidistans, le volume donné en tranches parallèles au plan des momens, choisi d'ailleurs de la manière la plus convenable, puis l'on prend le moment de chaque tranche par rapport à ce plan. L'on mesure avec soin l'aire de chaque profil S_1, S_2, S_3,...$S(2n+1)$, ainsi que leurs distances au plan x_1, x_2, x_3, ... $x(2n+1)$. Le moment de chaque tranche sera de la forme

$$S_1 x_1 \frac{L}{2n}, \quad S_2 x_2 \frac{L}{2n}$$

L exprimant la longueur du volume total dans le sens de la perpendiculaire au plan des momens, et $\frac{L}{2n}$ l'épaisseur commune des tranches; si maintenant nous désignons par V le volume total et par χ la distance de son centre de gravité au plan des momens, nous aurons, par le théorème de SIMPSON,

$$VX = \frac{1}{3}\frac{L}{2n}\Big\{S_1 x_1 + (Sx)_{2n+1} + 4\Big((Sx)_2 + (Sx)_4 + (Sx)_{2n}\Big) + 2\Big((Sx)_n + (Sx)_{2n-1}\Big)\Big\}$$

pour les navires où le centre de gravité est toujours situé dans le plan vertical qui contient la carène, lequel est un plan de symétrie, c'est-à-dire, partageant le navire en deux parties égales, il suffira de déterminer la distance du centre de gravité à deux plans, dont l'intersection viendra percer le plan de symétrie ci-dessus au centre de gravité lui-même. On choisit ordinairement un des plans qui contient l'estambot et le plan de flottaison.

Pour déterminer le centre de gravité d'une surface terminée par une courbe quelconque, par un contour irrégulier, on pourrait, avec succès employer le même moyen; si la surface n'est pas plane, on pourra la diviser par bandes parallèles, qu'on évaluera avec soin en les assimilant à de petits rectangles ou trapèzes dont on déterminera la distance au plan des momens. Dans ce cas, il faudra connaître la distance du centre de gravité de la surface à trois plans.

Si la surface est plane, il suffira de connaître la distance du centre de gravité par rapport à deux droites prises dans le plan de la surface.

MOUVEMENT CURVILIGNE.

Le mouvement curviligne peut prendre naissance en deux circonstances particulières :

1° Lorsque le mobile est soumis à l'action d'une force constante ou variable d'intensité, mais changeant à chaque instant de direction ;

2° Lorsqu'il est doué d'une vitesse initiale dont la direction ne coïncide pas avec celle de la force constante ou variable qui le sollicite.

Comme exemple du mouvement curviligne, nous allons donner celui qui naît de l'action du poids d'un mobile pourvu d'une vitesse initiale non dirigée suivant la verticale du lieu.

Supposons qu'un point matériel ou un corps quelconque A reçoive d'une impulsion (*fig.* 40) une vitesse horizontale V_0=AA'=A'A''...... à l'instant où il est abandonné à son poids. Au bout de la première unité de temps, il serait transporté en A', en vertu de sa seule vitesse initiale V_0, mais sous l'action de sa pesanteur seule, il serait tombé verticalement en B'; donc il sera en *m* au second sommet du parallélogramme des espaces V_0 et $\frac{1}{2}g$=AB'; de même après deux secondes, il sera en *m'* second sommet du parallélogramme des espaces parcourus AA''=2V_0 et AB''=2*g*; enfin, au bout d'un temps T, il aurait parcouru sur la direction de la vitesse initiale, en vertu seulement de cette vitesse un espace $e=V_0T$, et sur la verticale, en vertu de la seule action de la pesanteur, un espace $E=\frac{1}{2}gT^2$; si e=AA''' et E=AB''', le mobile sera en M au bout du temps T; si au lieu de distinguer ses positions de seconde en seconde, nous les considérions à chaque instant, comme sa vitesse effective, qui n'est qu'une résultante, varie à chaque instant d'intensité et de direction, le mobile au lieu de décrire la ligne brisée A*mm'*MM' décrirait la courbe qui passe en tous ces points.

Voyons quelle est la nature de la courbe. Pour cela remarquons que si le mobile est en M au bout du temps T, en M' au bout du temps T', les espaces parcourus au bout de ces intervalles de temps sur l'horizontale et la verticale, grâce à la vitesse initiale et à l'action du poids isolément considérées, seront

$$AA'''=V_0T \quad \text{ou} \quad \overline{AA'''}^2=V_0{}^2T^2$$

et $AA^{IV} = V_0 T'$ ou $\overline{AA^{IV}}^2 = V_0^2 T'^2$

puis $AB''' . \frac{1}{2} g T^2$, $AB^{IV} = \frac{1}{2} g T'^2$

et en prenant les rapports il vient

$$\frac{AB'''}{AB^{IV}} = \frac{T^2}{T'^2}, \quad \text{puis} \quad \frac{\overline{AA'''}^2}{\overline{AA^{IV}}^2} = \frac{T^2}{T'^2}$$

d'où en égalant ces rapports,

$$\frac{AB'''}{AB^{IV}} = \frac{\overline{AA'''}^2}{\overline{AA^{IV}}^2}$$

si bien que si nous regardons la ligne $A\chi$ comme la ligne des abscisses, et la droite $A\gamma$ comme la ligne des ordonnées, nous dirons que dans la courbe actuelle le rapport des carrés des ordonnées de deux points quelconques de la courbe, est le même que le rapport des abscisses correspondantes. Cette propriété est précisément une de celles qui caractérisent une courbe particulière ; la parabole.

Nous pouvons donc dire que tout corps lancé sous une inclinaison quelconque à la verticale, décrit une parabole ; il en serait rigoureusement ainsi si les projectiles se mouvaient dans le vide ; mais la résistance de l'air à laquelle ils sont soumis, résistance variable à chaque instant de grandeur et de direction comme la vitesse effective dont elle dépend, vient troubler leur mouvement parabolique.

La propriété ci-dessus nous permettra de construire le parabole, quand on connaîtra les directions $A\gamma$ et $A\chi$; puis un point M de la courbe. En effet, MB''' et MA''' étant connus, on se donnera arbitrairement la distance AA^{V} et l'on en conclura AB^{IV}, car il vient

$$\frac{\overline{AA^{IV}}^2}{\overline{AA'''}^2} = \frac{AB^{IV}}{AB'''} \quad \text{d'où } AB^{IV} = \left(\frac{AA^{IV}}{AA'''}\right)^2 AB'''$$

on pourra donc déterminer le point M' par la construction du parallélogramme $AB^{IV}M'A^{IV}$; de la même manière on obtiendra autant de points qu'on voudra.

D'un autre côté, si la vitesse V_0 est donnée de grandeur et de direction, les formules

$$e = V_0 T \quad \text{et} \quad E = \frac{1}{2} g T^2$$

feront connaître les divers points de la courbe ; en donnant à T des valeurs numériques quelconques.

Nous ferons remarquer que la courbe est tangente à l'origine du mouvement à la direction de la vitesse initiale ; car à cette époque la pesanteur ne lui ayant point communiqué de vitesse, il doit commencer à se mouvoir suivant Aγ ; par conséquent, en son premier élément, la trajectoire doit être dirigée suivant cette droite, ou lui être tangente.

Force centrifuge, force centripète. — Quand on fait tourner une fronde, tout le monde sait qu'à mesure que le mouvement est plus rapide, le fil est tiré selon sa longueur par une force plus grande, qui tend à l'éloigner du centre, et il faut, pour retenir la pierre, exercer un effort central égal et contraire ; de ces deux efforts, qui sont liés entre eux comme l'action et la réaction, l'un qui est l'action de la pierre sur la fronde, porte le nom de force centrifuge, et l'autre qui est la réaction de la fronde porte le nom de force centripète ; mais ce n'est pas seulement dans le mouvement circulaire que se développe la force centrifuge ; elle apparaît dans tout mouvement curviligne, toujours dirigée perpendiculairement à la tangente et dans le plan des deux élémens voisins de la trajectoire ; c'est donc une force qui naît du mouvement curviligne lui-même, l'accompagne partout où il existe, et dont il faut prendre grand souci dans la construction des machines.

Pour l'évaluer, nous prendrons le cas très simple du mouvement circulaire uniforme d'un point matériel parfaitement libre.

Quelles sont d'abord les conditions sous lesquelles un point libre peut décrire une circonférence d'un mouvement uniforme ? Nous allons les énumérer :

1° Il faut qu'indépendamment de sa vitesse initiale, qu'il doit toujours conserver, il soit soumis à une force au moins égale, car, sans cela, il s'en irait, comme on dit, par la tangente à chaque instant, à cause de son inertie ; il faut donc qu'une force vienne à chaque instant l'infléchir sur l'élément prochain qu'il va parcourir ;

2° Il faut que cette force soit dirigée constamment dans le même plan et vers le centre du cercle ; car autrement on pourrait la décomposer en deux autres, l'une dirigée suivant le rayon, et l'autre suivant la tangente ;

il en résulterait une modification dans la vitesse, et partant plus de mouvement uniforme; et si cette force n'était dirigée de la circonférence au centre pour y ramener le mobile, celui-ci fuirait par la tangente selon laquelle sa vitesse est dirigée, en vertu de l'inertie de la matière;

3° Enfin, cette force est évidemment constante, car c'est toujours le même effort qu'elle doit vaincre.

Supposons que le mobile se transporte de M en M' en un temps t, que V soit la vitesse constante, R le rayon du cercle qu'il décrit, F la force centripète (fig. 41); nous aurons

$$W = \frac{F}{m}$$

pour représenter l'accélération dans le mouvement uniformément varié qu'elle fera naître.

Dans le temps t le mobile aurait atteint le point A sous la seule action de F; on aura donc pour exprimer l'espace AM,

$$AM = \frac{F}{m} \frac{t^2}{2}$$

Mais en vertu de la seule vitesse V, il aurait parcouru MW d'un mouvement uniforme, on aura donc

$$MW \text{ ou } AM' = Vt \text{ ou bien } \overline{AM'}^2 = V^2 t^2$$

Mais l'on a $$\overline{AM'}^2 = 2R.AM$$

Remplaçons $\overline{AM'}^2$ et AM par leurs valeurs ci-dessus, il viendra

$$F = \frac{mV^2}{R}$$

c'est-à-dire que la force centripète ou la force centrifuge, son égale en intensité, est proportionnelle à la masse du mobile, au carré de sa vitesse; mais en raison inverse du rayon du cercle qu'il décrit.

Un corps de $0^k,60$, est mis en mouvement par une fronde, dont la longueur est de $1^m,20$, quelle vitesse constante faut-il lui imprimer pour développer une force centrifuge de 20 kilogrammes?

La formule nous donne

$$V^2 = \frac{RF}{m} = \frac{1^m,20.\ 20^k.\ 9,81}{0^k,60} = 392,^{m.q}4$$

d'où $$V = \sqrt{392,4} = 19^m,81$$

c'est-à-dire que la pierre parcourra 104,13 fois sa circonférence par 1''.

On peut donner à la formule une autre forme, en exprimant la vitesse au moyen du nombre de tours accomplis par minute par un corps qui décrit le cercle R d'un mouvement uniforme.

Soit n le nombre de tours faits par minute, $\frac{n}{60}$ exprimera le nombre de tours faits par seconde; donc le chemin parcouru pendant une seconde ou la vitesse sera

$$V = \frac{n 2\pi R}{60} = \frac{n}{30}\pi R$$

La formule ci-dessus devient

$$F = \frac{m.n^2\pi^2 R^2}{900\,R} = \frac{m.n^2\pi^2 R}{900}$$

La terre, comme on sait, tourne autour de son axe, et accomplit une révolution dans $365^{j}\cdot\frac{1}{4} = 86164''$. La force centrifuge qui naît de ce mouvement, tend donc à soulever les corps, en autres termes, diminue l'attraction réelle du globe sur les corps placés à sa surface, mais cela diversement, selon que les rayons des cercles décrits par les mobiles sont plus ou moins longs; son action est nulle aux pôles, et la plus grande possible à l'équateur; c'est ce que montre la formule

$$F = \frac{m.n^2\pi^2 R}{900}$$

A l'équateur elle diminue la pesanteur véritable de $\frac{1}{200}$; si bien que si la terre tournait dix-sept à dix-huit fois plus vite, les corps n'y auraient plus aucun poids.

Quand le mobile décrit une courbe quelconque, chaque élément de la courbe se confond avec un cercle dont le rayon est variable et qu'on appelle rayon de courbure;

la force centrifuge a, par rapport au cercle de courbure et à la vitesse correspondante à la position actuelle du mobile, la même expression que ci-dessus.

Mouvement d'un point sur une surface ou sur une courbe. — Au lieu d'être entièrement libre dans l'espace, il arrive le plus souvent qu'un mobile est astreint à se mouvoir sur une surface ou sur une courbe ; cela peut arriver de plusieurs manières ; d'abord il peut y être constamment retenu par son poids ou par d'autres forces qui le sollicitent, c'est, par exemple, un corps qui se meut sur un plan, c'est un anneau qui glisse le long d'un fil métallique qu'il embrasse.

Dans tous ces cas, le mobile exerce sur la surface ou sur la courbe où il se meut une action qui développe de la part de la surface ou de la courbe, une réaction égale et directement contraire. On peut introduire cette force parmi celles qui sollicitent le mobile et le considérer comme entièrement libre.

Quelle que soit la courbe fixe décrite par le mobile, en joignant aux autres forces qui le sollicitent la réaction de la courbe, on obtiendra une résultante unique qu'on pourra décomposer en deux; l'une dirigée suivant la normale à la courbe, qui sera la force centripète, et l'autre dirigée suivant la tangente, et qui déterminera l'accélération de la vitesse du mobile suivant sa trajectoire ; il est évident que si R est le rayon du cercle avec lequel la courbe que décrit le mobile se confond à l'époque où sa vitesse est V, nous aurons pour la force centripète ,

$$F=m\frac{V^2}{R}$$

prise en signe contraire , c'est aussi l'expression de la force centrifuge au même point de la trajectoire.

Nous aurons pour la force tangentielle

$$T=mW$$

W étant la variation de la vitesse pendant une seconde, temps dans lequel nous considérons comme constante la force T, quelle qu'elle puisse être.

13e LEÇON.

ESTIMATION DU TRAVAIL DES FORCES.

Dans la mécanique appliquée, il ne suffit pas, pour avoir la mesure de l'action d'une force, d'avoir égard à la force elle-même, il faut considérer aussi le chemin parcouru par son point d'application.

Il y a plusieurs cas à considérer :

1° *La force est constante et le point d'application se meut sur la direction même de la force.* Il est évident que le travail accompli est proportionnel : 1° à la grandeur de son effort, et 2° au chemin décrit par le point matériel, et partant proportionnel au produit de ces deux facteurs. Ainsi, dans l'élévation d'un fardeau, pour un même chemin, le travail est double quand le poids est double il est double encore ou triple, si le chemin est double ou triple pour un même poids. Il en est ainsi dans l'extraction des minerais, dans le tirage des voitures, des charrues, dans le halage des bateaux, dans l'épuisement des eaux, dans tous les cas enfin.

Si donc F représente une certaine force constante de grandeur et de direction, et E le chemin parcouru par son point d'application suivant la direction et le sens de la force, nous exprimerons le travail correspondant par

$$\tau F \text{ ou } F.E$$

Soit $F=10^k$ et $E=5^m$, nous aurons $F.E=50^{km}$.

2° *La force est variable, mais son point d'application se déplace suivant sa direction à chaque instant.* Dans ce cas, on porte sur une droite la totalité des chemins parcourus par le point d'application, c'est AB (fig. 43); on divise cet espace en un certain nombre de parties égales, et à chaque point de division on élève des perpendiculaires à la droite AB, prises respectivement égales aux grandeurs correspondantes de la force; on fait passer par les extrémités des ordonnées une courbe, et il n'y a plus qu'à évaluer, par la formule de Simpson, la surface curviligne ABNM, pour avoir le travail de la force variable; en sorte que si $AA'=a$ et si F_1, F_2, F_3, F_4, F_5, F_6, F_7, F_8, F_9 représentent les intensités de la force au commencement, puis après avoir parcouru le premier, le deuxième, le troisième, etc., des petits espaces égaux décrits par son point d'application, nous aurons

$$\tau=\frac{1}{3}a[F_1+F_9+4(F_2+F_4+F_6+F_8)+2(F_3+F_5+F_7)]$$

Effort moyen d'une force variable ou force moyenne. — Si l'on voulait substituer à la force variable un effort moyen constant qui ferait parcourir un même chemin au point d'application de la force, il faudrait diviser le travail effectif par l'espace E; $\frac{\tau}{E}$ donnerait F' l'effort moyen si bien que l'on aurait

$$F'E=\tau$$

Cela revient à remplacer une aire ou surface curviligne par un rectangle, comme l'indique la (fig. 44), où l'on voit que les parties non communes aux deux surfaces sont exactement compensées.

Quand on ne connaît pas le travail effectif, on peut,

avec approximation, remplacer la force variable par une force constante, qui se détermine par cette formule très simple :

$$\frac{1}{n}\left(\frac{F_1+F_n}{2}+F_2+F_3+F_4\ldots\ldots+F_n\ldots\right)=F'$$

n indique le nombre des valeurs de la force variable, F_1, F_2, F_3 ...... en sont les valeurs en poids. F' une fois connue, on a immédiatement F'E pour le travail de la force variable, du moins avec approximation.

Ce mode de calcul est d'autant plus heureux que la courbe est plus ondulée ; pour donner un exemple, nous prendrons le cas où l'on partagerait l'espace parcouru $E=15^m$, en 10 parties égales, où l'on aurait $n=10$, et

$F_1=2^k,50$
$F_2=3\ ,60$
$F_3=2\ ,60$
$F_4=1\ ,80$
$F_5=2$
$F_6=2\ ,80$
$F_7=3\ ,70$
$F_8=4$
$F_9=3\ ,80$
$F_{10}=3$

On trouve : $F=2^k,705$ et $F'.E=40^{km},575$

Mode de calcul suivi par les praticiens anglais.

Quelques auteurs, et notamment les praticiens, en Angleterre, prennent souvent pour la pression moyenne, la moyenne arithmétique entre les pressions extrêmes qui s'exercent sur le piston des machines à vapeur, et la multiplient par la course pour avoir le travail ; or, du commencement à la fin de la détente, la pression allant constamment en diminuant, la courbe qui passerait par les extrémités des ordonnées représentant les grandeurs de la force est constamment convexe vers la ligne des abscisses (fig. 45), si bien qu'en prenant pour la pression moyenne la demi-somme des pressions extrêmes, on substitue le travail exprimé par le trapèze ABCD au travail réel ABCMD très sensiblement plus petit.

3° *Cas où la force est constante et où son point d'application ne se meut pas suivant sa direction.*

Soit AM (fig. 46) le chemin parcouru, et AF la grandeur et la direction de la force F. Projetons le chemin et la force sur leurs directions mutuelles; nous aurons les deux triangles rectangles AMM' et AFF', qui sont semblables, et donnent la proportion

$$AF : AF' :: AM : AM' \quad \text{d'où} \quad AF \times AM' = AF' \times AM$$

ce qui nous apprend que le produit d'une force par la projection du chemin sur sa direction propre, est égale au produit du chemin multiplié par la projection de la force sur la direction du chemin parcouru. L'on peut prendre à volonté l'un de ces deux produits pour la mesure du travail de la force, en sorte que si l'on représente F par AF, F' par AF', AM par E, AM' par E', l'on aura indifféremment pour la mesure du travail,

$$F \times E' \quad \text{ou} \quad F' \times E$$

Exemple : Soit $E = 10^m$, soit E' sa projection égale à 8^m, soit $F = 40^k$, sa projection sera

$$F' = 32^k$$

d'où $$\tau = 10^m \times 32^k = 8^m \times 40^k = 320^{km}$$

Si le chemin parcouru était perpendiculaire à la force, le travail serait nul ; car la projection de la force sur le chemin et la projection du chemin sur la direction de la force seraient nulles l'une et l'autre, car on sait qu'un produit est nul quand l'un de ses facteurs est égal à zéro. Si, tandis qu'un wagon parcourt le tracé rectiligne d'une voie ferrée, on exerce sur lui un effort quelconque, une pression latérale perpendiculaire à sa direction, il est évident que cette pression produira un travail nul, si le wagon ne quitte pas les rails.

Le travail est encore nul quand la force elle-même est zéro, ou quand son point d'application demeure immobile ou se meut en raison d'une autre force. Ainsi, qu'un attelage sue et s'essouffle à mettre en marche une voiture embourbée, du moment que le char reste à la même place, il n'y a pas de travail produit; la dépense des efforts musculaires des animaux est en pure perte; il en est encore ainsi quand une personne fait un effort insuffisant pour déplacer un fardeau situé dans un wagon en marche; bien que le point d'application, c'est-à-dire le fardeau, se déplace, comme c'est en vertu de la vitesse commune et non en vertu de l'effort exercé sur lui, le travail produit par l'effort est nul.

Si l'on ne voyait pas bien comment on peut, en toute rigueur, prendre l'un des produits désignés pour la mesure du travail, voici comment dissiper tout nuage. On peut remplacer la force F par les deux composantes rectangulaires, dont l'une sera dirigée suivant le chemin parcouru, et l'autre suivant une droite perpendiculaire. Or, comme la composante AF'' ne produit point de travail, attendu que le chemin parcouru, estimé suivant sa direction, est nul; tout le travail sera produit par l'autre composante F' et sera

$$F' \times AM$$

ou l'équivalent

$$F \times AM'$$

4° *Cas où la force varie de direction et d'intensité, et où le point d'application ne se meut pas suivant sa direction.*

Supposons que le point d'application parcoure la courbe AB (fig. 47), divisons-la en parties assez petites pour qu'il soit permis de regarder la force comme constante en intensité et en direction, tandis que le point décrit l'un de ces chemins élémentaires, et soient AF, A'F', A''F'' etc., les droites qui représentent en grandeur et en direction la force d'élémens en élémens, si bien que si l'on projette chaque élément sur la droite qui représente l'intensité et la direction de la force constante qui lui correspond, nous aurons pour exprimer chaque travail élémentaire, les produits $F \times Aa$, $F'a'A$, $F''a''A''$, etc. dont il faudra calculer la somme pour avoir la totalité du travail de la force de A en B.

Sur une droite Xy (fig 48), prenons une longueur Aa^{VI} égale à la somme des projections des chemins élémentaires pris à chaque point des divisions marquées sur cette droite, élevons des ordonnées respectivement égales aux forces AF, A'F'...., etc., et par les extrémités de ces ordonnées, faisons passer une courbe ; nous n'aurons qu'à appliquer la formule de SIMPSON pour avoir l'aire curviligne $Aa^{VI}b^{VI}B$, qui exprimera approximativement le travail cherché ; je dis approximativement et pour deux raisons, d'abord l'aire curviligne $ABb'a'$ n'a pas pour mesure exacte le produit $AB \times a'b'$, ainsi il en est pour les autres aires curvilignes ; puis, nous avons supposé, pour appliquer la formule de SIMPSON, l'espace Aa^{VI} divisé en parties égales, ce qui fait que chaque division ne représente qu'approximativement l'une des projections des chemins élémentaires qui sont inégales.

Pour exemple, nous prendrons le cas d'une force variable d'intensité, mais conservant toujours la même direction. Elle est, par exemple, constamment dirigée suivant Ox, et son intensité varie en raison inverse de la distance de son point d'application à un point O pris sur sa direction.

Cet exemple rentre évidemment dans le deuxième cas, et nous le traitons, non pour sa nouveauté, mais pour l'intérêt qu'il présente. Divisons le chemin total Aa^{IV} (fig. 49), en quatre parties égales, et élevons des ordonnées égales aux valeurs respectives que prend la force variable quand son point d'application occupe successivement les divers points de division, voici comment on parvient à les déterminer.

Soit F_0 l'intensité initiale de la force, lorsque le point d'application est situé en A. Appelons a la distance oA, et e l'espace $Aa' = a'o'' = a''a'''$.... etc. ; nous aurons

$$a'b' : F_0 :: a : a+e \quad \text{d'où} \quad a'b' = \frac{aF_0}{a+e},$$

$$a''b'' : F_0 :: a : a+2e \quad \text{d'où} \quad a''b'' = \frac{aF_0}{a+2e},$$

$$a'''b''' : F_0 :: a : a+4e \quad \text{d'où} \quad a'''b''' = \frac{aF_0}{a+3e}$$

$a^{IV}b^{IV} : F_0 :: a : a+4e$ d'où $a^{IV}b^{IV} = \frac{aF_0}{a+4e}$

La formule de Simpson donne

$$\frac{1}{3}e\left\{F_0\left(1+\frac{a}{a+4e}\right)+F_0\left(\frac{a}{a+e}+\frac{a}{a+3e}\right)+2\frac{a}{a+2e}\right\}=\tau.$$

Faisons-y $a=e$, la formule devient

$$\tau=F_0\frac{e}{3}\left(1+\frac{1}{5}+1+\frac{1}{2}+\frac{2}{3}\right)=F_0.1,622\ a\ldots\ldots$$

Ainsi, le travail est le même que si la force conservait son intensité initiale, et que son point d'application parcourût un chemin égal à 1,622 sur la direction de la force.

Quand la force est constante d'intensité, et qu'elle est constamment dirigée suivant la tangente à la courbe décrite par le point d'application, chaque élément du chemin se confond avec sa projection sur la tangente, si bien que la somme des projections des chemins élémentaires se confond avec la somme de ces chemins eux-mêmes; il n'y a donc qu'à multiplier la courbe qu'a décrite le point d'application par la force, pour avoir le travail.

Si le point a parcouru une demi-circonférence d'un rayon de 2 mètres, et que la force ait une intensité constante et égale à 10 kilog., le travail sera

$$\tau=10\times\pi.2=62^{km},80$$

Si le point d'application décrit une courbe, sous l'action d'une force constante de direction et de grandeur, il n'y a qu'à projeter chaque élément de la courbe sur la direction de la force, faire la somme de ces projections élémentaires, et multiplier cette somme par la force; en autres termes, il n'y aura qu'à multiplier la force par la projection de toute la courbe décrite sur sa direction.

S'il s'agit d'un poids P qui, soumis à la pesanteur, a parcouru le chemin AMB (fig. 50) dont la projection sur la verticale, direction de la pesanteur, est égale à AC=H, on aura

$$\tau=P.H$$

Manivelle et sa bielle. — Lorsqu'une bielle est assez longue pour qu'on fasse abstraction de ses obliquités, et que l'effort exercé dans sa direction est constant, le travail développé dans une demi-révolution de la manivelle est égal au diamètre multiplié par la force ; car le diamètre représente exactement la projection du chemin total parcouru par le point d'application ; en sorte que si R est la longueur de la manivelle, on aura

$$\tau = 2.R \times F$$

Observation importante sur le signe du travail. — Jusqu'à présent, nous avons considéré le déplacement du point d'application comme s'accomplissant ou se projetant suivant la direction même de la force ; mais il peut arriver qu'il ait lieu ou se projette suivant le prolongement de cette direction, c'est qu'alors il obéit à un effort supérieur par rapport auquel la force F est une résistance vaincue ; le travail de la force est dit alors résistant, il est négatif, c'est-à-dire qu'il porte le signe —, pour indiquer qu'il doit se retrancher du travail moteur effectif dont il consomme une partie.

Par exemple, lorsqu'un corps descend sous l'action de la pesanteur, le chemin parcouru coïncidant avec la direction de la force, le travail est positif et porte le signe +; on l'appelle aussi travail moteur, pour indiquer que la force agit comme puissance ; mais si, au contraire, le corps monte, la pesanteur agit comme résistance et son travail est négatif, c'est-à-dire, porte le signe — ; enfin, si le corps se meut alternativement de haut en bas et de bas en haut, entre deux plans horizontaux fixes, le travail moteur développé pendant la descente est égal au travail absorbé pendant la montée ; les deux travaux étant égaux et de signes contraires, se détruisent, et le travail total est nul. Aussi y a-t-il toujours production et consommation alternatives de travail toutes les fois que des corps montent et descendent périodiquement, comme les bielles, les manivelles, les pistons, les pendules, etc.

Ressorts. — Dans la flexion d'un ressort, il se produit

une consommation de travail et une restitution dans le retour à la forme primitive ; si, dans le débandement, le ressort reprend identiquement sa forme primitive, la restitution est complète ; s'il ne reprend pas exactement sa forme première, il y a consommation de travail.

Travail de la résultante de plusieurs forces agissant simultanément sur un même point. — Le travail de la résultante de plusieurs forces appliquées à la fois à un même point, est égal à la somme ou à la différence des quantités de travail qu'elles développent.

Nous supposerons les forces constantes en grandeur et en direction : si les forces agissent toutes dans la direction du chemin parcouru, le théorème est évident. En effet, la résultante est égale à la somme ou à la différence des forces et comme leur point d'application est le même, il subit un déplacement commun ; il suffira donc de multiplier les forces et leur résultante par le chemin parcouru.

Forces agissant selon des directions quelconques. — Considérons d'abord deux forces P et Q, représentées par les droites AB, AD, ayant pour résultante R, dont AC représente la grandeur et la direction (fig. 51). Décomposons chacune de ces trois forces en deux autres, l'une dirigée suivant le chemin parcouru AM, et l'autre suivant une perpendiculaire à cette droite et dont le travail sera nul ; ces composantes seront respectivement

$$AC'=R', \quad AB'=P', \quad AD' \text{ ou } B'C'=Q'$$

Aa étant le chemin parcouru, nous aurons les trois quantités de travail

$$R'.Aa, \quad P'.Aa, \quad Q'.Aa$$

Or, il est évident que

$$AC' \text{ ou } R'=AB'+B'C' \text{ ou } P'+Q'$$

et en multiplant les deux membres par Aa, chemin parcouru par le point d'application commun, il vient

$$R'.Aa=P'.Aa+Q'.Aa \quad \text{ou} \quad \tau.R=\tau.P+\tau.Q$$

Supposons maintenant que les forces n'agissent pas toutes deux à la fois dans le sens du chemin parcouru ; on aura, comme l'indique la figure 52, l'égalité

$$R' = P' - Q'$$

et par suite

$$R'.Aa = P'.Aa - Q'.Aa \quad \text{ou bien} \quad \tau.R = \tau.D - \tau.Q$$

Si au lieu de deux forces nous en avions à considérer un plus grand nombre, les mêmes raisonnemens et des constructions semblables nous serviraient pour passer au cas de trois, de quatre forces, et ainsi de suite.

Si les forces au lieu d'être constantes étaient variables, nous considérerions un déplacement élémentaire accompli dans un temps infiniment court pendant lequel chaque force pourrait être regardée comme invariable de direction et de grandeur ; le théorème subsisterait pour le travail élémentaire et partant pour le travail total au bout d'un temps quelconque ; car du moment que le théorème subsiste pour le premier instant, il subsiste pour le second, pour le troisième, pour tout le temps que dure le mouvement; si bien que, calculant à part le travail accompli pour chaque force au bout d'un temps quelconque, la somme de tous ces travaux, ou leur différence, sera égale au travail de la résultante à l'instant que l'on considère.

Travail de la résultante dans le mouvement de rotation autour d'un point ou d'un axe. — Le travail élémentaire de la résultante est égal à la somme ou à la différence des travaux élémentaires des composantes.

Soit O la projection de l'axe de rotation sur le plan des forces P et Q et de leur résultante R, représentées en grandeur et en direction par les droites respectives AB, AD, AC (fig. 53) ; abaissons de ce point, sur la direction des forces les perpendiculaires respectives, p, q, r, nous aurons d'après le théorème des momens par rapport à un point,

$$R.r = P.p \pm Q.q$$

Si nous multiplions les deux membres de cette équation

par a, arc élémentaire décrit par un point situé à l'unité de distance du point O et tournant autour de ce point, nous aurons

$$R.ra=P.pa\pm Q.qa$$

Or, ra, pa, qa, sont bien les arcs élémentaires décrits par le pied des perpendiculaires r, p, q, ou les chemins élémentaires parcourus suivant la direction respective des forces, et $R.ra$, $P.pa$, $Q.qa$ sont les quantités de travail développées respectivement par ces forces.

Si au lieu de deux forces composantes nous en considérions un plus grand nombre, la démonstration serait la même ; nous pouvons donc regarder la proposition comme généralement démontrée.

Lemme. — Si un point matériel soumis à l'action d'une force constante ou variable est animé de deux vitesses simultanées, le travail de cette force dans le mouvement résultant est la somme ou la différence des travaux dans les mouvemens composans.

Soit AF (fig. 54) la direction de la force que nous pouvons considérer comme constante dans un temps infiniment court, pendant lequel le point d'application se transporte de A en G, en vertu des deux mouvemens élémentaires co-existans AB et AD ; projetons ces trois mouvemens élémentaires sur la direction de la force, nous aurons

$$AC'=AB'+AD'$$

Or, si nous multiplions les deux membres par F, intensité de la force, nous avons

$$F.AC'=F.AB'+F.AD' \quad \text{ou} \quad \tau=\tau'+\tau''$$

Pour une autre disposition, nous aurions

$$\tau=\tau'-\tau''$$

τ, τ', τ'' représentent les travaux des forces suivant AC, AB, AD.

Si au lieu de deux mouvemens, le point était sollicité à un nombre quelconque de mouvemens simultanés, la démonstration serait la même ; de plus, étant démontrée pour des chemins élémentaires simultanés, elle subsiste évidemment pendant un temps quelconque, pendant toute la durée du mouvement.

THÉORÈME : *Le travail des forces mutuelles exercées l'une sur l'autre par deux points matériels en mouvement, ne dépend que de leur mouvement relatif suivant la droite qui les joint, il est nul quand leur distance primitive se maintient où se rétablit.*

Soient M et N (fig. 55) les positions initiales des points, M' et N''' leurs positions finales. Je dis que le travail de leur action mutuelle est le même que si l'un des points eût constamment demeuré en M' et que l'autre se fût transporté de N'' en N'''. Pour le démontrer, achevons le parallélogramme dont nous avons les deux côtés MN et MM'; prenons M'N''=M'N', et abaissons des points M' et N' des perpendiculaires sur MN ou son prolongement.

Comme nous considérons le déplacement élémentaire des points, nous pouvons supposer qu'ils se transportent d'un mouvement uniforme, l'un de M en M', et l'autre de N en N'''; de plus, le mouvement du point N suivant NN''' peut être regardé comme le mouvement résultant de trois mouvemens uniformes simultanés, si bien que NN''' peut être regardé comme la diagonale d'un parallélipipède aux arêtes contiguës NN', N'N'', N''N'''.

Cela revient à supposer que le mouvement de MN en M'N''' s'accomplit par trois mouvemens simultanés : mouvement de translation de MN en M'N', où la droite qui joint les points reste parallèle à elle-même; mouvement de rotation autour du point M', lorsque M'N' devient M'N'', c'est-à-dire lorsque le point N' se transporte de N' en N''; mouvement du point N'' suivant N''N'''.

Soit donc F l'action mutuelle des deux points, force que nous pouvons regarder comme constante, mais agissant en sens contraire de l'un à l'autre point :

1° La force qui sollicite le point M étant mouvante, donne une quantité de travail marquée par $F.Mm$, la force qui agit sur N étant résistante, produit un travail représenté par $-F.Nn$ dans le premier mouvement composant; comme $Nn=Mm$, il s'ensuit que dans le premier mouvement composant les travaux des forces mutuelles sont détruits;

2° Dans le second mouvement composant, le travail de la force F sera nul, puisque son point d'application ne se déplace pas; le travail de la force — F sera nul aussi, puisque son point d'application allant de N' en N" décrit un arc de cercle infiniment petit, qui se confond avec la perpendiculaire au rayon, c'est-à-dire à la direction de la force — F; point de travail produit par les forces mutuelles dans ce deuxième mouvement;

3° Pour le troisième mouvement composant, le travail de la force F est nul, tandis que celui de —F est F.N"N"' en valeur absolue; il sera positif ou négatif selon le sens de la force et du chemin parcouru. Le travail des actions mutuelles de deux points en mouvement est donc F.N"N"'; si les forces mutuelles sont attractives, que les deux points se rapprochent, le travail est positif; il est négatif quand les points s'éloignent; si les forces sont répulsives, le travail est positif quand les points s'éloignent, et négatif dans le cas contraire; enfin, il est nul quand leur distance demeure ou devient la même.

Ce que nous disons du travail des actions mutuelles pour un temps infiniment petit, subsiste à chaque instant, et par suite, pendant toute la durée du mouvement. L'esprit fait de lui-même et sans effort une pareille extension.

14e LEÇON.

Nous allons examiner maintenant la relation qui relie le travail des forces, les vitesses et les masses des points matériels.

Nous prendrons d'abord le cas d'une force constante, agissant dans la direction même du mouvement rectiligne du mobile.

Soit donc F la force constante, $m=\frac{p}{g}$ la masse du mobile, W l'accélération de la vitesse, ou la vitesse communiquée dans 1", V la vitesse acquise au bout du temps T, et E l'espace total parcouru.

1° Le mobile part du repos :

Nous avons trouvé les relations

$$V=WT, \quad E=\tfrac{1}{2}WT, \quad F=mW$$

En élimant WT, on obtient

$$(1) \qquad F.E=m\frac{V^2}{2} \quad \text{ou} \quad F.E=\frac{p}{g}\frac{V^2}{2}$$

La quantité $\frac{mW^2}{2}$ joue un grand rôle dans la mécanique, on l'appelle force vive.

La relation (1) nous apprend que la quantité de travail d'une force constante, agissant sur un mobile de masse m et partant du repos, a pour valeur numérique la force vive du mobile à l'instant que l'on considère, c'est-à-dire la moitié du produit de sa masse par le carré de la vitesse acquise, ce qui ramène la détermination du travail à la connaissance de la masse ou du poids du mobile et de sa vitesse au moment que l'on considère.

Exemple : *Quelle sera la quantité de travail d'une force qui a communiqué une vitesse de 20 mètres à un corps du poids de 3 kilogrammes ?*

Nous aurons

$$FE' = \frac{30^{km}}{9,808} = 3^{km}068$$

2° Le corps ne part pas du repos, mais il a une vitesse V_0 et par conséquent une force vive $\frac{mV_0^2}{2}$;

Quand la force motrice intervient, si celle-ci agit toujours dans la direction de la vitesse initiale du mobile, et que V soit la vitesse acquise au bout du temps T ; nous aurons pour exprimer le travail

$$(2) \qquad F.E = \frac{mV^2}{2} - \frac{mV_0^2}{2} = \frac{m}{2}(V^2 - V_0^2)$$

Le travail de la force est égal à la différence des forces vives finale et initiale du mobile, ou égale à la variation de la force vive.

Remarque. — Si la force F agit dans le sens de la vitesse initiale du mobile, V est plus grande que V_0, par conséquent le travail est positif.

Si la force agit en sens contraire de la vitesse initiale, le travail commence par être négatif ; mais il vient un instant où $V = V_0$, alors le travail est nul ; passé ce terme la vitesse V prend le signe de la force, le travail est positif et croît dès-lors indéfiniment.

La force est variable et le mobile décrit une courbe. — Dans ce cas l'on divise par la pensée la trajectoire du mobile en élémens infiniment petits se confondant avec leurs tangentes ; puis on décompose la force qu'on peut regarder comme constante d'intensité et de direction, en deux autres, l'une perpendiculaire à la tangente et dont le travail est nul, l'autre dirigée selon la tangente et qui est assimilable à une force constante dirigée suivant le chemin rectiligne que décrit son point d'application ; donc si m est la masse du mobile, V_0 sa vitesse initiale, V' sa vitesse acquise après avoir parcouru le premier élément de sa trajectoire, son travail sera exprimé par

$$\tfrac{1}{2}m(V'^2-V_0^2)$$

pour le second élément, le travail élémentaire sera

$$\tfrac{1}{2}m(V''^2-V'^2)$$

et pour le troisième élément, il sera

$$\tfrac{1}{2}m(V'''^2-V''^2)$$

et ainsi de suite.

Si V est la vitesse au bout du dernier élément, et V^n la vitesse au bout de l'avant-dernier ou au commencement du dernier, le travail élémentaire sera pour le dernier élément

$$\tfrac{1}{2}m(^2-V^{n2})$$

pour avoir le travail total, il faudra ajouter entr'eux tous ces travaux élémentaires, ce qui donne

$$(3) \qquad FE=\tfrac{1}{2}m(V^2-V_0^2)$$

Si au lieu d'une force nous en avions plusieurs en action sur le même point matériel, nous leur substituerions leur résultante, et le raisonnement serait identiquement le même.

Nous pouvons donc formuler cet énoncé général :

Le travail total d'un nombre quelconque de forces appliquées à un point matériel, qui décrit une ligne courbe, a pour valeur numérique la variation de la force vive du mobile entre ces deux positions extrêmes.

Le travail total sera positif, nul ou négatif, selon que l'on aura $V > V_0$, $V = V_0$, $V < V_0$, c'est-à-dire selon que la vitesse finale sera supérieure, égale ou inférieure à la vitesse initiale, en valeur absolue ou numérique.

Exemple : *Supposons qu'un point matériel d'une masse* $m = \frac{p}{g}$, *descende sous l'influence de la pesanteur une certaine courbe, que sa vitesse initiale soit* V_0, *et sa vitesse finale* V *quand il est descendu d'une hauteur* h ?

Nous aurons pour évaluer son travail,

$$ph = \tfrac{1}{2} m(V^2 - V_0^2) = \frac{p}{2g}(V^2 - V_0^2)$$

de là on tire

$$V^2 = V_0^2 + 2gh$$

Si au lieu de descendre le mobile montait le long de la courbe sous l'action opposée de la pesanteur, celle-ci serait résistante et son travail négatif ; nous aurions

$$-ph = \frac{p}{2g}(V_1^2 - V_0^2)$$

d'où $$V^2 = V_0^2 - 2gh$$

Quand $V = o$, l'on obtient

$$V_0^2 = 2gh$$

Le mobile s'élèvera donc à la même hauteur que si son mouvement s'effectuait en ligne droite.

Du reste, ces équations nous apprennent que la vitesse du mobile ne dépend ni de son poids, ni de la nature de sa trajectoire, qu'elle ne dépend que de sa vitesse initiale et de la hauteur qu'il a franchie.

Cas général. — Considérons un système de points matériels soumis à l'action de forces quelconques, et se mouvant d'une manière quelconque dans l'espace. Nous remplacerons les forces qui sollicitent un même point par leur résultante, et nous appliquerons à chaque point du système ce que nous avons démontré pour un point matériel isolé.

Si donc l'un des points dont la masse est m, est soumis à une force F, possédant une vitesse initiale V_0, une vitesse finale V, le travail de la force appliquée sera

$$m(V^2 - V_0^2 = \tau F \quad \text{ou} \quad FE$$

Les travaux relatifs aux forces appliquées aux autres points auraient des expressions semblables, et pour avoir le travail total, il faudrait en faire la somme ; nous pouvons donc écrire

$$(4) \qquad \Sigma FE = \Sigma \tfrac{1}{2} m(V^2 - V_0^2)$$

Cette équation renferme le principe de la transmission du travail, ou des forces vives, il sert de base à la mécanique appliquée.

Le signe Σ indique la somme d'un certain nombre de quantités semblables de travail des forces tant extérieures qu'intérieures ou moléculaires, en action sur les divers points du système, puis la somme des variations des forces vives.

Du reste, si on le trouvait plus commode, on pourrait décomposer le premier membre en deux termes, exprimant d'une manière explicite, l'un la somme des travaux accomplis par les forces externes, l'autre des travaux dus aux forces moléculaires ; de là la formule

$$\Sigma FE + \Sigma fe = \Sigma \tfrac{1}{2} m(V^2 - V_0^2)$$

qui s'énonce de la manière suivante :

Lorsqu'un système de points matériels, liés entr'eux d'une manière quelconque, se meut dans l'espace sous l'action des forces quelconques, soit externes, soit internes, la somme des travaux accomplis tant par les forces extérieures qu'intérieures est égale à la somme des variations des forces vives, finales et initiales des divers points.

Tel est le principe général des forces vives.

Cas particuliers. — Tantôt la somme des quantités de travail ou le premier membre, tantôt la somme des variations des forces vives, c'est-à-dire le second membre, se simplifient d'une manière notable.

Quand le système est un corps solide, les distances entre les molécules étant invariables, point de travail effectué par les actions mutuelles ou forces intérieures, par conséquent Σfe disparaît de la relation (5).

Le travail des forces intérieures est encore nul, quand il s'agit d'un corps flexible d'une élasticité parfaite, pourvu que le corps soit revenu exactement à sa forme primitive à l'instant que l'on considère.

En effet, si l'on y considère deux molécules sollicitées par une répulsion mutuelle, il est évident que dans la première période, c'est-à-dire dans la flexion, ces molécules étant rapprochées l'une de l'autre, tandis que leur action mutuelle tend à les écarter, leur action mutuelle produira un travail négatif, ayant pour grandeur absolue le produit de la force par la variation de la distance; mais, dans la deuxième période, c'est-à-dire, dans le débandement, les molécules s'écartant l'une de l'autre et marchant dans le sens de la force, le travail sera positif; or, comme la force passe par les mêmes états de grandeur, en même temps que la distance mutuelle des deux points, il s'ensuit que le travail de chaque période sera composé d'un même nombre de travaux élémentaires égaux, et comme l'un est négatif quand l'autre est positif, leur somme sera nulle.

Les mêmes raisonnemens s'appliqueraient à deux points qui se rapprocheraient d'abord pour s'écarter ensuite.

Toutefois, ces raisonnemens reposent sur l'hypothèse d'une élasticité parfaite, et qui, nous devons le dire, est rarement admissible dans la pratique.

Considérons le cas où les seules forces extérieures qui agissent sur le système, sont les poids de ces parties; désignons par p l'un de ces poids, par h_0 et h les distances initiales et finales d'un point à un même plan fixe supérieur au système, $h-h_0$ exprimera la hauteur parcourue par le point p sous l'influence de la pesanteur, et $p(h-h_0)$ le travail, $\Sigma p(h-h_0)$ exprimera la somme de travail accompli par ces divers poids. Or si P désigne le poids total du système, H_0 et H les distances initiales et finales du centre de gravité du système, nous aurons

$$P(H-H_0)=\Sigma p(h-h_0)$$

relation qui exprime que le moment du centre de gravité

d'un système par rapport à un plan horizontal, est égal à la somme ou à la différence des momens des points matériels qui le composent par rapport au même plan; mais elle exprime aussi que le travail de la pesanteur est égal au produit du poids total du système par le chemin vertical que décrit son centre de gravité.

Corollaire.— Quel que soit le mouvement d'un système dans l'espace, si son centre de gravité descend ou monte d'une même quantité, le travail de la pesanteur sera le même.

Quand donc un corps solide se meut sous la seule action de la pesanteur, l'équation (5) devient

$$P(H-H_0)=\Sigma \tfrac{1}{2} m(V^2-V_0^2)$$

Le poids du corps multiplié par le chemin vertical décrit par son centre de gravité est égal à la somme des variations des forces vives.

Si le centre de gravité s'abaisse, quels que soient d'ailleurs les mouvemens des différentes parties du système, la différence $H-H_0$ est positive; donc le second membre est aussi positif et la somme des forces vives finales l'emporte sur celle des forces vives initiales; en autres termes, il y a accroissement de forces vives.

Si le centre de gravité s'élève, $H-H_0$ est négatif, puisque H_0 est plus grand que H, donc le premier membre est négatif et par suite le dernier; donc il y a dans ce cas diminution de forces vives.

Si le système, au bout d'un certain temps, revient à la même distance du plan fixe, c'est-à-dire, à la même hauteur, on a

$$H-H_0=o$$

le second membre est nul aussi, donc il y a égalité entre les deux sommes de forces finales et initiales, il n'y a ni gain ni perte, et la force des sommes vives a repris sa valeur primitive.

Réciproquement, l'augmentation, la diminution, la conservation de la somme des forces vives dans un système en mouvement sous la seule action de la pesanteur, indiquera que le centre de gravité a descendu, a monté, ou est demeuré à la même distance du plan horizontal supérieur fixe.

Nous en conclurons, d'une manière générale, que dans le mouvement d'une machine, d'un système composé ou articulé, où certaines parties montent tandis que d'autres descendent, le travail total de la pesanteur est égal au travail du poids total concentré au centre de gravité et s'exprime par le produit du poids total multiplié par la hauteur dont le centre de gravité s'est abaissé ou élevé comparativement à sa position initiale, et peut être évalué par la somme des variations des forces vives relatives à toutes les parties.

D'où il suit que pour qu'il y ait à chaque instant équilibre entre les poids qui descendent et les poids qui montent, et égalité entre leurs travaux de sens contraire, il suffit que le centre de gravité demeure dans le même plan horizontal : telle est la condition d'équilibre des ponts levis, des machines à balancier.

Mouvement de translation ou de transport parallèle. — Dans ce mouvement, tous les points d'un système décrivent, dans un temps infiniment petit, des chemins élémentaires égaux et parallèles, et à un instant quelconque, les vitesses de ces points sont toutes égales. Si donc nous nommons V la vitesse commune et finale, et p, p', p'',..... les poids respectifs de chaque point, la somme des forces vives finales sera

$$\frac{p}{2g}V^2+\frac{p'}{2g}V^2+\frac{p''}{2g}V^2=\frac{V^2}{2g}(p+p'+p''\ldots)=\frac{V^2}{2g}P$$

en désignant par P le poids du système.

Et si V_0 est la vitesse initiale commune, nous aurons pour la somme des forces vives initiales

$$P\frac{V_0{}^2}{2g}$$

Puis, si nous remarquons que dans tout mouvement de translation les distances mutuelles des molécules sont invariables, il n'y a pas de travail moléculaire ; si bien que l'équation (5) devient

$$(6)\qquad \Sigma FE=P\frac{1}{2g}(V^2-V_0{}^2)$$

et comme $\frac{P}{g}=M$, on a

$$\Sigma FE=\tfrac{1}{2}M(V^2-V_0{}^2)$$

En se rappelant que

$$\frac{V^2}{2g}=H, \quad \frac{V_0^2}{2g}=H_0$$

H et H_0 étant les hauteurs dont un corps doit tomber dans le vide sous la seule action de la pesanteur, pour acquérir les vitesses V, V_0, on pourra dire que le travail total accompli par les forces motrices à un instant quelconque, s'obtient, dans le cas du mouvement du transport parallèle d'un système, en faisant le produit du poids total du système par la différence des hauteurs correspondantes aux vitesses finales et initiales

$$\Sigma FE=P(H-H_0)$$

Mouvement de rotation autour d'un axe. — Nous avons vu que dans le mouvement de rotation, on peut remplacer les forces qui sollicitent chaque point matériel par leur résultante ; nous avons vu, de plus, que pour chaque point, la vitesse angulaire est la même pendant toute la durée du mouvement, quand ce mouvement est uniforme, et la même à chaque instant quand le mouvement est varié.

Si donc au bout du temps T, *m* est la masse d'un point, *r* sa distance à l'axe, V et V_0 ses vitesses finales et initiales, c'est-à-dire le chemin qu'il parcourait en une 1", si à leur époque respective, elles demeuraient constantes ; soient V_1 et $V_1{}^0$, les vitesses angulaires finales et initiales communes à tous les points du système, en vertu de la relation connue

$$V=rV_1, \quad V_0=rV_1{}^0,$$

$$\Sigma\tfrac{1}{2}(V^2-V_0{}^2) \text{ ou } \tfrac{1}{2}m(V^2-V_0{}^2)+\tfrac{1}{2}m'(V'^2-V'_0{}^2)+\tfrac{1}{2}m'(V'^2-V'_0{}^2)$$

devient

$$\tfrac{1}{2}V_1{}^2(mr^2+m'r'^2+m''r''^2\ldots..)$$

$$-\tfrac{1}{2}V_1{}^{02}(mr^2+m'r'^2+m''r''^2+\ldots..)=\tfrac{1}{2}I(V_1{}^2-V_1{}^{02})$$

en désignant par I la quantité $mr^2+m'r'^2+$ etc., et mettant I en facteur commun.

La somme des produits de chaque masse du système par le carré de sa distance à l'axe de rotation que représente I, est ce qu'on appelle en mécanique la somme des momens d'inertie des divers points, ou plus simplement le moment d'inertie total du système.

Nous aurons donc pour exprimer et évaluer au besoin le travail des forces dans notre cas, la formule (7)

$$(7) \qquad (\Sigma F.E = \tfrac{1}{2} I(V_1{}^2 - V_1{}^{o2})$$

Les forces intérieures n'entrent pas dans cette formule, parce que leur travail est nul, du moment que la même distance des molécules est conservée pendant toute la durée du mouvement qui nous occupe.

Détermination du moment d'inertie dans quelques cas simples. — Dans ce qui va suivre, nous supposerons toujours que les corps sont homogènes, c'est-à-dire tels, que leur poids ou leur densité sont proportionnels à leur volume. Si donc d désigne la densité, c'est-à-dire la quantité de matière sous l'unité de volume du corps, dont V est le volume total, Vd en désignera la masse, et Vdg=p le poids; si donc la masse du système est divisée en petites masses correspondantes aux volumes V, V', V'', etc., nous aurons

$$I = d(Vr^2 + V'r'^2 + V''r''^2 + \ldots\ldots) = dH$$

restera à déterminer H, car d est connu quand on donne le poids et le volume du corps, par la rélation

$$d = \frac{p}{gV}$$

Conduit de cette manière à déterminer le moment d'inertie du volume, nous supposerons d'abord que deux dimensions sont négligeables devant la troisième, et que le corps se réduit sensiblement à cette ligne, puisqu'une seule dimension est négligeable devant les deux autres, auquel cas le corps se réduit à une surface; puis, enfin, qu'aucune dimension n'est négligeable. Nous nous bornerons, toutefois, à considérer les signes, surfaces et volumes les plus simples, ceux étudiés, par exemple, les élémens de géométrie; nous commencerons par la démonstration d'un théorème d'une grande utilité.

Le moment d'inertie d'un corps par rapport à un axe quelconque, s'obtient, en ajoutant au moment d'inertie par rapport à un axe parallèle passant par le centre de gravité, le produit de la masse totale du corps multiplié par le carré de la distance des deux axes.

Soit A la projection de l'axe quelconque de rotation (fig. 56) G le centre de gravité du système, par lequel on suppose que passe un autre axe parallèle au premier, l=AG la distance de deux axes, r=Am la distance d'une masse élémentaire à l'axe passant en A, r_1 sa distance au centre de gravité, et mieux à l'axe passant par le centre de gravité.

Le moment d'inertie de cet élément de masse sera

$$mr^2$$

Le triangle obtusangle AGm donne la relation

$$r^2 = r_1{}^2 + l^2 + 2l.aG$$

Donc le moment d'inertie de la masse m sera

$$mr^2 = mr_1{}^2 + ml^2 + 2laG.m$$

Pour les autres masses élémentaires r', r''....., $r_1{}'$ $r_1{}''$ désignant leurs distances respectives à l'axe, leurs distances au centre de gravité, nous aurons pour leurs momens d'inertie respectifs

$$m'r'^2 = m'r_1{}'^2 + m'l^2 + 2a'G.l.m'$$

$$m''^2r''^2 = m''r_1{}''^2 + m''l^2 + 2m''la''G$$

a'G et a''G désignant comme aG les distances des projections des masses sur le prolongement de la distance des axes au centre de gravité ou à un plan passant par le point G perpendiculairement à la distance des axes.

En faisant la somme de ces momens élémentaires, en nombre quelconque, nous aurons le moment total d'inertie du système par rapport à l'axe de rotation.

Appelons I ce moment ou $mr^2 + m'r'^2 + m''r''^2$........, appelons I_1 la somme des momens d'inertie $mr_1{}^2 + m'r'_1{}^2 + m''r''_1{}^2$, par rapport à l'axe parallèle passant en G; M la masse totale du système, nous pourrons écrire

$$I = I_1 + Ml^2 + 2l(m.aG + m'.a'G + m''.a''G + \ldots\ldots)$$

Or, ce qui est écrit entre parenthèse n'est autre chose que la somme des momens des masses élémentaires par rapport à un plan passant par le centre de gravité, cette somme est évidemment nulle, et la relation ci-dessus se réduit à

$$I=I_1+Ml^2$$

Or, comme les deux membres ont le facteur commun d, c'est-à-dire la densité de l'unité de volume, la formule devient finalement

$$H=H_1+Kl^2$$

K exprime le volume total du corps.

Divers cas particuliers où il est facile de calculer H.

Cas d'une tige pesante et homogène de forme parallélipipidique OA, *tournant autour d'un axe* Oγ, *en faisant avec lui un angle invariable* (fig. 57). — Abaissons de l'extrémité A de la tige une perpendiculaire AB sur l'axe de rotation, et divisons par la pensée la longueur OB en n parties égales, de manière que si a représente une de ces parties, nous aurons

$$OB=n.a \quad \text{ou} \quad a=\frac{OB}{n}$$

Par tous les points de divisions, menons des plans perpendiculaires à OB qui iront tracer sur la tige OA des tranches d'égale hauteur $mm'=a$, et d'égale section S ; le volume de l'une de ces tranches élémentaires nn' sera exprimé par

$$S.mm'=\frac{S.OB}{n}$$

et son moment d'inertie par rapport à l'axe sera

$$\frac{S.OB}{n}.\overline{nm}$$

Mais les triangles semblables Omn et OBA donnent

$$OB : Om :: BA : nm = \frac{Om.BA}{OB}$$

Or, Om étant une partie aliquote de OB, peut se représenter par $n'a$, et l'on a

$$mn = \frac{n'}{n} AB$$

et par suite le moment d'inertie de la tranche élémentaire sera

$$S.\frac{OB}{n}.\frac{n'^2}{n^2}.\overline{AB}^2 = S.OB.\overline{AB}^2.\frac{n'^2}{n^3}$$

n peut devenir aussi grand qu'on veut, et n' peut prendre toutes les valeurs depuis 1 jusqu'à n. Si donc nous donnons à n', dans cette expression, les valeurs successives 1, 2, 3,...... jusqu'à n, et que nous fassions la somme de toutes les valeurs correspondantes, nous aurons pour moment d'inertie total

$$H = S.OB.\overline{AB}^2.\frac{(1+2^2+3^2+\ldots\ldots n^2)}{n^3}$$

Si nous faisons n infiniment grand, la parenthèse se réduit à un tiers ; on a dès-lors

$$H = S.OB.\frac{\overline{AB}^2}{3} = K\frac{\overline{AB}^2}{3}$$

en sachant que S.OB n'est autre chose que le volume total de la tige.

Le moment d'inertie d'une tige homogène et rectiligne tournant autour d'un axe fixe quelconque, est égal au poids total de la tige multiplié par le tiers du carré de la distance de son extrémité à l'axe.

Corollaire. — Si l'axe est perpendiculaire à la tige (fig. 58), la distance de la seconde extrémité à l'axe est la longueur de la tige elle-même, et en désignant cette longueur par l, il vient

$$H=K.\frac{l^2}{3}$$

Si l'axe perpendiculaire toujours à la tige, passe par son milieu, le moment d'inertie total se composera de la somme des momens d'inertie de ses deux moitiés ou du double moment d'inertie de sa moitié, l'on aura

$$H=2.\frac{K}{2}.\frac{1}{3}.\left(\frac{l}{2}.\right)^2=K.\frac{l^2}{12}$$

résultat qui nous servira à calculer le momens d'inertie d'une tige rectiligne homogène tournant autour d'un axe quelconque, en le joignant au théorème (pag. 216).

Moment d'inertie d'un rectangle solide, infiniment mince, tournant autour de l'une de ces arêtes (fig. 59).

Nous le décomposerons par des plans perpendiculaires à l'axe en n tranches très étroites, assimilables à des tiges rectilignes, et pour avoir le moment total d'inertie, nous n'aurons qu'à faire la somme des momens élémentaires d'inertie, ayant tous le facteur commun $\frac{1}{3}l$; l représentant l'arête perpendiculaire à l'axe; donc si k, k', k'', représentent les volumes respectifs des tranches on a,

$$H=\frac{l^2}{3}(k+k'+k''+\ldots\ldots)=K\frac{l^2}{3}$$

Cas d'un triangle solide homogène, isocèle et infiniment mince, tournant autour d'un axe perpendiculaire à son plan qui passe par le sommet où se coupent les côtés égaux du triangle.

Représentons par B la base du triangle (fig 60.) et par C sa hauteur OC; divisons la surface du triangle en n trapèzes par des plans perpendiculaires à la hauteur OC et menés à la distance $mm'=a$ l'un de l'autre; l'on aura

$$C=na$$

et par suite

$$a=\frac{C}{n}$$

Le petit trapèze qp' étant assimilable à un rectangle, aura pour volume

$$pq.a.e=pq.\frac{C}{n}.e$$

e exprimant ici l'épaisseur du triangle.

Mais les deux triangles semblables Omp et OCA donnent

$$Om : C :: \tfrac{1}{2}pq : \tfrac{1}{2}B \quad \text{ou} \quad :: pq : B$$

d'où l'on tire

$$pq=\frac{Om.B}{C}$$

mais Om est une partie aliquote de OC, contenant exactement la longueur a un certain nombre de fois marqué par n', et l'on a

$$Om=n'a=\frac{n'}{n}.C$$

dès-lors on aurait

$$pq=\frac{n'}{n}.C.\frac{B}{C}=\frac{n'}{n}.B$$

et le volume de qp' s'exprimerait par

$$\frac{n'.e.B.C}{n^2}$$

et son moment d'inertie d'après le théorème (page 216) serait

$$\frac{n'}{n^2}e.BC\left(\frac{1}{3}.\frac{n'^2}{n^2}.\frac{B^2}{4}+\frac{n'^2}{n^2}C^2\right)=B.C.e.\frac{n'^3}{n^4}\left(\frac{1}{3}\frac{B^2}{4}+C^2\right)$$

Mais B.C.e est le double volume du triangle ; représentons-le par 2K, nous aurons pour le moment d'inertie de l'élément qp',

$$2K\frac{n'^3}{n^4}\left(\frac{1}{3}.\frac{B^2}{4}+C\right)$$

Il faudrait donc faire de même pour les n tranches

élémentaires; et faire la somme de leurs momens d'inertie ; c'est ce que nous ferons très simplement, en donnant à n' les valeurs successives 1, 2, 3..... jusqu'à n, et additionnant les résultats ; il vient donc

$$H=2K\left(\frac{1}{3}\cdot\frac{B^2}{4}+C^2\right)\frac{(1+2^3+3^3+4^3+\ldots\ldots n^3)}{n^4}$$

Puis, si nous faisons n infiniment grand, la parenthèse se réduit à un quart et il vient

$$H=2K\left(\frac{1}{3}\cdot\frac{B^2}{4}+C^2\right)\frac{1}{4}=K\frac{1}{2}\left(\frac{B^2}{12}+C^2\right)$$

Cas d'un polygone régulier pesant, tournant autour d'un axe perpendiculaire à son plan et passant par le centre.

Si n exprime le nombre des côtés, B leur longueur, C la hauteur d'un des n triangles dont le sommet est au centre, K le volume du polygone, nous aurons pour l'un des triangles le moment d'inertie

$$\frac{K}{n}\cdot\frac{1}{2}\cdot\left(\frac{1}{3}\cdot\frac{B^2}{4}+C^2\right)$$

et pour la somme des momens

$$H=n\cdot\frac{K}{n}\cdot\frac{1}{2}\cdot\left(\frac{1}{3}\cdot\frac{B^2}{4}+C^2\right)=K\cdot\frac{1}{2}\cdot\left(\frac{1}{3}\cdot\frac{B^2}{4}+C^2\right)$$

Cercle pesant, homogène, infiniment mince, tournant autour d'un axe central et perpendiculaire à son plan.

Ici le nombre des côtés est infiniment grand, et chaque côté B infiniment petit ; nous pouvons donc poser

$$K\cdot\frac{1}{2}\frac{B^2}{4}=0$$

il vient alors

$$H=K.\tfrac{1}{2}C^2=K.\tfrac{1}{2}R^2$$

la hauteur C se confondant avec le rayon R.

Couronne circulaire pesante et homogène, tournant autour d'un axe central perpendiculaire à son plan.

Soient R et r les rayons des circonférences extérieure et intérieure ; nous aurons à prendre la différence des momens d'inertie des cercles matériels correspondans, ce qui donne pour le moment d'inertie de la couronne

$$H = K\tfrac{1}{2}R^2 - k\tfrac{1}{2}r^2 = \tfrac{1}{2}(KR^2 - kr^2)$$

Or les volumes K et k sont proportionnels aux surfaces des cercles, puisque l'épaisseur est commune, il vient

$$\pi R^2 : \pi r^2 :: K : k \quad \text{d'où}$$

$$Kr^2 = kR^2$$

On peut donc écrire

$$\tfrac{1}{2}(KR^2 - kr^2) = \tfrac{1}{2}(KR^2 - kr^2 + Kr^2 - kR^2) = \tfrac{1}{2}(K-k)(R^2+r^2)$$

d'où

$$H = \tfrac{1}{2}(K-k)(R^2+r^2) = K'\left(\frac{R^2+r^2}{2}\right)$$

en remarquant que $K-k$ est le volume de la couronne et le désignant par K'.

Cylindre tournant autonr de son axe de figure; on à

$$H = K.\tfrac{1}{2}R^2$$

c'est ce qu'on voit immédiatement en le décomposant en tranches circulaires très minces.

Cas d'un triangle rectangle pesant et homogène, tournant autour d'un axe passant par l'un des sommets acutangles et perpendiculaire à son plan.

Ce triangle est la moitié d'un triangle isocèle, ayant même hauteur et base double ; donc si B est la base du triangle rectangle, 2B sera celle du triangle isocèle, et l'on aura

$$H' = \frac{1}{2}H = \frac{K}{2}.\frac{1}{2}\left(\frac{1}{3}.\frac{4B^2}{4} + C^2\right) = K'.\frac{1}{2}.\left(\frac{B^2}{3} + C^2\right)$$

$$-H' = K'.\frac{1}{2}.\left(\frac{1}{3}.B^2 + C^2\right)$$

en remarquant que le volume du triangle rectangle est la moitié du volume du triangle isocèle.

Si le triangle rectangle est la moitié d'un carré, c'est-à-dire, s'il est isocèle, que B=C, le moment d'inertie sera

$$H'=K'.\frac{2}{3}B^2$$

Rectangle pesant, homogène et infiniment mince, tournant autour d'un axe qui passe par un des ses sommets perpendiculairement à son plan (fig. 61).

Nous le décomposons en deux triangles rectangles, en tirant une diagonale par le sommet situé sur l'axe ; et si B et C sont les deux côtés contigus, nous aurons pour les deux triangles

$$\frac{1}{2}K.\frac{1}{2}\left(\frac{B^2}{3}+C^2\right) \quad \text{et} \quad \frac{1}{2}K.\frac{1}{2}\left(\frac{C^2}{3}+B^2\right)$$

et pour le moment d'inertie total, nous aurons, en faisant la somme,

$$H=K.\frac{1}{3}\left(B^2+C^2\right).=K.\frac{1}{3}.L^2$$

en désignant la diagonale par L.

Corollaire I. — Si le rectangle (fig. 62) tourne autour du milieu O de l'un des côtés, c'est-à-dire autour d'un axe perpendiculaire à son plan et se projetant en O, le moment d'inertie serait le double du moment de l'une de ces moitiés; l'on aura

$$H=2.\frac{K}{2}.\frac{1}{3}l^2=K.\frac{1}{3}.l^2$$

Corollaire II. — S'il tournait autour de son centre de figure O (fig. 63), son moment d'inertie serait le quadruple de celui de sa quatrième partie.

$$H=4.\frac{K}{4}.\frac{1}{3}.\overline{od^2}=.K.\frac{1}{3}.\overline{od^2}=K.\frac{L^2}{12}$$

Parallélipipède rectangle pesant et homogène, tournant autour de l'une de ses arêtes.

Nous le décomposerons en tranches infiniment minces, par des plans perpendiculaires à l'axe ; puis faisant la somme des momens d'inertie partiels, qui ont tous un facteur commun $\frac{1}{3}L^2$; en désignant par L la diagonale de la face perpendiculaire à l'axe, nous aurons donc en représentant par k, k', k''......, les volumes de ces tranches élémentaires,

$$H=(k+k'+k''+\ldots\ldots\frac{1}{3}L^2=K.\frac{1}{3}.L^2$$

Parallélipipède rectangle pesant et homogène, tournant autour d'un axe qui passe par le centre de deux faces opposées.

Pour l'une des tranches rectangulaires élémentaires, nous avons

$$h=k.\frac{l^2}{12}$$

nous aurons donc pour la somme

$$H=K.\frac{L^2}{12}$$

Cas d'un cône pesant et homogène, tournant autour de son axe de figure.

Soit OAB (fig. 64) la moitié de la section méridienne, c'est-à-dire, d'une section faite par un plan passant par l'axe; décomposons le cône en n tranches infiniment minces, par des plans perpendiculaires à l'axe, équidistans et tellement rapprochés, qu'on pourra regarder comme cylindrique chacune de ces diverses tranches; soit AB=R, et $a=pp'=\frac{B}{n}$ l'épaisseur commune des tranches; posons $op=n'a=\frac{n'}{n}.B$, puisque le point p est un point de division de OB=B. Le volume de la tranche sera

$$\pi a\overline{pq}^2=\frac{B}{n}\pi\overline{pq}^2$$

Le moment d'inertie élémentaire sera

$$\frac{B}{n}\pi\overline{pq}^2.\frac{\overline{pq}^2}{2} \quad \text{ou} \quad \frac{B}{n}\pi\frac{\overline{pq}^4}{2}$$

Mais par les triangles Opq et OAB, nous avons la proportion

$$Op : OB :: pq : AB$$

ou

$$\frac{n'}{n}B : B :: pq : R$$

d'où

$$pq = \frac{n'}{n}R.\frac{B}{B} = \frac{n'}{n}R$$

Le moment d'inertie devient dès-lors

$$\frac{\pi B.R^4}{2}.\frac{n'^4}{n^5}$$

Remplaçant n' par la suite des nombres naturels et faisant la somme des résultats, nous aurons pour exprimer le moment total d'inertie

$$H = \frac{\pi}{2}.B.R^4.\left(\frac{1+2^4+3^4+\ldots\ldots+n^4}{n^5}\right)$$

puis passant à la limite

$$H = \frac{\pi}{2}.B.R^4.\frac{1}{5}$$

Mais

$$K = \pi\frac{BR^2}{3}$$

l'on aura donc

$$H = \frac{\pi}{3}.B.R^2.\frac{3}{10}.R^2 = K.\frac{3}{10}.R^2$$

Remarque. — Pour un tronc de cône, on prend la différence des momens d'inertie des deux cônes complets correspondant aux deux bases du tronc.

Sphère pesante et homogène tournant autour de l'un de ses diamètres.

Soit AB l'axe de rotation (fig. 65), par des plans perpendiculaires à l'axe coupons la demi-sphère en tranches parallèles $p'q$ d'égale épaisseur, $mm' = a = \frac{R}{n}$; si n est suffisamment grand, ou si a est suffisamment petit, nous pourrons regarder comme cylindriques les tranches élémentaires, dont l'une a pour section méridienne $p'q$. Le volume de cette dernière est

$$a\pi . \overline{mp^2} . = \frac{R}{n} . \pi . \overline{mp^2}$$

Son moment d'inertie sera

$$\frac{R}{n}\pi . \overline{mp^2} . \frac{\overline{mp^2}}{2} = \frac{R}{n} . \pi . \frac{\overline{mp^4}}{2}$$

Soit

$$om = n'a = \frac{n'}{n} R.$$

Le triangle Omp donne

$$\overline{mp^2} = R^2 - \frac{n'^2}{n^2} R^2 = R^2\left(1 - \frac{n'^2}{n^2}\right)$$

d'où

$$\overline{mp^4} = R^4\left(1 - 2\frac{n'^2}{n^2} + \frac{n'^4}{n^4}\right)$$

Substituant dans le moment d'inertie, il vient

$$\frac{R}{n} . \pi . \frac{R^4}{2}\left(1 - 2\frac{n'^2}{n^2} + \frac{n'}{n^4}\right) = \frac{\pi R^5}{2n} - \pi R^5 \frac{n'^2}{n^3} + \frac{\pi R^5}{2} . \frac{n'^4}{n^5}$$

Pour obtenir le moment d'inertie de la demi-sphère, il faut, dans cette dernière expression, donner à n' les valeurs 1, 2, 3,...... jusqu'à n et faire la somme des résultats.

Le premier terme ajouté n fois à lui-même, donne

$$\frac{\pi R^5}{2}$$

Le deuxième terme donnera

$$-\pi R^5\left(\frac{1+2^2+3^2+\ldots\ldots+n^2}{n^3}\right)$$

Le troisième terme

$$\frac{\pi R^5}{2}\left(\frac{1+2^4+3^4+\ldots\ldots\ldots+n^4}{n^5}\right)$$

A la limite, le deuxième vient

$$-\frac{\pi R^5}{3}$$

et le troisième

$$\frac{\pi}{2}\frac{R^5}{5}$$

On aura donc pour la demi-sphère

$$H'=\frac{\pi R^5}{2}-\frac{\pi R^5}{3}+\frac{\pi R^5}{2.5}=\frac{4}{15}\pi R^5$$

Mais le volume de la demi-sphère est

$$\frac{2}{3}\pi R^3=K'$$

il vient donc

$$H'=\frac{K'2R^2}{5}$$

et pour la sphère entière on a

$$H=K.\frac{2}{5}R^2$$

Remarque. — Au moyen du théorème (pag. 216), on aurait le moment d'inertie de la sphère pour un axe quelconque.

S'il s'agissait d'un corps pesant homogène, de forme quelconque, on obtiendrait son moment d'inertie avec approximation seulement en assimilant ce corps à un ou plusieurs corps de forme géométrique, telle qu'on sache calculer leur moment d'inertie.

Détermination de la vitesse angulaire dans le mouvement de rotation uniformément varié.

Reprenons l'équation des forces vives

$$\Sigma PE = \frac{1}{2} I (V_1{}^2 - V_1{}^{0\,2})$$

où P représente l'une des forces extérieures auxquelles est dû le mouvement de rotation autour d'un axe ; soit W_1 la variation de la vitesse angulaire, nous aurons au bout du temps T que nous considérons, pour l'expression de la vitesse angulaire,

$$V_1 = V_1{}^0 + W_1 T$$

Elevant au carré et substituant dans l'équation des forces vives, nous aurons

$$\Sigma PE = \frac{1}{2} I \left[(V_1{}^0 + W_1 T)^2 - V_1{}^{0\,2} \right] = \frac{1}{2} I (2 V_1{}^0 W_1 T + W_1{}^2 T^2)$$

ou bien $\Sigma PE = I W_1 (V_1{}^0 T + \frac{1}{2} . W_1 T^2)$

Or si nous désignons par e l'espace parcouru dans le temps T par un point situé à l'unité de distance de l'axe, nous aurons

$$e = V_1{}^0 T + \frac{1}{2} W_1 T^2$$

Nous aurons donc en substituant dans la dernière formule

$$\Sigma PE = I W_1 e$$

d'où

$$\frac{\Sigma PE}{Ie} = W_1$$

Puis si nous concevons que chacune des forces P, P', P'',..... soit décomposée en deux autres, l'une parallèle à l'axe, c'est-à-dire perpendiculaire au plan de rotation et dont le travail est nul, l'autre dans le plan qui est perpendiculaire à l'axe, et que nous désignions respectivement par P_1, P'_1, P''_1 ....., ces dernières composantes, et par p, p', p'' leurs distances respectives à l'axe, leur travail individuel sera

$$P_1pe\ ,\ P'_1p'e\ ,\ P''_1p''e......$$

et la somme de leurs travaux aura pour expression

$$\Sigma PE=(P_1p+P'_1p'+P''_1p''+......)e$$

en remplaçant l'on aura finalement pour déterminer W_1,

$$W_1=\frac{(P_1p+P'_1p'+P''_1p''+......)}{I}$$

ce qui nous apprend que la variation de la vitesse angulaire dans le mouvement de rotation uniformément varié d'un corps solide autour d'un axe, s'obtient en divisant la somme des momens des forces extérieures par rapport à l'axe, par le moment total d'inertie par rapport à cet axe.

Il faut bien entendre qu'ici comme en toute circonstance semblable, le numérateur représente une somme de quantités soit positives, soit négatives, en un mot, une somme algébrique.

Exemple : *Un treuil en bois de sapin, à l'axe horizontal, a un arbre de* $0^m,20$ *de rayon et* 2^m *de longueur; une roue massive de* $0^m,80$ *de rayon et* $0^m,12$ *d'épaisseur, chaque tourillon a* $0^m,02$ *de rayon et* $0^m,12$ *de longueur; tangentiellement à l'arbre est appliqué, au moyen d'une corde qui s'y enroule, un fardeau de 400 kilogrammes, et tangentiellement à la roue est appliquée, en sens contraire, une force de 60 kilogrammes, quelle sera la vitesse angulaire que prendra le treuil?*

On peut le considérer comme composé de cinq cylindres : l'un est la roue, ayant pour rayon $0^m,80$ et pour hauteur $0^m,12$; deux autres sont les parties de l'arbre comprises entre chaque tourillon et la roue, ayant chacune pour rayon $0^m,20$ et pour longueur la moitié de $2^m-0^m,12$, c'est-à-dire $\frac{1}{2}$, $1^m,88=0^m,94$; enfin, les deux tourillons ayant chacun pour rayon $0^m,02$ et pour longueur $0^m,10$.

Or, si K est le poids de mètre cube du sapin, le moment d'inertie d'un cylindre dont le rayon est R et la hauteur H, par rapport à son axe de figure a pour expression

$$I=\frac{K}{g}\pi R^2 . H. \frac{R^2}{2}=\frac{K\pi}{2g}. H. R^4$$

le facteur $\frac{K\pi}{2g}=\frac{d\pi}{2}$ est commun à tous les cylindres de même matière, tournant autour de leur axe de figure qui est commun ; sachant, d'un autre côté, que le poids du mètre cube de sapin est de 550 kilogrammes, on trouvera dans le cas qui nous occupe

$$I=\frac{550. 3,14}{2. 9,81}[(0,80)^4.0,12+2.(0,20)^4.0,94+2.(0,02)^4.0,10]$$

et en effectuant les calculs, on trouve

$$I=4,5941$$

Le moment du fardeau est $400^k.0^m,2=80$, puisque étant dans un plan perpendiculaire à l'axe, il est lui-même sa propre projection, et que sa plus courte distance à l'axe est le rayon de l'arbre ; par semblable raison, le moment de la force tangente à la roue et de sens contraire est $-60^k.0,80=-48$; la somme algébrique de ces momens est donc $80-48=32$, d'où l'on conclut que

$$W_1=\frac{32}{4,5941}=6,954$$

et divisant par $2\pi=6,28$, on trouve

$$1,108$$

à-peu-près un tour et un neuvième de tour d'accélération par seconde.

Du pendule simple. — On donne le nom de pendule simple ou géométrique à un point matériel suspendu à l'extrémité d'une tige inflexible, infiniment mince et sans pesanteur, dont l'autre extrémité est fixée à un axe horizontal autour duquel elle peut tourner sans frottement.

Lorsque le point matériel est éloigné de sa position verticale dans laquelle il était en équilibre stable, et qu'il est abandonné à lui-même, il retombe en vertu de son poids dans la verticale, mais comme il l'atteint avec une certaine vitesse acquise, il ne s'y arrête pas, il la dépasse et s'élève de l'autre côté, jusqu'à ce que sa vitesse se soit épuisée sous l'incessante action de la pesanteur dirigée en sens contraire ; alors il s'arrête un instant imperceptible, pour rebrousser chemin sous l'action de la pesanteur que lui communiqueront, à partir de cette position extrême jusqu'à la verticale, les mêmes degrés de vitesse qu'elle vient de lui enlever. En vertu de cette vitesse, le pendule dépassera donc la verticale et remontera jusqu'à sa première position extrême, la quittera de nouveau pour regagner la verticale ; puis sa seconde position extrême ; de là une série interminable d'oscillations d'égale amplitude et de même durée.

Supposons le pendule parti du point B (fig. 66) et arrivé au point M où il est descendu de la hauteur H au-dessous de l'horizontale BD ; appelons V sa vitesse acquise, dirigée suivant la tangente au cercle décrit, nous aurons par l'équation des forces vives

$$mgH = \frac{mV^2}{2} \quad \text{ou} \quad gH = \frac{V^2}{2}$$

Comme il est parti du repos, on a

$$V^o = o \quad \text{d'où} \quad V = \sqrt{2gH}$$

Mais si pendant un temps t infiniment petit la pesanteur cessait d'agir, il parcourrait l'arc infiniment petit $MM' = s$ d'un mouvement uniforme, et l'on aurait

$$V = \frac{s}{t}$$

et en substituant, il vient

$$\frac{s^2}{t^2} = 2gH \quad \text{d'où} \quad t = \frac{s}{\sqrt{2gH}}$$

Si nous nommons $AB = AM = l$, et que nous regardions

MM' comme une ligne droite, les deux triangles AME et MM'Q semblables comme ayant leurs côtés perpendiculaires chacun à chacun, nous donnent

$$MM' : QM' :: AM : ME$$

d'où

$$MM' \text{ ou } s = l.\frac{QM'}{ME}$$

Mais on a $\overline{ME}^2 = CE(2l - CE)$

d'où $ME = \sqrt{CE.(2l - CE)} = \sqrt{2l.CE - \overline{CE}^2}$

Mais quand les oscillations sont très petites, CE est une très petite fraction que l'on peut négliger devant $2l.CE$, ce qui réduit la valeur ci-dessus à

$$ME = \sqrt{2l.CE}$$

Donc si nous remplaçons ME par sa valeur, la formule

$$t = \frac{s}{\sqrt{2gH}}$$

devient

$$t = \frac{l.QM'}{\sqrt{2gH}.\sqrt{2l.CE}}$$

d'où, élevant au carré et supprimant le facteur l, il vient

$$t^2 = \frac{\overline{QM'}^2}{CE} \cdot \frac{l}{4gH}$$

Sur CD comme diamètre, décrivons une circonférence, et menons Mm, $M'n$ parallèles à la droite BD, nous aurons

$$\overline{mE}^2 = CE \times DE = CE \times H$$

d'où

$$CE = \frac{\overline{mE}^2}{H}$$

substituant cette valeur dans l'expression de t, il vient

$$t^2 = \frac{l}{4g}\left(\frac{QM'}{mE}\right)^2$$

Mais les deux triangles mOE et mqn, semblables comme ayant leurs côtés perpendiculaires, donnent

$$qn \text{ ou } QM' : mE :: mn : mO$$

d'où

$$\frac{QM'}{mE}=\frac{mn}{mo}$$

d'où

$$t^2=\frac{l}{4g}\cdot\left(\frac{mn}{mo}\right)^2$$

d'où

$$t=\frac{mn}{mo}\cdot\frac{1}{2}\sqrt{\frac{l}{g}}$$

Or, pour un même mouvement du pendule, le facteur $\frac{1}{2}\sqrt{\frac{l}{g}}\times\frac{1}{mO}$ est constant ; on voit donc que le temps infiniment petit t employé par le pendule pour décrire un arc élémentaire MM', est égal au produit de ce facteur constant par l'arc élémentaire mn, il en sera de même pour tous les élémens de temps employés à décrire des arcs élémentaires ; donc leur somme sera égale à ce facteur commun, multiplié par la demi-circonférence décrite sur CD comme diamètre ; or cette demi-circonférence est

$$\pi.mO=3,14.mO$$

On aura donc pour le temps total nécessaire au pendule pour atteindre la verticale

$$T=\frac{1}{2}\sqrt{\frac{l}{g}}\cdot\frac{\pi mO}{mO} \text{ ou bien } T=\frac{1}{2}\pi\sqrt{\frac{l}{g}}$$

et pour l'oscillation entière, l'on aura

$$T=\pi\sqrt{\frac{l}{g}} \qquad (p)$$

N.-B. La lettre grecque π, exprime le rapport de la circonférence au diamètre, elle vaut 3,14 et se prononce *pi*.

Interprétation et conséquences de (p). — Cette formule nous apprend que la durée d'une oscillation ne dépend que de la longueur du pendule et de l'intensité de la pesanteur. Il s'ensuit qu'en un même lieu de la terre, et plus généralement en tous points d'un même parallèle à l'équateur, les pendules de même longueur battent des temps égaux.

Deux pendules de longueur différente l, l', battent, dans ce cas des temps T et T', tels que le rapport de leurs carrés égal le rapport des longueurs

$$\frac{T^2}{T'^2} = \frac{l}{l'}$$

Sur deux parallèles différens, c'est-à-dire, par des latitudes différentes, où g et g' représentent les intensités de la pesanteur, on aurait pour deux pendules de même longueur

$$\frac{T^2}{T'^2} = \frac{g'}{g}$$

Ce qui nous apprend que par deux latitudes différentes, le rapport des intensités de la pesanteur est égal au rapport inverse du carré des temps respectifs battus en chacun de ces lieux par un même pendule ou deux pendules de même longueur.

En deux lieux différens de la terre où g et g' représentent les intensités de la pesanteur, l et l' les longueurs des pendules qu'on fait osciller dans chacun de ces lieux, si l'on voulait qu'ils battent des temps égaux, l'on aurait

$$\sqrt{\frac{l}{g}} = \sqrt{\frac{l'}{g'}}$$

ou en élevant au carré et intervertissant :

$$\frac{l}{l'} = \frac{g}{g'}$$

Les longueurs des pendules sont dans le rapport direct des intensités de la pesanteur.

La formule du pendule a été appliquée à la détermination de l'intensité de la pesanteur en divers lieux du globe; on a compté le nombre N d'oscillations accomplies dans un temps donné T_1, très grand pour éviter les chances d'erreur; on connaissait par-là d'une manière certaine, le temps d'une oscillation qui est $T=\frac{T_1}{N}$.

Substituant cette valeur de T dans (p), elle devient

$$\frac{T_1^2}{N^2}=\frac{\pi^2 l^2}{g^2}, \quad \text{d'où} \quad g=\frac{\pi^2 N^2 l}{T_1^2}.$$

En faisant osciller un pendule d'une égale longueur par différentes latitudes, on a trouvé que l'intensité de la pesanteur allait croissant du pôle à l'équateur où elle atteint sa valeur la plus grande; à l'équateur on trouve

$$g=9{,}78$$

tandis qu'à Paris, on a

$$g=9{,}81$$

L'intensité de la pesanteur étant connue en un lieu, on peut y déterminer la longueur d'un pendule qui batte tel temps qu'on voudra.

Veut-on, par exemple, la longueur du pendule qui batte la seconde sexagésimale, on posera

$$1=\pi\sqrt{\frac{l}{g}}, \quad g=\pi^2 l \quad \text{d'où} \quad l=\frac{g}{\pi^2}, \quad l=\frac{9{,}81}{(3{,}14)^2}=0^m{,}9938$$

Pendule composé. — Le pendule simple, idéal que nous venons de considérer n'est, comme l'indique son nom, qu'une abstraction pure. Les pendules de nos expériences sont doués d'un volume et d'un poids sensibles, par conséquent, l'on conçoit qu'il s'exerce au point de suspension sur l'axe, des frottemens plus ou moins notables, que l'air déplacé oppose une résistance plus ou moins grande, par conséquent que ces deux causes réunies finissent par réduire au repos tout pendule composé au bout d'un certain temps, à moins qu'un moteur adjoint ne vienne réparer par son travail la perte de forces vives, comme il arrive dans les horloges à poids et à ressort. Toutefois, pour atténuer autant que possible ces obstacles fâcheux, on choisit un petit corps de forme lenticulaire dont l'arête circulaire soit parallèle à la direction du mouvement; il termine, d'un côté, une tige métallique fine, qui est liée par son autre extrémité à l'axe horizontal, et celui-ci est terminé des deux bouts par deux couteaux d'acier par lesquels il repose sur un plan horizontal d'agate; on a encore d'autres précautions à prendre contre les variations de la température, mais nous les omettons.

Toutefois, nous allons démontrer qu'un pendule composé, partage identiquement les lois du mouvement d'un pendule simple d'une certaine longueur, et peut le remplacer.

Soit un pendule d'une masse **M** (fig. 67), oscillant autour d'un axe projeté en **O**; on peut réduire le mouvement à celui du centre de gravité ou toute la masse serait concentrée; supposons donc que le pendule parti de la position OG_0, soit arrivé en un temps **T** en la position **OG**; le centre de gravité **G** s'est abaissé de la hauteur $B_0B=H$, nous aurons par l'équation de forces vives, en appelant V_1, la vitesse angulaire finale, et remarquant que $V^o_1=o$ on a

$$MgH=\frac{I}{2}V_1^2$$

d'où
$$V_1^2=\frac{2MgH}{I} \qquad (1)$$

Formule qui nous apprend que la vitesse angulaire sera la même de part et d'autre de la verticale, dans la montée comme dans la descente, toutes les fois que **H** aura la même valeur, c'est-à-dire, que le centre de gravité sera également distant du plan horizontal qui passait par sa position initiale.

Appelons H_1, la hauteur dont s'abaisserait un point situé à l'unité de distance, tandis que le centre de gravité, dont a exprime la distance à l'axe s'est abaissé de **H**, nous aurons :

$$H : H_1 :: a : 1 \qquad \text{d'où} \qquad H=aH_1$$

(1) devient

$$(2) \qquad V_1{}^2 = \frac{2MgaH_1}{I}$$

Pour le pendule simple dont l est la longeur, V, la vitesse acquise en tombant de la même hauteur H, nous avons trouvé,

$$(3) \qquad V^2 = 2gH$$

en remarquant que V'_1 exprimant la vitesse angulaire d'un point situé à l'unité de distance on aura,

$$V = lV'_1$$

et que $H = lH_1$, (3) devient,

$$l^2V'_1{}^2 = 2glH_1 \qquad \text{d'où} \qquad V'_1{}^2 = \frac{2gH_1}{l} \qquad (4)$$

Si nous voulons que le pendule simple et le pendule composé coïncident dans leurs mouvemens, il n'y à qu'à faire $V'_1{}^2 = V_1{}^2$ ce qui donne la condition :

$$\frac{Ma}{I} = \frac{1}{l} \qquad \text{d'où} \qquad l = \frac{I}{Ma} \qquad (5)$$

et si nous appelons MK^2, le moment d'inertie du pendule composé par rapport à une droite parallèle à l'axe de rotation, nous aurons

$$I = MK^2 + Ma^2 = M(K^2 + a^2)$$

d'où, en substituant dans la dernière formule,

$$l = \frac{M}{M}\frac{(K^2 + a^2)}{a} = \frac{K^2}{a} + a \qquad (6)$$

Ainsi donc un pendule composé et un pendule simple d'une longueur déterminée par la relation (6), partis ensemble d'un même plan horizontal et tournant autour du même axe, s'accompagneront, bien que séparés, comme s'ils étaient solidaires; donc s'ils étaient liés ils se mouvraient comme s'ils étaient séparés et libres. Il existe donc dans le pendule composé, sur le prolongement de la droite OG, à une distance $\frac{K^2}{a}$ du centre de gravité, un point qui se meut comme s'il était isolé et forme réellement un pendule simple.

Il porte le nom de *centre d'oscillation du pendule*; si l'on mène par ce point une droite parallèle à l'axe, tous les points qui s'y trouveront situés jouiront de la même propriété et oscilleront comme des pendules simples.

Si l'on fait osciller le corps autour d'un axe horizontal passant par le point O', le point de suspension O deviendra centre d'oscillation, le pendule ayant même longueur, les oscillations seront d'égale durée; c'est ce qui établit la réciprocité et l'échangeabilité des deux axes parallèles.

Réciproquement, si un pendule composé, oscillant successivement autour de deux axes parallèles, bat des temps égaux, ces deux axes sont échangeables et passent réciproquement par le centre de suspension et d'oscillation.

Puisque le temps d'une oscillation est le même, il faut que

$$l=l'.$$

et comme MK^2 est dans les deux cas le même, on aura

$$a'+\frac{K^2}{a'}=a+\frac{K^2}{a}$$

cette équation peut prendre la forme

$$(a'-a)-\frac{K^2}{aa'}(a'-a)=0$$

et en divisant par $a'-a$ facteur commun, il vient

$$1=\frac{K'^2}{aa'} \qquad \text{d'où} \qquad a'=\frac{K^2}{a}$$

a désignant la distance du premier axe qui passe en O, et a' la distance du centre de gravité à l'axe qui passe en O'.

Ce fait a servi au capitaine anglais KATER pour déterminer g, sans connaître le moment d'inertie du pendule composé, il lui a suffi de trouver deux axes parallèles contenant le centre de gravité du pendule dans leur plan, et autour desquels il battait des temps égaux.

Détermination du moment d'inertie d'un pendule composé.

En faisant osciller le pendule autour d'un axe horizontal on compte le nombre N d'oscillations faites dans le temps T'; et l'on a $\frac{T'}{N}$ pour le temps d'une oscillation, la formule (p) donnera

$$\frac{T'}{N}=\pi\sqrt{\frac{I}{Mga}}$$

a étant la distance du centre de gravité à l'axe, et supposée connue; de là l'on tire

$$I=Mga\,\frac{T'^2}{\pi^2N^2}$$

il est bien entendu que l'on fait osciller les corps en les écartant très peu de la verticale, attendu que la formule

$$T=\pi\sqrt{\frac{g}{l}}$$

n'a lieu que pour de très petites oscillations.

15e LEÇON.

DU CHOC.

On donne le nom de choc à la rencontre de deux corps dont l'un au moins est doué d'une certaine vitesse; encore inconnu dans ses détails intimes, ce phénomène, qui n'est que le développement des actions moléculaires, éveillées par des compressions et des résistances égales et contraires, aboutit toujours à un changement brusque dans la vitesse des masses, ce qui l'a fait classer parmi les forces, improprement appelées forces instantanées; le choc présente une seule phase ou deux phases distinctes et d'égale durée, selon qu'il s'accomplit entre corps mous ou parfaitement élastiques. Nous en considérons les effets sommaires à la fin de la première phase, c'est-à-dire à l'époque de la plus grande compression, pour les corps mous, et à la fin de la deuxième pour les corps parfaitement élastiques, c'est-à-dire à l'époque où les corps ont repris exactement leurs formes primitives.

Rappelons d'abord que si deux forces égales agissent pendant le même temps sur deux masses inégales, elles communiqueront aux masses des vitesses différentes, mais il y aura égalité entre les quantités de mouvement communiquées ou détruites; c'est précisément le cas du choc de deux corps où les efforts de compression et de résistance étant égaux, opposés et d'égale durée, la quantité de mouvement perdue par le corps choquant est égale à celle gagnée par le corps choqué.

Choc des corps mous. — Supposons qu'une sphère dont la masse est M, et V la vitesse commune à tous ces points, vienne en frapper une autre dont M' est la masse, V' la vitesse de translation, et que les centres de gravité se meuvent suivant la même droite et dans le même sens; il se développera aux points de contact des efforts de compression égaux et opposés, qui dans un élément de temps enlèveront au corps choquant un élément de vitesse v et par suite une quantité de mouvement Mv, tandis qu'ils communiqueront au corps choqué une vitesse élémentaire v', et partant une quantité de mouvement $M'v'$, de sorte que l'on aura

$$Mv = M'v'$$

Ainsi il en sera à chaque instant dans toute la durée de la première période du choc, dans toute la période de la compression. Donc à la fin de la première période, la quantité de mouvement total perdue par le corps choquant, égale celle qu'a gagnée la masse choquée; donc la somme totale des quantités de mouvement des deux corps restera la même qu'à l'origine du choc

A cette époque, attachées ensemble, les deux masses se mouvront comme un seul corps; si j'appelle U la vitesse commune, nous aurons

$$(M+M')U = MV+M'V' \qquad (1)$$

d'où (2)

$$U = \frac{MV+M'V'}{M+M'}$$

Ces relations consacrent le principe de la conservation des quantités de mouvement, autrement dit, le principe de la conservation du mouvement du centre de gravité d'un système, dans le mouvement de translation.

Conséquences. — Divisons haut et bas par M' dans l'équation (2), il vient

$$(3) \qquad U=\frac{\frac{M}{M'}.V+V'}{1+\frac{M}{M'}}$$

Si la masse M' est très considérable par rapport à M, le rapport $\frac{M}{M'}$ est sensiblement zéro, et l'on a

$$V=V'$$

la vitesse de la masse choquée n'est pas altérée par le choc et elle devient la vitesse de la masse totale comprenant la masse choquante.

Ce cas se présente dans le mouvement des liquides, alors que des tranches excessivement minces viennent successivement choquer des masses considérables animées dans le même sens des vitesses moindres.

Si l'on divise les deux termes de (2) par M, il vient

$$U=\frac{V+\frac{M'}{M}V'}{1+\frac{M'}{M}}$$

où l'on aperçoit que lorsque M sera infiniment grand par rapport à M', l'on aura

$$U=V$$

c'est-à-dire que la vitesse V du corps choquant, inaltérée par le choc, deviendra la vitesse du système.

Supposons que les corps marchent à la rencontre l'un

de l'autre, il faudra changer le signe de la seconde quantité de mouvement, et l'on aura

(4) $$(M+M')U=MV-M'V'$$

d'où

(5) $$U=\frac{MV-M'V'}{M+M'}$$

on peut écrire

$$U=\frac{V+\frac{M'}{M}.V}{1+\frac{M'}{M}}$$

Si nous supposons que M est infiniment grand par rapport à M', l'on pourra regarder $\frac{M'}{M}$ comme sensiblement égal à zéro, et l'on aura

$$U=V$$

ce qui apprend que le choc n'a pas altéré la vitesse de la masse frappante, qui est devenue commune à tout le système.

Supposons que la masse M' soit au repos avant le choc, cela revient à poser

$$V'=o$$

la formule (2) devient

$$U=\frac{MV}{M+M'}=\frac{\frac{M}{M'}V}{1+\frac{M}{M'}}$$

si M' est infiniment grand l'on aura

$$\frac{M}{M'}=o$$

et partant

$$U=O$$

ce qui nous apprend que lorsqu'un petit corps en vient

frapper un très considérable qui est en repos, toute vitesse est détruite, le petit corps vient s'applatir contre l'autre et s'y fixer dans une immobilité commune.

Si, au contraire, la masse frappante est très grande et la masse frappée très petite, la première emporte la seconde avec sa vitesse primitive qui reste intacte.

Perte de forces vives. — La force vive du système après le choc, dans le cas où les deux masses sont douées des vitesses V et V', est

$$\frac{(M+M')}{2}U^2 = \frac{(M+M')}{2} \cdot \frac{(MV+M'V')^2}{(M+M')^2}$$

La somme des forces vives était auparavant

$$\frac{M}{2}V^2 + \frac{M'}{2}V'^2$$

Prenons-en la différence pour savoir s'il y a eu gain ou perte, on a

$$\frac{MV^2}{2} + \frac{M'V'^2}{2} - \frac{(MV+M'V')^2}{2(M+M')} = \frac{MM'(V-V')^2}{2(M+M')}$$

Le second membre exprime la perte des forces vives, et s'obtient en réduisant le premier membre au même dénominateur, développant le carré, puis y ajoutant et retranchant la quantité 2MM'VV', et faisant les réductions qui se présentent.

La perte de forces vives est exprimée par la carré de la différence des vitesses primitives multiplié par le produit des masses et divisé par le double de la somme des masses.

Si le corps choqué était au repos, c'est-à-dire si l'on avait $V'=o$, la perte des forces vives serait exprimée par

$$\frac{M}{2}V^2 \cdot \frac{M'}{M+M'}$$

elle est donc égale à la force vive de la masse frappante avant le choc, multipliée par $\frac{M'}{M+M'}$ rapport de la masse choquée à la somme des masses.

Choc dans le mouvement de rotation. — Considérons *deux corps* mous tournant ou pouvant tourner autour de deux axes parallèles.

Soit I le moment d'inertie du corps choquant, M sa masse, V_1^o sa vitesse angulaire à l'origine du choc, V_1 sa vitesse angulaire à la fin; soient les quantités semblables pour les corps choqués, I', M', V'_1.

Nous admettrons, comme c'est l'ordinaire hypothèse, qu'à l'instant où le choc commence, le point de contact des corps se trouve dans le plan des axes, à des distances R et R' de ces axes; nous admettrons, de plus, que l'action ou la réaction des deux corps se réduise à une force unique passant par le point de contact perpendiculairement au plan des axes et gardant constamment la même direction.

Or, dans un instant infiniment petit, le choc apporte une diminution de vitesse angulaire à la masse M, égale à la vitesse angulaire élémentaire gagnée par la masse M'. Il en sera de même pour toute la durée du choc; il y aura donc égalité entre les variations totales survenues dans les vitesses angulaires entre $V_1^o—V_1$ relative à la masse frappante, et V'_1 relative à la masse frappée, mais elles s'expriment par les relations

$$V_1^o-V_1=P\frac{R}{I} \qquad \text{et } V'_1=\frac{PR'}{I'}$$

en représentant par P l'action totale et inconnue du choc.

d'où

$$P=(V_1^o-V_1)\frac{I}{R} \qquad P=V'_1\frac{I'}{R'}$$

de là enfin

$$(1) \qquad (V_1^o-V_1)\cdot\frac{I}{R}=V'_1\frac{I'}{R'}$$

Mais à la fin du choc, c'est-à-dire à la fin de la plus grande compression, les points de contact des deux corps se meuvent d'un mouvement commun pendant un temps infiniment petit, c'est-à-dire possédant la même vitesse; elle est pour les points de la masse frappante, V_1R, et pour les points de contact appartenant à la masse frappée V'_1R'.

On a donc

$$V_1 R = V'_1 R' \quad \text{d'où} \quad V'_1 = V_1 \frac{R}{R'}$$

ce qui réduit (1) à la forme

$$(V_1{}^0 - V_1) \frac{I}{R} = V_1 \frac{RI'}{R'^2}$$

d'où (2)
$$V_1 = \frac{R'^2 I}{R'^2 I + R^2 I'}$$

En remarquant que $I = MR^2$, $I' = M'R'^2$, et substituant, on donne à (2) la forme

(3)
$$V_1 = \frac{M}{M + M'} . V_1{}^0$$

semblable à la valeur commune de la vitesse après le choc de translation, dans le cas où le corps choqué était au repos.

Calculons la perte de forces vives après le choc ; c'est la différence entre

$$\frac{IV_1{}^{02}}{2}, \frac{IV_1{}^2}{2} \text{ et } \frac{I'}{2} V'_1{}^2 = \frac{I'}{1} V_1{}^2 \frac{R^2}{R'^2}$$

On trouve, en remplaçant I, I', V_1 par leurs valeurs, pour la perte des forces vives

$$\frac{MM'}{2(M+M')} V^0{}_1{}^2 . R^2$$

et en posant $V_1{}^0 . R = V_0$, on a pour la perte des forces vives

$$\frac{M'}{M+M'} . \frac{MV_0{}^2}{2}$$

expression semblable à celles qui se rapportent à la perte de forces vives dans le choc de translation.

Dans les questions industrielles auxquelles ces résultats s'appliquent, on ne connaît pas $V_1{}^0$ et ce qu'il importe par dessus tout d'obtenir, ce n'est point la perte totale, mais bien la perte de forces vives du corps choquant ;

par exemple, celà arrive dans le cas d'un marteau de forge mis en mouvement par une roue à cames.

La perte des forces vives est, dans ce cas

$$\frac{1}{2}(V_1^{o2}-V_1^2)$$

ne connaissant ni V_1^o, ni V_1, on admet que la moyenne arithmétique de ces deux vitesses est sensiblement la vitesse de régime, déduite du nombre de tours que fait l'arbre à cames par minute; on pose

$$\frac{V_1^o+V_1}{2}=V_2$$

Cette relation jointe à (3) conduit à

$$V_1^o=\frac{2(M+M')}{2M+M'}.V_2 \quad \text{et} \quad V_1=\frac{M}{2M+M'}.2V_2$$

$$\text{d'où} \quad V_1^o-V_1=\frac{M'}{2M+M'}.2V_2$$

relation qui, multipliée membre à membre avec $V^o_1+V_1=2V^2$, donne

$$V_1^{o2}-V_1^2=\frac{M'}{2M+M'}.4V_2^2$$

et par suite on a pour exprimer la perte des forces vives

$$\frac{1}{2}.\frac{M'}{2M+M'}.4V_2^2 \quad \text{ou} \quad \frac{M'}{2M+M'}M.R^2.2.V_2^2$$

ou bien

$$\frac{2MM'}{2M+M'}.V^2 \quad \text{ou} \quad \frac{4M'}{2M+M'}.\frac{MV^2}{2}$$

en appelant V la vitesse de régime du point situé à la distance R de l'axe de la masse frappante.

Application au battage des pilots. — Un mouton, dont la masse est $M=\frac{P}{g}$, tombe d'une hauteur H sur la tête d'un pilot; il a pour force vive avant le choc

$$PH=\frac{M^2}{2}V^2$$

après le choc, le pilot d'une masse $M' = \frac{P'}{g}$ prend ainsi que le mouton une vitesse qui serait U, comme nous l'avons définie, si la résistance du terrain était négligeable devant la force développée dans le contact du mouton et du pilot.

Après le choc, la force vive totale des deux corps est

$$\frac{1}{2}MV^2\frac{M}{M+M'}$$

ou bien en remplaçant $\frac{1}{2}MV^2$ par PH sa valeur, M et M' par $\frac{p}{g}$ et $\frac{P'}{g}$ on a

$$PH.\frac{P}{P+P'} \quad \text{ou} \quad PH.\frac{1}{1+\frac{P'}{P}}$$

Sous la dernière forme, on voit que H et P' demeurant les mêmes, la force vive approchera d'autant plus d'être constante avant et après le choc, que P sera plus grand; elle montre aussi qu'en augmentant le poids des moutons on pourra modérer la hauteur, de manière que le travail PH demeure le même.

Choc des corps élastiques. — Dans les corps parfaitement élastiques, où la compression est suivie d'un débandement qui restitue exactement les formes primitives, il y a lieu de considérer les deux phases; à la fin de la première, les corps aplatis l'un sur l'autre, et comme identifiés, ont une vitesse commune que nous avons déjà déterminée pour les corps mous, c'est

$$U=\frac{MV+M'V'}{M+M'}$$

Les notations étant les mêmes que dans le cas rappelé, mais dans la période du débandement, où les ressorts moléculaires se détendent, on conçoit qu'ils repasseront par les mêmes tensions qu'ils ont éprouvées dans la première période, si bien que, à chaque instant, les quantités de mouvement perdues par le corps choquant seront égales à celles gagnées par le corps choqué et, de plus, ces quantités de mouvement correspondront identiquement en grandeur et en nombre à celles de la première période; par conséquent, la masse M ayant perdu la vitesse V—U au bout de la première période, aura perdu le double 2(V—U) à la fin du choc; sa vitesse finale sera donc

$$V-2(V-U)=2U-V$$

La masse M' a gagné U—V' dans la première période, elle aura gagné 2(U—V') à la fin du choc, donc sa vitesse finale est

$$V'+2(U-V') \quad \text{ou} \quad 2U-V'$$

Si le corps M' était au repos à l'origine du choc, il aurait donc reçu une vitesse

$$2U \quad \text{ou} \quad 2.\frac{MV}{M+M'}$$

c'est-à-dire une vitesse double de celle qui eût été communiquée à un corps mou de même masse, par un corps de masse M et de vitesse primitive V.

Si les deux corps ont des masses égales, si M=M', on a

$$U=\frac{V+V'}{2}$$

valeur qui substituée dans les valeurs finales des vitesses donne V' pour la vitesse finale de la masse frappante, et V pour celle de la masse frappée; ce qui nous apprend que lorsque deux masses élastiques égales, animées de vitesses différentes, viennent à se choquer, elles échangent leurs vitesses.

On aperçoit tout de suite que si le corps frappé est en repos à l'origine du choc, il part avec la vitesse du corps frappant qui est réduit au repos à son tour. C'est ce qu'apprend d'ailleurs l'expression

$$2.\frac{MV}{M+M'}$$

quand on y fait $M'=M$.

Il n'y a pas d'altération dans la somme des forces vives après le choc.

Avant le choc elle est

$$\frac{M}{2}V^2+\frac{M'}{2}V'^2$$

elle est après le choc

$$\frac{M}{2}(2U-V)^2+\frac{M'}{2}(2U-V')^2$$

Substituant à U sa valeur et réduisant on trouve

$$\frac{M}{2}V^2+\frac{M'}{2}V'^2$$

Ce qui nous apprend que dans la première période, s'il y a perte de forces vives, il y a gain égal dans la deuxième, et s'il y a consommation de travail dans le premier cas, il y a une restitution égale dans le second.

Observations. — Nous avons classé les corps en deux catégories, celle des corps mous et celle des corps parfaitement élastiques. Il n'en est point ainsi dans la nature d'une manière absolue, et de plus il peut arriver que des corps élastiques se comportent comme des corps mous, alors que l'intensité du choc a détruit l'élasticité du ressort moléculaire dans les points de contact, tandis qu'il a laissé intacte celle relative à la flexion, à la forme générale du corps.

Enfin il n'y a pas non plus de corps rigoureusement durs, c'est-à-dire, tels que leurs molécules occupent toujours sous l'action de forces extérieures, des positions relatives invariables ; s'il était de pareils corps, il ne faudrait pas songer à leur donner le mouvement par un choc ou une impulsion quelconque, du moins s'ils sont isolés; pour le comprendre, il suffit de savoir qu'il ne peut y avoir de vitesse communiquée à un corps sans qu'il éprouve une certaine déformation, déformation plus ou moins profonde, plus ou moins durable, mais toujours nécessaire à la mise en jeu des ressorts moléculaires qui seuls peuvent transmettre le mouvement à toute la masse.

16e LEÇON.

Du mouvement uniforme et des conditions d'équilibre. — Quand on dit que le mouvement uniforme d'un point ou d'un corps est caractérisé par la constance de la vitesse et l'absence de toute force motrice, cela n'implique pas d'une manière absolue qu'il n'y a point de force en action sur le mobile, cela signifie que l'action des forces s'il y en a, ne produit aucun effet, en autres termes, que ces forces se font à chaque instant équilibre, en telle sorte que si la vitesse du mobile était nulle, il resterait en repos sous l'action de ces forces. Ainsi donc il y a pour un même système de forces appliquées au même corps, équilibre possible dans le mouvement comme dans le repos du corps. Le premier s'appellera équilibre dynamique, pour le distinguer du second, auquel on donne le nom d'équilibre statique; du reste les conditions de ces deux espèces d'équilibre sont absolument les mêmes. Pour les établir nous aurons recours au mouvement uniforme.

Nous savons que la manière la plus générale dont un corps puisse se mouvoir se ramène à deux mouvemens, l'un de translation ou de transport parallèle et l'autre de rotation autour d'un axe; quelle est donc la condition à laquelle un corps se mouvra d'un mouvement uniforme de translation? Quand la vitesse de chaque point sera, à toutes les époques du mouvement, égale à la vitesse initiale; dans ce cas, la variation de force vive $\frac{1}{2}M(V^2-V_0^2)$ relative à un point m à une époque T sera égale à zéro; il en sera de même du travail de la force qui s'y trouve appliquée; de même de la somme des variations de forces vives pour tous les points; de même enfin de la somme des travaux accomplis par toutes les forces. Nous aurons donc

$$\Sigma \frac{m}{2}(V^2-V_0^2)=o$$

et par suite,

$$\Sigma FE=o.$$

Or, nous avons vu qu'une force ou une vitesse pouvaient se décomposer en trois autres d'une équivalence parfaite, suivant trois droites ou axes rectangulaires, OX, OY, OZ (fig. 68).

Soient donc

X, X', X'', X''' les composantes des forces suivant OX,

et v la composante de la vitesse V suivant le même axe.

Y, Y', Y'', Y''' les composantes des forces suivant OY,

v' la composante de la vitesse commune V suivant OY,

Z, Z', Z'', Z''' les composantes des forces suivant l'axe OZ.

v'' la composante de V suivant le même axe.

Pour exprimer la nullité de la somme des travaux suivant chaque axe au bout du temps T, nous aurons les équations :

$$XvT+X'v'T+X''vT+X'''vT+\ldots=vT\Sigma X=o$$

$$Yv'T+Y'v'T+Y''v'T+Y'''v'T=v'T\Sigma Y=o$$

$$Zv''T+Z'v''T+Z''v''T+Z'''v''T=v''T\Sigma Z=o$$

Il est évident que parmi ces travaux, il en est de positifs et de négatifs, puisque leur somme algébrique est nulle. En divisant par les produits vT, $v'T$, $v''T$, qui sont respectivement facteurs communs à tous les termes, il vient les trois équations entre les forces extérieures :

(1) $X+X'+X''+X'''+\ldots\ldots=\Sigma X=o$

(2) $Y+Y'+Y''+Y'''+\ldots\ldots=\Sigma Y=o$

(3) $Z+Z'+Z''+Z'''+\ldots\ldots=\Sigma Z=o$

équations qui apprennent que les forces se font équilibre dans le mouvement de transport parallèle, et n'y produisent aucune vitesse, ou, ce qui revient au même, qu'elles sont incapables de le produire dans leur concours.

Maintenant, si le corps a un mouvement uniforme autour d'un axe, nous verrions de même que

$$\frac{I}{2}(V_1{}^2-V_1{}^{o2})=o$$

et par suite

$$\Sigma.FE=o$$

Or, nous pouvons décomposer chaque force en trois autres, l'une dirigée dans le plan ZY, perpendiculaire à OX, l'autre dans le plan ZX perpendiculaire à OY, l'autre dans le plan XY perpendiculaire à OZ, et autant nous en pouvons faire pour la vitesse angulaire commune V_1 ; désignons donc par

F_1, F'_1, F''_1, F'''_1. les composantes des forces dans un plan perpendiculaire à OX,

a, a', a'' a'''......	leurs distances respectives à cet axe,
et v_1............	la composante de la vitesse V_1 dans un plan perpendiculaire à OX,
F_2, F'_2, F''_2......	les composantes des forces dans un plan perpendiculaire à OY,
v'_1............	la composante de V_1 dans le même plan,
b, b', b'', b'''........	les distances des forces à l'axe OY,
F_3, F'_3, F''_3, F'''_3.. v''_1 c, c', c'', c''',	les mêmes choses par rapport à l'axe de rotation OZ.

Le travail élémentaire de chaque force dans le mouvement autour de OX, sera

$$F_1 a v_1 t, \quad F'a'v_1 t, \quad F''_1 a''v_1 t\text{.....} \text{ dans l'instant } t.$$

La somme devant être nulle, nous aurons

$$F_1 a v_1 t + F'_1 a' v_1 t + F''_1 a'' v_1 t + \text{.........}$$

$$= v_1 t [F_1 a + F'_1 a' + F''_1 a'' + \text{.........}] = o$$

et en divisant par le facteur commun $v_1 t$, nous aurons

(4) $$F_1 a + F'_1 a' + F''_1 a'' + F'''_1 a''' + \text{.....} = o$$

Nous aurons de même pour les axes OY et OZ

(5) $$F_2 b + F'_2 b' + F''_2 b'' + \text{...........} = o$$

(6) $$F_3 c + F'_3 c' + F''_3 c'' + \text{...........} = o$$

Ces trois dernières équations expriment que dans le mouvement uniforme de rotation autour d'un axe, le système des deux forces appliquées aux divers points du mobile ne produisent aucun effet, ou se font équilibre ; en autres termes, qu'elles seraient incapables, par leur concours, de faire tourner le corps autour d'un axe.

Les trois premières équations, jointes à ces trois dernières, expriment donc que le système des forces ne saurait produire, dans leur action simultanée, ni mouvement de translation ni mouvement de rotation ; elles sont les conditions générales de l'équilibre.

Donc quand un corps est en repos ou se meut d'un mouvement uniforme, de la manière la plus générale, sous l'action d'un système de forces, la somme des composantes de ces forces suivant trois axes rectangulaires est nulle, et la somme des momens de ces forces suivant les mêmes axes est également et séparément nulle.

Examinons maintenant certains cas particuliers et restrictifs :

1° Si toutes les forces sont situées dans un même plan, par exemple dans le plan YX, les équations 3, 4 et 5 seront satisfaites d'elles-mêmes. L'équation (3) sera satisfaite parce que chaque composante parallèle à OZ étant nulle, il en est de même de leur somme. Les équations des momens 4 et 5 sont également satisfaites. En effet, considérons en particulier l'une des forces du système, ou elle rencontre l'axe OX ou elle lui est parallèle ; dans le premier cas, la distance à cet axe étant nulle, son moment l'est aussi; dans le second cas, sa composante suivant une droite perpendiculaire à sa direction est évidemment nulle, nul aussi est donc son moment ; il en serait de même de toutes les autres, en particulier, et par suite de leur somme. Les mêmes considérations démontrent la nullité du moment des forces par rapport à l'axe OY.

Les conditions d'équilibre sont donc dans le cas présent :

(1) $$X+X'+X''+X'''+\ldots\ldots=0$$

(2) $$Y+Y'+Y''+Y'''+\ldots\ldots=0$$

(6) $$F_3c+F_3'c'+F_3''c''+F_3'''c'''+\ldots\ldots=0$$

Il faut que la somme algébrique des composantes des forces parallèlement à deux axes rectangulaires pris dans leur plan, soit nulle pour chacun de ce axes, et que la somme des momens de ces forces pa rapport à une droite perpendiculaire à leur plan soit aussi nulle.

2° Si toutes les forces sont parallèles, on poura prendre l'axe OZ parallèle à leur commune direction dans ce cas (1) (2) et (6) sont satisfaites d'elles-mêmes les deux premières, parce que chaque composante étant nulle comme perpendiculaire à la direction des forces, leur somme est nulle aussi; l'équation (6) parce que toutes les composantes situées dans le plan YOX étant nulles il en est de même de leurs momens.

Voici donc alors à quoi se réduisent les conditions nécessaires :

(3) $Z+Z'+Z''+Z'''+\ldots\ldots=o$

ou plutôt

$F+F'+F''+F'''+\ldots\ldots=o$

(4) $Fa+F'a'+F''a''+F'''a'''+\ldots\ldots=o$

(5) $Fb+F'b'+F''b''+F'''b'''+\ldots\ldots=o$

En voici l'énoncé :

La somme des forces doit être nulle, et la somme de leurs momens par rapport à deux axes menés dans un plan perpendiculaire à leur direction doit être également nulle.

3° Si les forces sont toutes parallèles et situées dans un même plan, nous pourrons y prendre deux axes rectangulaires OY perpendiculaire et OZ parallèle à la direction des forces, alors les seuls conditions nécessaires sont :

(3) $F+F'+F''+F'''+\ldots\ldots=o$

(4) $Fa+F'a'+F''a''+F'''a'''+\ldots\ldots=o$

C'est-à-dire, que pour qu'il y ait équilibre, il faut et il suffit que la somme des forces soit nulle, ainsi que la somme de leurs momens par rapport à une droite perpendiculaire à leur plan.

4° Si toutes les forces concourent en un point, il est évident qu'un pareil système ne peut produire de mouvement de rotation; et les conditions d'équilibre se réduisent à (1), (2), (3); qui signifient que le système de forces se réduit à une résultante unique égale à zéro.

THÉORÈME : *Si trois forces appliquées à un corps solide se font équilibre, elles sont situées dans un même plan, concourent en un même point ou sont parallèles.*

Soient P, P', P'' les trois forces appliquées à un corps solide en repos ou bien doué d'un mouvement uniforme sous leur action simultanée; joignons les points d'application A et B de deux d'entr'elles à celui de la troisième, au point C (fig. 69), faisons passer des plans par la force P et la droite AC, par la force P' et la droite BC, ils se couperont suivant une certaine droite CO; joignons les points A et B à un point pris où l'on voudra sur cette dernière, et décomposant la force P en deux autres dirigées suivant AC et AO, et la force P' en deux autres dirigées suivant BC et BO; des quatre composantes ainsi obtenues deux pourront être appliquées en C, et deux en O; il y aura donc au point C trois forces, dont la résultante devra être égale et directement opposée à la résultante des forces appliquées en O, puisque l'équilibre subsiste dans le cas actuel. Or, pour que ces deux résultantes se détruisent, il faut évidemment qu'elles soient dirigées suivant la droite qui joint leurs points d'application, nous pouvons, dès-lors, confondre les points d'application des deux résultantes en C et recomposer les forces P et P' qui remplaceront chacune leurs composantes respectives; nous aurons ainsi toutes les forces réunies au point C.

Deux cas alors pourront se présenter au plus; ou les forces ne sont pas parallèles ou elles le sont.

Si les forces ne sont pas parallèles, l'une d'elle sera égale et directement opposée à la résultante des deux autres; si elles sont parallèles, elle sera égale à la somme ou à la différence des des deux autres et de sens contraire; mais dans l'un et l'autre cas les forces, sont dans un même plan.

De l'équilibre stable et instable. — Lorsqu'un corps solide est assujetti à tourner autour d'un axe horizontal, en l'absence de toutes forces mouvantes ou résistantes autres que son poids, il y a deux positions extrêmes où il peut trouver le repos quand il les atteint sans aucune vitesse ; c'est quand son centre de gravité, où tout son poids se concentre, est dans la verticale qui passe par l'axe fixe. Mais l'équilibre qui peut se manifester dans ces deux positions présente une différence notable et caractéristique. Quand le centre de gravité est situé au plus bas dans la verticale qui rencontre l'axe, si l'on vient à l'en écarter, soit d'un côté, soit d'un autre, le poids du corps qui tend toujours à l'abaisser l'y ramène toujours par une série d'oscillations ; on dit alors que le corps est en *équilibre stable*.

Quand, au contraire, le centre de gravité du corps est situé au plus haut au-dessus de l'axe, toujours dans la verticale, pourvu qu'il la quitte sous le moindre effort, il n'y revient plus, car le seul mouvement qu'il puisse prendre alors, c'est de retomber sous son poids qui l'entraîne et le sollicite sans cesse à s'abaisser ; alors on dit que le corps est en *équilibre instable*.

Ces deux positions du corps sont encore définies par les momens P.GI et $P.G_1I$ (fig. 70) du poids par rapport à un plan horizontal supérieur plus éloigné de l'axe que le centre de gravité. L'équilibre est stable quand le moment du poids est un maximum, c'est-à-dire est le plus grand possible ; il est instable quand le moment est un minimum, c'est-à-dire est le plus petit possible ; enfin, dans le premier cas, la courbe décrite par le centre de gravité est au-dessus de la tangente ; elle est au-dessous de la tangente dans le second.

Dans les constructions et dans les machines, c'est l'équilibre stable que l'on recherche ; c'est l'équilibre instable que les équilibristes de profession essaient de réaliser pour l'amusement des spectateurs ; ils y parviennent ordinairement à l'aide d'un mouvement uniforme de rotation ; c'est donc dans ce cas un équilibre dynamique instable.

Des machines simples et de celles qui en dérivent sans complication. — On donne le nom de machines à tout corps ou assemblage de corps propre à transmettre l'action, ou si l'on veut, le travail des forces. Toute machine embrasse dans sa constitution un certain nombre d'organes qui, pris isolément, peuvent être considérés euxmêmes comme des machines. Parmi ces organes figurent en première ligne les machines simples, le levier, le plan incliné, le treuil. C'est de ces machines que nous allons nous occuper ici, ainsi que de quelques autres qui en dérivent sans complication, et que nous grouperons autour de celles auxquelles elles se rapportent. Partant du mouvement uniforme, nous établirons les conditions d'équilibre auxquelles doivent satisfaire les forces qui y sont appliquées. Nous appellerons *puissance* ou *force mouvante*, la force qui agira dans le sens du mouvement, et *résistance* ou *force résistante*, celle qui agira en sens contraire.

Du Levier. — On donne le nom de levier à un corps solide d'une forme quelconque, mobile autour d'un point fixe qui sert d'appui, et auquel sont appliquées une force mouvante et une force résistante, la puissance et la résistance; c'est ordinairement une barre droite ou coudée:

1° Le point d'appui est situé entre la puissance et la résistance;

2° Le point d'application de la résistance est entre le point d'appui et la puissance;

3° Le point d'application de la puissance est entre le point d'appui et le point d'application de la résistance.

Ces trois cas peuvent être réunis dans une seule et même théorie;

Soit donc le levier coudé AOB (fig 71), soumis à la puissance F ayant pour grandeur et direction AC, et la résistance P ayant pour grandeur et direction BD; il faut joindre à ces forces la réaction R exercée par l'appui. Pour que ces trois forces soient en équilibre, il faut qu'elles soient dans un même plan. Puis, si l'on imagine un axe passant par le point O, perpendiculaire à ce plan, la somme algébrique des momens des forces devra être égale à zéro. La force R qui est égale en intensité et en direction à la résultante des deux antres, passant par le point *o*, son moment est nul; la somme des momens de la puissance et de la résistance sera donc égale à zéro. Cela exige évidemment qu'elles tendent à faire tourner le levier en sens contraire. oa et ob étant les distances de l'axe aux forces, nous aurons :

$$(1) \qquad F.oa = P.ob. \quad \text{d'où} \quad F:P::ob:oa$$

En résumé, les conditions d'équilibre du levier sont :

1° La puissance et la résistance doivent être toujours dans un même plan avec le point d'appui ;

2° Elles doivent tendre à faire tourner en sens contraire ;

3° Avoir des intensités réciproquement proportionnelles à leurs distances au point d'appui, c'est-à-dire à leurs bras de levier.

Ordinairement, la résistance P est donnée d'intensité et de direction, et la puissance donnée de direction seulement : la relation (1) sert à la déterminer. Il s'ensuit que l'on connaît aussi la réaction R qui, prise en sens contraire, exprime la charge du point d'appui, qui n'est autre chose que la résultante des deux premières forces.

On peut démontrer facilement que la résultante des forces F et P passe par le point O dans le cas de l'équilibre. Supposons, pour un instant, qu'elle n'y passe pas, et que son moment soit Rr, c'est-à-dire qu'elle passe à une distance r du point o ; nous aurons

$$Rr = F.oa - P.ob$$

Or (1) nous donne

$$Rr = o$$

donc

$$r = o$$

Si la puissance et la résistance étaient parallèles, oa et ob seraient en ligne droite, et (1) n'en subsisterait pas moins.

Nous n'avons point tenu compte, dans ce qui précède, du poids du levier, il est facile d'y avoir égard quand F et P sont dans un même plan vertical, comme il arrive ordinairement. Pour cela, on compose le poids du levier avec la résistance P ; on les remplace par leur résultante qui rencontre le levier en un certain point où l'on place son point d'application. Je suppose que P' soit cette résultante, et que p' soit son bras de levier ; tandis que q est le bras de levier de la puissance F, nous aurons toujours

$$F.q = P'p'$$

La charge de l'appui est, dans ce cas, la résultante de F et P'.

Pour avoir la relation qui existe entre les travaux de la puissance et de la résistance, il faut remarquer que si S et S' sont les arcs parcourus par leurs points d'application dans le mouvement uniforme, FS et PS' exprimeront ces travaux. (pag. 000.)

Mais on a

$$S : S' :: OA : OB$$

puis $$OA : OB :: oa : ob$$

donc $$S : S' :: oa : ob$$

donc $$F.S = P.S' \quad \text{ou bien } F : P :: S' : S$$

La puissance et la résistance sont dans le rapport inverse des chemins parcourus par leurs points d'application.

Remarque. — Nous avons supposé que le levier reposait sur un point unique; dans la rigueur, c'est par une surface d'une étendue notable qu'il touche son appui, et même les points de contact peuvent varier avec l'inclinaison qu'il prendra ; de plus, il peut tendre à glisser sur son appui et développer un frottement auquel il faudrait avoir égard. Nous négligeons ce frottement et nous réduisons la surface de contact avec l'appui à un seul point. Ramenée à ce degré de simplicité, la théorie que nous venons de donner de l'équilibre du levier n'en est pas moins d'un usage fréquent et d'une grande utilité pratique.

Prenons un levier de deuxième espèce, celui qui est employé pour soutenir des pierres ou des pièces de bois, dont l'une des extrémités s'arqueboute au sol, tandis que la puissance qui est l'effort humain agit à l'autre.

Soit o le point où le levier s'appuie contre le so (fig. 72), B le point où pèse le fardeau, où passe la verticale de son centre de gravité quand il est soulevé en entier, et A le point d'application de la puissance dirigée suivant AF ; soit $ob=p$ le bras du levier de la résistance et $oa=q$ celui de la puissance, nous aurons toujours dans le cas de l'équilibre

$$F:P::p:q.$$

A cette condition se joignent les deux autres conditions ci-dessus, dont elle n'est en quelque sorte qu'une conséquence.

Le levier de troisième espèce est beaucoup moins en usage dans l'industrie, mais il est d'une application constante dans l'organisme des animaux, dans la machine humaine. Il est très bien représenté par le bras, quand la main exerce un effort quelconque, quand elle soulève ou soutient un fardeau. La résistance est appliquée à la main, la puissance est dans les muscles du bras, et l'appui est à l'épaule. Je citerai encore la pédale dont on fait usage dans plusieurs professions, comme exemple de la troisième espèce de levier. L'appui est à la charnière, la puissance n'est autre que la pression du pied de l'ouvrier, et la résistance est la réaction de la bielle articulée à l'extrémité de la pédale.

Donnons, maintenant, quelques exemples numériques pour faire apprécier l'avantage du levier par rapport à la puissance. On aperçoit, à première vue, que les leviers des deux premières espèces sont plus avantageux que celui de la troisième, attendu que le bras de levier y est ou peut toujours y être plus grand que celui de la résistance, tandis que le contraire a constamment lieu pour le levier de la troisième espèce. Pour la première espèce, il est tantôt plus long, tantôt plus court, mais pour la deuxième espèce il est constamment plus long. Son emploi est donc toujours à l'avantage de la puissance.

Quel effort faut-il déployer pour tenir en équilibre un poids de 300 kil. *suspendu à l'extrémité d'un levier de première espèce à* 0m,20 *du point d'appui, quand on agit à une distance de* 0m80 *de l'appui?*

La relation (1) nous donne

$$x : 300^k :: 0^m,20 : 0^m,80$$

d'où

$$x = \frac{600}{8} = 75^k$$

A quelle distance du point d'appui un homme doit-il exercer son effort moyen, qui est de 100 kil., *pour soulever ou soutenir un poids de* 400 kil., *dont la verticale du centre de gravité est éloignée du point d'appui de* 0^m,30, *avec un levier de deuxième espèce?*

ici $F = 100^k$, $q = x$, $P = 400^k$, $p = 0^m,30$

La relation (1) donne :

$$x = \frac{400.0^m,30}{100} = 1^m,20$$

Etant donné un fardeau quelconque et une puissance disponible, la puissance peut-elle toujours faire équilibre au fardeau à l'aide du levier de la troisième espèce?

Evidemment non ; en effet l'égalité

$$Fq = Pp$$

montre que si $p > q$ il faut que l'on ait toujours $F > P$, ainsi donc, dans le levier de la troisième espèce, la puissance doit être constamment supérieure à la résistance, ce qui n'est point une condition indispensable dans le levier de première espèce, et ce qui, dans le levier de deuxième espèce, ne peut jamais arriver.

Balance ordinaire. — La balance ordinaire est un levier du premier genre, à bras égaux. C'est une barre pesante qu'on appelle fléau, portant à ses extrémités aux bassins pareils pour recevoir les poids et reposant à son milieu sur un appui autour duquel elle peut tourner.

Un point important à remplir, c'est de disposer le fléau de manière que, dans sa position horizontale, son centre de gravité soit situé dans la verticale de l'appui. On est ainsi dispensé de tenir compte de son poids.

Cette disposition étant prise, et les bassins étant égaux, le fléau demeure donc horizontal dans l'équilibre.

On a alors la relation

$$Fq=Pp \quad \text{ou} \quad F=P$$

puisque $q=p$.

Mais si le fléau n'était pas horizontal, son centre de gravité quittant la verticale de l'appui, son moment, par rapport à l'axe, cesserait d'être nul et négligeable; l'équation ci-dessus cesserait de subsister, sauf modification.

La balance est juste quand des poids égaux s'y font équilibre, en quelque bassin qu'on les place; mais pour qu'elle soit parfaite, elle doit remplir d'autres conditions; il faut que la moindre différence de poids puisse y rompre l'équilibre. Cela arrive quand le fléau tourne sans frottement sur l'appui. Ce n'est point ce qu'on peut attendre d'une balance ordinaire où le fléau tourne et s'appuie sur des coussinets par des tourillons. Dans les balances de précision, il s'appuie par un couteau d'acier sur un plan d'agate.

Enfin pour la sensibilité de la balance, il faut aussi que que le centre de gravité du fléau occupe une position déterminée. Il a été dit plus haut que, dans l'état d'équilibre, il devait être situé dans la verticale qui passe par le point de suspension; mais doit-il être au-dessus? en ce point lui-même ou bien au-dessous?

S'il est au-dessus, l'équilibre sera instable, et pour peu qu'on le trouble, le centre de gravité du fléau ayant une fois quitté la verticale de l'appui, descendra de plus en plus, et décrira une circonférence entière autour de l'axe; on aura, dans ce cas, une *balance folle*.

S'il est au point d'appui lui-même, le fléau, dont tout le poids réside en son centre de gravité, demeurera en équilibre dans toutes les positions autour de l'axe, pourvu que les bassins soient chargés de poids égaux; on aura alors une *balance indifférente*, dont le défaut serait que la moindre inégalité de poids des bassins ferait basculer le fléau jusqu'à l'amener à la position verticale.

Si, enfin, il est situé au-dessous de l'axe de suspension, l'instrument sera en équilibre stable, et comme on ne pourra le troubler sans faire remonter le centre de gravité du fléau, celui-ci reviendra toujours à sa position d'équilibre, en vertu de son poids, après une série d'oscillations. C'est évidemment cette position qui est la bonne. Mais il faut ajouter que le centre de gravité du fléau sera placé tout près de l'axe de suspension; à une trop grande distance au-dessous de cet axe, il rendrait la balance paresseuse ou peu sensible.

Usage de la balance ordinaire. — On commence par s'assurer de l'instrument; pour cela on place alternativement dans les plateaux des poids qui s'équilibrent d'une manière parfaite. Si cela n'avait pas lieu, voici comment on peut faire de bonnes pesées avec une balance dont les bras ne sont pas égaux.

Désignons par x et y les longueurs inégales des bras; faisons équilibre au corps dont on veut avoir exactement le poids P en plaçant dans le bassin opposé des poids connus A; changeons le poids P des bassins et faisons-lui équilibre par des poids connus B; nous aurons les deux relations

$$Px = Ay \quad \text{et} \quad Bx = Py$$

Multiplions membre à membre et supprimons le facteur commun P, il vient

$$Bx^2 = A.y^2 \quad \text{ou bien} \quad A.B.x^2 = A^2.y^2$$

élevons la première équation au carré, il vient

$$P^2.x^2 = A^2.y^2$$

cette relation comparée à la dernière, nous donne

$$P^2 = A.B \quad \text{d'où} \quad P = \sqrt{A.B}$$

Soient $A = 0^k,9$ et $B = 0^k,04$, il vient

$$P = \sqrt{0^k,9.0^k,04} = \sqrt{0^k,36} = 0^k,6$$

Méthode de la double pesée. — On fait équilibre au corps à peser, en plaçant dans le bassin opposé de la poussière, du sable, de la grenaille, puis on remplace le corps par des poids connus propres à rétablir l'équilibre, et ces poids donnent exactement celui du corps.

Balance romaine. — La balance romaine est un levier de premier genre, mais à bras inégaux, dont l'un est de grandeur fixe et l'autre variable. Elle se compose (fig. 73) d'un fléau pouvant tourner autour d'un axe de suspension ou de rotation C qui le partage en deux parties inégales, portant un plateau B dans lequel se placent les matières à peser, puis un poids A pouvant courir le long du levier, de manière à constituer l'équilibre.

La suspension doit être faite de manière à rendre insensible le frottement. Le centre de gravité du fléau doit être dans la verticale de l'appui, quand l'équilibre a lieu, et situé un peu au-dessous.

Pour la commodité de l'instrument, on marque, à l'avance, sur le long bras des divisions qui indiquent à quel poids fait équilibre le curseur, lorsqu'il occupe chacune d'elles.

En effet, en désignant par P le poids du corps placé dans le plateau, par p le poids du curseur, on doit constamment avoir

$$P = p . \frac{AC}{BC}$$

Peson. — C'est encore un levier du premier genre; mais le fléau, qui doit être d'un poids assez considérable, ne trouve pas le repos, quand il sert, dans la position horizontale. Il porte à l'une de ses extrémités un plateau pour recevoir les corps à peser, puis une aiguille perpendiculaire à sa longueur, tournant avec lui autour de l'axe de suspension et allant marquer, par son extrémité, des divisions indicatives tracées sur un arc de cercle.

On s'arrange, ici, comme dans les autres machines à peser, de façon que le frottement contre l'appui soit négligeable; le centre de gravité du fléau doit toujours être au-dessous de l'axe de suspension, mais il ne se trouve dans la verticale de celui-ci, que lorsque le fléau est horizontal, c'est-à-dire lorsqu'il n'y a rien dans le plateau.

Soit maintenant P le corps à peser (fig. 74), p le poids du fléau, nous aurons pour l'équilibre

$$P = p . \frac{GH}{BK}$$

Mais les deux triangles semblables GCH et DCT donnent

$$CH : HG :: CD : DT$$

Les deux triangles GCH et BCK qui sont semblables, pour avoir leurs côtés réciproquement perpendiculaires, donnent d'un autre côté

$$CG : CH :: BC : BK$$

Multiplions ces deux proportions termes à termes, et supprimons CH facteur commun aux deux termes d'un même rapport, il vient

$$\frac{HG}{BK} = \frac{DT}{DC} \cdot \frac{CG}{BC}$$

On trouvera donc en substituant :

$$P = p . \frac{DT}{DC} \cdot \frac{CG}{BC}$$

Il n'y a là de variable avec la position de l'aiguille que la quantité DT.

On peut donc dire que le poids à évaluer est toujours proportionnel à DT.

Il est facile maintenant de graduer l'instrument pour le rendre d'un usage commode. On porte dans le plateau un poids de 1 kilog., et l'on mesure sur la tangente DS la longueur qu'y détermine le prolongement de l'aiguille, quand l'équilibre est établi; puis on divise la tangente en parties égales; puis chaque intervalle peut être divisé en dix, en cent parties égales, pour avoir l'indication des hectogrammes et des décagrammes. En joignant maintenant toutes ces divisions au point C, l'arc décrit par l'aiguille sera divisé en parties correspondantes.

De la Poulie. — La poulie est une roue mobile autour d'un axe fixé tantôt à la roue elle-même, tantôt à la chappe qui la contient; elle est, de plus, creusée en gorge à sa circonférence pour recevoir une corde, aux extrémités de laquelle agissent la puissance et la résistance.

La poulie est dite fixe, lorsque sa chappe est accrochée à un point fixe; elle est dite mobile dans le cas contraire.

Poulie fixe. — Soit donc CAB une section plane de la poulie (fig. 75), P le poids attaché à l'une des extrémités de la corde, à l'extrémité qui s'enroule sur la poulie quand le fardeau monte et qui se déroule quand le fardeau descend ; soit F la puissance qui tire en sens contraire à l'autre extrémité. Pour qu'il y ait équilibre entre la puissance et la résistance, dans le repos ou dans le mouvement uniforme du poids, il faut qu'elles soient dans le même plan, qu'elles se rencontrent en un point I pris sur leurs directions, si elles ne sont pas parallèles; nous supposerons ce cas. Il faudra, de plus, que leur résultante soit à chaque instant détruite par ce qu'il y a d'immobile dans la machine, par la résistance de l'axe fixe ; donc elle devra passer par le point C; donc, en prenant les momens par rapport au point C, on aura la relation

$$R.r = P.AC - F.CB$$

Or comme $r = o$, on aura pour l'équilibre

$$P.AC = F.CB$$

Mais $AC = CB$, donc $P = F$.

Quant à la pression sur l'axe, elle est égale à la résultante ; elle est représentée par IO, diagonale du lozange construit sur la grandeur et la direction des forces.

Mais les deux triangles DIO et ACB sont semblables comme ayant leurs côtés perpendiculaires, et donnent

$$DI : OI :: AC : AB \quad \text{ou} \quad P : R :: AC : AB$$

d'où

$$R = P.\frac{AB}{AC}$$

La résultante ou la pression sur l'axe est proportionnelle à la sous-tendante de l'arc embrassé par la corde, proportionnelle à la force et en raison inverse du rayon de la poulie.

Quant aux travaux accomplis dans un temps quelconque, puisque les forces sont égales, qu'elles tirent en sens contraire, et que les arcs enroulés ou déroulés pendant le même temps sont égaux, il s'ensuit que les travaux accomplis par la puissance et la résistance sont égaux et de signes contraires.

$$P.S - F.S = O$$

Si les forces, sans cesser d'être tangentes à la circonférence de gorge, et d'avoir le même bras de levier, formé du rayon de la poulie augmenté de celui de la corde, ne concouraient plus dans les prolongemens de leurs directions, autrement dit si elles étaient parallèles, elles devraient être également situées dans le même plan, et leur résultante, qui passerait par le milieu du diamètre qui joindrait leurs points d'application passerait évidemment par l'axe fixe et y serait détruite; du reste, elle serait égale à la somme de la puissance et de la résistance, ou bien elle serait le double de l'une d'elles,

$$R = 2P$$

Quand nous apprécions, en ces formes, la pression exercée sur l'axe, nous faisons abstraction du poids de la poulie elle-même et de la corde; on pourrait, à la rigueur, y avoir facilement égard; mais dans la pratique habituellement on s'en dispense.

Treuil. — Le treuil se compose d'un cylindre, sur lequel est montée une roue dont le plan est perpendiculaire à leur axe commun; il se termine par deux autres cylindres plus petits, ayant même axe et appelés tourillons, par lesquels il repose sur deux appuis auxquels on donne le nom de coussinets. Sur le cylindre principal s'enroule une corde qui s'y attache par une extrémité, tandis que l'autre porte un poids que le treuil doit faire monter ou descendre, à l'aide du mouvement de la roue à la circonférence de laquelle agit la puissance (fig. 76).

Voyons, maintenant, à établir les conditions d'équilibre, soit quand la machine est au repos, soit quand elle se meut d'un mouvement uniforme.

Qu'elles sont les forces qui y sont en action?

1° C'est d'abord le poids qui tire au bout de la corde et a son point d'application à la surface du cylindre, à une distance de l'axe égale au rayon du cylindre augmenté du demi-diamètre de la corde, et que nous désignerons par a;

2° C'est la puissance F agissant tangentiellement à la roue à la distance b de l'axe ;

3° C'est le poids Q de la machine, appliqué en son centre de gravité évidemment placé dans l'axe ;

4° C'est, enfin, les deux réactions N et N' des coussinets, pouvant être considérées comme appliquées aux points où elles rencontrent l'axe.

Pour nous placer dans le cas le plus ordinaire, nous supposerons toutes ces forces verticales.

Si maintenant nous appelons S la résultante des forces verticales P, F, Q, nous aurons

$$S = P + Q + F$$

la puissance F, ainsi que la résistance P, étant de même sens que Q.

Maintenant, pour que les trois forces parallèles N, N' S se fassent équilibre, il faut qu'elles soient dans un même plan vertical ; de plus, ce plan vertical contiendra l'axe, puisqu'il n'est autre que le plan de N et N'. Nous aurons donc pour première condition d'équilibre

$$N + N' - F - P - Q = o \qquad (1)$$

pour indiquer qu'il ne peut y avoir de mouvement de transport.

Puis une autre relation relative aux momens des forces par rapport à l'axe :

$$Fb - Pa = O \quad \text{ou} \quad Fb = P.a \quad \text{ou} \quad F : P :: a : b \qquad (2)$$

en remarquant que N, N' et Q, passant par l'axe, ont leurs momens égaux à zéro.

La relation (1) nous apprend que la pression qui s'exerce sur les coussinets égale en valeur absolue à N+N', est égale à la somme des forces mouvantes et résistantes

$$P + P + Q$$

Pour connaître les pressions particulières exercées sur chacun des coussinets et au milieu de sa longueur, il faudrait déterminer le point d'application de la pression totale, F+P+Q. En appelant I le point de l'axe où elle s'applique, et A et B le milieu de la longueur des coussinets, on se servirait des proportions

$$N : N' :: IB : IA \quad \text{d'où} \quad N+N' : N :: IB+IA : IB$$

d'où enfin

$$N=(N+N')\frac{IB}{IB+IA}$$

semblablement on aurait pour la pression de N'

$$N'=(N+N')\frac{IA}{IB+IA}$$

relation où tout serait connu à l'exception de N et N'.

La relation (2) nous apprend que dans l'équilibre du treuil, les momens de la puissance et de la résistance sont égaux, ou autrement, la puissance est à la résistance comme le rayon du cylindre est au rayon de la roue.

Exprimons maintenant la relation qui existe entre les travaux développés par les forces ci-dessus considérées. D'abord il est évident que les réactions normales N et N', ainsi que le poids Q de l'appareil passant constamment par le même point de l'axe, n'engendrent aucun travail appréciable ; il reste donc à considérer celui de la puissance et de la résistance. Or, d'après ce que nous avons vu, ces forces étant à chaque instant dirigées suivant la tangente aux cercles que décrivent leurs points d'application, leurs travaux s'obtiennent en multipliant leurs intensités par les chemins parcourus par leurs points d'application.

Si donc E désigne l'arc décrit sur la circonférence de la roue par le point d'application de la puissance, et E' la portion de corde enroulée ou déroulée sur l'arbre du treuil, c'est-à-dire la quantité dont le poids est monté ou descendu, les travaux seront

$$F.E \quad \text{et} \quad P.E'$$

Or, je dis qu'on aura

$$F.E=PE'$$

Car si m désigne l'arc décrit par un point situé à l'unité de distance de l'axe, on aura

$$E=mb \quad \text{et} \quad E'=ma$$

d'où $E' : E :: a : b$, et par suite $F : P :: E' : E$

ou bien

$$F.E=P.E$$

Remarque. — Nous avons supposé que les forces P et F étaient verticales, mais nous trouverions la même relation entre la puissance et la résistance s'il en était autrement ; car l'équation (2) a toujours lieu dans l'équilibre, puis N, N' et Q passant toujours par l'axe de rotation, ont chacune un moment nul par rapport à cet axe.

Cabestan. — Lorsque le treuil tourne autour d'un axe vertical, il prend le nom de cabestan. Dans ce cas, la résistance P est horizontale (fig. 77).

Au lieu d'une seule force mouvante appliquée tangentiellement à une roue verticale, il y a ordinairement un nombre pair de puissances ou forces mouvantes appliquées par couples, c'est-à-dire, égales deux à deux, parallèles et de sens contraire, agissant perpendiculairement aux extrémités de barres horizontales qui traversent l'arbre au-dessus du tourillon supérieur ; telles sont, par exemple, les deux forces F appliquées aux extrémités de la barre AB.

Les forces en action sur le cabestan sont donc les forces motrices F agissant par couple aux extrémités de manivelles d'une longueur commune, que nous désignerons par b, la résistance P agissant par un bras de levier a, y compris le rayon du treuil et de la corde, plus le poids Q du corps, que nous supposerons dirigé suivant l'axe, puis, enfin, la réaction —N de la crapaudine qui porte le tourillon inférieur ; il faudra, pour l'équilibre, que la somme des momens des forces horizontales, par rapport à l'axe, soit égale à zéro, ainsi que la somme des forces verticales Q et —N, donc on devra avoir, s'il y a n couples de forces motrices égales et agissant par le même bras de levier

$$nFb = Pa \quad \text{et} \quad N = Q$$

Si les forces motrices étaient inégales ainsi que leurs bras de levier, on aurait

$$Fb + F'b' \text{ etc.} = Pa$$

Remarque. — Nous ne tenons point compte des réactions horizontales —N', —N'' que chaque appui exerce sur le tourillon qui le touche, attendu que ces forces étant normales aux tourillons, elles passent constamment par l'axe du treuil, et donnent par suite des momens nuls par rapport à cet axe.

Du plan incliné. — Quand un corps posé sur un plan, y demeure en repos, il est évident que la réaction du plan qui détruit le poids du corps tombe dans le polygone qui renferme les points touchés; il faut donc aussi que la verticale qui passe par le centre de gravité du corps, tombe dans le même espace, puisque ces forces doivent être égales et directement contraires. Quand cela n'a pas lieu, quand la verticale qui contient le centre de gravité du corps passe en dehors du polygone, des points de contact, le corps chavire.

Soit un corps d'un poids **P** *en équilibre sur un plan incliné sous l'action d'une force* **F=IM**.

L, **B**, **H** représentent la longueur, la base et la hauteur du plan. On peut le remplacer par la pression qu'il éprouve prise en sens contraire, et considérer le corps comme entièrement libre. Puisque l'équilibre existe, il faut que les trois forces **P**, **F**, **—N** soient dans un même plan et qu'elles se rencontrent en un même point, puisqu'elles ne sont pas parallèles, c'est ce que peint la figure 78; de là, trois conditions:

1° Les forces **F** et **P** sont dans un même plan;

2° Leur résultante, qui doit être détruite par la réaction normale **—N**, passe à l'intérieur du polygone des points de contact.

La troisième condition est que cette résultante est égale et directement contraire à **—N**.

Cette dernière condition nous donnera la relation d'équilibre entre la puissance **F** et le poids **P**, et fera connaître la pression **N** supportée par le plan.

Pour cela, décomposons la puissance **F** en deux autres forces, l'une **F'** parallèle au plan, et l'autre **F''** normale. Prenons **IG=L**, et désignons **IK** par **B'** et **GK** par H', IN et MN seront les composantes F' et F'' de F. Les triangles semblables IMN et IGK donnent

$$MN \text{ ou } F'' : GK \text{ ou } H' :: IM \text{ ou } F : IG \text{ ou } L$$

$$IN \text{ ou } F' : IK \text{ ou } B' :: IM \text{ ou } F : IG \text{ ou } L$$

$$F''=\frac{H'}{L}.F, \qquad F'=\frac{B'}{L}.F.$$

Décomposons de même le poids P en deux forces, l'une parallèle au plan, P'=DE; l'autre perpendiculaire, P''=IE; les deux triangles IDE et *abc* étant semblables comme équiangles, donnent

$$P''=\frac{B}{L}.P, \qquad P'=\frac{H}{L}.P$$

Pour l'équilibre, les composantes parallèles au plan doivent donner une somme algébrique égale à zéro; il en est de même des forces dirigées suivant la normale au plan; de là :

(1) $$P.\frac{H}{L}-F\frac{B'}{L}=o$$

(2) $$-\frac{H'}{L}F+\frac{B}{L}.P-N=o$$

ou bien

(1) $$F:P::H:B'.$$

(2) $$N=\frac{B}{L}P-\frac{H'}{L}F.$$

La relation (2) exprime la pression que supporte le plan. Il faut, de plus, pour que l'équilibre subsiste, la condition évidente; $P''>F''$, afin que le corps ne quitte pas le plan.

Cas particuliers.

1° La puissance F est parallèle au plan incliné, on a alors

$$F''=o, \qquad F'=F \quad \text{et} \quad B'=L$$

La relation (1) devient

$$F : P :: H : L$$

La puissance parallèle au plan incliné est au poids qu'elle y tient en équilibre comme la hauteur du plan est à sa longueur.

2° La puissance normale au plan. Alors on a

$$F' = o, \quad F'' = F$$

et par suite $$H' = L$$

Dans ce cas l'équilibre ne peut avoir lieu. Le corps glissera le long du plan d'un mouvement uniformément accéléré dû à la composante $P\frac{B}{L}$, à moins, pourtant, que l'on ait $F > P\frac{B}{L}$, auquel cas le corps quitterait le plan.

3° La puissance est horizontale.

Ses composantes parallèles et normales au plan incliné sont alors (fig. 79), en vertu de la similitude des triangles *abc* et IMN,

$$F'' = \frac{H}{L}F, \qquad F' = \frac{B}{L}.F$$

La relation (1) devient, dans ce cas :

$$F : P :: H : B.$$

La puissance horizontale qui retient le corps en équilibre est au poids de ce corps comme la hauteur du plan incliné est à sa base.

Si au lieu d'être en repos, le corps glissait le long du plan d'un mouvement uniforme, soit pour monter, soit pour descendre, sous l'action des mêmes forces, il n'y aurait rien à changer ni aux raisonnemens, ni aux résultats ci-dessus ; seulement la force F serait puissance ou force mouvante dans la montée, et résistance ou force résistante dans la descente. On voit, de plus, que les composantes de P et F parallèles au plan étant égales et leurs points d'application coïncidant, leurs travaux sont égaux aussi.

Du Coin. — Le coin est un prisme triangulaire que l'on introduit par l'une de ses arêtes appelée *tranchant*, entre deux obstacles que l'on veut écarter; la face opposée au tranchant est la *tête* du coin, les deux autres faces en sont les *côtés.*

Soit donc ABC (fig. 80), une section perpendiculaire au tranchant. AB représentera la tête du coin, AC et BC en représenteront les côtés. A partir du point O de la direction de l'effort F exercé normalement sur la tête, prenons OI=F, et décomposons l'effort suivant deux droites perpendiculaires aux côtés; OE ou Q et IE ou Q' représenteront les efforts exercés sur chaque côté. Les trois côtés du triangle OEI seront les trois forces et pour la grandeur et pour la direction. Or, ce triangle est semblable à ABC comme ayant ses côtés perpendiculaires sur chacun des côtés de ce dernier; on a donc entre les forces ci-dessus la relation

$$F : Q : Q' :: AB : BC : AC$$

Si la puissance F était représentée par la tête du coin, les deux efforts latéraux qu'elle développe le seraient par leurs côtés respectifs.

Si le coin était isocèle, les efforts latéraux seraient évidemment égaux et la puissance serait à l'un d'entre eux comme la tête du coin serait à sa longueur.

$$P : Q :: B : L$$

Ce qui apprend que la puissance du coin est d'autant plus grande, que la tête B en est plus petite par rapport à la longueur L.

De la Vis. — La vis est une machine qui tient à la fois du plan incliné et du treuil. Elle est formée d'un noyau cylindrique sur lequel s'enroule une saillie hélicoïdale qu'on appelle filet. Ce qui caractérise l'hélice et par suite le filet, c'est que la tangente en chaque point fait un angle constant avec un plan perpendiculaire à l'axe. La section qu'y détermine tout plan conduit suivant l'axe est constante; si c'est un triangle, la vis est dite à filet triangulaire; si c'est un rectangle, la vis est à filet carré.

La longueur du filet, dont les extrémités viennent deux fois aboutir à une droite parallèle à l'axe, forme ce qu'on appelle une spire ou une révolution, et la distance comptée sur cette même droite entre les deux extrémités d'une spire, constitue le *pas* de la vis.

L'écrou, qui ordinairement l'accompagne, est un cylindre évidé suivant l'axe et présentant une cavité héliçoïdale, tout-à-fait semblable au filet saillant de la vis et propre à le loger. Tantôt la vis s'avance en tournant dans l'écrou qui demeure fixe, tantôt c'est l'écrou qui chemine et la vis qui reste fixe; en tout cas, chaque point de la pièce qui s'avance le long de l'axe offre l'exemple de deux mouvemens simultanés, l'un de rotation, l'autre de translation, et fait un pas à chaque tour.

Si donc AB représente le pas h de la vis ou de l'écrou (fig. 81), qu'on prenne sur la perpendiculaire à cette droite une longueur BC égale à la circonférence rectifiée $2\pi r$ du cylindre sur lequel se trouve le point que l'on considère, la droite AC ou L représentera la longueur d'une spire rectifiée, et les points de contact de la vis et de l'écrou pourront être considérés comme placés sur un plan incliné ABC.

La tête de la vis est ordinairement armée d'une roue ou d'une barre perpendiculaire à l'axe, à l'extrémité de laquelle agit la puissance.

Cherchons les conditions d'équilibre soit dans le repos, soit dans le mouvement uniforme.

Admettons que l'écrou est fixe et que la vis soulève verticalement un poids P, au moyen d'une puissance F qui agit à l'extrémité de la barre, dont la longueur est R. A ces forces, nous joindrons la réaction de l'écrou, et tous les points de la vis en contact avec ceux de l'écrou pourront être regardés comme entièrement libres. Nous supposerons, en outre, que le contact ait lieu suivant une hélice moyenne située vers la demi-épaisseur du filet, à une distance de l'axe marquée par r.

Pour l'équilibre, il faut et il suffit que la somme des forces verticales ou parallèles à l'axe soit nulle, et que la somme des momens, par rapport à l'axe, relatifs aux forces horizontales, soit également nulle.

Soit $-n=$ 1E la réaction normale de l'écrou sur un élément de l'hélice moyenne ; décomposons-la en deux autres forces, l'une horizontale $-n'$=ID, l'autre verticale $-n''$=DE ; les deux triangles IDE et ABC étant semblables comme équiangles, donnent

$$-n' : -n :: h : L \quad \text{d'où} \quad -n' = -n \frac{h}{L}$$

$$-n'' : -n :: 2\pi r : L \quad \text{d'où} \quad -n'' = -n \frac{2\pi r}{L}$$

De même si $-n_1$, $-n_2$, etc., sont les réactions de l'écrou sur les divers autres élémens de l'hélice moyenne, on trouvera pour leurs composantes horizontales et verticales des expressions analogues ; en sorte que les forces horizontales seront

$$F, \quad -n\frac{h}{L}, \quad -n_1\frac{h}{L}, \quad -n_2\frac{h}{L} \ldots\ldots \text{etc.}$$

et les forces verticales seront

$$P, \quad -n\frac{2\pi r}{L}, \quad -n_1\frac{2\pi r}{L}, \quad -n_2\frac{2\pi r}{L} \ldots\ldots \text{etc.}$$

les conditions d'équilibre s'écriront donc

$$P - \frac{2\pi r}{L}\left(n+n_1+n_2+\ldots\ldots \text{etc.}\right)=o$$

d'où

$$P = \frac{2\pi r}{L}\left(n+n_1+n_2+\ldots\ldots \text{etc.}\right)$$

$$FR - \frac{hr}{L}\left(n+n_1+n^2,\ldots\ldots \text{etc.}\right)=o$$

d'où

$$FR = \frac{hr}{L}\left(n+n_1+n_2+\ldots\ldots \text{etc.}\right)$$

en remarquant que P étant dirigé suivant l'axe, son moment est nul ; que celui de F est FR, et celui de $-n\frac{h}{L}$ est $-n\frac{hr}{L}$ et qu'il en est ainsi des autres forces semblables.

Divisant la dernière relation par la première, il vient

$$\frac{FR}{P}=\frac{h}{2\pi} \quad \text{d'où} \quad F : P :: h : 2\pi R.$$

relation qui apprend que la puissance dans la vis a d'autant plus d'avantage que le pas en est plus petit et qu'elle agit au bout du plus grand bras d'un levier.

Dans le cas où le poids monte d'un mouvement uniforme il est évident qu'il y a égalité entre le travail de la puissance et celui de la résistance au bout d'un temps quelconque. Or, entre les chemins parcourus d'une part par la résistance suivant la verticale, et d'autre part par le point d'application de la puissance suivant la circonférence qu'il décrit, il existe un rapport constant, rapport qui est égal à

$$h : 2\pi R$$

la proportion ci-dessus exprime donc l'égalité des travaux d'une manière générale.

17e LEÇON.

Du Frottement. — En posant, plus haut, les conditions du mouvement uniforme dans les machines simples, nous avons pris la question sous un point de vue idéal et tout-à-fait en dehors de la réalité. Il n'est point vrai, ainsi que nous l'avons supposé, que la réaction des corps en mouvement s'exerce, comme dans le repos, suivant la direction de la normale aux surfaces en contact, toujours dirigée dans ce cas en dehors de la normale, elle est accompagnée d'une résistance au mouvement qui est la plus préjudiciable de toutes les causes qui consomment infructueusement une portion du travail moteur dans les machines. Il s'agit de l'étudier, pour pouvoir en tenir compte au besoin.

Toutes les fois qu'un corps se meut en *glissant* ou en *roulant* sur un autre, il se développe une résistance au mouvement, que l'on appelle *frottement*. Il y en a de deux espèces : le frottement de *glissement* ou de première espèce, et le frottement de *roulement* ou de deuxième espèce. Ce dernier prend naissance quand une roue roule sur une surface quelconque. Nous n'en dirons rien, sinon qu'assez imparfaitement étudié, il est en raison inverse du rayon de la roue, et assez faible pour les matériaux employés dans les machines pour être négligeable devant le frottement de première espèce.

Le frottement est dû sans doute à l'action réciproque des molécules des corps en contact, lesquelles engrènent plus ou moins profondément entr'elles, et aussi aux forces moléculaires qui se trouvent mises en jeu sous l'effet de la pression.

Dans tous les cas, il varie avec celle-ci et avec le poli des surfaces.

Si le frottement dans les machines est un inconvénient, en ce sens qu'il consomme de la force et use la machine elle-même, il a d'ailleurs ses avantages. C'est lui qui nous permet de marcher sur le sol sous toutes les inclinaisons, et l'on sait quelle peine on éprouve à cheminer sur une surface polie, sur le verglas par exemple ; c'est lui encore qui fournit à la locomotive le point d'appui au moyen duquel elle peut s'élancer et progresser dans sa voie ferrée et unie ; si le frottement de glissement était nul, si même il ne l'emportait sur le frottement de roulement, nul n'ignore que la roue de la locomotive tournerait sur place indéfiniment sans avancer.

Enonçons maintenant, d'après l'expérience, les lois très simples du frottement :

1° *Le frottement est proportionnel à la pression*.

En entendant, en général, par la pression la somme ou la différence de toutes les composantes normales des forces en action sur les corps en contact.

2° *Le frottement est indépendant de l'étendue des surfaces en contact.*

Si, par exemple, un corps est terminé par plusieurs faces planes de grandeurs différentes, et qu'on le fasse glisser sur un plan, tantôt sur une face, tantôt sur une autre, le frottement est le même. Toutefois, il n'en serait plus ainsi, si la surface glissante était réduite à une pointe fine, susceptible de pénétrer dans l'autre corps d'une quantité notable sous l'effort de la pression.

3° *Le frottement est indépendant de la vitesse.*

Cela veut dire qu'il faudra une même quantité de travail pour faire parcourir au corps une longueur déterminée, en surmontant le frottement, quelle que soit la vitesse.

Angle du frottement, coefficient du frottement. — Considérons un corps P posé sur un plan ac; si nous inclinons le plan d'une manière lente et progressive, il arrivera un instant où le corps sera près de glisser, et glisserait en effet sous l'action de la moindre force étrangère. Alors si l'on suppose le corps libre, en remplaçant le plan par sa réaction, il est évident qu'il demeurera en repos sous l'action de cette dernière force et du poids P; donc ces deux forces sont dans le même plan et sont directement opposées.

On appelle angle du frottement, l'angle que le plan incliné fait avec l'horizon à l'époque où le glissement va naître, angle qui n'est autre que celui formé par la réaction du plan avec la normale.

Décomposons le poids P (fig. 82) représenté en grandeur et en direction par OD, en deux autres forces P' et P'' représentées en grandeur et en direction, la première par OG, la deuxième par OE=DG; P'' est la pression exercée sur le plan, et P' est la composante suivant le plan qui doit détruire, en l'égalant, le frottement que nous désignerons par F, si l'on appelle, de plus, f le coefficient du frottement, on aura

$$P'=F=fP''$$

Désignons par L la longueur arbitraire du plan, par $H=bc$, $B=ab$ la hauteur et la base correspondantes, nous aurons par les triangles abc, OGD, qui sont semblables comme ayant deux angles égaux, $G=abc$ et $O=acb$,

$$OG : DG \text{ ou } OE :: cb : ab \quad \text{ou} \quad P' : P'' :: H : B$$

ou encore

$$fP'' : P'' :: H : B$$

d'où

$$f=\frac{H}{B}$$

Le coefficient du frottement est égal au rapport de la hauteur à la base du plan, à l'instant où le glissement va naître. — Ce rapport caractérise également l'angle du frottement. Si, par exemple, il s'agit de fixer la limite de l'inclinaison qu'on peut donner à un vaisseau sans qu'il glisse sur ses chantiers, et qu'on trouve, pour des surfaces en bois enduites de savon, $f=0,15$; cela veut dire que l'angle du frottement doit être tel que la hauteur du plan soit les 0,15 de la base.

Si l'on considère le cas d'un corps glissant d'un mouvement uniforme le long d'un plan incliné, sous l'action d'un certain nombre de forces motrices, il faudra que la résultante de celles-ci fasse équilibre à la réaction du plan, en supposant le corps entièrement libre dans l'espace. Il faudra donc qu'elle lui soit directement opposée, qu'elle fasse, par conséquent, avec la normale un angle égal à l'angle du frottement.

Si elle faisait un angle plus petit, il n'y aurait point de mouvement, puisque sa composante suivant le plan serait moindre que le frottement qui l'empêche.

Si elle faisait un angle plus grand, sa composante suivant le plan outrepassant la grandeur du frottement, le mouvement ne serait plus uniforme, mais accéléré.

Nous donnons ici le tableau des valeurs moyennes du coefficient f du frottement avec les valeurs correspondantes de l'angle du frottement pour diverses natures de surfaces.

	RAPPORT du frottement à la pression ou f.	ANGLE du Frottement.
Bois sur bois à sec.	0,56	19° $\frac{3}{4}$
Idem avec enduit gras.	0,07	4°
Bois sur métaux à sec.	0,12	22° $\frac{3}{4}$
Idem avec enduit gras. . .	0,08	1° $\frac{1}{2}$
Métaux sur métaux à sec.	0,19	10° $\frac{3}{4}$
Idem avec enduit gras. .	0,09	5°
Corde sur bois mouillée d'eau.	0,55	18° $\frac{1}{4}$
Corde sur fonte avec enduit.	0,15	8° $\frac{1}{2}$
Cuir sur bois ou métal à sec.	0,50	16° $\frac{3}{4}$
Idem avec enduit.	0,20	11° $\frac{1}{4}$
Fer forgé sur pierre calcaire.	0,45	24° $\frac{1}{4}$
Pierre sur bois.	0,40	21° $\frac{3}{4}$

Ce tableau se rapporte à une époque quelconque du glissement acquis. A l'instant où il va naître, la résistance au mouvement est quelquefois plus grande que pendant le mouvement même ; surtout si les surfaces sont demeurées long-temps en contact. Dans tous les cas, ce tableau montre que le frottement est d'autant moindre, qu'il s'exerce entre corps plus durs. Lorsque les surfaces sont graissées, leur contact n'est plus immédiat ; les molécules des corps gras sont comme de petites sphères qui roulent entre les surfaces et facilitent leur glissement.

Exemple : *Un bloc de pierre de 500 kilog. repose sur un plancher horizontal, quel effort faut-il exercer sur lui, pour qu'ayant quitté le repos, il glisse d'un mouvement uniforme?*

Ici la pression est 500 et le coefficient du frottement est $f=0{,}40$, on aura pour le frottement ou pour l'effort horizontal à exercer,

$$500.0{,}40=200 \text{ kilog.}$$

Frottement sur un plan incliné : Le corps monte.

1° Le corps est tiré par une force située au-dessus du plan, et il monte ou va monter, en glissant d'un mouvement uniforme.

F est la force motrice ; appelons F' et F'' les projections parallèle et perpendiculaire au plan incliné ; décomposons de même le poids P du corps posé en deux autres, P' et P'', la première parallèle, la deuxième normale ou perpendiculaire au plan ; la pression normale au plan sera évidemment P''—F'', et le frottement f(P''—F'') ; mais opposé toujours au mouvement et dirigé dans le plan incliné, au moment où le corps va commencer à monter, ou bien à un instant où il monte déjà d'un mouvement uniforme ; le frottement est égal à la différence F'—P' ; nous aurons donc

$$(1) \qquad F'-P'=f(P''-F'').$$

Mais il convient, pour rendre la formule applicable, de remplacer les composantes par leurs valeurs exprimées au moyen d'élémens connus.

D'abord, si nous appelons H la hauteur, B la base, et

L la longueur du plan incliné ; les deux triangles DOE et *abc* (fig. 83) nous donnent

$$P' : P :: H : L \quad \text{d'où} \quad P' = \frac{H}{L}.P$$

$$P'' : P :: B : L \quad \text{d'où} \quad P'' = \frac{B}{L}.P$$

Si OM représente la force F en grandeur et en direction, prenons sur son prolongement OR=L, longueur arbitrairement choisie du plan incliné, abaissons les perpendiculaires RS et MN sur OS ; MN et ON représenteront en grandeur et en direction les composantes perpendiculaire et parallèle au plan incliné de la force F, désignées déjà par F'' et F', et nous représenterons RS par *h* et OS par *b*.

Les deux triangles semblables MON et ROS nous donneront

$$MN : OM :: RS : OR \quad \text{ou} \quad F'' : F :: h : L \quad \text{d'où} \quad F'' = \frac{h}{L}.F$$

$$ON : OM :: OS : OR \quad \text{ou} \quad F' : F :: f : L \quad \text{d'où} \quad F' = \frac{b}{L}.F$$

et en substituant dans (1) les valeurs de P', P'', F', F'', il vient

$$\frac{b}{L}.F - \frac{H}{L}P = f\left(\frac{B}{L}P - \frac{h}{L}.F\right)$$

supprimant le facteur commun L et résolvant par rapport à F, il vient enfin

$$(2) \qquad F = \frac{H+fB}{b+fh}.P$$

Telle est la formule propre à calculer la grandeur de la traction à exercer au-dessus du plan et de bas en haut sous un angle donné pour faire glisser le corps en montant le long du plan, ou pour maintenir l'uniformité de son mouvement, si déjà il est acquis.

On aura soin de prendre dans les tableaux la valeur de f appropriée au cas présent ; H, B, L sont toujours connues ; quant à H et B, voici comment on déterminera leurs valeurs quand on connaîtra la direction de la force F, c'est-à-dire l'angle qu'elle fait avec le plan incliné.

Soit CAB l'égal de cet angle tracé sur le papier (fig. 84). Nous prenons sur AC, direction de la force, une longueur AQ=L, puis nous abaissons la perpendiculaire QR que nous mesurons. Or, si MN et AN représentent les intensités des composantes F'' et F', nous aurons cette suite de rapports égaux

$$\frac{MN}{AN}=\frac{F''}{F'}=\frac{QK}{AK}=\frac{h}{b}$$

D'autre part, H, B et L sont toujours connus.

On peut donc, par la formule (2), déterminer F ; par suite on déterminera F'', puis F', enfin l'on aura le frottement

$$f(P''-F'')$$

Exemple : *Soit* P=400 *kilog.*, f=0,07, *soit* H=3^m, B=4^m, L=$\sqrt{9+16}=5$?

Supposons que h soit égale à 1 mètre, nous aurons

$$b=\sqrt{25-1}=\sqrt{24}=4^m,12$$

nous aurons donc

$$F=\frac{3+0^m,28}{1+0^m,29}\,400^k=1017^k,52$$

2° Cas où le corps va monter ou monte déjà sous un effort de traction parallèle au plan incliné.

Dans cette circonstance, la composante normale F'' est nulle ; tandis que F'=F ; nous aurons alors

$$\frac{F''}{F'}=\frac{h}{b}=o$$

Substituant ces valeurs dans (1), il vient

(3) $$F=\frac{H+fB}{L}\,P$$

3° Cas où le corps va glisser en montant ou glisse déjà d'un mouvement uniforme sous la force mouvante F, dirigée au-dessous du plan incliné.

Nous aurons pour le frottement,

$$(4) \qquad F'-P'=f(P''+F'')$$

Nous avons toujours

$$F'=\frac{b}{L}F, \quad F''=\frac{h}{L}F; \quad \text{et} \quad P'=\frac{H}{L}.P, \quad P''=\frac{B}{L}.H$$

Il vient, en substituant et simplifiant, puis résolvant, par rapport à F,

$$(5) \qquad F=\frac{H+fB}{b-fh}.P$$

4° Cas où le corps va monter en glissant sous l'effort d'une traction horizontale, dirigée au-dessous du plan incliné (fig. 85).

Dans ce cas, les triangles MNO et ABC semblables, comme étant rectangles et ayant l'angle aigu MON=BAC, nous donnent

$$\frac{ON}{OM}=\frac{B}{L}, \quad \frac{MN}{OM}=\frac{H}{L} \quad \text{et} \quad \frac{MN}{ON}=\frac{H}{B}$$

et par suite

$$F'=\frac{B}{L}.F, \qquad F''=\frac{H}{L}.F$$

Dès-lors, en substituant dans (4) ces valeurs, nous avons, tout calcul fait,

$$(6) \qquad F=\frac{H+fB}{B-fH}.P$$

Frottement sur un plan incliné. — Le corps descend.

5° Si le corps, au lieu de monter en glissant, était sur le point de descendre ou descendait déjà d'un mouvement uniforme sous le triple effort de son poids, de la traction et du frottement, le poids serait, dans ce cas, la force mouvante, et la traction projetée suivant le plan serait résistante ainsi que le frottement, toujours de sens contraire au mouvement.

Dans ce cas, la formule (2) deviendrait

$$(7) \qquad F = \frac{H - fB}{fh - b} . P$$

Formule qui servirait à déterminer la traction dirigée par-dessus le plan incliné d'une manière quelconque, à l'instant où le corps va commencer à glisser en descendant ou glisse déjà d'un mouvement uniforme.

6° Si la traction était dirigée dans le plan incliné lui-même, la formule (3) deviendrait

$$(8) \qquad F = \frac{H - fB}{L} . P$$

7° Si la traction était dirigée en dessous du plan sous un angle quelconque, la formule (5) deviendrait

$$(9) \qquad F = \frac{H - fB}{b - fh} . P$$

8° Si la traction, toujours dirigée au-dessus du plan incliné, était horizontale, la formule (6) deviendrait

$$(10) \qquad F = \frac{H - fB}{B - fH} . P$$

Calcul du Travail. — Si l'on voulait, dans ces divers cas, déterminer la quantité de travail consommée par le frottement quand le corps a parcouru en glissant un certain espace, soit en montant, soit en descendant, rien ne serait plus facile ; il n'y aurait qu'à multiplier le chemin par le frottement, toujours donné par les formules précédentes ; si donc nous représentons par N la pression exercée sur le plan incliné, par f le rapport du frottement à la pression, et par E le chemin parcouru sur le plan dans 1", nous aurons

$$fNE$$

pour exprimer le travail consommé par seconde.

Frottement dans le tour. — Il faut distinguer deux cas ; les axes de rotation sont terminés par des *pivots* ou des *tourillons*.

Pivot. — Soit donc un pivot pressé contre sa crapaudine par une force N, que nous pouvons considérer comme agissant dans la direction de l'axe. Cette force, résultante de toutes les pressions partielles qui s'exercent sur les divers élémens de la base, passe évidemment par le centre du cercle du pivot, et peut être regardée comme uniformément distribuée sur toute l'étendue de la base.

Soit A l'étendue de la base entière, et N la pression totale qu'elle supporte, la pression d'un secteur AOB$=a$ sera $\frac{a}{A}N$, et le frottement y sera $f\frac{a}{A}N$, dirigé toujours en sens contraire du mouvement, et par conséquent perpendiculaire au rayon qui passe par son point d'application. Or, si par la pensée on divise le secteur AOB (fig. 86) en une infinité de petits secteurs assimilables à des triangles, en chacun des élémens de ceux-ci se développeront des frottemens partiels, tous parallèles, et ayant une résultante qui aura son point d'application au centre de gravité de ces triangles, c'est-à-dire aux deux tiers du rayon à partir du centre, ainsi il en sera de leur somme ; le secteur a, et par raison de symétrie, le point d'application de $f\frac{a}{A}N$ se trouvera sur le rayon OD$=$R aux deux tiers.

Donc, pour un tour de l'arbre, le travail développé sur le secteur a sera

$$2\pi.f.\frac{2}{3}.R\frac{a}{A}N$$

Pour la surface entière, il faut remplacer a par A, et on obtient la totalité du travail dû au frottement du pivot sur sa crapaudine, dans un tour.

$$2\pi fN\frac{2}{3}R \quad \text{ou} \quad \frac{4}{3}\pi fNR$$

Couronne circulaire. — Si un pivot frottait, non pas sur un cercle entier, mais sur une couronne circulaire, comme il arrive pour les tourillons, lorsque l'axe est pressé sur les coussinets suivant sa longueur, il est facile de déduire le travail du frottement de ce qui précède.

La surface annulaire, qui sert de base, s'obtient en prenant la différence entre le cercle extérieur et intérieur, c'est $\pi(R^2-r^2)$ (fig. 87).

Pour le plus grand cercle, on aurait pour un tour,

$$2\pi f N \frac{\frac{2}{3} R\pi R^2}{\pi R^2-r^2}$$

et pour le plus petit, on aurait

$$2\pi f N \frac{\frac{2}{3} r\pi r^2}{\pi(R^2-r^2)}$$

On aura donc, en prenant la différence et supprimant le facteur π, commun au numérateur et au dénominateur,

$$2\pi f N \frac{(\frac{2}{3}R^3-\frac{2}{3}r^3)}{R^2-r^2} \quad \text{ou} \quad \frac{4}{3}\pi f N\left(\frac{R^3-r^3}{R^2-r^2}\right)$$

Soit $l=R-r$ la largeur de l'anneau, et r_1 le rayon moyen de cet anneau, ou la distance de son milieu au centre, on trouve, en éliminant R et r

$$2\pi\left(r_1+\frac{12\, l^2}{r_1}\right) f N$$

Exemple : *Quelle sera la quantité de travail consommée par seconde dans le frottement d'un arbre vertical soumis à une pression de 3,400 kilog., faisant 150 tours à la minute ; le rayon du pivot sur la crapaudine étant de* $0^m,03$, *et en bronze sur bronze ?*

Ici, $f=0,07$, et l'on aura pour un tour,

$$\frac{4}{3}.3,14.0,07.3400^k.0,03$$

et pour les $\frac{150}{60}=2,5$ tours accomplis par seconde, on aura

$$4,19.7.3400.0,03.2,5=74^{km},8$$

Remarque. — La formule ci-dessus nous montre que

le travail du frottement croît avec le rayon du pivot. Il y a donc de l'avantage à le diminuer autant que le permet la dureté et la résistance de la matière dont il est formé. C'est pour cela que souvent il a une forme conique; souvent encore on lui donne une forme convexe, ainsi qu'à la crapaudine.

Tourillons. — Les tourillons d'un diamètre moindre que les arbres qu'ils terminent, tournent dans des guides cylindriques appelés *coussinets*, lesquels ont un diamètre un peu plus grand, afin de ne pas faire naître de pression et de frottement par suite de leur ajustement; il s'agit d'évaluer le frottement que ces surfaces développent dans le mouvement de l'arbre.

La figure 88 représente la section faite par un plan perpendiculaire au tourillon. Nous supposons que le mouvement uniforme s'accomplit déjà dans le sens indiqué par la flèche, et que le point de contact est en m; c'est supposer qu'en ce point passe la résultante P de toutes les forces en action sur le corps, et que de ses composantes, l'une P' parallèle à la tangente au point m, est égale au frottement, et l'autre P'' perpendiculaire représente la pression. Les choses se passent donc comme si le tourillon était posé sur un plan incliné.

f étant le coefficient du frottement, on aura

$$P' = fP''$$

Mais le triangle rectangle mAB donne

$$\overline{mB}^2 + \overline{BA}^2 = \overline{mA}^2 \quad \text{ou} \quad P'^2 + P''^2 = P^2$$

ou bien

$$P''^2(1+f^2) = P^2 \quad \text{d'où} \quad P'' = \frac{1}{\sqrt{1+f^2}}.P$$

Le frottement est donc

$$P.\frac{f}{\sqrt{1+f^2}}$$

Si r représente le rayon du tourillon, le travail du frottement, pour un tour, aura pour expression

$$2\pi r \frac{f}{\sqrt{1+f^2}}.P$$

Lorsque l'axe ne peut nullement se déplacer sur le coussinet, on peut remplacer $\frac{f}{\sqrt{1+f^2}}$ par f, et prendre $2\pi r f P$ pour l'évaluation du travail.

Le travail du frottement sur le plan incliné est

$$\frac{Pf}{\sqrt{1+f^2}}.E$$

Si R est le rayon du tour, et que E soit le chemin parcouru par un point pris sur le tour, on a

$$E = 2\pi R$$

et par suite

$$2\pi = \frac{E}{R}$$

Le travail du frottement dans le tour devient

$$\frac{r}{R}.E\frac{f}{\sqrt{1+f^2}}P$$

il est moindre que sur le plan incliné dans le rapport de $\frac{r}{R}$; de là l'avantage des galets substitués comme guides aux plans. Le travail perdu est d'autant plus petit que le rayon r du tourillon est moindre, par rapport au rayon R du galet. Mais lorsqu'il s'agit de fortes charges r ne pouvant plus être très petit, l'avantage du galet diminue; il finit par s'aplatir par l'usure, et cesse de tourner.

Exemple : *Une roue soumise à une pression de 12000^k fait 5 tours par minute, ou bien $\frac{5}{60} = \frac{1}{12}$ de tour par seconde, le rayon du tourillon est de 0^m,10; il est en métal, ainsi que les coussinets enduits de saindoux; quel est le travail consommé par le frottement dans une seconde?*

Dans un tour il serait

$$2\pi.0,10.0,09.12000^k$$

Dans le $\frac{1}{12}$ d'un tour, on aura

$$2\pi 0,10.0.09.12000.\tfrac{1}{12} = 6,28.0,10.0,09.12000.\tfrac{1}{12} = 56^{km},52$$

Frottement dans le levier. — Le levier peut osciller sur l'arête d'un couteau tranchant, comme dans les balances; alors le travail du frottement est presque nul, puisque le chemin parcouru par le point d'application de cette résistance est sensiblement nul. Quand il s'agit de grands efforts, on substitue, à l'arête aiguë qui serait bientôt écrasée, un cylindre fixe ou mobile. Si le cylindre est fixe et que le point d'appui n'y prenne qu'un mouvement de roulement, le frottement peut-être négligé. Mais il n'en est plus ainsi s'il y a glissement; il naît alors un frottement qui est le même que celui qui se produirait sur le plan incliné, représenté par le plan tangent de la surface cylindrique au point de contact; on sait d'ailleurs que le glissement a lieu quand la résultante des forces transportée en ce point fait avec la normale au plan tangent, un angle au moins égal à l'angle du frottement des corps qui se touchent.

Dans les machines, le point de contact demeurant fixe à la surface du cylindre dont les tourillons se meuvent sur coussinets, on est ramené à évaluer un travail de même nature que celui du frottement dans le tour, r étant le rayon du tourillon $\frac{2\pi}{n}$ la fraction de tours correspondant à une oscillation, on aura pour le travail du frottement

$$\frac{2\pi}{n} frP$$

Frottement dans la vis. — Considérons une vis à filets carrés, dont l'axe est vertical, élevant d'un mouvement uniforme un fardeau dont le poids, augmenté de celui de l'appareil, est P, au moyen d'une puissance Q agissant dans un plan perpendiculaire à l'axe au bout d'un bras de levier R; h est la hauteur d'un pas et r le rayon du filet moyen où nous supposons que s'exerce l'action et la réaction de la vis et de l'écrou; si V et V' sont les vitesses de rotation d'un point pris sur le filet moyen et le point d'application de la puissance, si v est la vitesse de translation suivant l'axe, on aura, au bout d'un temps quelconque et partant, au bout du temps employé pour un tour complet, les relations

$$V : v :: 2\pi r : h \quad \text{et} \quad V' : v :: 2\pi R : h,$$

La deuxième proportion apprend que la vitesse de rotation du point d'application de la puissance est à la vitesse de translation de la vis ou de son écrou, comme la circonférence décrite par l'extrémité de la barre est au pas de la vis.

La première proportion montre que l'on peut réduire la vitesse dans le mouvement rectiligne, à n'être qu'une très petite fraction de la vitesse dans le mouvement circulaire, ce qui rend la vis très propre à développer de très grands efforts, mais comme on va le voir, en dépensant beaucoup de travail dans le frottement.

Soit F une force qui, en agissant au point où le frottement s'accomplit entre la vis et l'écrou, à une distance r de l'axe, est propre à remplacer la puissance Q dont le bras de levier est R, on aura

$$F = Q\frac{R}{r}$$

Mais on sait que dans le mouvement uniforme dont il s'agit, les choses se passent comme sur un plan incliné, ayant pour hauteur h le pas de la vis, et pour base $2\pi r$ la circonférence décrite par le point de contact où passent la résistance P et la puissance horizontale F.

La formule (6) relative au plan incliné devient ici

$$F \quad \text{ou bien} \quad Q\frac{R}{r} = \frac{h+2\pi r f}{2\pi r - fh}P$$

d'où

$$Q = \frac{r}{R}.P.\frac{h+2\pi r f}{2\pi r - hf}$$

Pour un tour entier, la puissance crée une quantité de travail égale à

$$Q 2\pi R \quad \text{ou} \quad \frac{h+2\pi r f}{2\pi r - hf}.P 2\pi r = \tau$$

et la résistance P une quantité de travail utile égale à

$$Ph = \tau'$$

Le rapport de ces quantités est

$$\frac{\tau}{\tau'}=\frac{2\pi r}{h}\cdot\frac{h+2\pi rf}{2\pi r-hf}=\frac{1}{\frac{h}{2\pi r}}\cdot\frac{\frac{h}{2\pi r}+f}{1-\frac{h}{2\pi r}f}$$

et en faisant $\frac{h}{2\pi r}=\mathrm{K}$, on a

$$\frac{\tau}{\tau'}=\frac{\mathrm{K}+f}{\mathrm{K}-\mathrm{K}^2f}=1-1+\frac{\mathrm{K}+f}{\mathrm{K}-\mathrm{K}^2f}=1+\frac{f(1+\mathrm{K}^2)}{\mathrm{K}-\mathrm{K}^2f}$$

ce qui montre que le travail de la puissance destiné à vaincre celui du frottement, est

$$\frac{f(1+\mathrm{K}^2)}{\mathrm{K}-\mathrm{K}^2f}\tau'$$

Exemple : *Soit* $f=0{,}09$, $\mathrm{K}=\frac{h}{2\pi r}=0{,}27$.

On trouve que le travail du frottement est à-peu-près les $\frac{2}{5}$ du travail utile τ'.

Si, comme dans les pressoirs à vis, on fait $\mathrm{K}=0{,}04$, et $f=0{,}12$, on trouve que le travail dû au frottement est plus que le triple du travail utile.

Lorsque les spires de la vis sont très serrées, et que l'on a $\frac{h}{2\pi r}<f$, la puissance ne peut plus entretenir le mouvement, et non seulement la vis ne se desserre pas sous l'effort qu'elle supporte, mais il faudrait pour cela que la puissance agît en sens contraire de ce qu'elle faisait précédemment. Ce cas est précisément celui des boulons d'assemblage, destinés à maintenir l'état de compression de certains corps, lorsque la puissance a développé son action sur la vis et l'écrou.

Frottement des boutons de manivelles et des excentriques circulaires. — Supposons le mouvement uniforme.

Soit r le rayon du bouton ou de l'excentrique, et P l'effort moyen qu'il doit transmettre, estimé dans la direction de la bielle ; à chaque tour complet, le bouton parcourra le chemin $2\pi r$; le frottement, toujours dirigé en sens contraire du mouvement, est égal à fP ; il consommera une quantité de travail, dont l'expression sera

$$2\pi r . fP \text{ kilogrammètres par tour.}$$

Si le bouton faisait n tours complets dans une minute, il ferait $\frac{n}{60}$ par seconde, et le travail consommé par seconde serait

$$2\pi r . \frac{n}{60} . fP$$

Exemple : *Quelle est la quantité de travail consommée par le bouton d'une manivelle de machine à vapeur de 40 chevaux, à basse pression, la vitesse moyenne du piston étant de* $1^m,30$?

La vitesse de l'extrémité de la bielle est la même ; son effort moyen est donc de

$$\frac{40.75^{km}}{1^m,30} = 2307^k,7.$$

Soit $r = 0^m,05$ le rayon du tourillon, et $f = 0,08$ le rapport du frottement à la pression, nous aurons

$$6,28.0,08.2307^k,7.0,05 = 57^{km},97$$

consommé par chaque tour.

Si le nombre de tours du volant est de 20 par minute, il sera $\frac{20}{60} = \frac{1}{3}$ par seconde ; alors on aura

$$\frac{57^{km},97}{3} = 19^{km},32$$

pour l'évaluation du travail consommé par seconde par le frottement du bouton de la manivelle.

Résistance due à la raideur des cordes. — Lorsque sur une poulie mobile s'enroule une corde chargée à l'une de ses extrémités d'un poids P (fig. 89), et tirée à l'autre extrémité par une force mouvante F, l'expérience apprend que, soit à l'instant que le mouvement va naître, soit lorsqu'il est déjà acquis et uniforme, la force mouvante est plus grande que la résistante P d'une quantité qui excède tout ce qui est dû de résistance au frottement de l'essieu de la poulie sur des appuis. Cet excès de résistance caractérise ce qu'on appelle la raideur de la corde ; il s'explique de deux manières ; soit par l'augmentation du bras de levier provenant de la figure de la corde qui s'écarte de la tangente à la poulie du côté de la résistance, soit par un excès de travail résistant offert par la plus ou moins grande inflexibilité de la corde.

Il résulte des expériences de COULOMB, que sans compter le frottement de l'essieu, l'on a pour exprimer la portion de résistance due uniquement à la raideur de la corde

$$P' = \frac{A + BP}{D} \quad (a)$$

D est le diamètre de la gorge de la poulie augmenté de celui de la corde ; A nombre constant exprimant en kilogrammes la raideur naturelle de la corde et dépendant de sa nature, de son état, de son mode de fabrication ; en effet, la corde peut varier de matière, de diamètre, être neuve ou vieille, blanche ou goudronnée, sèche ou humide ; A dépend de tout cela, il en est de même du nombre B, qui est le facteur constant qui exprime en kilogrammes le raideur du brin qui s'enroule sur une poulie de 1 mètre de diamètre par tension supportée de 1 kilog.

Donnons les expériences de COULOMB, dont les résultats font toujours loi sur cette matière :

1° Pour des cordes en chanvres non goudronnées, et dites cordes blanches, en bon état, sèches ou imbibées d'eau, les nombres A et B varient d'une corde à une autre, à-peu-près dans le rapport des carrés des diamètres.

2° Si ces cordes sont à demi-usées, les nombres A et B ont entr'eux le même rapport que les racines carrées du cube des diamètres.

3° Pour les cordes goudronnées, la quantité B est proportionnelle au nombre des fils de caret dont les cordes se composent.

Ces résultats ne sont qu'approximatifs, mais on n'a jusqu'à présent rien de mieux ; nous les avons pris pour base du tableau ci-dessous, qui donne les valeurs de A et B pour les cordes de tous les diamètres en usage ou à-peu-près, dans les machines destinées à élever les fardeaux.

Tableau emprunté à l'Aide-Mémoire de M. A. Morin.

Nombre de Fils.	Cordes Blanches.			Cordes Goudronnées.		
	Diamètre.	Valeur de A.	Valeur de B.	Diamètre.	Valeur de A.	Valeur de B.
6	0m0089	0k010604	0k00218	0m0105	0k02120	0k00251
9	0.0110	0.002521	0.00327	0.0129	0.04114	0.00377
12	0.0127	0.03885	0.00436	0.0149	0.06731	0.00503
15	0.0141	0.05958	0.00545	0.0167	0.09771	0.00628
18	0.0155	0.08473	0.00653	0.0183	0.15834	0.00754
21	0.0168	0.11429	0.00762	0.0198	0.18319	0.00879
24	0.0179	0.14826	0.00871	0.0211	0.23428	0.01005
27	0.0190	0.18663	0.00980	0.0224	0.29159	0.01131
30	0.0200	0.22042	0.01089	0.0236	0.35512	0.01256
33	0.0210	0.27662	0.01198	0.0247	0.42489	0.01382
36	0.0220	0.32822	0.01307	0.0258	0.50089	0.01508
39	0 0228	0.38423	0.01416	0.0268	0.58311	0.01633
42	0.0237	0.44467	0.01525	0.0279	0.67156	0.01759
45	0.0246	0.50950	0.01633	0.0289	0.76624	0.01885
48	0.0254	0.57875	0.01742	0.0298	0.86914	0.02010
51	0.0261	0.65241	0.01851	0.0308	0.97428	0.02136
54	0.0268	0.75047	0.01960	0.0316	1.08764	0.02262
57	0.0276	0.81295	0.02069	0.0326	1.20723	0.02387
60	0.0283	0.89983	0.02178	0.0334	1.33305	0.02513

Usage du Tableau. — Pour calculer la raideur d'une corde donnée, soumise à une tension connue, on prendra, dans le tableau, les valeurs de A et de B correspondantes au diamètre le plus voisin de la corde proposée, puis on les substituera dans la formule (a).

Exemple : *Quelle est la raideur d'une corde blanche sèche, de* $0^m,025$ *de diamètre ou de 48 fils de caret, enroulée sur une poulie de chèvre, de* $0^m,250$ *de diamètre de gorge, sous une tension de 900 kilog.?*

La table donne, pour une corde blanche de 48 fils de caret, enroulée sur un tambour de 1 mètre de diamètre et sous une pression de 1 kilogramme,

$$A=0,57875, \qquad B=0,01742$$

On a, de plus

$$D=0^m,250+0^m,025=0^m,275$$

On aura donc

$$P_1=\frac{0^k,57875+0,01742.900^k}{0^m,275}=59^k,12$$

La résistance totale à vaincre, non compris le frottement sur l'axe de la poulie, est donc

$$P+P_1=959^k,12.$$

Comme on le voit, la résistance est augmentée par la raideur de la corde du seizième de sa valeur.

Des Palans. — On emploie, dans les constructions et dans la navigation, pour l'élévation des fardeaux et la tension des cordages, des palans dont les poulies sont égales et réunies dans des chappes autour du même axe; il s'agit de déterminer l'effort à exercer sur le garant ou brin libre, pour élever un fardeau donné, vaincre une résistance connue, la part faite de la raideur des cordes et du frottement de l'axe sur les appuis, et en supposant le mouvement uniforme.

Faisons d'abord le calcul pour une seule poulie, dont r représente le rayon moyen augmenté de celui de la corde; soit P le poids du fardeau ou la résistance, et r' la distance de la corde à l'axe de la poulie au point où l'enroulement commence; soit F la puissance agissant à l'autre extrémité de la corde; soit r'' le rayon de l'essieu ou de l'œil de la poulie en un certain point auquel nous considérons comme appliqués la pression N et le frottement fN et par suite, leur résultante R ; or, nous avons

$$R = N\sqrt{1+f^2} \quad \text{ou} \quad fN = \frac{f.R}{\sqrt{1+f^2}} = f_1 R$$

en posant

$$f_1 = \frac{f}{\sqrt{1+f^2}}$$

De plus, la force R n'étant autre chose que la résultante des forces P, F et du poids de la poulie que nous pouvons négliger ici, ou, si l'on veut, la réaction des appuis, on a

$$R = \sqrt{P^2 + F^2 + 2F_1 P}$$

F_1 désignant la projection de la puissance sur la direction de la résistance, comme l'indique la figure 90, où $OB = AC = F$, et $OD = F_1 = AE$, $OA = P$ et $OC = R$.

Or, puisque le mouvement est uniforme, les forces se font donc équilibre, leur moment par rapport à l'axe de la poulie est donc nul, de là la condition

$$Fr = Pr' - f_1 Rr'' - \frac{A+BP}{2} = 0$$

d'où

(1) $$F = P\frac{r'}{r} - f_1 R\frac{r''}{r} + \frac{A+BP}{2r}$$

Remarquant que $\frac{r'}{r} = 1$ sensiblement que $\frac{f}{\sqrt{1+f^2}} = f$ à très peu de choses près, et que les deux brins de P et de F peuvent être regardés comme parallèles, auquel cas

$$R = P + F$$

L'équation (1) devient

(2) $$F = P + (P + fF)f\frac{r''}{r} + \frac{A+BP}{2r}$$

ou bien toutes simplifications faites

$$(3)\qquad F=\frac{A}{2(r-fr'')}+\frac{r+fr''+\frac{B}{2}}{r-fr''}.P.$$

en posant

$$a=\frac{A}{2(r-fr'')}\ ,\qquad b=\frac{r+fr''+\frac{B}{2}}{r-fr''}$$

on a

$$(4)\qquad F=a+bP$$

Il nous sera facile de passer de là au cas des moufles ou palans ; nous y négligerons aussi, à cause de leur petitesse relative, le poids des poulies et des cordes, et leur frottement latéral ; nous supposerons les poulies égales et les cordons sensiblement parallèles.

Si maintenant nous représentons par T_1, T_2, T_3.....T_n les tensions successives des cordons jusqu'au garant dont la tension n'est pas comprise ; nous aurons par l'application de la relation (4), la suite des relations ci-dessous :

$$T_2=a+bT_1=\frac{b-1}{b-1}a+bT_1$$

$$T_3=a+bT^2=a(b+1)+b^2T_1=a\frac{b^2-1}{b-1}+b^2T_1$$

$$T_4=a+bT_3=a(1+b+b^2)+b^3T_1=a\frac{b^3-1}{b-1}+b^3T_1$$

$$T=a+bT_{n-1}=a.........=a\frac{b^{n-1}-1}{b-1}+b^{n-1}T_1$$

$$(5)\qquad F=a+bT_n=.........=a\frac{b^n-1}{b-1}+b^nT_1$$

Mais le poids P étant disséminé dans la totalité des brins, on a

$$P=T_1+T_2+T_3+..........T_n$$

Remplaçons T_2, T_3, T_4......T_n par leurs valeurs exprimées au moyen de T_1, il vient

$$P=\frac{a}{b-1}\left(1+b+b^2+b^3.....+b^{n-1}-(1+1+1+.....)\right)$$
$$+(1+b+b^2+b^3.......+b^{n-1})T_1$$

ou bien

(6) $$P=\frac{a}{b-1}\left(\frac{b^n-1}{b-1}-n\right)+\frac{b^n-1}{b-1}T_1$$

en posant

$$T_1=\frac{a}{b-1}(1-1)+T_1$$

et remarquant que

$$1+b+b^2+b^3.......b^{n-1}=\frac{b^n-1}{b-1}$$

Eliminons T_1 entre les relations (5) et (6), il vient

(7) $$F=a\left(\frac{nb^n}{b^n-1}-\frac{1}{b-1}\right)+\frac{b-1}{b^n-1}b^n P$$

n exprime le nombre des cordons qui vont d'une chappe à l'autre.

En faisant abstraction du frottement et de la raideur des cordes, on a évidemment

$$a=o \quad \text{et} \quad b=1$$

et enfin

(8) $$F=\frac{P}{n}$$

Car développant le rapport $\frac{b-1}{b^n-1}$, il vient

$$\frac{1}{\frac{b^n-1}{b-1}}=\frac{1}{1+b+b^2+b^3.......b^{n-1}}=\frac{1}{n}$$

en faisant $b=1$.

La puissance est à la résistance dans le rapport inverse des brins.

Exemple : *Pour un système de quatre poulies* $n=8$?

Soit $f=0{,}15$ (cuivre sur fer sans enduit), $r=0{,}0593$; $r''=0{,}0105$, on trouve, au moyen de la relation (7),

$$a=0^{k},6039\ ,\quad b=1{,}1267$$

puis enfin

$$F=12^{k},18+0{,}288\,P$$

Autre Exemple : *Quelle tension faut-il donner au garant d'un palan dont les poulies ont* $0^{m},06$ *de diamètre à la gorge*, $0^{m},009$ *à l'œil, équipé à 6 brins avec une corde blanche de* $0^{m},012$ *de diamètre, pour élever un poids de 100 kilogrammes ?*

Ici $f=0{,}15$, $r=0^{m},036$, $r''=0^{m},0045$, $A=0{,}03885$, $B=0{,}00436$, on trouve

$$F=231^{k},47$$

On obtiendrait seulement

$$F=166^{k},67$$

au moyen de la formule (8)

Si l'on voulait comparer maintenant les travaux de la puissance et de la résistance utile, de F et de P, on verrait tout de suite que le rapport de ces travaux est variable, en sorte qu'en appelant E la hauteur dont est monté le poids P, nE exprimera le chemin parcouru par la puissance ; on aura donc pour exprimer les travaux FnE et PE et pour leur rapport

$$\frac{FnE}{PE} \quad \text{ou bien} \quad \frac{nF}{P}$$

Mais l'équation (7) apprend que F ne varie pas proportionnellement à P, donc

$$\frac{F}{P} \quad \text{et par suite} \quad \frac{nF}{P}$$

n'est pas constant.

Application des différens palans en usage. — La formule (7) étant d'un emploi laborieux et incommode, on a mis en tableau les nombres qu'elle fournit, quand on l'applique à divers palans de dimensions usuelles.

Numéros des Palans.	Diamètre des Poulies de gorge.	Diamètre des Cordes.	Rayon moyen r.	Rayon de l'œil des poulies r''.	Nombre de brins n.	Nombre de fils de caret.
1	0m032	0m006	0m0200	0m00300	4	»
2	0.066	0.120	0.0360	0.0045	6	6
3	0.100	0.015	0.0575	0.0050	6	12
4	0.120	0.018	0.0690	0.0053	8	18
5	0.150	0.020	0.0850	0.0075	8	»
6	0.200	0.030	0.1150	0.0100	4	»

VALEURS DE LA PUISSANCE.

Numéros des Palans.	Diamètre des Cordes.	Palans équipés avec des Cordes Blanches.	Palans équipés avec des Cordes Goudronnées.
1	0m008	F = 0k.6311 + 0.3122 P	F = 3k.003 + 0.2314 P
2	0.012	F = 1.959 + 0.2275 P	F = 4.469 + 0.2240 P
3	0.15	F = 2.680 + 0.2172 P	F = 8.568 + 0.1852 P
4	0.018	F = 5.345 + 0.1780 P	
5	0.020	F = 6.810 + 0.1823 P	
6	0.030	F = 11.170 + 0.3350 P	

Exemple : *Quel est l'effort à exercer sur le garant d'un palan n° 4, équipé à 8 brins, avec une corde blanche en bon état de* 0m,018 *de diamètre, pour produire une tension de* 4000 *kilogrammes ?*

Nous trouvons dans le tableau la valeur de F calculée dans le cas précédent :

$$F=5^k,345+0,178.4000^k=717^k345$$

En ne tenant pas compte des résistances passives, ainsi qu'il arrive souvent, on trouve

$$F=\frac{4000}{8}=500 \text{ kilog.}$$

Exemple : *Quelle est la tension qu'on peut produire à l'aide de 20 hommes exerçant sur le garant chacun un effort constant de 40 kilog., avec un palan nº 4, équipé avec une corde goudronnée de 18 fils de caret, en supposant acquis déjà le mouvement uniforme ou sur le point de naître?*

On a $F=20.40^k=800^k$, et (7) donne, au moyen du tableau

$$P=\frac{800^k-8^k568}{0,1852}=4273 \text{ kilog.}$$

Des principales transmissions de mouvement. — Commençons par déterminer le frottement d'une courroie ou d'une corde sur un cylindre fixe, au moment où elle va glisser ou glisse déjà d'un mouvement uniforme.

Si P représente le poids suspendu à l'extrémité du brin conduit et en exprime la tension T' ; si F représente la force mouvante sollicitant le brin conducteur et en exprimant la tension T ; si R, S et f désignent le rayon du cylindre, la longueur de l'arc enroulé et le rapport du frottement à la pression normale, nous aurons la relation

(1)

$$F=(2,72)^{f\frac{S}{R}}.P$$

ou bien

$$T=(2,72)^{f\frac{S}{R}}.T'$$

et, pour exprimer le frottement, nous aurions

$$T-T'=\left((2,72)^{f\frac{S}{R}}-1\right)T'$$

D'après les expériences de M. Morin, le frottement des courroies paraît être indépendant de leur largeur, de plus, on peut faire supporter sans risque à une courroie en cuir une pression de $0^k,25$ par millimètre carré de section.

Voici le tableau des valeurs de f d'après le même auteur :

Valeurs de f.

0,47 pour des courroies à l'état ordinaire d'onctuosité sur des tambours en bois.

0,50 *idem* neuves sur des tambours en bois.

0,27 *idem* à l'état ordinaire d'onctuosité sur poulies en fonte.

0,38 *idem* humides sur poulies en fonte.

0,50 pour des cordes de chanvre sur poulies ou tambours en bois.

La formule (1) montre que la force mouvante acquiert des valeurs rapidement croissantes, quand l'arc embrassé S deviendra de plus en plus grand.

On trouve $f=0,33$.

Valeurs de S.	πR,	$2\pi R$,	$3\pi R$,	$4\pi R$,	$5\pi R$,	$6\pi R$
Valeurs de $\frac{F}{P}$.	2,85,	8,12,	23,14,	65,94,	187,90,	535,46

Cette énorme influence du frottement croissant d'une manière si rapide avec l'accroissement de l'arc enroulé sur le tambour par une corde ou une courroie, est souvent mise à profit par les tonneliers pour faire descendre dans une cave, sans grand effort et d'un mouvement uniforme, des tonneaux d'un poids considérable. Ils passent autour du tonneau une corde qu'ils enroulent, à plusieurs révolutions, autour d'une borne ou d'une pièce de bois convenablement disposée. Les mariniers emploient le même moyen pour arrêter un bateau contre l'effort trop considérable du courant d'une rivière.

Pour appliquer la formule (1), il convient de faire usage des logarithmes, il vient alors

$$\log.\frac{F}{P}=\frac{fS}{R}.\log.\ 2{,}72=\frac{fS}{R}.\ 0{,}434$$

Si $f=0{,}50$, $\frac{S}{R}=\frac{\pi R}{R}=3{,}14$, on trouve

$$\log.\frac{F}{P}=1{,}57.0{,}434=0{,}68138$$

On cherche dans la table le nombre correspondant au logarithme 0,68138, et l'on trouve

$$F=4{,}80.P$$

Exemple : *Quelle doit être la tension* T *ou* F *du brin conducteur d'une courroie de cuir embrassant la demi-circonférence d'un tambour en bois, pour faire glisser le brin conduit soumis à une tension de* 50 *kilogrammes?*

Ici $f=0{,}47$, $\frac{S}{R}=\frac{\pi R}{R}=3{,}14$, P ou $T'=50^k$, on aura

$$\log.\frac{T}{50}=0{,}434.0{,}47.3{,}14=0{,}590676$$

Puis la table des logarithmes nous donne le nombre correspondant, et l'on trouve

$$\frac{T}{50}=4{,}37 \quad \text{d'où} \quad F \text{ ou } T=218^k{,}50$$

Table Pratique.

La formule (1) exigeant l'emploi des logarithmes et offrant des difficultés aux personnes peu exercées, nous avons emprunté, à l'aide-mémoire de M. Morin, la table ci-après, donnant le rapport de K de la force mouvante à la résistance, ou bien le rapport de la tension du brin conducteur à celle du brin conduit, pour divers arcs embrassés par la corde ou la courroie.

Rapport de l'arc embrassé à la circonférence entière.	VALEURS DE K.					
	Courroies neuves sur tambours en bois.	Courroies à l'état ordinaire.		Courroies humides sur poulies en fonte.	Cordes sur tambours ou treuils en bois.	
		sur tambours en bois.	sur poulies en fonte.		bruts.	polis.
1.20	1.87	1.80	1.42	1.61	1.87	1.51
0.30	2.57	2.43	1.69	2.05	2.57	1.86
0.40	3.51	3.26	2.02	2.60	3.51	2.29
0.50	4.81	4.38	2.41	3.30	4.81	2.82
0.60	6.59	5.88	2.87	4.19	6.58	3.47
0.70	9.00	7.90	3.43	5.32	9.01	4.27
0.80	12.34	10.62	4.09	6.75	12.34	5.25
0.90	16.90	14.27	4.87	8.57	16.90	6.46
1.00	23.14	19.16	5.81	10.89	23.90	7.95
1.50	»	»	»	»	111.31	22.42
2.00	»	»	»	»	535.47	63.23
2.50	»	»	»	»	2575.80	178.52

USAGE DE LA TABLE.

1° Quelle doit être la tension du brin conducteur d'une courroie ordinaire pour faire glisser sur un tambour en bois le brin conduit, soumis à une tension de 60 kilogrammes, l'arc embrassé étant d'une demi-circonférence.

$$K=4,38\ ;\quad T'=60^k$$

$$T=262^k,80$$

2° Quel effort un tonnelier doit-il exercer pour soutenir une pièce de vin qui, en glissant sur un plan incliné, exerce sur chacun des brins de la corde qui la retient une tension de 250 kilogrammes, en supposant qu'il ait fait deux tours de chaque brin autour d'un treuil à surface polie arrêté par un cliquet.

Ici K=63,23 ; nous aurons donc pour chaque brin

$$T'=\frac{T}{K}=\frac{250^k}{63,23}=3^k,95$$

et pour les deux brins,

$$2T'=7^k,90$$

Transmission de mouvement par une corde ou courroie

L'expérience apprend : 1° que lorsqu'une courroie est convenablement tendue, elle ne glisse point, et qu'elle transmet la vitesse dans un rapport inverse de celui des diamètres des tambours sur lesquels elle passe ;

2° Que dans la transmission du mouvement par des cordes ou courroies sans fin, la somme des tensions des deux brins demeure constante ; en sorte que, si la tension du brin conducteur se surtend, la tension du brin conduit se détend d'une même quantité, et que la somme des tensions des deux brins est la même dans le mouvement et dans le repos de la machine.

Nous avons déjà dit que, sans risque de les rompre et sans compromettre la durée de leur usage, on peut faire supporter aux courroies une tension de $0^k,25$ par millimètre carré de section ; cela permet d'en calculer la largeur quand on connaît l'épaisseur du cuir à employer.

Ajoutons que les poulies sur lesquelles passent les courroies en cuir doivent être bombées, et présenter un renflement qui peut s'élever au dixième de leur largeur à-peu-près.

Règle pratique pour la transmission du mouvement par cordes ou courroies. — Pour établir le mouvement à l'aide d'une courroie sans fin, il faut connaître d'abord la quantité du travail qui devra être transmise à la poulie ou bien au tambour. On la divise par la vitesse à la circonférence, et l'on obtient l'effort Q qui doit être transmis. Mais pour que le mouvement ait lieu, il est évident qu'on devra avoir

$$T-T'>Q$$

T et T' désignant les tensions du brin conducteur et du brin conduit.

Posons $T''=mT'$, m étant plus grand que l'unité, on pourra écrire

$$(t) \qquad T-mT'=Q$$

en y remplaçant T par KT', on a

$$T'=\frac{Q}{K-m}$$

L'expérience apprend que l'on peut faire $m=1,10$, et l'on a pour déterminer T'

$$(t') \qquad T'=\frac{Q}{K-1,10}$$

On trouve dans le tableau la valeur de K, en ayant égard à l'état de la courroie, aux poulies et tambours.

L'équation (t) donne

$$T=Q+1,10\,T'$$

D'un autre côté, à toute époque du mouvement, la somme des tensions étant la même, et par conséquent égale à la somme des tensions des brins à l'état de repos,

$$T_1=\frac{T+T'}{2}$$

La tension moyenne exprimera la tension de chaque brin un peu avant la naissance du mouvement.

Exemple : *Quelle doit être la tension d'une courroie en cuir qui embrasse la demi-circonférence d'une poulie en fonte, la résistance à vaincre à la circonférence de la poulie étant de 45k ?*

Ici le rapport de l'arc embrassé à la circonférence étant de 0,50 et la courroie à l'état ordinaire ; le tableau précédent donne

$$K=2,4$$

On aura donc pour la tension du brin conduit

$$T'=\frac{45^k}{2,4-1,1}=34^k6$$

et pour celle du brin conducteur

$$T=45^k+1,1.34^k6=82^k06$$

La tension primitive de chaque brin à l'instant où le mouvement va naître, est donc

$$T_1=\frac{34^k,6+82^k,06}{2}=58^k,33$$

Dans la mise en mouvement des poulies ou tambours par des courroies, il importe de ne pas donner une tension qui dépasse de beaucoup celle qui est nécessaire ; l'excès aboutit toujours à une pression sur les axes et partant à un frottement qui consommerait en pure perte une portion de travail moteur.

18e LEÇON.

DES ENGRENAGES

Pour changer un mouvement de rotation en un autre qui s'exécute autour d'un axe parallèle au premier, on se sert de roues d'engrenages.

On appelle engrenage, des circonférences armées de saillies appelées dents ; dans l'intervalle de deux dents consécutives, on creuse la circonférence, afin que les dents de chaque roue puissent se loger entre celles de l'autre.

Soient deux circonférences A et A' en contact, supposons que ces deux roues tournent l'une sur l'autre sans glissement, le rapport des vitesses angulaires sera en sens inverse de celui des rayons, car la vitesse au point de contact sera la même sur les deux roues. Ainsi, appelant R et R' les rayons, V et V' les vitesses angulaires, on aura

$$VR=V'R' \quad \text{d'où} \quad V : V'=R' : R$$

Il suit de là que le problème géométrique des engrenages consiste à tracer les dents, de manière que pendant toute la durée du mouvement, le rapport des vitesses angulaires demeure constant et en sens inverse de celui des rayons.

Les deux circonférences A et A' sont appelées cercles primitifs, et c'est sur ces deux lignes que se font la division des pas et le tracé des dents d'engrenages, ainsi qu'il va être dit.

Tracé de l'engrenage à flancs. — Dans cet engrenage, la partie latérale de chaque dent se compose d'une partie courbe, et d'une partie droite dirigée vers le centre de la roue, cette partie droite est ce qu'on nomme le *flanc* de la dent. Lorsque deux dents sont en contact, c'est la partie courbe de la dent conductrice qui presse le flanc de la dent conduite pour opérer la transmission du mouvement.

On nomme *pas* de l'engrenage, l'intervalle entre les milieux de deux dents consécutives, il est égal à un peu plus du double de l'épaisseur de la dent ; on doit donc commencer par déterminer cette épaisseur (***Résistance des matériaux***). Le pas doit être le même sur les deux roues.

On commence donc par diviser la circonférence primitive de chaque roue en autant de parties égales qu'il doit y avoir de dents sur chacune d'elles ; on porte de chaque côté la demi-épaisseur de la dent, et on tire par les points qui limitent cette épaisseur des droites au centre de la circonférence, ces droites forment les flancs de la dent.

Pour tracer la courbe des dents, soit AB' (fig. 99) la longueur du pas marquée sur la circonférence O' ; divisons cet arc en quatre parties égales, et menons des rayons par les points de division. Soit de même AB la longueur du pas marquée sur la circonférence O, et divisée en un même nombre de parties égales.

Abaissons du point A des perpendiculaires sur chacun des rayons. Avec ces perpendiculaires pour rayons, décrivons des arcs de cercle ayant pour centre les points 4, 5, 6 B, ces arcs de cercles, en s'entrecoupant, détermineront une courbe AC qui sera la courbe cherchée.

Cette courbe AC étant une fois déterminée, on trace cette même courbe pour chaque dent de la roue O, dans un sens et dans l'autre.

Pour limiter la longueur de la dent qui ne se termine

pas par l'intersection des deux cercles, on trace deux dents en contact sur la ligne des centres O, O' (fig. 99) ainsi que les deux dents suivantes, et l'on marquera le point *m* où ces dernières se touchent ; puis du point O comme centre, avec O*m* pour rayon, on décrira une circonférence qui limitera toutes les dents de la roue O.

On tracera de la même manière toutes les dents de la roue O'.

Pour limiter le flanc de la dent, on remarquera l'instant où l'une des dents pénètre le plus profondément dans l'intervalle des dents correspondantes, et on laissera assez de jeu pour que dans aucun cas elle ne vienne toucher le fond de cet intervalle.

D'après ce tracé, chacune des deux roues peut, à son tour, conduire l'autre dans un sens et dans l'autre, sans que le rapport des vitesses soit altéré.

La courbe AC, dont nous avons donné le tracé plus haut, est ce que l'on nomme une *épicycloïde* ; les constructeurs se servent plus ordinairement de l'engrenage à développantes de cercle, c'est-à-dire qu'ils remplacent l'épicycloïde par un arc, construction que nous allons développer dans l'exemple suivant, méthode qui a été introduite par M. Willis dans les ateliers anglais.

Soit (fig. 99) **A** *le centre de rotation de la première roue,* **B** *celui de la seconde roue avec laquelle la première engrène ?*

T est le point de contact de leurs circonférences primitives ; par ce point T menez une droite QT*q*, faisant, avec la ligne des centres, un angle PTA=BT*q* qui peut être quelconque ; celui de 75° est préférable pour que les dents aient une forme convenable.

Menez à cette droite QT*q* et par le point T une perpendiculaire indéfinie, et marquez sur cette perpendiculaire deux distances égales TK, T*k* qui peuvent être quelconques, mais plus petites toutefois que le plus petit rayon primitif AT. Par l'extrémité K de cette perpendiculaire et par le centre B menez BK, que vous prolongerez jusqu'à sa rencontre Q avec QT*q*. Joignez K au centre de la roue A ; cette droite coupera QT*q* en un point P.

P est le centre de courbure des *faces* de la roue A,

et Q est le centre de courbure des *flancs* de la roue B contre lesquels agissent ces faces.

Pour avoir les rayons de courbure, prenez sur la circonférence primitive de la roue A un point *m*, situé à une distance de T égale à la moitié du pas, de l'autre côté de la ligne des centres par rapport à P et à Q. P*m* sera le rayon de courbure des *faces* de la roue A, et Q*m* le rayon de courbure des *flancs* de la roue B; les premières seront donc convexes et en saillie sur la circonférence A, les secondes seront concaves et à l'intérieur de la circonférence B. En opérant sur la roue B, comme nous l'avons fait sur la roue A, en traçant les lignes A*k* et B*k*, on aura les centres *p* et *q*, et les rayons de courbure *pn* et *qn* des flancs de la roue A et des faces de la roue B.

Pour achever le tracé de l'engrenage, on décrira du centre A et du rayon A*q* une circonférence qui sera le lieu des centres de courbure de ses flancs, dont les rayons de courbure =*qn*. Une autre circonférence du rayon AP contiendra les centres de courbure de ses faces, dont les rayons =P*m*.

Il importe de remarquer que les dents de la roue A, par exemple, ne changeraient pas de forme, quand bien même la roue B, avec laquelle elle engrène, aurait un rayon différent de BT, pourvu toutefois que les distances KT=T*k*=C demeurassent constantes. Quelle que puisse être, en effet, la position de B sur la ligne des centres, cette position n'affecterait que la position des centres de courbure Q et *p* des dents de cette même roue BT, sans rien changer à la situation des centres de courbure P et *q* de la roue AT.

Il en résulte que, quel que soit le nombre des roues d'un système pour lequel les lignes Q*q* et K*k* conserveront les mêmes positions angulaires, par rapport à la ligne des centres, et les droites KT=T*k* la même valeur absolue C, deux quelconques de ces roues marcheront ensemble convenablement.

On peut, d'ailleurs, déterminer la distance KT dans un tel système, en remarquant que si A se rapproche de T, A*q*, qui tend d'abord à devenir parallèle à T*q*, dépasse ensuite cette position ; *q*, dans le cas du parallélisme, est rejeté à l'infini, et le flanc de la roue A devient une ligne droite perpendiculaire à PTq. Lorsque la position de A, qui rend TQ parallèle à PTq, est dépassée, le centre de courbure Q des flancs de A se trouve situé de l'autre côté de T, et ces flancs deviennent alors convexes, ce qui donne aux dents une forme bizarre, inadmissible à cause des arcs-boutemens.

Il est donc rationnel de donner à KT pour valeur maximum, celle qui combinée avec le plus petit rayon du système rendrait Aq parallèle à Tq. r étant dès-lors la plus petite roue d'un système d'engrenage, on a

$$KT = r \sin. QTA \quad \text{ou} \quad C = r \sin. \theta$$

en appelant θ l'angle de la droite PTq et de la ligne des centres.

Frottement dans les engrenages. — Comme règle pratique, il faut multiplier autant que possible le nombre des dents, afin de diminuer le travail du frottement, avoir moins d'usure et des mouvemens plus doux.

Si l'on a plusieurs roues successives, à axes parallèles, engrenant chacune avec la suivante, le rapport des vitesses angulaires des roues extrêmes est toujours le même que si elles étaient immédiatement en contact.

Soient quatre roues A, B, C, D dont les rayons soient r, r', r'', r''', et les vitesses angulaires v, v', v'', v''', on aura successivement, d'après ce qui a été dit plus haut,

$$v : v' = r' : r$$
$$v' : v'' = r'' : r'$$
$$v'' : v''' = r''' : r''$$

Multipliant terme à terme et supprimant les facteurs communs aux deux termes de chaque rapport, il reste

$$v : v''' = r''' : r$$

proportion qui est celle qu'on aurait si les deux roues extrêmes engrenaient directement l'une sur l'autre.

Dans un système de roues engrenant successivement avec des pignons, comme dans la fig. 99, *la vitesse angulaire de la première roue est à celle du dernier pignon comme le produit des rayons des pignons est au produit des rayons des roues.*

Engrenages coniques. — Les axes autour desquels le mouvement de rotation doit se transmettre, ne sont pas toujours parallèles ; ils peuvent ou se couper, ou ne pas être situés dans un même plan.

Dans le cas où ils se coupent, on fait usage des *engrenages coniques* ou *roues d'angles.*

Soient OS et OR (fig.) les deux axes proposés ; et supposons que les vitesses angulaires v et v' autour de ces axes respectifs doivent être dans le rapport de deux nombres m et n, de sorte qu'on ait

$$v : v' = m : n \ldots\ldots$$

En un point quelconque M de OS élevons la perpendiculaire MN égale à n unités arbitraires ; en un point quelconque P de OT élevons la perpendiculaire PQ égale à m de ces mêmes unités. Par le point N menons une parallèle à OS, et par le point Q une parallèle à OT ; ces deux droites se rencontreront en un point R. Joignons OR ; cette droite jouira de cette propriété, que les distances de chacun de ses points aux axes OS et OT seront entre elles comme n est à m. Car si A est un de ces points, AK et AL les perpendiculaires abaissées de ces points sur les axes, Rn et Rp les perpendiculaires à ces mêmes axes menées par le point R, on aura par des similitudes évidentes :

$$AK : Rn = OA : OR \quad \text{et} \quad AL : Rp = OA : OR$$

d'où
$$AK : Rn = AL : Rp$$

ou
$$AK : AL = Rn : Rp = MN : PQ = n : m$$

Cela posé, concevons deux cônes ayant pour sommet commun le point O, pour axes les droites OS et OT, et la droite OB pour génératrice commune ; ces deux cônes seront tangens. Imaginons que ces deux cônes roulent l'un sur l'autre sans glissement, les vitesses angulaires seraient précisément dans le rapport demandé. En effet, si l'on considère sur le premier cône la circonférence qui a pour rayon AK, par exemple, et sur le second celle qui a pour rayon AL, il résulte du contact qui a lieu en A, que la vitesse sera la même en tous les points de ces deux circonférences. Ces vitesses angulaires v et v' seront donc en raison inverse des rayons AK et AL, et comme ces rayons sont entre eux dans le rapport de n à m, on aura

$$v : v' = m : n$$

Comme il n'est pas nécessaire d'employer des cônes entiers, on prend sur la génératrice commune une longueur AB, qui ne dépend que de l'épaisseur qu'on veut donner aux roues; on abaisse des points A et B des plans perpendiculaires sur les deux axes; ces plans détermineront deux troncs de cône qui se transmettent le mouvement de rotation dans le rapport de vitesse demandé.

Les cônes dont il vient d'être parlé sont les cônes primitifs, et c'est sur le développement de leur base que s'exécute la division et le tracé des dents, de la même manière que pour l'engrenage à flancs. En effet, si par le point B dans le plan des deux axes, nous menons la droite ST perpendiculaire à la génératrice commune OB et que nous considérons les points S et T comme les sommets des deux cônes qui auraient pour axes respectifs OS et OT, et la droite ST pour génératrice commune; dans le mouvement de rotation autour de OS, toutes les génératrices du cône S viendront tour-à-tour se placer suivant TB, et le passage de ces diverses génératrices suivant ST se fera de la même manière que si les surfaces des cônes S et T étaient développées sur le plan tangent commun à ces deux cônes, c'est-à-dire sur le plan mené suivant ST perpendiculairement au plan SOT, les secteurs circulaires qui en sont le développement se conduisent mutuellement par contact.

Construction des dents. — Soient mSp et nTq (fig.) les secteurs obtenus par le développement des surfaces des cônes S et T; de sorte que mBp soit égal à la circonférence qui avait pour rayon BI, et nBq à celle qui avait pour rayon BH. On considérera mBp et nBq comme les circonférences primitives d'un engrenage plan, que l'on tracera d'après les règles données plus haut, en observant que le pas devra être contenu un nombre de fois exact dans chacun des arcs *mp* et *nq*. Chaque secteur, armé de ses dents, deviendra alors un patron que l'on appliquera sur la surface des cônes S et T. Si l'on conçoit alors qu'une droite, passant constamment par le point O, se meuve en s'appuyant toujours sur les bords de l'un de ses patrons, elle engendrera la surface qui doit limiter les saillies et les creux de la roue conique.

19e LEÇON.

RÉSISTANCES DES MATÉRIAUX.

Les corps solides employés dans les constructions peuvent être soumis à quatre espèces d'efforts, ayant un mode d'action parfaitement distinct : efforts de *traction*, de *flexion transversale*, de *torsion*, de *compression*. Tantôt ces efforts s'exercent isolément sur les matériaux, tantôt leur action est simultanée.

Traction. — Les efforts de *traction* sont ceux qui tirent les corps suivant leur longueur, de manière à disjoindre leurs molécules et à produire un certain allongement. Comme exemples des pièces soumises à ce genre d'effort, nous citerons les cordages et les courroies ; en charpenterie, les entraits, les poinçons de comble, etc. ; et dans les machines à vapeur, la tige du piston à simple effet, la bielle, etc.

Flexion transversale. — Cet effort se présente toutes les fois que les forces agissent perpendiculairement à la longueur du corps, en reposant sur des appuis fixes ou mobiles, les solives ou leviers de toute nature, et dans la machine à vapeur, la manivelle, le balancier, etc., offrent des exemples d'efforts de flexion transversale.

Torsion. — Lorsque la force agit dans un plan perpendiculaire à la longueur du corps, à une certaine distance de l'axe de figure ou de symétrie, de manière à donner aux molécules de petits mouvemens de rotation autour de cet axe, elle développe un effort de *torsion.* Entr'autres pièces soumises à ce genre d'effort, on peut nommer l'axe des roues à pales, la tête d'une presse, l'arbre des volans, etc.

Compression. — Enfin la force peut tendre à rapprocher les molécules les unes des autres dans le sens de la longueur, de manière à provoquer la rupture par écrasement, c'est l'effort de *compression.* Ont à résister à cet effort : les piliers, les colonnes, les pilots, les étais, etc., et dans une machine à vapeur à double effet, les tiges des cylindres et des pompes à air, les tringles des parallélogrammes, etc.

Tous ces divers efforts développent dans les matériaux des résistances qu'il convient de connaître, pour être à même de leur donner dans chaque cas, eu égard à leur nature, à leur forme et à leur disposition, des dimensions convenables.

L'élément principal de la résistance des corps aux efforts qui les sollicitent, est leur cohésion, c'est-à-dire la force qui relie leurs molécules entr'elles. Cet élément de résistance varie d'ailleurs d'un corps à l'autre, mais il est profondément modifié par la nature de l'effort lui-même. De plus, pour chaque corps et dans chacun des cas spécifiés, cette résistance a une limite qu'il importe de connaître, ainsi que l'effort qui la détermine et qui lui sert de mesure ; d'autant qu'il faut se garder de l'atteindre et même d'en trop approcher dans la pratique. Cette limite est atteinte lorsque, telle est la déformation du corps sous l'action des forces, que pour un dérangement moléculaire un peu plus grand; il ne peut reprendre sa forme primitive, après que, tout effort cessant, il est abandonné à lui-même; le corps est alors porté à sa limite d'élasticité. Mais ce qu'il faut bien noter, c'est que non-seulement le corps conserve une déformation permanente au-delà de ce terme, mais il est devenu, dès-lors incapable de résister aux mêmes efforts qu'auparavant; sa limite d'élasticité s'est abaissée. Ainsi le balancier d'une machine à vapeur, que l'on aurait soumis à un effort de flexion transversale dépassant la limite d'élasticité naturelle, pourrait fort bien ne plus suffire au travail ordinaire de la machine.

Résistance des matériaux soumis à un effort de traction longitudinale. — Quand on soumet un corps à un effort de traction longitudinale, tel que la limite d'élasticité ne soit pas dépassée, on trouve que l'allongement total est :

1° Proportionnel à la longueur ;

2° En raison inverse de la section transversale ;

3° Proportionnel à l'effort ;

Effort toujours inférieur à celui qui produirait un allongement au-delà duquel le corps ne reviendrait pas à sa dimension primitive s'il était rendu entièrement libre.

S'il s'agit d'un corps prismatique ou cylindrique, on pourra calculer son allongement, sous un effort de traction, par la formule suivante :

$$i = \frac{F}{EA}$$

dans laquelle i représente l'allongement par mètre courant, la longueur du corps étant exprimée en mètres ; F l'effort de traction longitudinale ; A la section transversale exprimée en millimètres carrés, et E coefficient ou module d'élasticité, variant d'un corps à un autre et exprimant en kilogrammes par millimètres carrés le poids capable d'allonger d'une quantité égale à sa longueur primitive une barre prismatique de la substance que l'on considère, ayant pour longueur l'unité linéaire, et pour section transversale l'unité superficielle.

Valeurs de l'allongement relatif à la limite d'élasticité naturelle, de la charge correspondante à cette limite et du coefficient d'élasticité.

NOMS DES CORPS.	Allongement i, relatif à la limite d'élasticité naturelle.	Charge F, par millimètre carré correspondᵉ à cette limite.	Valeur du coefficient E d'élasticité par millimètre carré.
Fers doux passés à la filière, de petites dimensions. . .	$0^m,00080$	$14^k,75$	18000^k
Fers en barres.	0 ,00066	12 ,208	20000
Acier d'Allemagne, de très bonne nature, recuit à l'huile.	0 ,00120	25 ,00	21000
Acier fondu très fin, trempé, recuit à l'huile.	0 ,00022	66 ,00	50000
Fonte de fer à grains fins.	0 ,00084	10 ,00	12000
Fils de cuivre.	»	»	15100

EXEMPLE : *Quel allongement éprouvera une barre de fer rond de 25 millimètres de diamètre sur 4 mètres de longueur, sous un effort de traction de 2000 kilog.?*

$$\frac{F}{A} = 2000.\frac{1,273}{(25)^2} = 4^k,07, \qquad E = 20000$$

il vient donc

$$i = \frac{4^k,07}{20000} = 0^m,00020$$

Pour avoir l'allongement total, il suffit de multiplier l'allongement par mètre courant par 4^m, ce qui donne

$$0^m,00080$$

On peut, dans la formule, remplacer E par le rapport $\frac{F_1}{i_1}$ et employer la relation suivante :

$$i = \frac{i_1}{F_1}\frac{F}{A}$$

i_1 est l'allongement relatif à la limite d'élasticité naturelle, F_1 la charge par millimètre carré correspondante à cette limite. On trouve alors

$$i = 2000.\frac{1,273}{(25)^2}.\frac{0,00066}{12,205} = 0^m,00022$$

et pour l'allongement total,

$$0^m,00088$$

Dans la pratique, on pourra, avec sécurité, porter au tiers ou à la moitié de l'effort correspondant à la limite d'élasticité, les efforts de traction permanente ; au tiers pour les métaux de qualité inférieure et à la moitié pour ceux de première qualité.

Exemple : *Une chaîne ordinaire doit supporter une tension de 1200 kilog. ; quel sera le diamètre du fer dont elle devra être formée ?*

La surface de la section transversale sera $0,7854.d^2$, et pour les deux branches de l'anneau, $2.0,7854.d^2$; le nombre $\frac{1200}{2.0,7854d^2}$ qui représente l'effort à réaliser par millimètre carré, devant être le tiers de $12^k,208$, effort correspondant à la limite d'élasticité naturelle ; on écrira

$$d^2 = \frac{1200}{4.2.0,7854} = 175^{m/mc},07 \quad \text{d'où} \quad d = 13^{m/m},9$$

De la rupture des solides prismatiques sous un effort de traction longitudinale. — On admet, et l'expérience vérifie assez bien l'hypothèse, que la résistance qu'oppose à la rupture un prisme ou un cylindre soumis à un effort de traction longitudinale, est proportionnelle à sa section transversale.

De là la relation

$$R = BA$$

dans laquelle R représente en kilogrammes l'effort ou la résistance extrême, à l'instant de la rupture ; A l'étendue de la section transversale, exprimée en unités superficielles convenues ; B le coefficient de cohésion variable d'une substance à une autre, et constant pour la même substance, exprimant en kilogrammes l'effort qui produirait la rupture d'un corps de même nature, ayant pour section transversale l'unité superficielle.

Corps soumis à un effort de flexion transversale perpendiculairement à leur longueur. — L'effort le plus commun et aussi le plus considérable auquel les matériaux ont à résister dans les constructions et les machines, est sans contredit l'effort de flexion transversale. On a recours, pour calculer les résistances qu'il fait naître, aux hypothèses suivantes, que l'expérience vérifie. On admet que la résistance qu'ils opposent à la flexion, même poussée jusqu'à leur rupture, est proportionnelle à l'étendue de leur section transversale ; que dans l'acte de la flexion et de la rupture, les fibres matérielles offrent trois aspects différens : les unes sont allongées en même temps que fléchies, les autres, dans une région opposée, sont comprimées et fléchies, et vers la partie centrale, elles sont simplement fléchies sans compression ni extension ; l'axe de figure est ordinairement considéré comme la ligne des *fibres neutres*. Enfin, l'expérience apprend que lorsqu'un corps, encastré d'une manière invariable par l'une de ses extrémités, est soumis à l'autre à une force perpendiculaire à sa longueur et capable de le briser, la rupture a lieu tout près de l'encastrement.

Section transversale rectangulaire. — Considérons un corps prismatique encastré par l'une de ses extrémités et sollicité à l'autre par un effort R verticale et capable d'amener sa rupture ; toutes ses faces sont horizontales et verticales ; l est sa longueur, a sa largeur, et b, qui représente la dimension parallèle à la direction de la force, est son épaisseur, B est le coefficient de cohésion exprimé en kilogrammes par unité superficielle.

On a au moment de la rupture,

$$Rl = B\frac{ab^2}{6}$$

pour une section transversale carrée.

$$Rl = B\frac{b^3}{6}$$

Si l'effort agit parallèlement à la diagonale du carré, on a

$$Rl = B\frac{b^3}{6\sqrt{2}}$$

Section transversale circulaire.

$$Rl = B\frac{\pi r^3}{4}$$

Section annulaire dont $r - r'$ est l'épaisseur.

Quand le cylindre considéré est creux, ayant r pour rayon extérieur et r' pour rayon intérieur, on trouve

$$Rl = B\frac{\pi}{4r}(r^4 - r'^4)$$

et en faisant $r' = nr$,

$$Rl = B\frac{\pi}{4}r^3(1 - n^4)$$

On peut montrer qu'à égalité de poids, un arbre creux offre une résistance sensiblement plus considérable qu'un arbre plein fait de même matière.

Soit r_1 le rayon de l'arbre plein qui doit offrir la même section que le cylindre creux, on aura

$$\pi r_1{}^2 = \pi r^2 (1-n^2)$$

d'où
$$r_1 = r\sqrt{1-n^2}$$

R_1 étant l'effort qui le rompt et l sa longueur, on écrira

$$R_1 l = B\frac{\pi}{4} r^3 (1-n^2)\sqrt{1-n^2}$$

prenant le rapport des momens de résistance transversale des deux arbres, il vient, réductions faites,

$$\frac{R}{R_1} = \frac{1+n^2}{\sqrt{1+n^2}}$$

Cette relation montre bien que R est toujours plus grand que R_1.

Si l'on fait $n = \frac{1}{2}$, on trouve

$$\frac{R}{R_1} = \frac{\frac{5}{4}}{\sqrt{\frac{3}{4}}} = \frac{5}{2\sqrt{3}} = 1,445$$

R est une fois et demie plus grand que R_1.

La nature, si remarquablement intelligente dans le choix et l'économie de ses moyens, offre des applications continuelles des lois de la mécanique dans la structure du corps humain. Quelques-uns de nos os ont-ils à supporter des efforts transversaux considérables? ils sont creux et d'un grand diamètre, afin que, tout en présentant une grand résistance, ils ne nuisent point, par un excès de poids, à la légèreté de nos mouvemens.

Section rectangulaire creuse. — Soient a et b la largeur et l'épaisseur extérieures, a' et b' les mêmes dimensions intérieures, on a

$$Rl = B\frac{\pi}{6}\left(\frac{ab^3 - a'b'^3}{b}\right)$$

Cas où il existe des nervures. (Fig.)

$$Rl = B\frac{\pi}{6}\left(\frac{ab^3 - a'b'^3}{b}\right)$$

Si la pièce, au lieu d'être encastrée par une extrémité était maintenue en son milieu par une force convenable, comme le balancier d'une machine à vapeur, les formules ci-dessus auraient également lieu. Seulement, la longueur l est la distance du point d'application de l'effort au point dont on observe la rupture, c'est la demi-longueur du balancier ; elles s'appliquent encore, quand il s'agit des pièces assujéties seulement, comme les manivelles à tourner autour d'un point fixe ; en un mot, elles sont vraies pour tous les efforts transversaux, pourvu qu'on évalue la distance à laquelle la force agit par rapport à la section que l'on considère.

Si la pièce est supportée à ses deux extrémités et reçoit l'effort en son milieu, on devra multiplier celui-ci par le quart de la longueur totale, et l'on aura, dans le cas d'une section rectangulaire,

$$R\frac{l}{4} = B\frac{ab^2}{6} \quad \text{ou} \quad Rl = B\frac{2ab^2}{3}$$

Au lieu de reposer sur des appuis, si la pièce est encastrée par ses deux extrémités, on multipliera l'effort appliqué en son milieu par 1/8 de la longueur totale, et l'on aura, pour une section rectangulaire,

$$R\frac{l}{8} = B\frac{ab^2}{6} \quad \text{ou} \quad Rl = B\frac{4ab^2}{3}$$

En pareil cas, les formules relatives aux autres formes de solides se modifieront d'une manière analogue.

Si la charge, au lieu d'agir en un point unique, était répartie uniformément sur toute la longueur, les formules demeureraient les mêmes, à cela près qu'il faudrait remplacer R par $\frac{1}{2}$R.

Enfin, si l'on voulait tenir compte du poids de la pièce elle-même, on prendrait $(R+\frac{1}{2}p)$ au lieu de R, et l'on aurait, dans le cas de la section rectangulaire, qu'on a toujours prise ici comme type,

$$(R+\tfrac{1}{2}p)l=B\frac{ab^2}{6}$$

Du solide d'égale résistance. — Quand un prisme encastré par une de ses extrémités, est soumis à l'autre à une force qui le fléchit, on sait que l'action de la force va en croissant, comme son bras de levier, de section en section, jusqu'à l'encastrement où elle est à son maximum; de manière que si la section d'encastrement a des dimensions justement capables de résister à la rupture, les autres sections du prisme auront des dimensions d'une grandeur plus que suffisante. Mais si l'on réduit chaque section à sa grandeur strictement nécessaire, le corps prendra la forme du *solide d'égale résistance*, et présentera en-dessus et en-dessous une courbure parabolique.

Soit a la largeur constante mais arbitraire du solide, et b son épaisseur à l'encastrement; celle-ci se calcule par la relation

$$Rl=B\frac{ab^2}{6}$$

où tout est connu excepté b.

On aura, pour déterminer le profil où le contour de la section faite par un plan conduit par la direction de la force et l'axe de figure, l'équation

$$y^2=\frac{b^2}{l}x$$

qui est celle d'une parabole, ayant son sommet au point

d'application de l'effort, et pour axe l'axe de figure du corps lui-même.

x représente les abscisses comptées sur l'axe à partir du point où agit la charge ; y les ordonnées correspondantes ou les épaisseurs, allant de l'axe des abscisses à la courbe.

l la longueur du solide.

Exemple : *Quelles doivent être les dimensions et le profil d'une console en fonte, devant supporter à son extrémité un poids de 1000 kilog., à la distance de 80c/m de l'encastrement?*

On a $R=1000^k$, $l=80^{c/m}$,

Posons $B=750^k$, et $a=\frac{b}{3}$

La formule

$$Rl=B\frac{ab^2}{6}$$

deviendra, après substitution

$$1000.80=\frac{750}{18}b^3$$

d'où l'on tire

$$b^3=\frac{18000}{750}=1920$$

puis, en extrayant la racine cubique, on trouve à-peu-près

$$b=12^{c/m}$$

On aura donc pour construire le profil parabolique du solide d'égale résistance, c'est-à-dire de la console en fonte,

$$y^2=\frac{144}{80}x \quad \text{ou bien} \quad y^2=1^{c/m},80.x$$

Pour $x=2^{c/m}$, on trouve $y=1^{c/m},8$
Pour $x=4^{c/m}$, on trouve $y=2^{c/m},6$
Pour $x=5^{c/m}$, on trouve $y=3^{c/m},1$
Pour $x=8^{c/m}$, on trouve $y=3^{c/m},7$

Pour $x=10^{c}/^{m}$, on trouve $y=4^{c}/^{m},2$

Pour $x=30^{c}/^{m}$, on trouve $y=7^{c}/^{m},3$

Pour $x=60^{c}/^{m}$, on trouve $y=10^{c}/^{m},3$

On aurait l'une ou l'autre des deux formes accusées par les figures.

Corps soumis aux efforts de torsion. — Les pièces soumises aux efforts de torsion sont encastrées par une de leurs extrémités, tandis que la force agit à l'autre, dans un plan perpendiculaire à leur longueur, à une certaine distance de l'axe ; ou bien elles reposent sur coussinets par les tourillons qui les terminent ; dans ce dernier cas, on considère, comme encastrée, l'extrémité qui est opposée à celle où agit l'effort de torsion. Voici, à l'instant où la rupture va naître, la relation qui existe entre la résistance extrême F de la section où tend à se produire la rupture, son rayon r, le nombre n de révolutions que la pièce accomplit par minute, et un certain coefficient C dépendant de la nature du solide,

$$F=Cnr^{3}$$

Cette résistance à l'encastrement est proportionnelle au cube du rayon ou du diamètre du cylindre.

En vertu de l'égalité de l'action et de la réaction, cette résistance est égale au moment de l'effort de torsion Rl, par rapport au point d'encastrement, et l'on a

$$Rl=Cn'd^{3}$$

l étant la longueur du solide et d son diamètre.

De plus, les déplacemens angulaires des fibres longitudinales du corps, sont :

Proportionnels à la distance de ces fibres à l'axe ;

Proportionnels à la distance qui sépare la section que l'on considère de celle qui est encastrée.

Corps soumis aux efforts de compression. — Les lois de la résistance que les corps opposent aux efforts qui les compriment sont loin d'être parfaitement connues. Celles que présente la théorie se déduisant d'hypothèses mal vérifiées par les faits, nous nous bornerons à mentionner quelques résultats fournis par l'expérience :

1° Pour les prismes semblables, la résistance à l'écrasement est proportionnel à la base ;

2° Pour les prismes de même hauteur et de bases équivalentes, elle diminue à mesure que la base augmente ;

3° Le maximum de résistance a lieu pour les corps dont les bases sont carrées ou circulaires ;

4° Le maximum de résistance a lieu pour les corps de forme cubique ; elle diminue quand la hauteur du prisme devient plus grande ou plus petite ;

5° En représentant par 1, la résistance à l'écrasement pour un cube dont le côté est 1, la résistance du prisme varie conformément aux chiffres du tableau ci-après, à mesure que la hauteur augmente.

Résistance à l'écrasement des prismes de différentes hauteurs et de mêmes bases.

BOIS.		FER FORGÉ.		FONTE.	
hauteur.	résistance.	hauteur.	résistance.	hauteur.	résistance.
1	1	1	1	1	1
12	5/6	27	1/2	4	2/3
24	1/2	54	1/4	8	1/2
36	2/3	81	1/8	36	1/15
48	1/6	108	1/16		
60	1/12	135	1/32		
72	1/24	162	1/64		
		180	1/128		
		216	1/256		
		243	1/512		

Valeurs absolues de la résistance à l'écrasement par centimètre carré, pour les matériaux qui peuvent être employés dans les machines à vapeur.

BOIS.		MÉTAUX.	
Espèces.	Résistance absolue.	Espèces.	Résistance absolue.
	kilogrammes.		kilogrammes.
Chêne.	585 à 462	Fer forgé.	5000
Sapin.	462 à 358	Fonte.	9522 à 2520
Chêne anglais.	271	Cuivre coulé.	8360
Sapin blanc.	155	Cuivre battu.	60705
Orme.	90	Cuivre jaune.	5088 à 23512
		Étain.	606 à 9762
		Plomb coulé.	144

Les charges permanentes ne doivent jamais excéder :

Pour le bois. . . . . 1/5 }
Pour les métaux. . . 1/4 } de la charge de rupture.

Lorsqu'une tige cylindrique a une longueur beaucoup plus considérable que son diamètre d, cette ligne ne doit jamais être soumise à une force dépassant $1/9\ Bd^2$, quand la force n'agit pas constamment suivant l'axe. B étant le coefficient de cohésion.

Application des lois de la résistance des matériaux aux différentes parties des machines à vapeur. — Pour appliquer les diverses formules ci-dessus établies, il ne faut point oublier qu'elles se rapportent aux cas extrêmes, c'est-à-dire aux cas où les efforts ainsi que les résistances des corps sont portés à leurs limites. Dans la pratique, les matériaux devant résister d'une manière permanente et sans altération aux efforts qui les sollicitent, il faudra donner au coefficient de cohésion B, des valeurs inférieures à celles qui correspondent à la rupture, afin d'obtenir pour les diverses pièces des machines des dimensions qui garantissent leur conservation et leur bon service.

Nous prendrons pour unité de poids le kilogramme, pour unité linéaire le centimètre, et, par suite, pour unité de surface le centimètre carré.

Voici, en kilogrammes par centimètre carré, les nombres qu'il convient de prendre pour la valeur du coefficient B relative aux métaux en usage :

Fonte.	$B = 750^k$
Fer.	$B = 600$
Acier.	$B = 1800$

Pièces soumises à des efforts de traction longitudinale, telles que les tiges de piston dans les machines à simple effet, dans les pompes, etc. — Lorsqu'un corps prismatique ou cylindrique est soumis à une force qui tend à disjoindre les molécules parallèlement à sa longueur, on sait que la résistance qu'il oppose est proportionnelle à l'étendue de sa section transversale.

Soit donc d le diamètre d'une tige de piston d'une machine à simple effet, l'aire de la section transversale sera $\frac{\pi}{4}d^2$, et l'on aura pour exprimer la résistance à la rupture

$$R = B\frac{\pi}{4}d^2$$

B exprimant en kilogrammes par centimètre carré de section transversale la résistance à la rupture.

Désignons par p la pression en kilogrammes, qui s'exerce par centimètre carré à la surface du piston et par D le diamètre de celui-ci, nous aurons

$$F \text{ ou } R = \frac{\pi}{4}pD^2$$

et par suite

$$Bd^2 = pD^2$$

d'où

$$d=D\sqrt{\frac{p}{B}}$$

remplaçant B par sa valeur 600k adoptée pour le fer et extrayant la racine carrée de $\frac{1}{600}$, il vient, avec une approximation suffisante,

$$d=\frac{D}{24}\sqrt{p}$$

p n'est autre chose que la tension maxima de la vapeur dans la chaudière, augmentée de la pression de l'atmosphère 1,033, dans le cas des machines à condensation.

En langage ordinaire, voici la règle pour calculer le diamètre d'une tige de piston d'une machine à simple effet :

Multiplier le diamètre du piston, exprimé en centimètres, par la racine carrée de la plus grande force élastique de la vapeur dans la chaudière, estimée en kilogrammes par centimètre carré, et augmentée, pour les machines à condensation, de la pression atmosphérique 1k,033 ; puis diviser le produit par le nombre 24 ; le quotient exprime le diamètre en centimètres carrés.

Exemple : *Le cylindre ou le piston d'une machine à simple effet a 130c/m de diamètre ; la tension maxima de la vapeur dans la chaudière s'élève à-peu-près à 1k,135 par centimètre carré, quel diamètre doit avoir la tige du piston?*

$$D=130^{c/m},\quad p=1,35$$

On aura donc

$$d=\frac{130}{24}\sqrt{1,135}$$

Soit environ 5 centimètres 3/4.

Pièces soumises à des efforts alternatifs de traction et de compression, telles que les tiges de piston des machines à double effet. — Lorsque l'effort de compression agit exactement suivant l'axe de la pièce, le plus grand effort auquel on puisse le soumettre ne doit point surpasser sa résistance absolue aux efforts de traction longitudinale.

Si donc d représente le diamètre de la pièce, la plus grande charge qu'on y pourra placer avec sécurité, sera

$$\frac{\pi}{4} Bd^2 \quad \text{ou} \quad 0{,}7854 . Bd^2$$

Mais dans le cas actuel, où l'effort de compression peut dévier de l'axe jusqu'à une distance qui atteint quelquefois la longueur du rayon, on devra le restreindre, et lui donner pour expression, quand il s'agit de colonnes d'une longueur considérable,

$$\frac{1}{9} Bd^2$$

On aura donc pour déterminer le diamètre de la tige d'un piston,

$$\frac{\pi}{4} D^2 p = \frac{1}{9} Bd^2$$

p étant, à l'ordinaire, la pression maxima de la vapeur dans la chaudière en kilogrammes par centimètre carré; D le diamètre du piston en centimètres, et B le coefficient de cohésion, on en déduit

$$d = D \sqrt{\frac{7{,}0686}{B} p}.$$

Prenant pour le fer, $B = 572^k{,}5566$; pour la fonte, $B = 706^k{,}86$; et pour l'acier, $B = 1819^k{,}5616$; il vient

Fer. . . . . . . $d = \frac{D}{9} \sqrt{p}$

Fonte. . . . . . . $d = \frac{D}{10} \sqrt{p}$

Acier. . . . . . $d = \frac{D}{16} \sqrt{p}$

Enoncé en langage ordinaire :

Diviser le diamètre du piston exprimé en centimètres par 9 pour les tiges en fer, par 10 pour les tiges en fonte, par 16 pour les tiges en acier, et multiplier le quotient par la racine carrée de la plus grande force élastique de la vapeur dans la chaudière ; le produit donne le diamètre en centimètres.

La règle ci-dessus s'applique aux tiges de piston des machines à double effet, aux tringles ou tiges des parallélogrammes, aux tiges de la pompe à air, de la pompe foulante. Pour l'appliquer aux bielles, il faut multiplier la pression par le rapport $\frac{l}{l'}$ et prendre pour la pression

$$p.\frac{l}{l'}$$

l étant la longueur de la bielle, et l' la longueur de la manivelle.

Exemple : *Quel devra être le diamètre de la tige du piston d'une machine à double effet, le diamètre du piston étant de 125 centimètres, et la pression maxima de la vapeur dans la chaudière de 1k,125 ?*

On trouve

$$\text{Fer.} \quad d=\frac{125}{9}\sqrt{1,125}=14^{c}/^{m},72$$

$$\text{Fonte.} \quad d=\frac{125}{10}\sqrt{1,125}=13^{c}/^{m},25$$

$$\text{Acier.} \quad d=\frac{125}{16}\sqrt{1,125}=8^{c}/^{m},28$$

Pièces soumises aux efforts de flexion transversale, telles que les bras des balanciers, des manivelles. — La section transversale des balanciers et des manivelles est généralement rectangulaire. La formule qu'il convient d'appliquer sera donc

$$Rl = \frac{1}{6} Bab^2$$

R désignant l'effort, l son bras de levier, c'est-à-dire la distance de la section dans laquelle il se trouve à la section d'encastrement, B, le coefficient de cohésion convenablement choisi, a la longueur de la section transversale, et b son épaisseur, c'est-à-dire sa dimension parallèle à la direction de l'effort; le tout exprimé au moyen des unités ordinaires, le kilogramme et le centimètre.

Dans les balanciers, la section transversale à laquelle se rapportent les dimensions a et b, est celle qui passe par le milieu et le point d'encastrement. Dans la pratique; la largeur a, qui est constante, ne doit jamais dépasser le seizième de l'épaisseur maxima b. En adoptant ce rapport entre les dimensions, on aura, pour les déterminer, les relations :

$$a = \frac{b}{16}$$

$$Rl = \frac{Bb^3}{6.16} = B\frac{b^3}{96}$$

Soit p la pression en kilogrammes par centimètre carré de la vapeur dans la chaudière au moment où elle possède la plus grande force élastique qu'elle doive prendre, c'est-à-dire au moment où elle commence à soulever les soupapes de sûreté; soit aussi D le diamètre du piston; la valeur la plus grande de l'effort développé sur le piston, sera

$$R = \frac{\pi}{4} pD^2$$

Représentons par m le rapport ordinairement donné d'avance entre le diamètre D et la demi-longueur l du balancier, de manière que $l = mD$, on aura, pour calculer b, la relation

$$\frac{\pi}{4} mD^3 p = B\frac{b^3}{96}$$

Résolvant l'équation par rapport à B, on aura avec une approximation très grande

$$b = D\sqrt[3]{\frac{75mp}{B}}$$

On prendra pour la fonte B=750k, pour le fer B=600, pour l'acier, B=1800, et l'on aura, en définitive :

Fonte. . . . . . . $b = D\sqrt[3]{\frac{mp}{10}}$ (a)

Fer. . . . . . $b = D\sqrt[3]{\frac{mp}{8}}$ (b)

Acier. . . . . $b = D\sqrt[3]{\frac{mp}{24}}$ (c)

Enonçons, en langage ordinaire, la règle contenue dans ces formules pour déterminer l'épaisseur la plus grande du balancier principal d'une machine à vapeur :

Diviser la demi-longueur du balancier par le diamètre du piston, ces deux lignes étant rapportées à la même espèce d'unité ; multiplier le rapport qui en résulte par la plus grande force élastique de la vapeur dans la chaudière exprimée en kilogrammes par centimètre carré ; diviser le produit obtenu par le nombre 10 pour la fonte, par le nombre 8 pour le fer, et par le nombre 24 pour l'acier et extraire la racine cubique du quotient ; multiplier enfin cette racine par le diamètre du piston, exprimé en centimètres ; le produit donnera, en centimètres, l'épaisseur du balancier.

Exemple : *Admettons que la demi-longueur d'un balancier depuis le centre de rotation jusqu'au point où la tige du piston vient transmettre son action, soit trois fois le diamètre du piston ; que l'on ait m=3 ; que la pression la plus grande de la vapeor soit au plus égale à* 0_k,9 *par centimère carré ; cherchons l'épaisseur de la section d'encastrement ?*

On aura pour la fonte, formule (a) :

$$b = D\sqrt[3]{\frac{3.0,9}{10}} = D\sqrt[3]{0,270}$$

et en extrayant la racine cubique, on obtient

$$b = 0,65.D$$

on aurait pour la largeur

$$a = \frac{0,65}{16}.D = 0,04.D$$

pour le fer, la formule (b) donne :

$$b = D\sqrt[3]{\frac{3.0,9}{8}} = D\sqrt[3]{0,338}$$

on obtient, en extrayant la racine cubique,

$$b = 0,68.D$$

et pour la largeur,

$$a = 0,04.D \text{ à-peu-près.}$$

La règle que nous venons de tracer ne détermine, il est vrai, que l'épaisseur de la section du milieu ; mais en remarquant que l'effet transversal qu'ont à supporter les autres sections va, en diminuant, du milieu vers les extrémités, on pourra employer à la détermination de l'épaisseur d'une section, la relation

$$Rl = B\frac{b^3}{96}$$

qui est toujours vraie, en donnant à la longueur l une valeur convenable, c'est-à-dire en la comptant de l'extrémité où agit la force jusqu'à la section considérée.

Mais comme le balancier affecte en haut comme en bas la forme parabolique, on pourra employer aussi la formule du solide d'égale résistance, à la détermination de l'épaisseur :

$$y^2 = cx$$

Les abscisses x se comptant suivant la longueur, à partir du point où l'épaisseur est la plus petite, et les ordonnées y correspondantes se comptant sur les perpendiculaires à la ligne des abscisses. Quant à la quantité constante e, elle se calcule par la relation

$$c = \frac{b^2}{l}$$

où b est l'épaisseur la plus grande et l la demi-lon-balancier, toutes quantités connues.

Manivelles. — Pour appliquer la formule au cas particulier des manivelles, on peut supposer que l'épaisseur, c'est-à-dire la dimension parallèle à la direction de la force transversale, est égale à m fois le diamètre de l'arbre, au point où la manivelle agit sur celui-ci pour lui transmettre l'action du balancier.

Si donc m' exprime le rapport entre le diamètre de l'arbre de couche et celui du cylindre ou du piston, m'E représentera le diamètre de cet arbre - et l'on aura pour l'épaisseur de la manivelle :

$$b = m.m'.D$$

Substituant cette valeur dans la formule, il vient

$$Rl = B\frac{ab^2}{6}$$

elle devient

$$Rl = B\frac{a.m^2.m'^2.D^2}{6}$$

On a, d'ailleurs, comme précédemment,

$$R = \frac{\pi}{4}D^2p \quad \text{ou bien} \quad 0,7854\ D^2.p$$

p étant en kilogrammes, par centimètre carré, la pression maxima de la vapeur dans la chaudière.

Remplaçant R par cette valeur, on a

$$0,7854.D^2.p.l = B\frac{a.m^2.m'^2.D^2}{6}$$

et en simplifiant,

$$pl=B.\frac{a.m^2.m'^2}{4,7124}$$

résolvant, par rapport à la largeur a, il vient

$$a=\frac{4,7124.p.l}{B.m^2.m'^2}$$

La quantité m est une donnée arbitraire empruntée à l'expérience ; on est dans l'usage de faire $m=1,5$; en l'introduisant dans la formule, elle donne :

$$a=\frac{1}{B}\cdot\frac{2,0944.p.l}{m'^2}$$

Remplaçant B par sa valeur relative à la fonte et au fer, 750^k, et 600^k, on obtient, toute simplification faite,

Fonte. . . . . . $a=\frac{p.l}{358.m'^2}$

Fer. . . . . $a=\frac{p.l}{286.m'^2}$

Règles pour déterminer les dimensions d'une manivelle à section rectangulaire :

1° *Multiplier la longueur de la manivelle en centimètres par la pression maxima de la vapeur dans la chaudière, estimée en kilogrammes par centimètre carré ; multiplier ensuite le carré du rapport entre le diamètre de l'arbre et celui du cylindre, par le nombre 358 pour la fonte, et par le nombre 286 pour le fer ; diviser, enfin, le premier produit par le second, le quotient donnera, en centimètres, la largeur de la manivelle au point où elle agit sur l'arbre ;*

2° *Pour avoir l'épaisseur de la manivelle au même centre d'action, multiplier par 1,5 le diamètre de l'arbre exprimé en centimètres, le produit sera, en centimètres, l'épaisseur de la manivelle.*

Les dimensions ainsi déterminées, se rapportant au

centre d'action de la manivelle, c'est-à-dire à l'extrémité du plus grand bras de levier, sont évidemment des *maxima* ; quant aux sections qui s'approchent de plus en plus de la bielle, leurs dimensions vont en diminuant de grandeur. Assez ordinairement elles ont une largeur constante, et leurs épaisseurs se calculent, comme on l'a vu pour le balancier, soit par la formule ordinaire que l'on vient d'employer, en donnant à l une valeur correspondante à la section que l'on considère, soit à l'aide de la formule du solide d'égale résistance.

EXEMPLE : *L'arbre moteur d'une machine a son diamètre égal au 1/5 du diamètre du cylindre ; la pression maxima de la vapeur dans la chaudière, est 1k,5 par centimètre carré ; la longuenr totale de la manivelle est de 20 centimètres ; quelles doivent être les dimensions de la manivelle pour la section la plus voisine de l'arbre?*

On a ici : $p = 1^k,5$, $m' = \frac{1}{5}$, et $l = 80^c/^m$.

On trouve, pour le fer,

Largeur. . . . . $a = \dfrac{1,5.80}{286.\frac{1}{25}} = 10^c/^m,5$

Epaisseur. . . . $b = 1.5.D'$

ou bien $b = \frac{3}{10} D$

D' étant le diamètre de l'arbre, et D le diamètre du cylindre où se meut le piston.

Arbre soumis aux efforts de torsion. — Les arbres étant équilibrés de manière à rendre les efforts de flexion latérale aussi faibles que possibles, ce dont il faut se préoccuper surtout, c'est d'assurer leur résistance aux efforts de torsion.

On sait que les tourillons, qui sortent dans les coussinets, sont les parties de l'arbre qui ont le plus petit diamètre ; c'est donc le diamètre minimum, le diamètre de l'arbre aux points de support qu'il importe de déterminer d'une manière convenable.

Il a été établi ci-dessus, que la résistance d'un arbre cylindrique aux efforts de torsion, est proportionnelle au cube du diamètre.

Soit R la plus grande force en kilogrammes, qui puisse agir à l'extrémité de la manivelle, c'est-à-dire l'effort développé sur le piston par la tension maxima de la vapeur ; soit l la longueur de la manivelle ou du rayon de la roue motrice, d le diamètre du tourillon de l'arbre, n le nombre de tours par chaque double course du piston, on a

$$Rl = Cnd^3$$

C étant une quantité constante pour une même espèce de matériaux.

Si p représente la pression en kilogrammes que la vapeur au maximum de tension exerce par centimètre carré à la surface du piston dont D est le diamètre en centimètres ; si, de plus, on a $l = m\mathrm{D}$, il viendra

$$R. = 0{,}7854\,\mathrm{D}2p$$

et l'on écrira par suite

$$0{,}7854.m.\mathrm{D}^3 p = Cnd^3$$

et résolvant par rapport à d et extrayant la racine cubique, il vient

$$d = \mathrm{D}\sqrt[3]{\frac{0{,}7854.m.p}{C.n}}$$

Voici les valeurs qu'on pourra donner, avec confiance, à la constante C.

Pour la fonte. $45^k = C$

Pour le fer. . $38^k = C$

On obtient, en définitive, la formule suivante :

Fonte. . . . $d = \mathrm{D}\sqrt[3]{\frac{mp}{56n}}$

Fer. . . . . $d = \mathrm{D}\sqrt[3]{\frac{mp}{48n}}$

Pour trouver le diamètre du tourillon d'un arbre quelconque d'une machine à vapeur, voici la règle à suivre :

Multiplier le rapport qui existe entre la longueur de la manivelle et le diamètre du cylindre où se meut le piston, par la tension maxima de la vapeur exprimée en kilogrammes par centimètre carré ; multiplier, de plus, le nombre de tours que l'arbre doit accomplir pendant une double course du piston, c'est-à-dire pendant une révolution complète de l'arbre de couche,

Par le nombre 38 *pour le fer,*

Par le nombre 56 *pour la fonte ;*

diviser le premier produit par le second ; le quotient exprimera en centimètres le diamètre cherché.

Pour l'arbre de couche ou l'arbre moteur, où l'on a $n=1$, les formules deviennent

Fonte. . . . $d=D\sqrt[3]{\frac{mp}{56}}$

Fer. . . . . $d=D\sqrt[3]{\frac{mp}{38}}$

Dimension des dents d'engrenage.

Soient :

b épaisseur moyenne des dents, mesurée sur la circonférence du cercle primitif,

a largeur des dents parallèlement à l'axe de la roue,

h leur hauteur ou leur saillie sur l'anneau,

R l'effort maximum qu'elles ont à supporter.

Voici les rapports qu'on admet en pratique entre ces dimensions :

$$a=4{,}5\,b, \qquad h=1{,}2\,b$$

b se détermine, selon les cas, par les relations,

Fonte. $b=\sqrt{R}\,.\,0^{c}/_{m},105$

Bronze ou cuivre. $b=\sqrt{R}\,.\,0^{c}/_{m},131$

20e LEÇON.

TRAVAIL DES MACHINES.

Pour appliquer l'équation des forces vives aux machines, il importe d'examiner la nature des forces auxquelles elles sont soumises, les conditions variables de leur action, et les modifications qui peuvent les atteindre suivant les circonstances.

Ces forces peuvent se classer comme il suit, en quatre groupes :

1° Il y a les puissances ou forces mouvantes, destinées à produire, à entretenir ou bien à accélérer le mouvement ; variables ou constantes, elles ont une résultante dont la valeur moyenne sera désignée par F, et le chemin parcouru par son point d'application, par E ; FE exprimera donc le travail qu'elle produit, travail toujours développé dans le sens du mouvement et partant positif ;

2° Il y a les résistances utiles, qu'il faut vaincre pour accomplir l'effet proposé, le travail exigé de la machine et dont l'action modère, retarde ou détruit le mouvement. Le travail de la résultante moyenne de ces forces, que nous désignerons par R'E', est toujours opposé à celui des puissances ou forces mouvantes, par conséquent il est négatif ;

3° Il y a les résistances nuisibles inhérentes au mouvement lui-même, tels que les frottemens de toutes sortes, les réactions de l'air, de l'eau, etc. Ces forces, toujours opposées au mouvement qu'elles tendent à détruire, absorbent en pure perte une quantité plus ou moins considérable de l'effort moteur ; leur travail moyen que nous représenterons par R''E'', est donc négatif ;

4° Il y a, enfin, l'action de la pesanteur, dont le travail exprimé par PH, est tantôt positif, tantôt négatif ; positif quand la pesanteur agit dans le même sens que les puissances et se compte parmi elles ; négatif quand elle agit en sens contraire. Il est des machines où elle agit toujours comme puissance, ainsi qu'on le voit dans les roues hydrauliques et les pendules ; d'autres où elle se classe parmi les résistances utiles, comme dans les machines d'extraction et dans celles qu'on emploie à l'élévation des fardeaux.

L'équation de forces vives, dans le cas du mouvement de transport parallèle, prendra la forme :

$$F.E - R'.E' - R''.E'' \mp PH = \frac{M}{2}(V^2 - V_0{}^2)$$

V désignant la vitesse commune à tous les points, à l'époque que l'on considère, et V_0 la vitesse commune à une autre époque déterminée dans chaque cas.

L'équation des forces vives, dans le cas du mouvement de rotation autour d'un axe, sera

$$F.E - R'.E' - R''.E'' \mp PH = \frac{I}{2}(V_1{}^2 - V_1{}^{o2})$$

I représente le moment d'inertie de la pièce qui tourne par rapport à l'axe de rotation, V_1 la vitesse angulaire à l'instant que l'on considère, et $V_1{}^o$ la vitesse angulaire commune à la première époque choisie.

Ces deux équations se rapportent à un temps d'une

durée finie, ce qui veut dire, qu'un intervalle de temps fini s'est écoulé d'une époque à l'autre.

Voyons, maintenant, à quelles conditions et dans quelles circonstances le but suprême de toute machine sera rempli; en autres termes, examinons quand le plus grand travail utile sera accompli avec un même moteur.

Avantages du mouvement uniforme. — En résolvant l'équation ci-dessus par rapport au travail résistant utile, on obtient

$$R'.E' = F.E - R''.E'' \mp P.H + \frac{1}{2}(V_1^{0\,2} - V_1^{2})$$

La plus grande simplification dont cette équation soit susceptible, viendra de l'annihilation des deux derniers termes, à laquelle on doit toujours viser; quand elle a lieu, c'est-à-dire quand on a $P.H = 0$, et $V_1 = V_1^0$; le terme $R''E''$ est le plus petit possible, $F.E$ a sa plus grande valeur, et, par suite, $R'.E'$ est le plus grand possible; de plus, la machine est dans les meilleures conditions de durée : c'est là ce qu'il faut établir.

Travail des puissances ou travail moteur. — A l'origine, quand la machine quitte le repos, la puissance ayant à lutter, plus que jamais, contre l'inertie des masses et l'adhérence des surfaces en contact, est obligée de déployer le plus grand effort; quand, au contraire, le vitesse a pris sa plus grande valeur, l'effort de la puissance est nul ou réduit à la valeur la plus petite, ainsi, pour les moteurs animés, l'effort et la vitesse ont des limites nécessaires, l'un ayant sa plus grande valeur, quand l'autre a sa plus petite. Ainsi, il en est pour les moteurs inanimés, l'eau, le vent et la vapeur, pour qui l'effort le plus grand correspond à la vitesse du récepteur égale à zéro, et l'effort le plus petit à la plus grande vitesse du récepteur.

Entre ces limites extrêmes, il est une certaine vitesse qui, pour chaque moteur, eu égard à la nature et à la combinaison des organes mécaniques qui reçoivent et transmettent son action, correspond à un travail moteur le plus grand possible; comme il arrive souvent que pour de plus grandes ou de plus petites vitesses, ce travail diminue rapidement, il importe de conserver aux points d'application de la puissance, le même degré de vitesse favorable, et par suite au récepteur un mouvement uniforme.

Travail des résistances utiles. — De même que pour les forces mouvantes, il existe pour les résistances utiles une certaine vitesse plus que tout autre convenable, soit sous le rapport de la quantité et de la qualité de l'ouvrage à effectuer, soit sous le rapport de la conservation de l'outil, auquel on donne en général le nom d'opérateur. Donc, pour les résistances utiles, comme pour les puissances, pour les récepteurs comme pour les opérateurs, il convient que le mouvement soit uniforme.

Travail des résistances nuisibles. — Quant aux résistances nuisibles, aux frottemens de toutes sortes, à la raideur des cordes, à l'adhérence des surfaces, aux chocs des parties les unes contre les autres ; aux secousses et aux vibrations diverses, qui consomment toujours, en pure perte, une portion notable du travail moteur, il est de tout intérêt de les atténuer autant que possible. On réduira donc le poids des pièces qui doivent glisser les unes sur les autres à ce qui est nécessaire à leur solidité ; on rendra leurs surfaces polies, on les graissera avec soin, et l'on diminuera les chemins parcourus par les parties frottantes. Pour les résistances de l'air et de l'eau, on les diminuera en resserrant la vitesse dans des limites convenables, et en donnant aux corps des formes appropriées.

Travail nuisible de la pesanteur. — Quand la pesanteur ne peut être classée ni parmi les forces mouvantes ni parmi les résistances utiles, quand elle agit, en un mot, comme résistance nuisible, il importe de faire disparaître son travail, ou du moins de l'atténuer autant que possible. En effet, s'il est vrai que les pièces, qui montent et descendent alternativement de la même quantité, développent un travail nul à la fin de chaque période, il n'en est pas moins vrai que, par l'augmentation ou la diminution périodiques qu'elles apportent au travail moteur, elles produisent par là même des variations de vitesses qui troublent l'uniformité si désirable du mouvement. Ajoutons que, par leur poids, les pièces à mouvement alternatif de haut en bas et de bas en haut, déterminent toujours un surcroît de frottement. De là donc la nécessité de réduire leur emploi à ce qui est strictement indispensable, encore faut-il que leurs vitesses oscillant entre des limites extrêmes, passant par les valeurs les plus grandes et par zéro en changeant de signe, varient par degrés insensibles, qu'elles soient soumises, en un mot, à la loi de continuité.

Pour les pièces qui tournent autour d'un axe, on sent bien que, si leur centre de gravité est en dehors de l'axe, les pressions provenant des forces centrifuges ne s'y détruiront pas deux à deux, à chaque instant, dans toutes les directions, car elles sont inégales. De cet excès de pression résulterait une augmentation de frottement en même temps que des variations de vitesses contraires au mouvement uniforme. Il est donc urgent de parer à ces inconvéniens graves, en maintenant le centre de gravité des pièces tournantes dans l'axe de rotation lui-même. On y parvient au moyen d'un bon centrage, et l'on a, dans ce cas, $PH=o$ rigoureusement ou à-peu-près.

Influence de la variation des forces vives. — On connaît les motifs puissans qui prescrivent le mouvement uniforme dans les machines. Supposons qu'il n'en soit point ainsi et que l'on n'ait point $\frac{1}{2}(V_1{}^{o2}-V_1{}^2)=o$, il s'agit d'estimer l'influence de la variation des forces vives. Quand la vitesse a diminué dans la période que l'on considère, $\frac{1}{2}(V_1{}^{o2}-V_1{}^2)$ est positif et représente un travail à l'avantage du moteur. Quand, au contraire, la vitesse a augmenté dans la période considérée, $\frac{1}{2}(V_1{}^2-V_1{}^2)$ est négatif, et cette variation de force vive représente la portion de travail moteur employée à la produire. Ce double fait se présente toujours dans les mouvemens périodiques; dans la période où la vitesse croît, l'inertie des masses absorbe, emmagasine une portion du travail moteur qu'elle restitue, au profit de celui-ci, dans la période où la vitesse est en décroissance.

L'inertie de la matière joue donc ici le rôle d'un véritable réservoir de travail, qui s'emplit quand le travail moteur est supérieur à celui des résistances, et se vide à l'avantage du travail moteur, quand celui-ci est devenu inférieur à celui des obstacles, absolument comme l'étang ou le réservoir d'une roue hydraulique, qui reçoit et conserve en dépôt l'eau du ruisseau alimentaire que la roue ne consomme pas, pour la lui rendre, au besoin, en se vidant, quand la roue consomme plus que la source ne fournit.

Les exemples de ces effets sont aussi nombreux que remarquables dans le jeu des machines : met-on en marche des laminoirs avant de passer le fer entre les cylindres, toutes les pièces de la machine, depuis le récepteur et les communicateurs, jusqu'à l'opérateur, prennent un mouvement accéléré et absorbent une portion considérable du travail moteur jusque-là supérieur à celui des résistances ; puis, quand on passe le métal pour l'étirer, quand commence la fonction de l'opérateur, le travail de la résistance l'emportant sur le travail moteur, le mouvement se retarde, et l'inertie des masses restitue, à l'avantage de la puissance, la portion de travail qu'elle avait en quelque sorte emmagasinée.

Il en est ainsi dans l'action des balanciers, de la pédale du rémouleur, etc.

Mais ce qu'il ne faut pas perdre de vue, c'est que ces variations de forces vives correspondent nécessairement à des variations de vitesses ; il importe donc de les renfermer en des limites étroites, afin de s'éloigner le moins possible du mouvement uniforme.

Mouvement périodique. — Il y a beaucoup de machines qui, par leur constitution ou la nature de l'ouvrage qu'elles ont à exécuter, ne peuvent jouir du mouvement uniforme ; de ce nombre sont celles où le moteur ou bien l'opérateur agissent par intermittences, ou dans des directions alternativement opposées, comme les machines à vapeur à colonne d'eau, d'une part, et de l'autre, les scieries, les pompes, etc. Il convient alors, comme nous l'avons déjà dit, de limiter, au strict nécessaire, le nombre des pièces douées du mouvement alternatif, et de répartir par intervalles égaux les variations de résistances ou de travail.

Mouvement varié et ses inconvéniens. — Toutes les considérations auxquelles nous nous sommes livrés jusqu'ici, nous présentent le mouvement uniforme comme le plus favorable à l'action des moteurs et des opérateurs, en même temps qu'il atténue, autant qu'il se peut, le travail des résistances nuisibles, en réduisant diverses pièces des machines à leurs moindres poids et dimensions sans en compromettre ni la solidité ni la durée. Tous ces avantages ressortiront bien mieux encore, si nous les rapprochons des inconvéniens nombreux et graves qui accompagnent le mouvement varié et l'irrégularité qu'il fait naître dans l'action de la force mouvante et de la résistance utile; de plus, comme les diverses pièces des machines sont de temps en temps soumises à des efforts variables, parfois bien supérieurs en intensité à l'effort constant du moteur propre au mouvement uniforme, il faut en augmenter les dimensions et les poids; de là une source de travail nuisible, préjudiciable à la fois au travail moteur, au travail résistant utile, et à la conservation de la machine, sans compter les chocs et les déformations que peuvent entraîner des changemens de vitesse.

Or, tous ces inconvéniens sont d'autant plus grands, que les forces vives des parties douées du mouvement alternatif sont plus considérables. Donc il faudra, après avoir limité au strict nécessaire leurs dimensions, rendre leurs vitesses aussi petites que possible par rapport à celles des pièces douées d'un mouvement voisin de l'uniformité.

Mise en marche des machines; vitesse de régime. — Quand une machine part du repos, sa vitesse, d'abord nulle, croît graduellement, attendu que le travail moteur l'emporte, à chaque instant, sur celui des résistances; mais vient une époque où il atteint sa grandeur la plus considérable, correspondante à une certaine vitesse; mais les résistances qui croissent avec la vitesse, deviennent bientôt telles, que leur travail égale le travail moteur, et l'on a

$$F.E=R'.E'+R''E''\mp P.H$$

A cet instant, la vitesse est à sa limite supérieure. Si cette égalité entre le travail moteur et le travail des résistances se maintient, nous aurons le mouvement uniforme, à la condition toutefois que l'on ait

$$P.H=0$$

ce qui exige que le centre de gravité de toutes les parties demeure toujours à la même hauteur ; si ce terme ne s'annulait pas, il est évident qu'il ferait varier la vitesse en variant lui-même, et troublerait l'uniformité du mouvement.

Mais il arrive rarement que l'égalité entre le travail des puissances et des résistances se maintienne à partir de l'instant où la vitesse est à sa limite supérieure, le plus souvent le travail résistant l'emporte à partir de cette époque, sur le travail moteur ; la vitesse diminue donc alors et le mouvement se ralentit. Mais comme bientôt le travail résistant peut diminuer à son tour, tandis que le travail moteur augmente, le mouvement décroît de moins, jusqu'à ce qu'il ne diminue plus du tout ; la vitesse alors est à sa limite inférieure, et l'on a entre les travaux accomplis :

$$FE=R'E'+R''E''\mp PH$$

A partir de là, une nouvelle période d'accélération commence, qui sera limitée au maximum de la vitesse, puis suivie d'une période de retardement, et ainsi de suite ; telle est à-peu-près la marche générale des machines. La valeur moyenne entre la plus grande et la plus petite valeur de la vitesse constitue ce qu'on appelle la *vitesse de régime*.

Remarque sur le mouvement perpétuel. — Il existe, de nos jours encore, malgré les progrès de la raison et de la mécanique, des chercheurs de mouvement perpétuel ;

bonnes gens consommant de longues heures de leur existence à rêver une machine qui puisse, par une heureuse combinaison d'organes, conserver perpétuellement par elle-même et sans le secours d'aucune force motrice, le mouvement qui lui aurait été communiqué une fois pour toutes. Si l'illusion qu'ils caressent est difficile à détruire, l'inutilité de leurs efforts est facile à mettre hors de doute. En effet, admettons tout ce qui peut être favorable à l'utopie, l'existence du mouvement uniforme, puis le cas où le travail de la pesanteur est nul, puis enfin celui où l'opérateur ne fonctionne pas, où la machine marche à vide ; il resterait encore les résistances nuisibles, inhérentes au mouvement lui-même, le frottement capable d'user à la longue et le mouvement et la machine, à moins que la vitesse qu'il consomme ne soit renouvelée et entretenue par une force motrice quelconque.

21e LEÇON.

CALCUL DU TRAVAIL

Développé par la Vapeur dans les Machines.

Nous avons exposé précédemment les propriétés principales de la vapeur, déduites du calcul et de l'expérience, essayons maintenant de tracer des règles générales au moyen desquelles on en puisse évaluer le travail mécanique. Disons d'abord que, dans leur diversité, tous les modes d'action de ce moteur peuvent se réduire à deux. Tantôt après avoir agi avec une tension à-peu-près égale à celle de la chaudière où elle s'est formée, la vapeur s'échappe immédiatement dans un condenseur ou dans l'air; c'est là le cas des machines à basse et haute pression, sans détente, avec ou sans condensation. Les unes et les autres formeront dans leur ensemble une première classe. Tantôt après avoir agi avec la force élastique de production ou à-peu-près, elle cesse tout-à-coup de communiquer avec la chaudière, elle se détend alors, mais en développant une quantité de travail dont il faut tenir compte et qui vient grossir la portion de travail produit dans l'admission du fluide ; ce cas est celui des machines à basse, moyenne et haute pression, avec détente, avec ou sans condensation ; leur ensemble formera la seconde classe des machines à vapeur.

Cela posé, pour établir les règles générales d'estimation, nous admettrons que pendant toute la durée de l'action du fluide moteur, pendant l'admission comme pendant la période de détente, le fluide lui-même et l'espace où il agit conservent constamment la même température. Cette hypothèse, sans doute, n'est pas rigoureusement conforme à la vérité, mais à l'avantage de simplifier le raisonnement, elle joint celui de permettre l'usage de la loi de Mariotte. On pourra d'ailleurs recourir à l'expérience pour corriger les inexactitudes qu'elle entraîne à la suite des autres causes d'erreur qui enveloppent encore cette délicate question.

L'action de la vapeur envisagée de la manière la plus générale, présente trois phases distinctes. Dans la première, le fluide se déploie avec une pression à-peu-près constante, qui est celle de la chaudière où il se forme et d'où il afflue d'une manière uniforme et continue, c'est la période de l'admission.

Dans la deuxième, toute communication cessant entre le fluide et la chaudière, il se débande comme un ressort en se précipitant à la suite du piston qu'il chasse avec une intensité décroissante dans un espace qui s'étend de plus en plus ; il agit alors avec une tension variable, avec une tension qui diminue depuis la pression normale accusée par le manomètre, jusqu'à une pression finale que l'on obtient à l'aide de la loi de Mariotte ; c'est la période de la détente. Dans ces deux premières phases, l'effort du moteur étant toujours dirigé dans le sens du mouvement, son travail est positif ; il faut donc ajouter ensemble les travaux provenant de l'admission et de la détente.

Mais pendant les deux périodes que nous venons d'examiner, la vapeur, en s'échappant soit au condenseur, soit dans l'atmosphère, exerce sur la face supérieure du piston une pression que nous supposerons constante, égale à la tension que donne la température du condenseur, quand il existe, et égale à la pression atmosphérique quand il n'existe pas ; elle accomplit alors un travail négatif, qui doit se retrancher des deux premiers ; c'est la troisième phase de son action.

Evaluons donc successivement ces trois élémens de travail relativement à une course entière du piston.

Soient :

P pression normale de la vapeur dans l'admission estimée en kilogrammes par centimètre carré, ou 10000 P par mètre carré ;

S surface du piston en mètres carrés.

L_1 longueur totale d'une course en mètres.

L longueur ou chemin parcouru pendant l'admission.

V=SL volume engendré pendant l'admission ou volume de vapeur introduite.

Travail dans l'admission. — On aura pour la pression exercée sur la surface du piston pendant l'admission de la vapeur :

$$10000\,PS$$

et pour le travail correspondant :

$$10000\,PSL \quad \text{ou bien} \quad 10000\,PV^{km}$$

Calcul de la détente. — Pour évaluer le travail développé dans la détente, alors que la pression diminue de P à P_1, et que le volume de la vapeur passe de V à V_1, on supposera que la pression demeure constante pendant une longueur *l* du chemin L_1—L que le piston doit parcourir dans la détente, *l* étant une partie aliquote de ce chemin, telle que l'on ait :

$$L_1 - L = nl$$

Soit P'' la pression qui s'exerce sur le piston pour le premier élément *l* du chemin, et que nous pouvons regarder comme constante ; $V''=SL''$ le volume total occupé par la vapeur dans cette circonstance ; le travail élémentaire correspondant, aura pour expression :

$$10000\,P''Sl$$

Mais, d'après la loi de MARIOTTE, que nous supposons applicable, nous aurons

$$V'' : V :: P : P'' = \frac{V}{V''} P.$$

L'expression du travail élémentaire deviendra, après substitution :

$$10000\,PV \frac{Sl}{V''}$$

et en remplaçant V'' par sa valeur, elle sera

$$10000\,PV \frac{l}{L''}.$$

Pour le deuxième élément de la course pendant lequel la pression supposée constante serait P''', et le volume total occupé par la vapeur serait $V'''=SL'''$, on aurait l'élément du travail

$$10000\,PV \frac{l}{L'''}$$

et ainsi de suite.

On voit que ces diverses expressions du travail élémentaire pendant la détente, ont pour facteur commun 10000 PV ; on n'a donc qu'à s'occuper des produits variables

$$l.\frac{1}{L''}, \quad l.\frac{1}{L'''}, \text{ etc.}$$

qu'on peut représenter par le terme général :

$$l.\frac{1}{L+n'l}$$

en donnant à n' toutes les valeurs depuis 0 jusqu'à n.

Or, si l'on prend sur OA=L, (fig. 100), une longueur OB=L, qu'on partage la portion BA, qui exprime le chemin parcouru par le piston dans la détente, en un nombre pair n de parties égales à l, et qu'on élève à tous les points de division des perpendiculaires égales à $\frac{1}{L}$, $\frac{1}{L+l}$, $\frac{1}{L+2l}$ .... $\frac{1}{L+nl}=\frac{1}{L_1}$, on obtiendra, en menant une courbe par les sommets de ces diverses ordonnées, une surface curviligne qui pourra s'évaluer par le théorème de Simpson. Mais on peut écrire :

$$l.\frac{1}{L+n'l}=\frac{l}{L}\cdot\frac{1}{1+n'\frac{l}{L}}=m.\frac{1}{1+n'm}$$

en divisant les deux termes de la fraction par L et en faisant $\frac{l}{L}=m$. Par suite les ordonnées seront

$$y_1=1,\quad y_2=\frac{1}{1+m},\quad y_3=\frac{1}{1+2m},\quad y_4=\frac{1}{1+3m}\dots\dots$$

$$\dots\dots\dots\dots y_{n+1}=\frac{1}{1+nm}$$

On aura donc, en appelant K le facteur numérique qui doit convertir le travail de l'admission en celui de la détente,

$$K=\frac{m}{3}[y_1+y_{n+1}+4(y_2+y_4+\dots y_n)+2(y_3+y_5+\dots y_{n-1})]$$

et le travail de la détente sera dès-lors,

$$10000\,PVK$$

Application : *Supposons qu'un piston de* $0^m,60$ *de diamètre, faisant une course simple de* $1^m,50$, *reçoive la vapeur à une pression de 5 atmosphères, pendant 1/5 de sa course, c'est-à-dire pendant un parcours de* $0^m,30$=L.

On aura

$$P=5.1^k,033=5^k,165$$

$$S=\frac{(0,65)^2}{1,273}=0^{m\,c.},3319$$

et $V = SL = 0^{mc},3319 . 0,30 = 0^{mc},09957$

et pour le travail de l'admission

$$10000\,PV = 10000 . 5^{k},165 . 0^{mc},09957 = 5142^{km},79$$

Travail de la détente. — Ici la course du piston est $L_1 - L = 1^{m},20$; en la partageant en deux parties égales, on a

$$l = 0^{m},60, \quad \frac{l}{L} = m = 2, \quad \text{et} \quad n = 2$$

par suite les ordonnées sont

$$y_1 = 1, \quad y_2 = \frac{1}{3}, \quad y_3 = \frac{1}{5}$$

On obtient pour le facteur numérique :

$$K = \frac{2}{3}\left(1 + \frac{1}{5} + \frac{4}{3}\right) = 1,69$$

et pour le travail de la détente

$$1,69 . 5142^{km},79 = 8691^{km},3151$$

Pour avoir une valeur plus approchée du travail développé dans la détente, on pourra diviser la course $1^{m},20$ en quatre parties égales, on aura alors

$$n = 4, \quad l = 0^{m},30 \quad \frac{l}{L} = m = 1$$

et les ordonnées seront

$$y_1 = 1, \quad y_2 = \frac{1}{2}, \quad y_3 = \frac{1}{3}, \quad y_4 = \frac{1}{4}, \quad y_5 = \frac{1}{5}$$

Cela donne pour le facteur numérique :

$$K = \frac{1}{3}\left(1 + \frac{1}{5} + 4\left(\frac{1}{2} + \frac{1}{4}\right) + 2 . \frac{1}{3}\right) = 1,62$$

et pour le travail de la détente :

$$1,62 . 5142,79 = 8331^{km},3298$$

Autre Exemple : *Soit* $L_1=1^m,60$ *la course totale d'un piston de même diamètre que ci-dessus*, $L=0^m,40$ *le chemin qu'il parcourt pendant l'admission, et* $P=5^k,165$ *la pression au manomètre par centimètre carré ?*

On trouve, tout calcul fait, pour le travail de la vapeur dans l'admission :

$$10000.5^k,165.0^{mc}3319.0,40=6857^{km},03$$

La course du piston pendant la détente est $L_1-L=1^m,20$, divisons-là en quatre parties égales, nous aurons

$$n=4,\quad l=0^m,30,\quad \frac{l}{L}=m=\frac{2}{3}$$

et les ordonnées seront

$$y_1=1,\quad y_2=\frac{3}{5},\quad y_3=\frac{3}{7},\quad y_4=\frac{1}{3},\quad y_5=\frac{3}{11}$$

nous en concluons :

$$K=\frac{2}{9}\left(1+\frac{3}{11}+4\left(\frac{3}{5}+\frac{1}{3}\right)+\frac{6}{7}\right)=1,3$$

nous aurons donc pour le travail dans la détente :

$$6857^{km},03.1,3=8914^k,139$$

Travail négatif de la vapeur. — Il nous reste à évaluer le travail développé par la vapeur dans la réaction qu'elle exerce sur la face opposée du piston, en s'échappant soit au condenseur, soit en pleine atmosphère, et cela pendant une course entière. Nous supposerons constante la tension avec laquelle elle réagit ; soit P' cette pression évaluée en kilogrammes par centimètre carré, ou 10000 P' par mètre carré ; la pression sur toute la face du piston sera donc à-peu-près :

$$10000\,P'S$$

et le travail correspondant serait

$$10000\,P'SL_1=10000\,P'V_1$$

utilisant la relation

$$P_1 : P :: V : V_1 = \frac{VP}{P_1}$$

nous aurons pour exprimer la portion du travail négatif

$$10000\,PV.\frac{P'}{P_1}$$

dans le cas où il existe un condenseur.

Si la vapeur se dégageait dans l'atmosphère, on ferait

$$P' = 1^k,033$$

En réunissant les trois portions de travail qu'on vient d'estimer successivement, on obtiendra, pour calculer le travail de la vapeur dans une course du piston, la formule générale :

$$(a) \qquad 10000\,PV\left(1+K-\frac{P'}{P_1}\right)^{km}$$

Cette expression convient à toutes les machines à vapeur ; quand il n'y y a pas de détente, on y fait

$$K = o \quad \text{et} \quad P_1 = P$$

De plus, elle ne renferme que des élémens connus ou faciles à connaître. La pression normale P est donnée par le manomètre ; le volume V de la vapeur introduite à chaque coup de piston n'est autre chose que le volume engendré dans l'admission, il est connu par le levé des dimensions de la machine ; la pression P_1 qui règne à la fin de la détente, alors que la vapeur occupe un espace connu V_1, est donnée par la relation

$$P_1 = \frac{V}{V_1}P$$

Quant à la pression P', on a pour la déterminer la connaissance de la température du condenseur et les tables qui indiquent les torsions des vapeurs saturées aux diverses températures.

Travail théorique de la vapeur par seconde.

Soit n le nombre de coups de piston par minute, il sera $\frac{n}{60}$ par seconde, et le travail développé dans le même temps par la vapeur aura pour expression

$$(b) \qquad \frac{n}{60} \cdot 10000\,PV\left(1+K-\frac{P'}{P_1}\right)^{km}$$

En divisant par 75 on aura le nombre de chevaux de vapeur produit par seconde ou, si l'on veut, la force de la machine :

$$\frac{n.\,10000\,PV}{60.75}\left(1+K-\frac{P'}{P_1}\right)$$

ou bien

$$(c) \qquad n \,.\, 2{,}222 \,.\, PV_1\left(1+K-\frac{P'}{P_1}\right)$$

Remarque. — Il ne faudrait point croire que cette expression assez simple du travail de la vapeur dans les machines, est exacte, elle est beaucoup trop forte. Sans parler d'autres causes d'erreur, la nature et le nombre des hypothèses auxquelles nous avons eu recours, sont plus que suffisantes pour faire concevoir le désaccord qui règne ici entre la théorie et l'expérience :

1° Nous avons supposé que pendant l'admission, la vapeur avait constamment la même force élastique ; cela n'est pas rigoureusement vrai ;

2° Nous avons admis, pour avoir le bénéfice de la loi de Mariotte, que pendant la double période de l'admission et de la détente, la vapeur conservait la même température ; cette hypothèse est tout-à-fait gratuite ;

3° Enfin nous avons supposé, contrairement à l'évidence, que le fluide, en s'échappant au condenseur réagissant avec une force élastique constante.

Il s'ensuit que les formules ci-dessus, pour se rapprocher des faits ont besoin d'un correctif ; on ne doit guères prendre que les $\frac{3}{5}$ ou les $\frac{2}{3}$ des résultats qu'elles fournissent. On écrira donc

$$n\,.\,0{,}60.2{,}222\,\mathrm{PV}\left(1+\mathrm{K}-\frac{\mathrm{P}'}{\mathrm{P}_1}\right)$$

ou bien

$$(c') \qquad n\,.\,0{,}70.2{,}222\,\mathrm{PV}\left(1+\mathrm{K}-\frac{\mathrm{P}'}{\mathrm{P}_1}\right)$$

Travail théorique dû à la combustion de 1k de houille. — La manière la plus générale de comparer entr'elles les machines à vapeur étant basée sur la quantité de travail qu'elles produisent dans la combustion de 1 kilog. de houille, il faut la déterminer.

Or, on peut exprimer (pag. , formule (6) le volume V de valeur employée par course à l'aide de sa température T, de sa pression P et de son poids Q, par la relation

$$\mathrm{V}=\frac{\mathrm{Q}}{\mathrm{D}}=1.2789.\frac{1+0{,}00366\,\mathrm{T}}{\mathrm{P}}\,\mathrm{Q}$$

Substituant cette valeur de V dans l'expression du travail (*a*), on obtient :

$$12789(1+0{,}00366\,\mathrm{T})\mathrm{Q}\left(1+\mathrm{K}-\frac{\mathrm{P}'}{\mathrm{P}_1}\right)^{\mathrm{km}}$$

D'un autre côté, le poids Q de la vapeur à la pression P et à la température T, exige pour sa formation un poids de combustible représenté par

$$\mathrm{Q}\left(\frac{537+\mathrm{T}-\mathrm{T}'}{\mathrm{M}}\right)^{\mathrm{k}}$$

Si donc on divise le travail développé par le poids Q de vapeur par le nombre de kilogrammes de houille employés à sa production, on aura le travail ou l'effet théorique dû à 1 kilogramme de combustible, ce qui donne

$$12789\,.\,\mathrm{M}\,.\left(\frac{1+0{,}00366\,\mathrm{T}}{537+\mathrm{T}-\mathrm{T}'}\right)\left(1+\mathrm{K}-\frac{\mathrm{P}'}{\mathrm{P}_1}\right)^{\mathrm{km}}$$

S'il n'y avait pas de détente, comme dans les machines à basse pression, on aurait

$$K = o$$

et par suite,

$$12789 \,.\, M \left(\frac{1+0{,}00366\,T}{537+T-T'}\right)\left(1-\frac{F'}{P}\right)^{km}$$

La houille donne en moyenne 7500 calories par kilogramme brûlé ; mais dans les meilleurs foyers on n'utilise guères que la moitié de la chaleur réellement produite par le combustible, attendu qu'il s'en perd et par le foyer et par la chaudière. Il faut donc réduire les calories produites par la combustion de 1 kilogramme de houille au nombre de 3923 qui donne à-peu-près la véritable valeur de M ; on obtient alors pour les machines à détente :

$$(d) \qquad 12789.3923.\left(\frac{1+0{,}00366\,T}{537+T-T'}\right)\left(1+K-\frac{P'}{P_1}\right)^{km}$$

et pour les machines sans détente :

$$(d') \qquad 12789.\,3923.\left(\frac{1+0{,}00366\,T}{537+T-T'}\right)\left(1-\frac{P'}{P}\right)^{km}$$

Ces formules peuvent être simplifiées. Si l'on donne à T les valeurs 100°, 120°, 140°, 160° correspondantes à des pressions comprises entre 1 et 2 atmosphères, limites que l'on ne dépasse pas dans la marine, et que la température d'alimentation soit $T' = 12°$, on trouve pour la fraction $\frac{1+0{,}00366\,T}{537+T-T'}$ quatre valeurs correspondantes dont la moyenne est égale à 0,00225. Alors le travail théorique développé par la combustion d'un kilogramme de houille, aura pour expression définitive :

$$112885,\,506\left(1+K-\frac{P'}{P_1}\right)^{km} \text{ avec détente ;}$$

$$112885{,}506\left(1-\frac{P'}{P}\right) \text{ sans détente,}$$

et avec la correction dont on fait usage plus haut :

$$(d_1) \qquad 0{,}70.112885{,}506\left(1+K-\frac{P'}{P_1}\right)$$

22e LEÇON.

INDICATEURS DE LA PRESSION ET DYNAMOMÈTRES.

On peut à l'aide des manomètres connaître facilement la pression de la vapeur dans les chaudières, attendu que les changemens qu'elle subit ne sont jamais assez brusques pour que le mercure ne puisse les indiquer. Il n'en est pas de même pour les cylindres à vapeur : dans ceux-ci, la pression est toujours variable, et il serait impossible de s'en rendre compte au moyen des instrumens précités. Il était donc de la plus grande utilité d'avoir un instrument propre à étudier avec certitude les effets de la vapeur dans les cylindres, afin de pouvoir vérifier les degrés d'ouverture du tiroir relativement au piston, de s'assurer si la vapeur arrive en quantité suffisante et si elle sort avec facilité dès qu'elle commence à être nuisible.

Watt est le premier qui a inventé un instrument de ce genre : il l'a nommé *Indicateur*. Cet instrument a été modifié par plusieurs constructeurs, et en dernier lieu par M. Paul Garnier.

Il se compose d'un cylindre en cuivre fixe C communiquant par le tuyau T avec le dessus du cylindre et ayant un robinet pour ouvrir ou intercepter à volonté la communication. Il est muni d'un piston P soigneusement ajusté et graissé ; la surface de ce piston est exactement connue, et c'est à elle que se rapportent les poids qui font céder les ressorts de quantités déterminées, et que se calculent les échelles en fractions d'atmosphère, en pression par centimètre ou en colonne de mercure. Deux ressorts R agissant par extension sont placés au-dessus du piston, de manière à être moins influencés par la température, puisque c'est d'eux que dépend surtout l'exactitude de l'instrument. Contre ces ressorts est fixé un crayon à charnière K, pour amener le crayon sur le papier. (fig. 107).

En dehors du cylindre fixe, sont placés deux autres cylindres mobiles sur lesquels s'enroule un papier assez long pour pouvoir tracer un certain nombre de figures avant de le changer.

Un petit cylindre sur lequel s'enroule une corde qui s'attache au piston ou à sa traverse ; ce petit cylindre faisant dix tours pour un de la poulie du cylindre enrouleur du papier, il suffit, chaque fois qu'on applique l'instrument à une nouvelle machine, de faire une poulie en bois ou en métal dont 10 circonférences correspondent à l'étendue du parcours du piston.

L'instrument, tel qu'il vient d'être décrit, se place soit sur le couvercle du cylindre, soit dans le trou d'un robinet à graisser, soit dans tout autre trou pratiqué exprès ; on attache la corde de la poulie à la traverse ou à une pièce marchant avec la tige du piston. On laisse l'instrument travailler quelques secondes afin qu'il s'échauffe et prenne la température du cylindre. Lorsqu'on voit qu'il marche bien, on renverse le crayon de manière à ce que la pointe appuie légèrement sur le papier. Aussitôt abandonné, le crayon trace une courbe, et dès qu'il a fini, on le relève, alors on ferme le robinet et le crayon reste immobile ; on l'applique de nouveau sur le papier pour tracer la ligne atmosphérique, cela fait, on écrit la date, le nom du navire, celui de la machine, le cylindre sur lequel on a opéré, le haut ou le fond du cylindre, le nombre de coups de piston, la pression du manomètre et celle du condenseur.

Voyons maintenant ce que cette courbe permet de déduire. Pour cela, observons d'abord que tout mouvement du crayon de bas en haut exprime que la pression de la vapeur augmente, celui de haut en bas qu'elle diminue. Si l'indicateur est placé sous le cylindre, la ligne supérieure de la courbe sera tracée pendant la descente du piston, la ligne inférieure pendant la montée, le contraire a lieu quand la courbe est prise sous le cylindre. D'après cela, il est facile de concevoir que si la vapeur n'éprouvait aucun obstacle en entrant ou en sortant et que les orifices ouvrissent et fermassent aux extrémités de la course, la figure tracée serait un rectangle, le crayon serait poussé par la pression jusqu'au point le plus élevé et y resterait immobile pendant toute la course du papier, et, par suite, du piston ; là il tomberait au bas pour y tracer la ligne du vide, etc. Mais la difficulté qu'éprouve la vapeur pour entrer et sortir modifie considérablement cet effet, et arrondit les angles de la courbe d'autant plus que la vapeur entre et sort du cylindre plus ou moins facilement.

Examinons les figures 102 et 103, elles indiquent toutes les circonstances d'ouverture et de fermeture des tiroirs : de *a* en *b* la vapeur afflue dans le cylindre, si cette ligne est parallèle à la ligne atmosphérique, l'avance est suffisante et la pression se maintient bien ; la partie arrondie *bc* indique que le tiroir ferme en *c* ; la détente commence jusqu'en *d* où le tiroir s'ouvre pour la condensation, à ce point le piston est presque au bas de sa course ; en *e* ce tiroir s'ouvre de plus en plus, et très vite pour faciliter la sortie de la vapeur et ne pas gêner le mouvement ascendant du piston ; en *g* commence à se découvrir l'orifice pour l'admission, le piston est près du haut de course, et cette vapeur introduite sert à remplir les espaces nuisibles et à diminuer tout temps d'arrêt.

D'après cela on pourra corriger les défauts de la régulation d'après les difformités de la courbe. Ainsi, dans le cas où la tige d'excentrique ou celle du tiroir est trop longue, la partie gauche de la courbe reviendra sur elle-même, au lieu d'être droite, il y aura du retard, et si l'effet est exagéré, il y aura un crochet au-dessous de la ligne du zéro. Si au contraire la tige est trop courte, le côté gauche sera oblique (vers la gauche en haut), et celui de droite sera presque droit, mais arrondi comme de coutume ; si l'avance est trop forte haut et bas, il y aura erreur sur le toc et la figure prendra la forme d'un losange ayant ses deux côtés latéraux inclinés vers la gauche ; si les orifices ou les tuyaux sont trop petits, la courbe sera creusé à la partie supérieure au lieu d'être droite.

Voyons, maintenant, comment à l'aide de cette courbe on obtient la force développée par le piston.

Pour cela, on divise la longueur de la courbe en un nombre quelconque de parties égales ; un nombre pair, par exemple, permet d'appliquer la formule de Simpson, mais, pour plus de simplicité, on peut prendre la moyenne arithmétique. On mène des perpendiculaires par tous ces points de division, on mesure la longueur de chaque perpendiculaire et on l'écrit ; après les avoir mesuré toutes, on les additionne, puis en divisant par le nombre d'ordonnées, on a l'ordonnée moyenne, on la compare à l'échelle de l'indicateur et on obtient, par ce moyen, la pression moyenne soit en atmosphère, soit directement en kilogrammes : c'est la pression moyenne exercée sur chaque centimètre de la surface du piston. En multipliant la surface du piston exprimée en centimètres par cette pression moyenne, on a la pression moyenne sur la surface du piston ; multipliez ce résultat par la vitesse en mètres par secondes, le produit divisé par 75 sera la puissance développée.

Ainsi appelons p la pression moyenne, S la surface du piston en centimètres carrés, V la vitesse en 1", et T la puissance développée, on aura

$$T = \frac{S \times p \times V}{75}$$

Pour plus de clarté, prenons un exemple :

Sur la courbe du *Magellan* (Fig. 104.)

Course du piston. . . . . = 2,29
Diamètre. . . . . = 2,00
Surface. . . . . = $3^{m}{}^{c}{}_{/}$,14
Echelle de l'indicateur. . $43^{m}/^{m}$ pour 1 atmosphère.

Après avoir divisé la longueur de la courbe en 10 parties égales et mené les ordonnées ainsi que le montre la figure 104, les avoir mesurées et cotées, on trouve pour somme de ces ordonnées

$$37+51+51+50,5+49,5+48,5+46,5+41+33+20=478$$

La somme égale 478 millimètres, cette somme divisée par 10 donne l'ordonnée moyenne en millimètres, elle est égale à $47^{m}/^{m}$,8 qui, divisés par 43, donne l'ordonnée moyenne en atmosphère $=1^{at}$,1 ; multipliant 1^{at},1 par 1^{k},03, on trouve, pour pression moyenne en kilogrammes, 1^{k},133.

D'autre part, la surface du piston. . . . . = 31400^{c}
qui multiplié par 1^{k},133, donne. . . . . . 35582^{k}
ou la pression moyenne sur le piston en F.

Enfin, la course du piston égale 2^{m},29; multipliant par 11 nombre de tours en 1', on a la vitesse en 1'; divisant par 60, on obtient pour résultat 0^{m},42, vitesse en une seconde ou V.

Mais la force multipliée par la vitesse donne le travail

$$T = FV$$

Or

$$F = 35582^{k}$$

$$V = 0^{m},42$$

$$FV \text{ ou } T = 35582 \times 0^{m},42 = 14944^{km}$$

Divisant ce produit par 75, on aura le travail en chevaux vapeur.

$$\frac{14944}{75} = 199^{ch} \text{ soit } 200^{ch}$$

pour une machine. Les deux représenteraient 400 chevaux, et comme dans le cas de cette courbe la vitesse est loin d'être celle de régime, attendu que ces machines font moyennement 15 tours en 1', il est probable qu'elles peuvent atteindre ensemble 600 chevaux.

Ce travail, calculé d'après l'effort moyen qui se produit sur le piston, est loin d'être celui transmis à la manivelle. Le frottement du piston ainsi que celui de toutes les pièces qui servent à transformer le mouvement alternatif du piston en un mouvement circulaire imprimé à l'arbre de couche, sont des causes de pertes qui ne laissent pas que d'être très considérables, puisque dans les machines, même les plus fortes, on compte au moins 40 pour cent de perdu par les frottemens, mais rien ne peut prouver d'une manière bien certaine l'exactitude des coefficiens du frottement, attendu que ces coefficiens doivent varier avec le système des machines, le degré d'usure et le montage plus ou moins parfait. Nous donnons cependant ceux employés jusqu'à ce jour, mais il est probable que les dynamomètres de rotation de l'invention de M. Taurines contribueront à modifier notablement les règles admises jusqu'à ce jour. La description de ces instrumens fera l'objet de la leçon suivante.

Tableau des Coefficiens du frottement adoptés.

FORCE des Machines en Chevaux de 75 k/m.	Valeurs du Coefficient		Observations.
	En très bon état.	En état ordinaire.	
4 à 8	0,33	0,30	Ces coefficiens ont été obtenus à l'aide du frein de Prony.
10 à 20	0,42	0,33	
20 à 40	0,50	0,42	
60 à 100	0,60	0,53	

23e LEÇON.

DU FREIN ET DES DYNAMOMÈTRES DE ROTATION.

L'emploi du frein est fondé sur l'équilibre du frottement et de la charge à soulever. Il se compose (fig. 101) d'une poulie qui se fixe invariablement sur l'arbre principal de la machine ; cette poulie porte une gorge qui est embrassée par deux mâchoires, dont le serrage sur la poulie est augmenté à volonté par des écrous à oreilles. L'une des mâchoires, celle inférieure, porte un levier à l'extrémité duquel on suspend un plateau avec des poids.

Lorsque la machine est en mouvement et que la vitesse est celle de régime, on serre les écrous jusqu'à ce que le frottement devienne assez grand pour soulever le levier chargé et le tenir en équilibre, la vitesse de la machine diminue à mesure que le frottement augmente, on ouvre alors le robinet de distribution jusqu'à ce que la vitesse soit celle ordinaire de la machine, ayant toujours soin de serrer pour que le levier soit maintenu en équilibre.

Cela fait, on obtient la puissance que développe la machine, en multipliant la circonférence décrite par le levier par le nombre de tours de la manivelle en une minute, et par la charge du plateau, divisant ce produit par 60, ce qui donne le résultat en une seconde, et par 75 pour l'avoir en chevaux.

Exemple : *Soit une machine dont la vitesse est 35 tours en 1', le levier du frein égal 1ᵐ, le poids du plateau 200 kilogrammes ?*

On aura : circonférence du levier $= 2^m \times 3,14 = 6^m,28$

$6^m,28 \times 35$ nombre de tours en 1' $= 219.80$

$219^m,80 \times 200^k$ charge du plateau $= 43860^{km}$ en 1'

ou $\dfrac{43860^{km}}{60} = 731^{km}$ en 1"

le résultat en chevaux $= \dfrac{731}{75} = 9^{ch},76$

Pour obtenir le poids à placer dans le plateau, la force de la machine étant connue, il faut multiplier la force en chevaux par 75 et par 60, diviser ce produit par la circonférence du levier et par le nombre de révolutions par minute, le quotient est le produit cherché.

Ainsi dans l'exemple précédent, on aurait

$$\frac{9^{ch},76 \times 75 \times 60}{6^m,28 \times 35} = 200 \text{ kilogrammes.}$$

Bien qu'on ait apporté au frein toutes les améliorations possibles, son emploi est toujours assez difficile par suite de l'usure de la poulie, ce qui nécessite un serrage continuel, et par suite augmente la difficulté de maintenir l'équilibre constant, en outre, son emploi n'est pas possible sur les bâtimens à vapeur.

Dynamomètre de rotation. — Cet appareil a pour but de mesurer la force en chevaux transmise aux arbres tournans. La figure 106 représente un appareil de ce genre déjà exécuté d'une puissance égale à 180ᵏ agissant à l'extrémité d'un bras de levier de un mètre, il peut ainsi mesurer pour un tour une quantité de travail égale à 1131 kilogrammètres, ainsi que cela a été vérifié par l'expérience. L'instrument est placé sur l'arbre même pour lequel on veut mesurer la force dynamique qu'il reçoit de la machine ; cette disposition suppose qu'on peut briser l'arbre, c'est le cas des bateaux à hélice ; pour les machines fixes, il suffit de rendre la poulie folle.

Voici comment est disposé cet instrument : sur un arbre AB (fig. 106) sont fixés les deux balanciers C et C', l'arbre est coupé entre ces deux pièces, des ressorts D, appelés ressorts principaux, sont encastrés aux extrémités de ces balanciers dans des têtes disposées à cet effet, ces ressorts sont clavetés, de cette manière le mouvement transmis à l'arbre par la manivelle ne parvient à vaincre la résistance ou à faire tourner l'hélice que par l'intermédiaire des ressorts qui fléchissent en s'applatissant suivant que la résistance à vaincre est plus ou moins grande ; c'est cette flexion, appelée flexion principale, qu'on utilise pour mesurer la force ; tous les autres organes servent à transmettre cette flexion sur l'arbre, quelquefois en la multipliant. En effet, on conçoit que les ressorts D s'applatissant au milieu, les ressorts F s'écartant du centre et attirant le ressort I contre lequel est fixé un chariot porté sur des roulettes, lequel chariot porte un crayon R qui trace sur le cylindre T fixe sur l'arbre une courbe dont les ordonnées représentent les efforts variables de la machine pendant un tour de l'arbre, un crayon R' placé sur un point fixe a servi à tracer préalablement la ligne du zéro.

De cette manière, on peut donc en calculant cette courbe obtenir l'effort moyen pour un tour de l'arbre, et, par suite, la force de la machine, et cela déduction faite de tous les frottemens.

Nous avons eu occasion d'étudier un instrument de ce genre qui fonctionne depuis dix-huit mois sur une machine de 5 chevaux, et après ce laps de temps, les indications étaient aussi précises que le premier jour.

NOTE.

Déterminer le rapport de l'eau d'extraction à l'eau d'alimentation, pour que l'eau de la chaudière possède une proportion de sel à-peu-près constante, de manière à prévenir l'état de saturation et par suite les dépôts salins.

V nombre de litres d'eau de la chaudière au niveau normal.
n *idem* d'eau vaporisée.
m *idem* d'eau chassée par l'extraction.
p poids du sel par litre de l'eau de mer, c'est 32g
p' *idem* de l'eau saturée, c'est 106g.
K *idem* de l'eau de la chaudière à l'instant où l'extraction commence.

Pour procéder à l'extraction, admettons que l'alimentation ait élevé le niveau de l'eau dans la chaudière au-dessus de la ligne du niveau normal d'une quantité égale à celle dont l'extraction doit l'abaisser.

Le volume de l'eau dans la chaudière au moment où commence l'extraction, est donc :

$$V+\tfrac{1}{2}m$$

il est après l'extraction qui enlève m litres,

$$V-\tfrac{1}{2}m$$

par suite la quantité de sel dans la chaudière, est

$$(V-\tfrac{1}{2}m)\,K$$

De plus, la vaporisation enlevant n litres, c'est $\tfrac{1}{2}m+n$

litres que l'alimentation doit fournir à la chaudière pour rétablir le niveau normal, et par suite une quantité de sel représentée par

$$+(\tfrac{1}{2}m+n)p$$

La quantité de sel quand l'eau a repris le niveau normal est donc

$$(V+\tfrac{1}{2}m)K+\tfrac{1}{2}mp+np$$

puisque la saturation ne doit jamais exister, cette quantité de sel doit toujours être moindre que Vp' et au plus égale à Vp'. On peut donc écrire la condition :

$$(a) \qquad (V-\tfrac{1}{2}m)K+\tfrac{1}{2}mp+np=Vp'$$

Préparons une seconde extraction : il faudra verser dans la chaudière, qui est au niveau normal, un volume d'eau $\frac{1}{2}m$, et, par suite, un poids de sel égal à $\frac{1}{2}mp$. La quantité de sel est donc alors dans la chaudière ;

$$(V-\tfrac{1}{2}m)K+mp+np$$

et le volume de l'eau :

$$V+\tfrac{1}{2}m$$

pour avoir le poids du sel par litre, il n'y a qu'à diviser le poids total du sel dans la chaudière par le volume total de l'eau ; mais ce poids du sel par litre au moment de l'extraction est et doit toujours être K.

On a donc l'équation

$$\frac{(V-\frac{1}{2}m)K+mp+np}{V+\frac{1}{2}m}=K$$

multiplions par $V+\frac{1}{2}m$ les deux membres de cette équation, il vient :

$$(V-\tfrac{1}{2}m)K+(m+n)p=(V+\tfrac{1}{2}m)K.$$

retranchant des deux membres $(V-\frac{1}{2}m)K$; simplifiant et divisant ensuite par m, on trouve

$$K=\frac{m+n}{m}p$$

portant cette valeur de K dans la condition (a), on a, en multipliant les deux membres par m :

$$(V-\tfrac{1}{2}m)(m+n)p+\tfrac{1}{2}m^2p+nmp=mVp'$$

effectuant les multiplications indiquées, il vient :

$$nVp+mVp-\tfrac{1}{2}mnp-\tfrac{1}{2}m^2p+\tfrac{1}{2}m^2p+nmp=mVp'$$

réduisant d'abord, puis retranchant aux deux membres le terme mVp, on obtient :

$$+\tfrac{1}{2}mnp+Vnp=mV(p'-p)$$

en divisant par le produit mVp les deux membres, on a

$$\frac{n}{2V}+\frac{n}{m}=\frac{p'-p}{p}$$

et en négligeant le terme $\frac{n}{2V}$, qui est d'une petitesse excessive, on a, avec une grande approximation,

$$\frac{n}{m}=\frac{p'-p}{p}$$

et enfin

$$m=\frac{np}{p'-p}$$

A, l'eau d'alimentation est égal à

$$m+n=\frac{np}{p'-p}+n=\frac{np'}{p'-p}$$

Le rapport de l'eau d'extraction à celle d'alimentation est donc

$$\frac{m}{A}=\frac{p}{p'}=\frac{32}{106}=0{,}301 \text{ à peu près un tiers}$$

Nous ferons remarquer que le nombre p introduit dans ce calcul par l'alimentation, est un peu trop fort ; attendu que l'eau d'alimentation est un mélange d'eau de mer employée à la condensation, et d'eau douce provenant de la vapeur condensée ; il s'ensuit que l'extraction n'a pas besoin d'atteindre le tiers de l'alimentation pour remplir le but que l'on se propose ; mais que ce but est toujours rempli quand elle égale ou surpasse le tiers de l'eau d'alimentation.

Si au lieu d'être successives, comme on le suppose ici, l'extraction et l'alimentation étaient continues et simultanées, il est évident que, pourvu qu'elles s'accomplissent dans les proportions qui sont indiquées, les résultats seront les mêmes et il n'y aura rien à changer au raisonnement.

ERRATA.

Pages.	Lignes.	AU LIEU DE	LISEZ.
108		.	,
112		$(m-1)^3$	$(m+1)^3$
120		la distance,	est la distance.
149		qu'il	que la force.
150		s'agissait	s'agit.
172		$h=\frac{R}{ACE}(K+Kk'+,\ldots)$	$h=\frac{R}{ACE}(AK+KK+K'K''+..)$
188		$AB''' \frac{1}{2} gT^2$	$AB'''=\frac{1}{2} gT^2$
200		$E=\frac{1}{2} WT$	$E=\frac{1}{2} WT^2$
208		$\frac{1}{2} m(^2-V''^2)$	$\frac{1}{2} m(V^2-V''^2)$
231		communiqueront	communiquera.
242		$U=\frac{V=\frac{M'}{M}V'}{1+\frac{M'}{M}}$	$U=\frac{V+\frac{M'}{M}V'}{1+\frac{M'}{M}}$
243		$U=\frac{V+\frac{M'}{M}V}{1+\frac{M'}{M}}$	$U=\frac{V-\frac{M'}{M}V'}{1+\frac{M'}{M}}$
287		quant à H et B.	quant à h et b.
301		$Fr=Pr'-f_1Br''-\frac{A+BP}{2}=o$	$Fr-P'r'-f_1Br''-\frac{A+BP}{2}=o$
301		$F=P\frac{r'}{r}-f_1 B\frac{r}{r''}+\frac{A+BP}{2r}$	$F=P\frac{r'}{r}+f_1 B\frac{r''}{r}+\frac{A+BP}{2r}$
314	26	(fig. 99.)	(Fig. 92.)
315	24	(fig. 99.)	(Fig. 98.)
318	7	(fig.)	(Fig. 94.)
319	32	(fig.)	(Fig. 96.)
322	»	en reposant	reposant.
365	11	(page formule 6.)	(Pag. 20 formule 6.)

TABLES DES MATIÈRES.

PREMIÈRE LEÇON.

DEUXIÈME LEÇON.

TROISIÈME LEÇON.

QUATRIÈME LEÇON.

CINQUIÈME LEÇON.

SIXIÈME LEÇON.

SEPTIÈME LEÇON.

HUITIÈME LEÇON.

NEUVIÈME LEÇON

DIXIÈME LEÇON.

ONZIÈME LEÇON.

DOUZIÈME LEÇON.

TREIZIÈME LEÇON.

QUATORZIÈME LEÇON.

QUINZIÈME LEÇON.

SEIZIÈME LEÇON.

DIX-SEPTIÈME LEÇON.

DIX-HUITIÈME LEÇON.

DIX-NEUVIÈME LEÇON.

VINGTIÈME LEÇON.

VINGT-UNIÈME LEÇON.

VINGT-DEUXIÈME LEÇON.

VINGT-TROISIÈME LEÇON,

Fin de la Table des Matières.

Brest. — Imp. d'Ed. Anner.

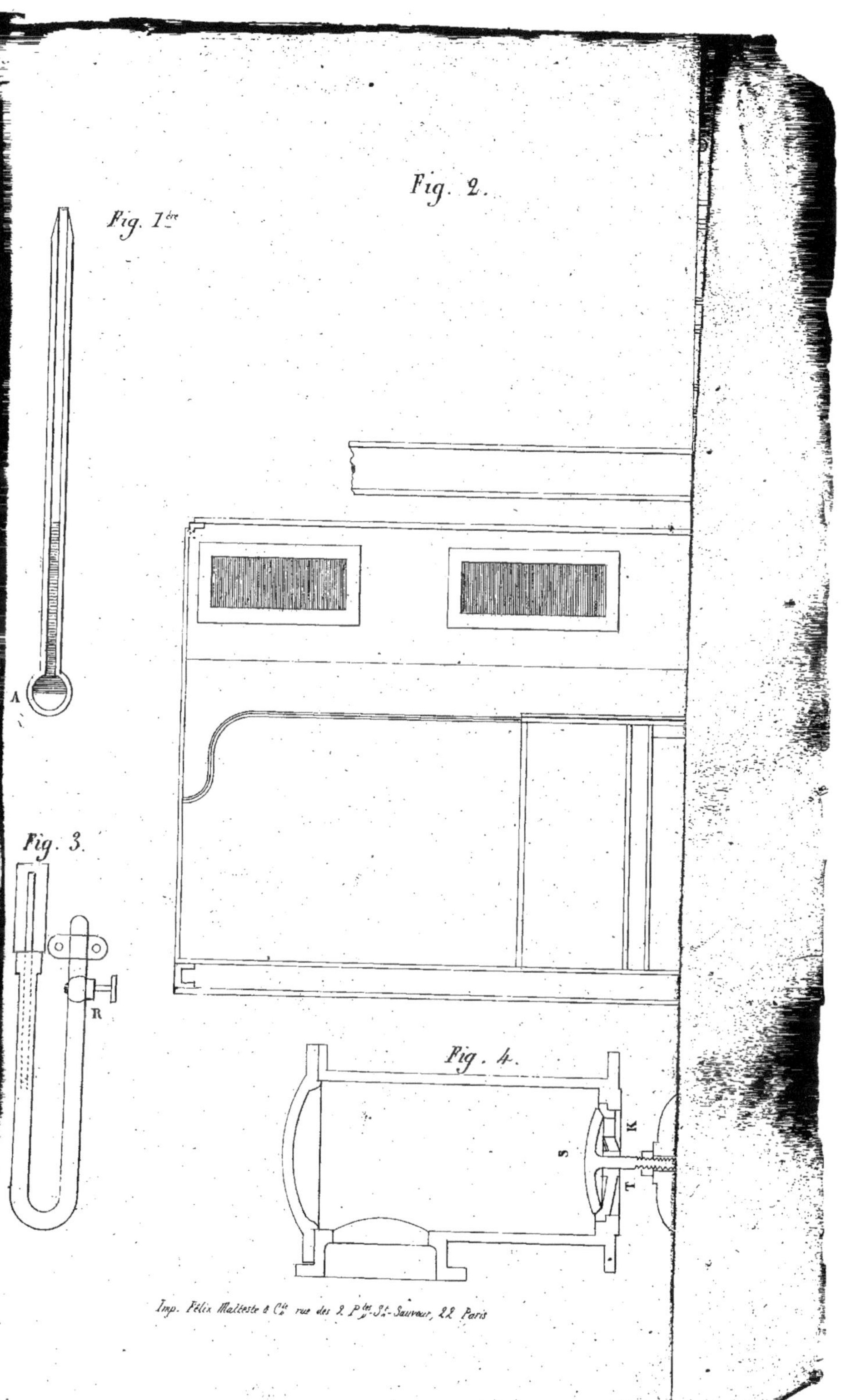

Imp. Félix Malteste & Cie rue des 2 Portes St-Sauveur, 22 Paris

PLANCHES DE LA PREMIÈRE PARTIE.

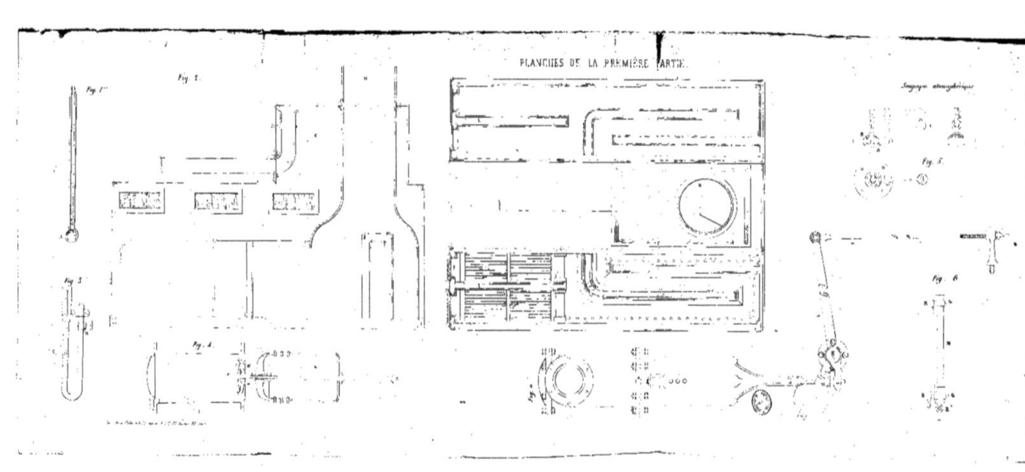

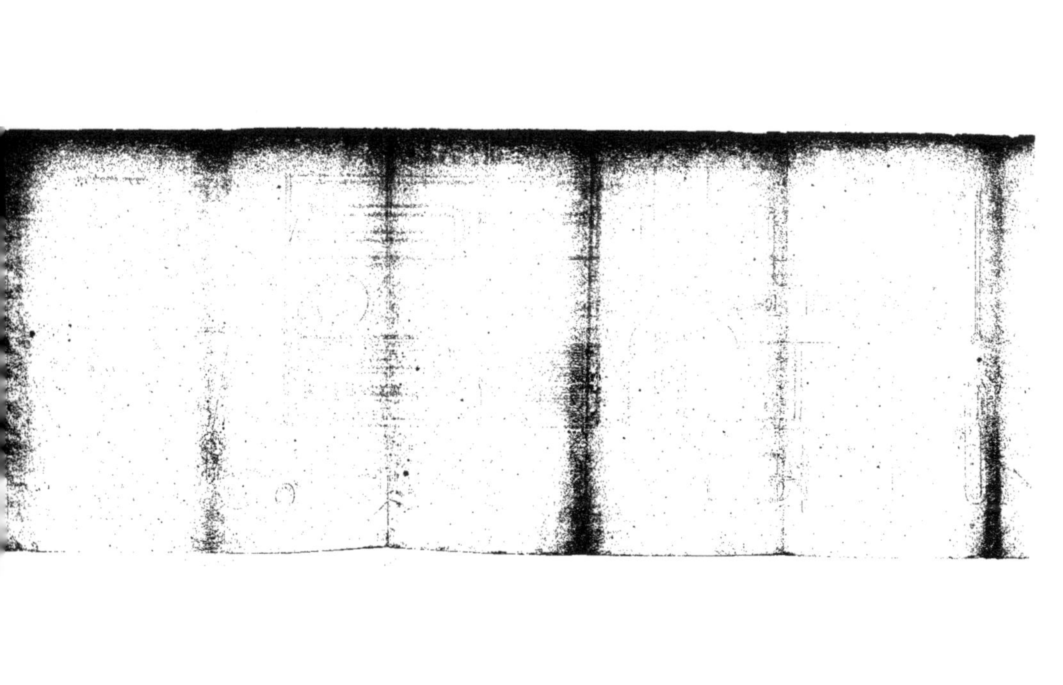

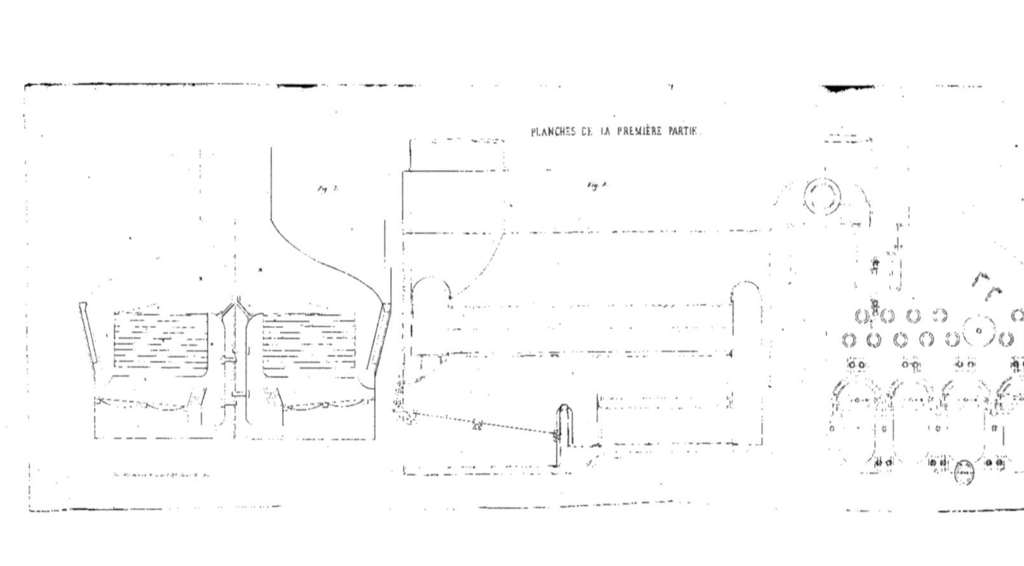

PLANCHES DE LA PREMIÈRE PARTIE.

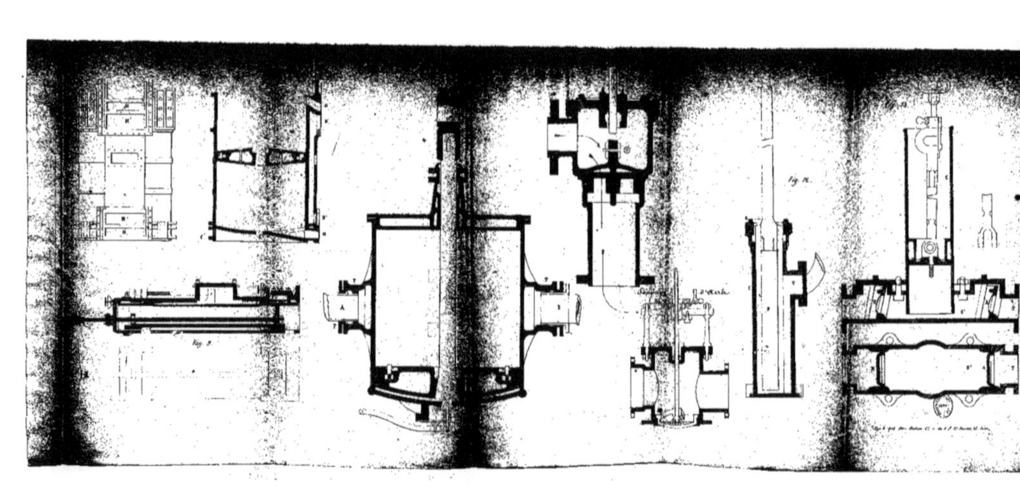

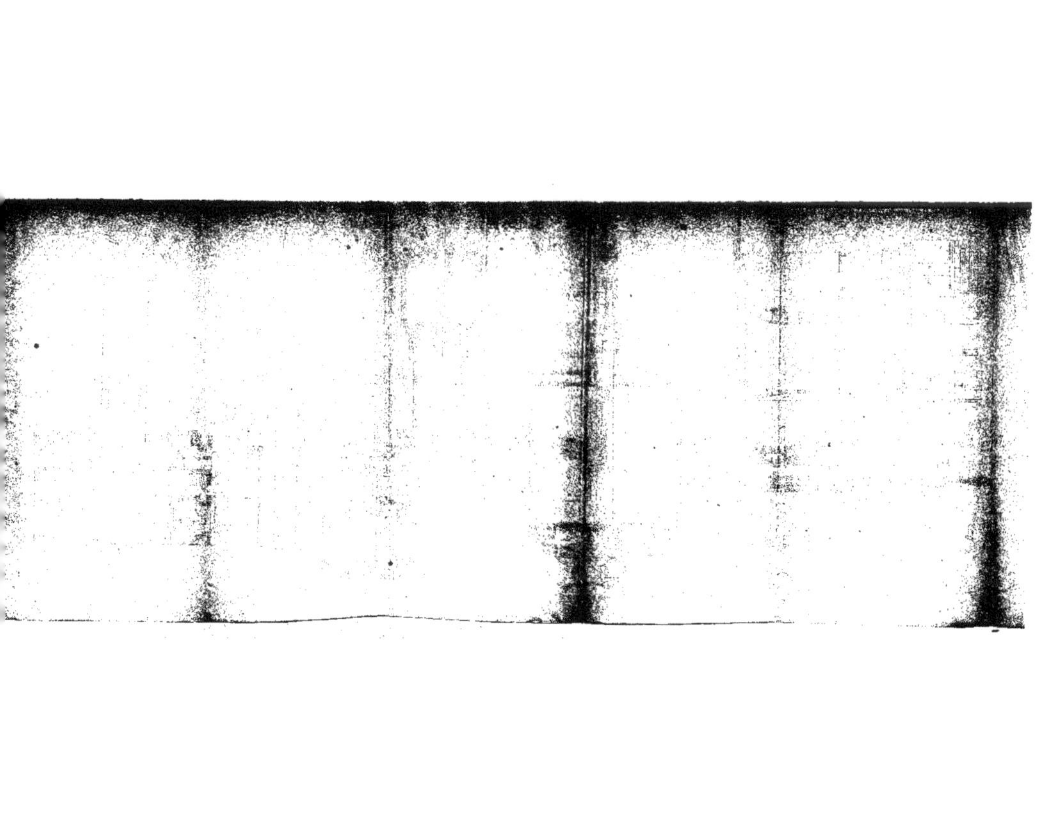

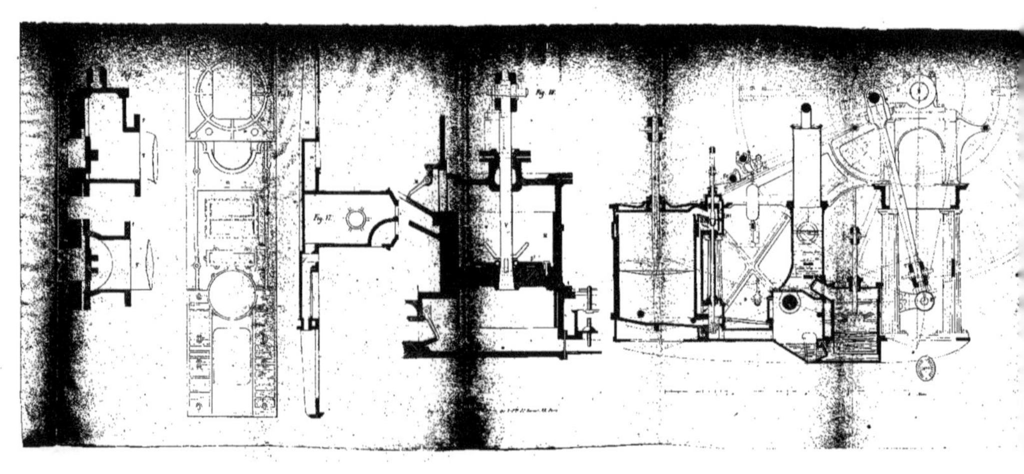

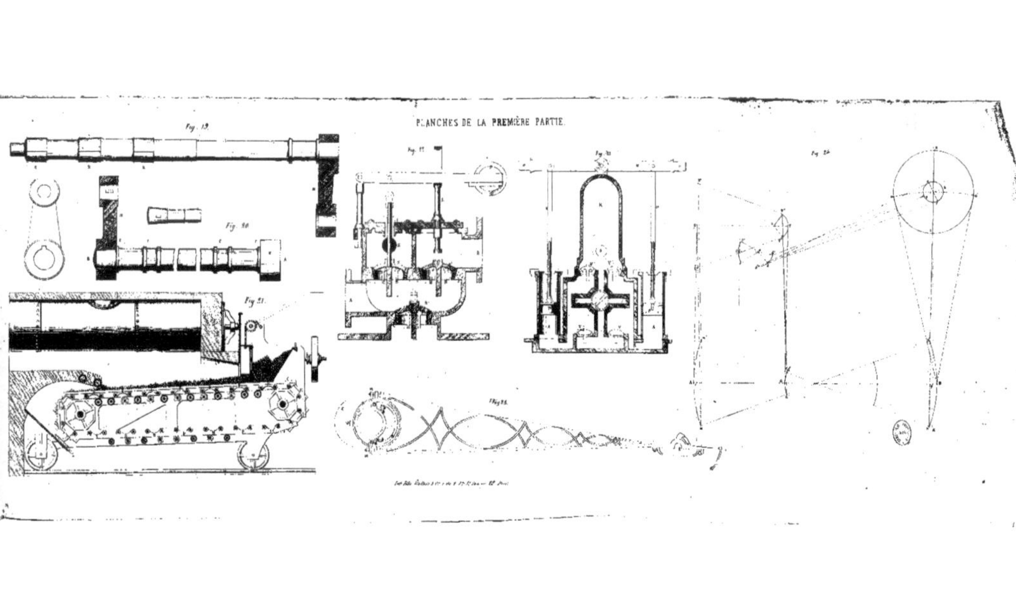
PLANCHES DE LA PREMIÈRE PARTIE.
Fig. 19.
Fig. 20.
Fig. 21.

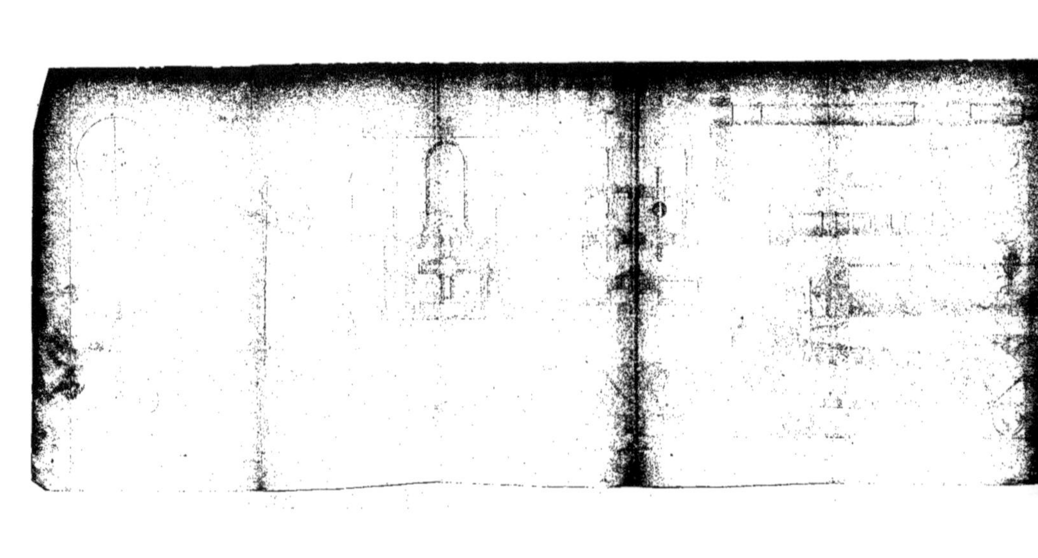

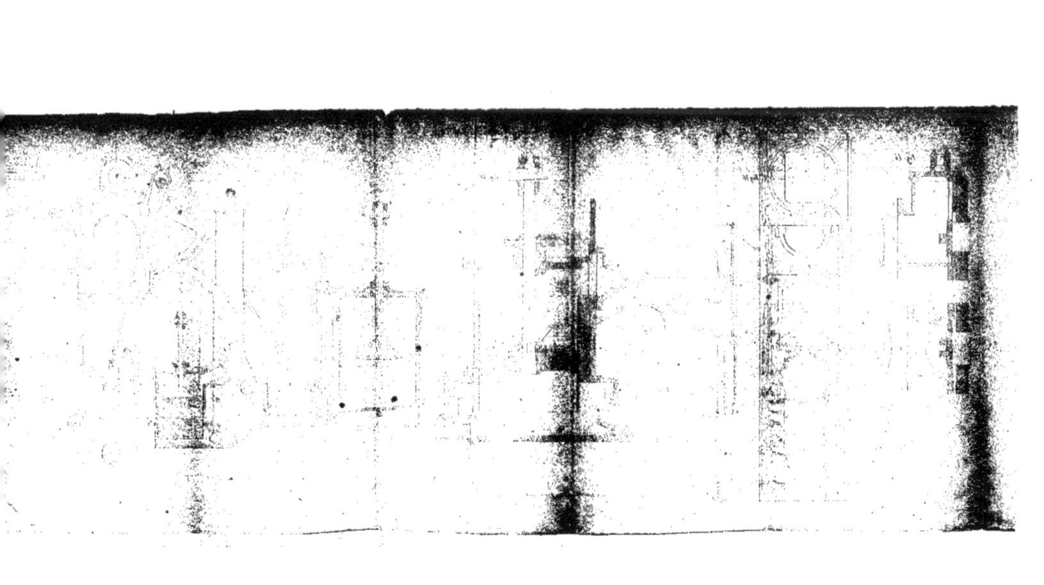

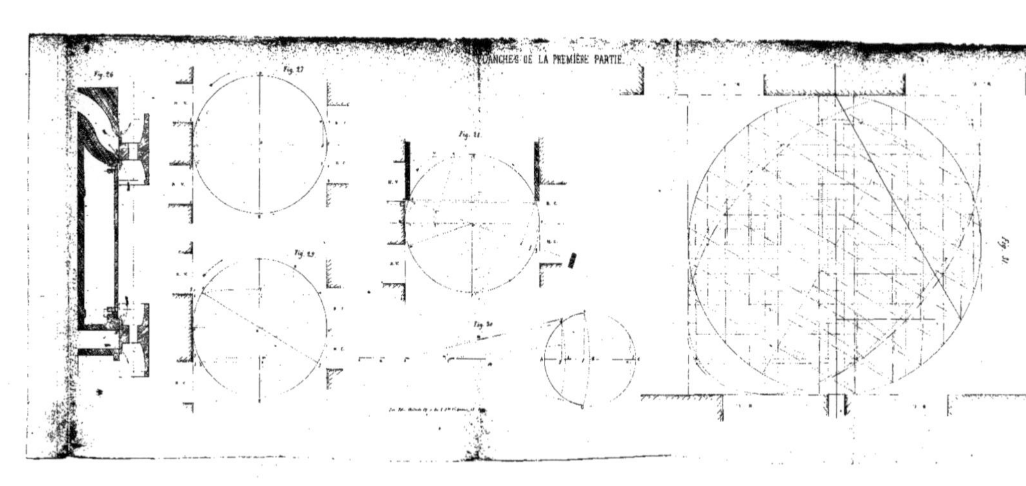
PLANCHES DE LA PREMIÈRE PARTIE
Fig. 26
Fig. 27
Fig. 28
Fig. 29
Fig. 30
Fig. 31

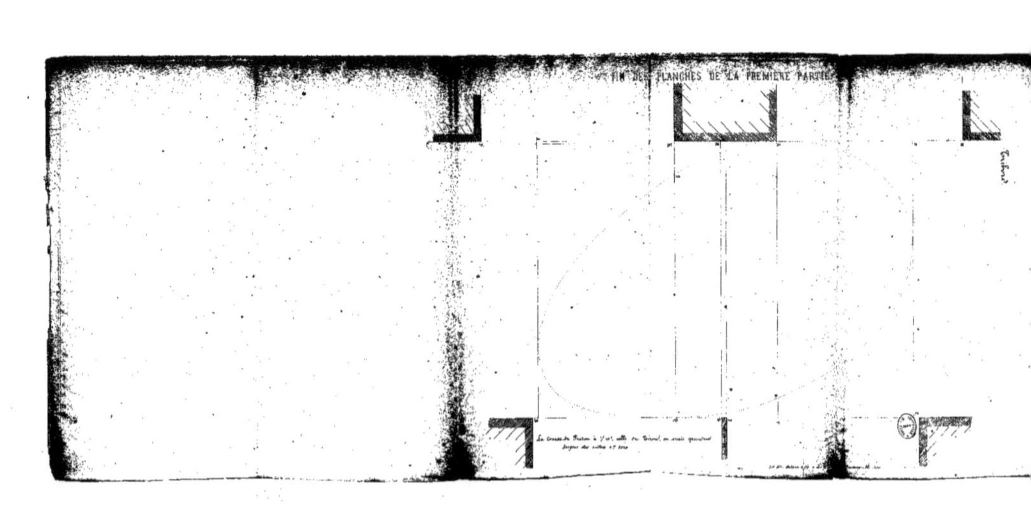
FIN DES PLANCHES DE LA PREMIÈRE PARTIE

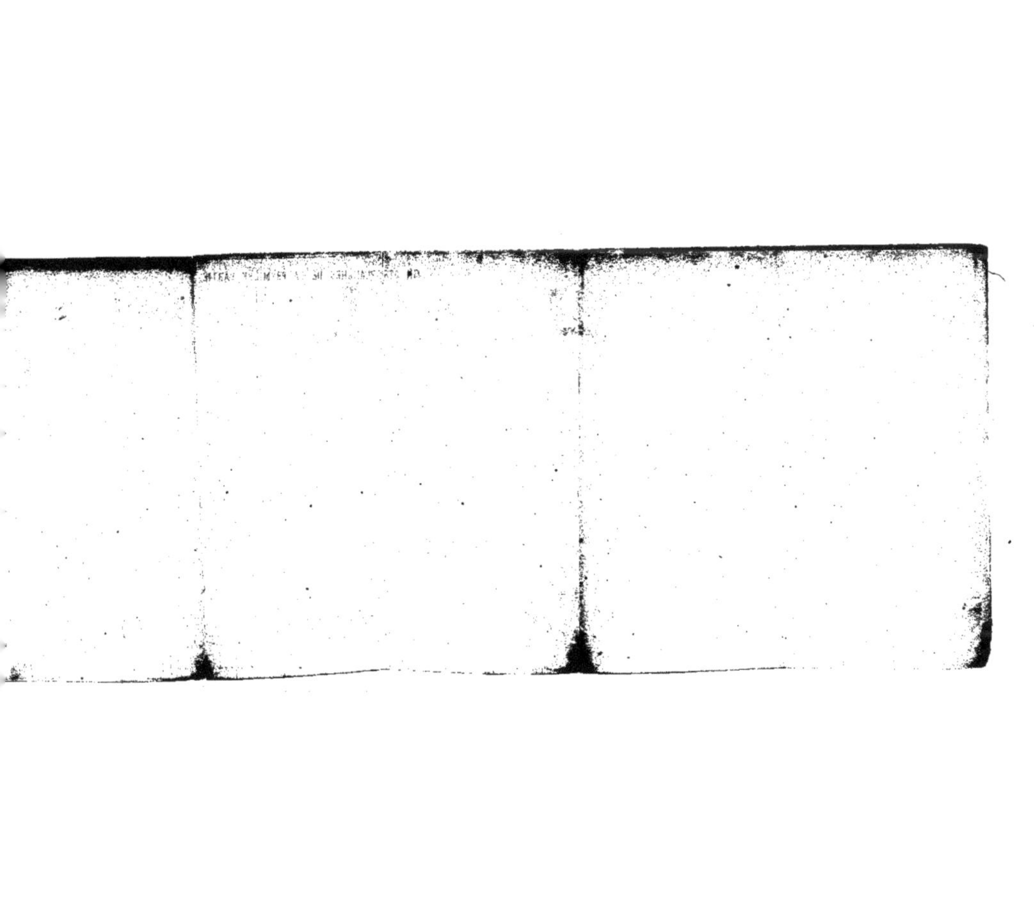

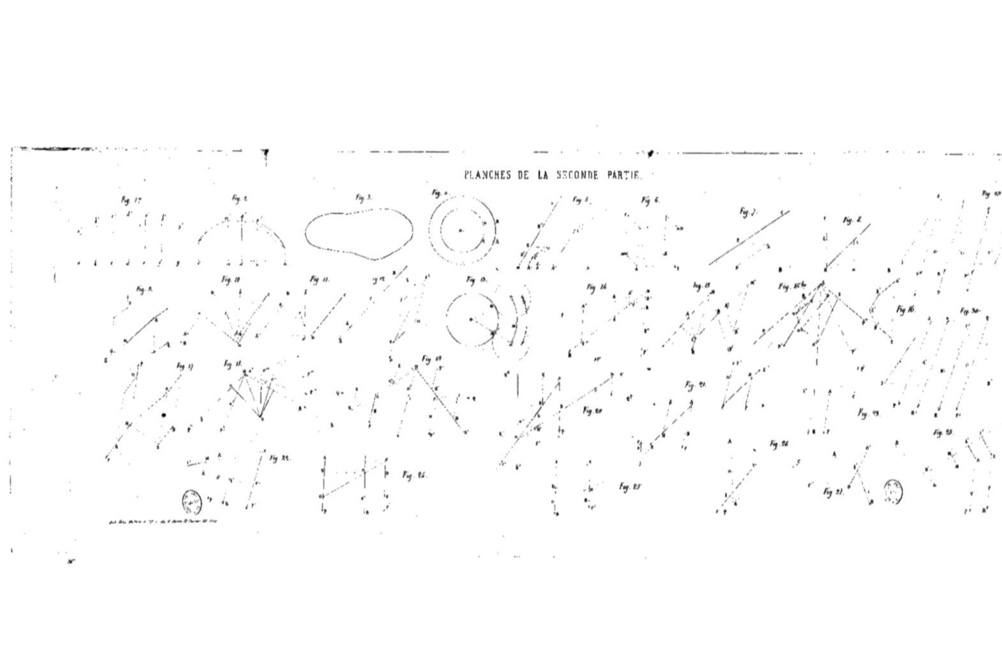
PLANCHES DE LA SECONDE PARTIE.

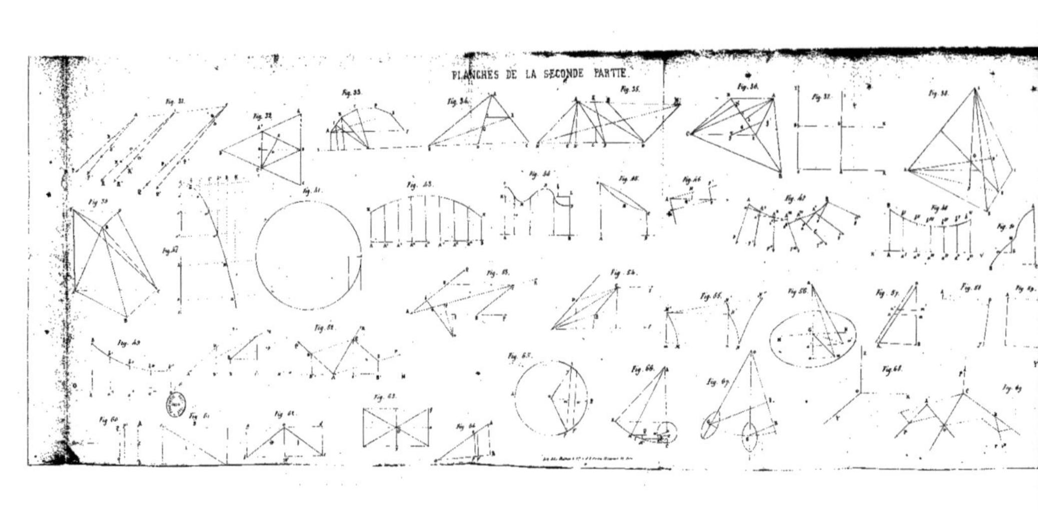
PLANCHES DE LA SECONDE PARTIE.

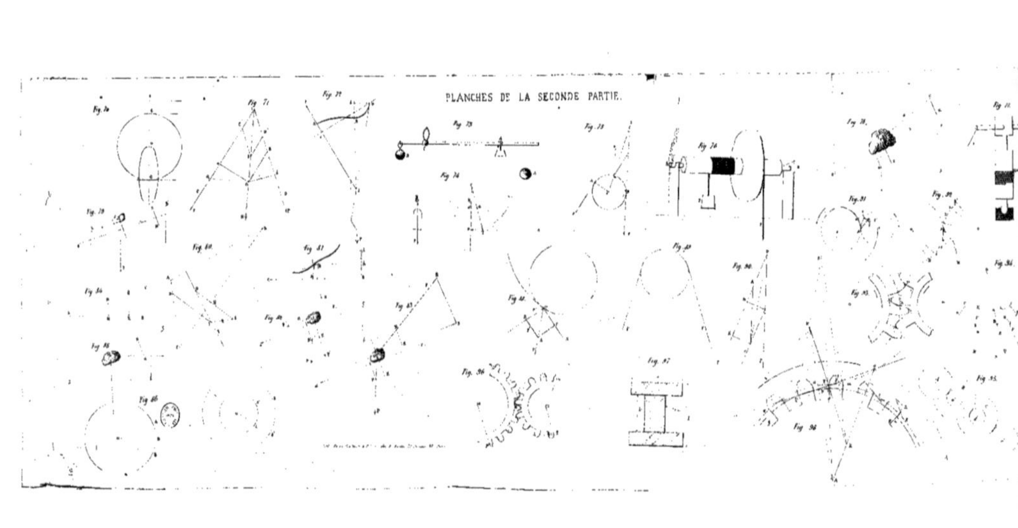
PLANCHES DE LA SECONDE PARTIE.

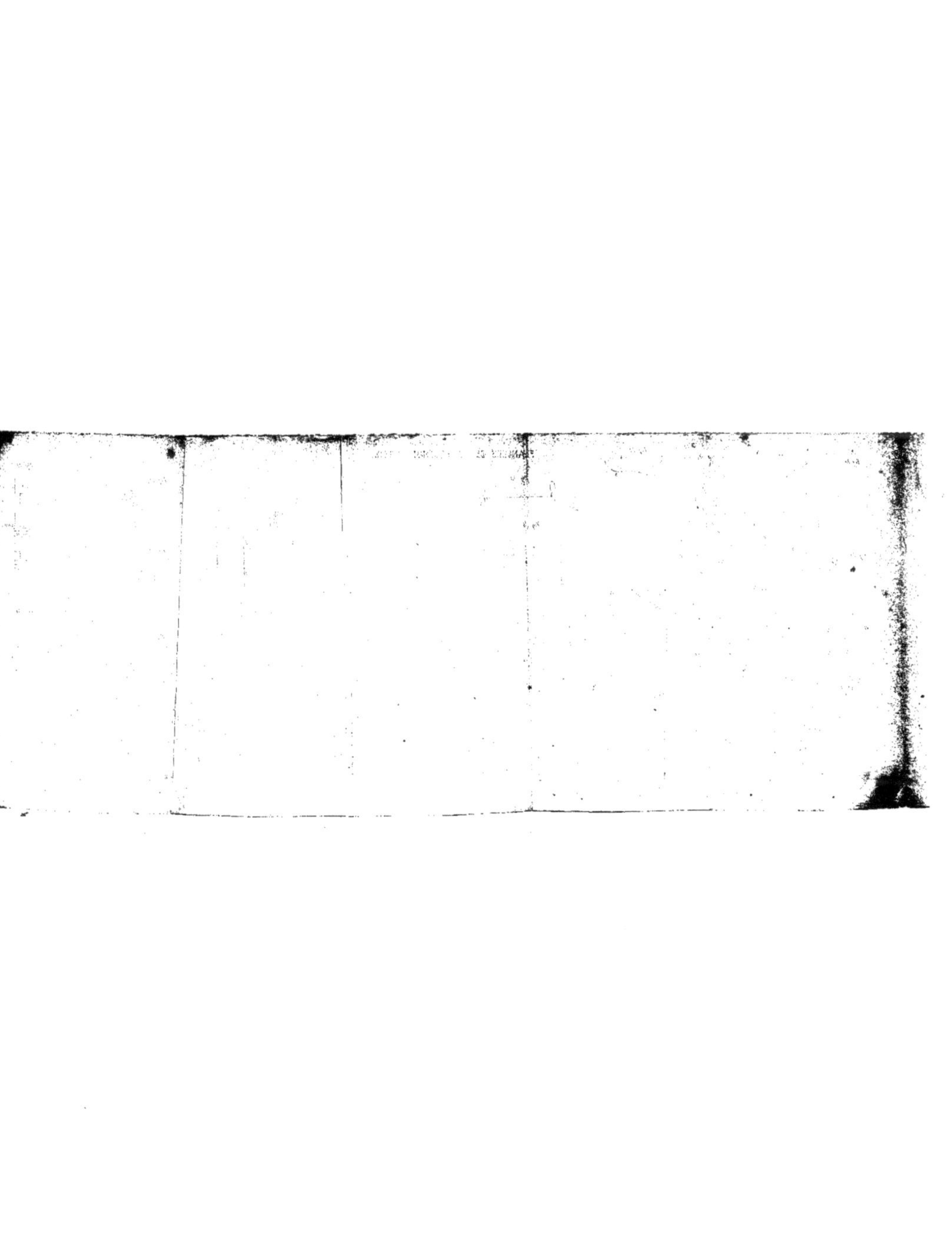

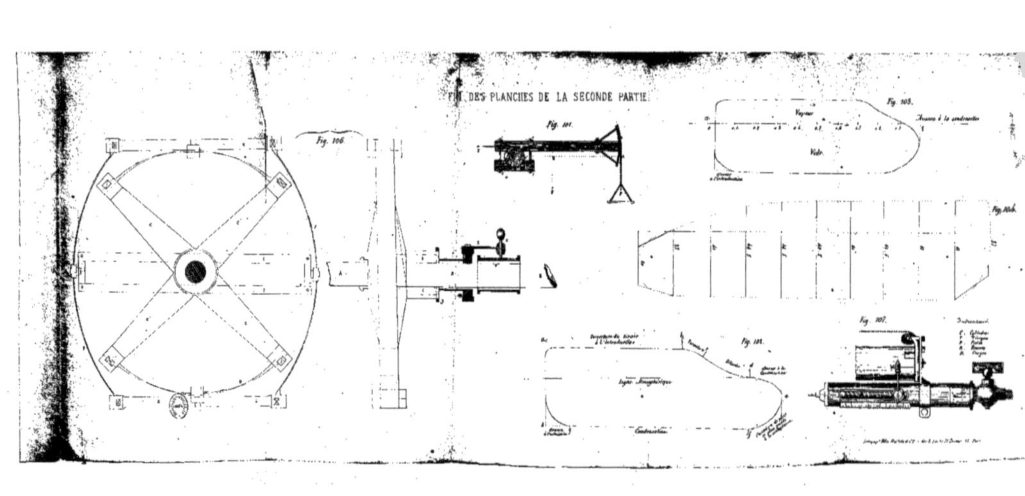
FIN DES PLANCHES DE LA SECONDE PARTIE
Fig. 106.
Fig. 101.
Fig. 103.
Fig. 102.
Fig. 107.

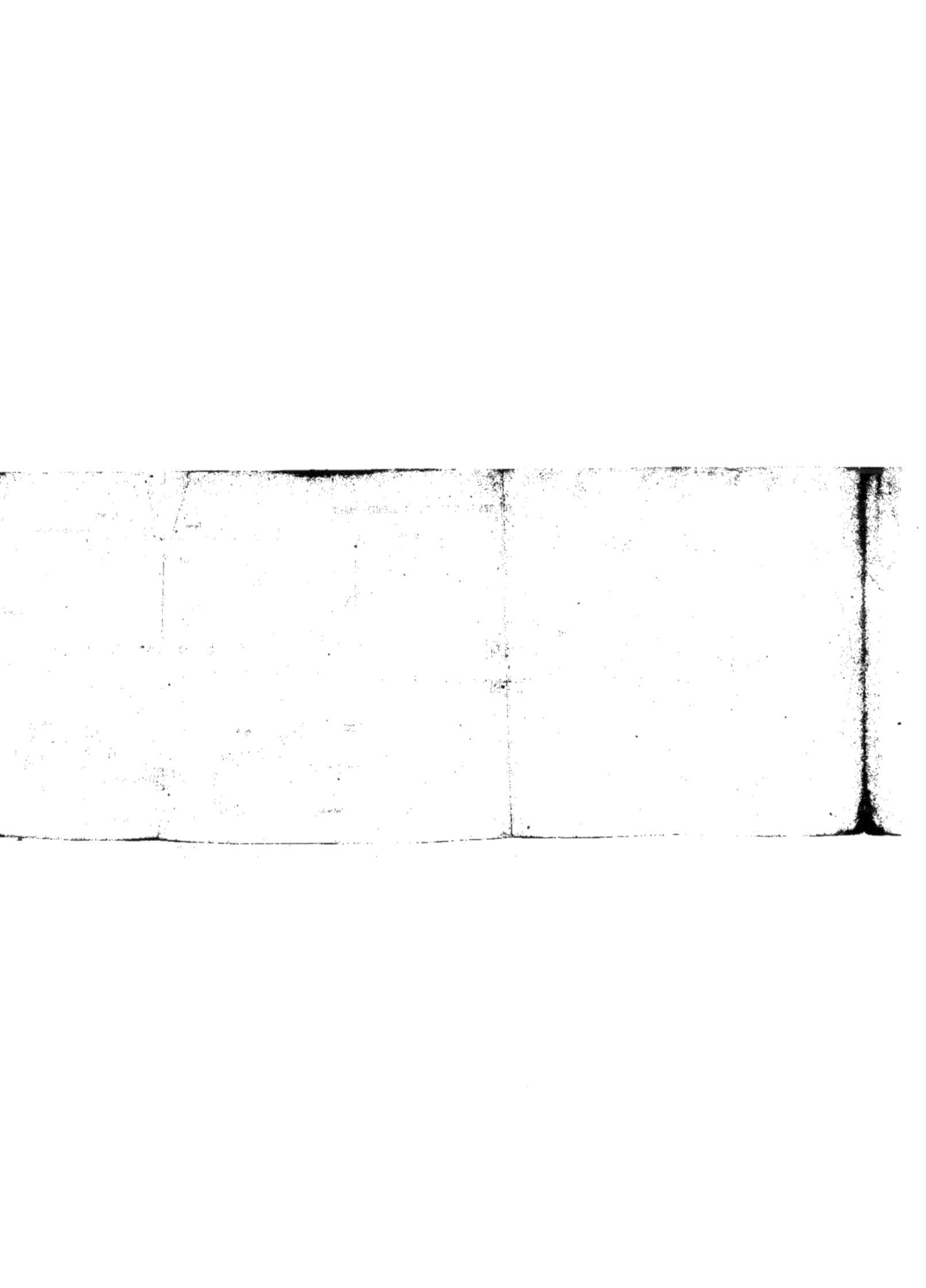

www.ingramcontent.com/pod-product-compliance
Ingram Content Group UK Ltd.
Pitfield, Milton Keynes, MK11 3LW, UK
UKHW020607230726
13926UKWH00005B/2255

9 782016 183656